H. C. Opfermann   H. C. Opfermanns Filmkurs

H. C. Opfermann

H. C. Opfermanns Filmkurs

Vom Hobbyfilm zum Filmkunstwerk

Econ Verlag
Düsseldorf · Wien

1. Auflage 1982
Copyright © 1982 by Econ Verlag GmbH, Düsseldorf und Wien
Alle Rechte der Verbreitung, auch durch Film,, Funk und Fernsehen, fotomechanische Wieder-
gabe, Tonträger jeder Art, auszugsweisen Nachdruck oder Einspeicherung und Rückgewinnung
in Datenverarbeitungsanlagen aller Art, sind vorbehalten.
Gesetzt aus der Times normal der Firma Hell
Satz: Dörlemann-Satz, Lemförde
Druck und Bindearbeiten: Richterdruck, Würzburg
Printed in Germany
ISBN 3 430 17322 1

*Dieses Buch wurde
meinem lieben
Gottfried William v. Alten
in dankbarer Erinnerung
und Freundschaft zugeeignet*

Inhaltsverzeichnis

Einleitung statt Vorwort

Liebe Leserin, lieber Leser!

Wenn Sie bisher nur fotografiert haben oder wenn Sie mit der gleichen Bildein-stellung und den gleichen aufnahmetechnischen Überlegungen gefilmt haben, dann bitte ich Sie, den folgenden Abschnitt *vom Unterschied zwischen Fotografie-ren und Filmen* besonders sorgfältig zu lesen.

Sie erfahren dort nämlich, daß zwischen beiden ein prinzipieller Unterschied ist, dessen Beachtung für die Qualität Ihrer Hobbyfilme eine ganz entscheidende Be-deutung hat.

Wenn Sie wirklich stets erstklassige Filmszenen mit Ihrer Kamera einfangen und aus diesen Klasse-Hobbyfilme zusammenbauen wollen, müssen Sie diesen Unter-schied genau kennengelernt haben und bei der Aufnahme Ihrer Filmszenen be-achten.

I. Kapitel
Der Unterschied zwischen Fotografieren und Filmen

Glauben Sie nur nicht, daß sich dieser Unterschied nur auf geistig-inhaltliche oder gestalterisch-ästhetische Dinge bezieht. Der aufnahmetechnische Unterschied ist noch einschneidender. Die reine aufnahmetechnische Kamerahandhabung ist beim Filmen zwar erheblich leichter als beim Fotografieren, dafür aber muß der Filmer sehr viel mehr vom Licht und von der Ausleuchtung seiner Filmszene verstehen, wenn er sie erstklassig auf seinen Film bringen will.

Durch das Foto erfassen Sie immer nur einen Augenblick. Sie reißen ihn durch den Druck auf den Auslöser Ihrer Kamera gewissermaßen aus der realen Wirklichkeit heraus und verwandeln ihn in einen *Zustand*, also ein *Foto*.

Wenn Sie Ihre Frau, Ihre Freundin oder Ihr Kind fotografieren, halten Sie deren wirkliche Erscheinung in einem unveränderlichen Augenblick ihres Lebens fest: Das ist gewiß eine großartige Sache.

Wenn Sie aber eine dieser Personen *filmen*, fangen Sie die *fortlaufende* Wirklichkeit eines Menschen ein, die Sie später immer wieder *miterleben können*.

Wer fotografiert, will später Bilder betrachten; wer filmt, kann Wirklichkeit nacherleben: Und das ist gewiß bedeutend mehr, als ein Foto vermitteln kann.

Bei der Betrachtung eines Fotos können Sie zwar auch *nacherleben*. Sie müssen dann aber dieses Erlebnis aus eigener Kenntnis in Ihrer Vorstellung reproduzieren. Der Inhalt Ihres Fotos ändert sich während der Betrachtung nicht – im Gegensatz zur Filmszene.

Das Foto reizt Sie nicht an, sich an dem Ablauf eines Ereignisses zu beteiligen – die Filmszene tut das. Der Inhalt einer Filmszene lädt Sie durch den lebendigen Vorgang, den er Ihnen darbietet, ein, in seine »Wirklichkeit« mit hineinzuschlüpfen (oder sollte es wenigstens tun).

Eine Filmszene kann außerdem auch ein anderer Mensch *miterleben*, der gar nicht anwesend war, als die Filmaufnahme gemacht wurde.

Durch ein FOTO können Sie Ihre Erlebnisse aber *nur sich selbst* in Erinnerung rufen. Das FOTO ist – soweit es nicht ein Kunstwerk oder ein wissenschaftliches Dokument verkörpert – kaum mehr als eine bildliche Gedächtnisstütze, die Ihnen hilft, von Ihren damaligen Erlebnissen zu *erzählen*.

Eine erstklassige Filmszene spornt den Zuschauer an, das, was in der Szene gezeigt wird, ohne weitere Vermittlung mitzuerleben, ohne daß Sie selbst ein einziges Wort dazu sagen müssen.

Erste Erkenntnis:
Wer fotografiert, will Ergebnisse *vorzeigen*
Wer filmt, will (oder sollte wenigstens) mit dem Ergebnis *wirken*

Warum eine Filmszene sich zwar aus FOTOS zusammensetzt, aber dennoch kein FOTO ist.

Wenn Sie nun fragen, woher denn dieser Unterschied zwischen Foto und Filmszene kommt, nachdem doch einwandfrei feststeht, daß auch Filmszenen aus *einzelnen Fotos* bestehen, so muß die Antwort lauten: Weil eine mit dem Projektor vorgeführte Filmszene auf jeden Zuschauer grundsätzlich ganz anders *wirkt* als irgend ein FOTO.

Selbst wenn Ihnen genau der gleiche bewegungslose Bildinhalt eines FOTOS einmal als Papierbild in die Hand gegeben und einmal als Filmszene in einem verdunkelten Raum vorgeführt wird, spüren Sie sofort einen entscheidenden Unterschied.

Das FOTO ist immer nur ein Bild, das Sie als *Abbild* der Wirklichkeit empfinden und beurteilen.

Die erstklassige Filmszene aber bietet Ihnen den genau gleichen Bildinhalt ganz anders an! Durch die Projektion im verdunkelten Raum wird Ihnen das Bild-Motiv zum Miterleben angeboten. Die Art der Darbietung fordert Sie zum persönlichen Verarbeiten auf.

Sie fügen sich in das Geschehen ein und können sich mit eigenen Gefühlen und Stimmungen beteiligen.

Die erstklassige Filmszene lockt also den Zuschauer an, seine eigene Wirklichkeit, in der er sich gerade befindet, zu verlassen – daher das verdunkelte, schallgedämpfte Kino, in dem er möglichst wenig abgelenkt wird – und sich durch Eingliederung in den vorgeführten Szeneninhalt an einer gemeinsamen neuen Wirklichkeit erlebend zu beteiligen.

Das FOTO dagegen bleibt für den Betrachter immer nur ein Bild, das zwar seine Aufmerksamkeit herausfordert, ja sogar, wenn es überragend gestaltet wurde, dessen Entzücken bewirkt oder sein Mitleid, seine Begeisterung herausfordert, das ihn aber weder zum Miterleben noch zur Eingliederung in eine andere, selbständige Realität veranlassen kann. (Ausnahmen bestätigen die Regel.) Es bleibt ein starres Betrachtungsobjekt.

Zweite Erkenntnis:
Mit dem Bildinhalt eines FOTOS wird der Betrachter konfrontiert

Ob und wie er auf diesen Bildinhalt reagiert, ob er ihn als »schön« genießt, ob er sein Fühlen und Denken durch ihn bestätigt sieht, ob er etwas Neues erfährt, was ihm wichtig ist, das überläßt der Fotograf ganz dem Betrachter.

Lehrmeister Andreas Feininger

Der große Fotograf *Andreas Feininger* drückt das höchste Ziel der Fotografie in seinem Standardwerk »Feiningers große Fotolehre« so aus:
- Aufmerksamkeit erregen
- Absicht und Sinn offenbaren
- gefühlsmäßig wirken
- grafische Gestaltung besitzen

»Der Fotograf muß nach dem Unerwarteten, Ungewöhnlichen, Neuen, Eindrucksvollen oder Kühnen suchen ... Hat ein Bild das Auge des Betrachters auf sich gelenkt, muß es etwas haben, um das erregte Interesse wachzuhalten ... In ähnlicher Weise, wie Absicht und Sinn eines Fotos auf die intellektuellen Fähigkeiten des Betrachters zielen, wendet sich das gefühlsmäßige des Fotos direkt an sein Herz ...

Um noch mehr hilfreiche Schlüsse ziehen zu können, habe ich eine Anzahl Fotos analysiert, und zwar solche, die, was mich betrifft, emotional wirken (das heißt, in Feininger Gefühle wachriefen, D. A.). Und ich fand dabei, *daß alle diese Fotos einen gemeinsamen Faktor besaßen: Sie waren ehrliche Berichte.*

Damit meine ich, daß an Ihnen nichts unecht, nichts hinzugefügt, nichts vorgetäuscht und nichts posiert war.

Für mich ist daher *Ehrlichkeit* die erste Voraussetzung, um Fotos zu schaffen, die gefühlsmäßig ansprechen.

Und im Laufe dieser Analyse stieß ich auf eine bemerkenswerte Tatsache: Viele dieser Fotos waren technisch unvollkommen, grau, unscharf, verschleiert. Aber weit entfernt davon, daß diese Eigenschaften vom Foto ablenkten, erhöhten sie den Eindruck von Echtheit und Wirklichkeit im Bild und wurden so geradezu Mittel des schöpferischen Ausdrucks.«

Damit hat Andreas Feininger eine grundsätzliche Bedingung für gute Fotos und gute Filme genannt. Darüber hinaus aber stellen wir ein wichtiges Unterscheidungsmerkmal fest.

Dritte Erkenntnis:
Der Fotograf bietet dem Betrachter ein Abbild an, der talentierte Filmer fängt den Zuschauer durch den Szeneninhalt ein

Der Filmer führt den Zuschauer zum persönlichen Erlebnis und begleitet ihn in die nächste und alle folgenden Filmszenen.

II. Kapitel
Der Mensch spielt mit

Der physikalisch-technische Unterschied zwischen dem FOTO und der im verdunkelten Raum vorgeführten Filmszene besteht darin, daß ein FOTO auch dann
noch als realer Gegenstand vorhanden ist, wenn es von keinem Menschen betrachtet wird, während die Filmszene dagegen nur im Austausch mit einem lebendigen Betrachter real, also wirklich vorhanden ist.

Der Inhalt wird nur dann verwirklicht, wenn die verschiedenen Einzelfotos, aus
denen die Filmszene physikalisch-technisch besteht, von einem lebendigen Menschen auch tatsächlich betrachtet werden. Erst durch eine unbemerkt bleibende
Darbietung blitzschnell wechselnder, bombenfest stehender Einzelbilder, *die betrachtet werden*, erscheint in der Filmszene ein Bewegungsinhalt.

Der Physiker nennt diese Bewegung den »stroboskopischen Effekt«; er ist schon
seit Jahrhunderten bekannt und erklärt.

Die Bewegungen in der Filmszene beruhen also nicht auf einer tatsächlichen Bewegung, denn sie werden um so deutlicher wahrgenommen, je bewegungsärmer
und flimmerfreier die Darbietung der einzelnen Fotos auf dem Filmband auf der
Vorführfläche erfolgt. Es handelt sich hierbei ausschließlich um einen körperlich-
seelischen Vorgang. Das Auge des Zuschauers glaubt auf der Vorführfläche etwas
zu sehen, was tatsächlich in seinem Gehirn und nur dort produziert und anschließend durch einen körperlich-geistigen Prozeß auf die Vorführfläche hinausverlegt
wird.

Die entscheidende Rolle des Filmzuschauers

Nur der lebendige Zuschauer kann die einzelnen, auf dem Filmband befindlichen
Bilder *durch die Betrachtung* zu lebensecht wirkenden Vorgängen verschmelzen.
Ist kein lebender Betrachter vorhanden, dann finden auch keinerlei sich bewe-
gende Vorgänge auf der Vorführfläche statt.

Dieser gewaltige Unterschied zwischen der Herstellung eines erstklassigen Fotos
und einer erstklassigen Filmszene zwingt den Klasse-Hobbyfilmer, aufnahmetechnisch und szenenbildgestalterisch ganz anders zu arbeiten als der Fotograf.

Wie der Zuschauer zum mitwirkenden Bestandteil der Filmszene gemacht wird

Entscheidend ist, daß sich der Klasse-Hobbyfilmer während jeder einzelnen Filmszene, die er mit seiner Kamera festhält, bewußt bleibt, daß er den Szeneninhalt für zukünftige Zuschauer (das heißt ein Publikum) aufnimmt, seien es auch nur die Familienangehörigen, für die er gemeinsame Erinnerungen festhalten, oder seine Freunde und Bekannte, die er an seinen Reiseerlebnissen teilhaben lassen will.

Wenn Sie die Absicht haben sollten, Ihre Hobbyfilme gelegentlich auf Wettbewerben, Amateur-Filmfestivals oder im Fernsehen einer breiteren Öffentlichkeit vorführen zu lassen, ist es für Sie ganz besonders wichtig, sich bereits während der Vorbereitungen und genauso während der Filmaufnahmen selbst die zu weckende Miterlebensbereitschaft, den Bildungsumfang und die durchschnittliche Urteilsfähigkeit Ihrer zukünftigen Filmzuschauer vor Augen zu halten. Dies gilt vor allem für Reportage- und Dokumentarfilme, die Sie in fernen Ländern oder über außereuropäische Kulturbereiche zu drehen beabsichtigen.

Der zukünftige Zuschauer muß überall da rechtzeitig Hilfe bekommen, wo er sich im Filmszeneninhalt nicht sofort zurechtfindet oder wo er sich in das Geschehnis nicht widerstandslos eingliedern und an ihm nicht erlebnisstark teilhaben kann, weil er nicht blitzschnell versteht, was ihm da gezeigt wird, oder weil er sich in eine ihm ganz fremde, unbekannte Kultur hineinversetzen soll. Deshalb muß er ausreichend eingeführt und aufgeklärt worden sein, bevor der Filmszeneninhalt auf der Vorführfläche erscheint. Das geschieht meistens durch den Inhalt der vorhergehenden Filmszenen, deren Inhalt und Ablauf im Gedächtnis des Publikums geblieben ist. So ist es schrittweise nach und nach sowohl informiert, als auch in die angemessene Stimmung versetzt worden, und kann nun ohne weiteres den ihm sonst unerklärlich bleibenden neuen Szeneninhalt verstehen und mitempfinden.

Solche für den Zuschauer grundsätzlich fremdartigen Szeneninhalte, die er durch isolierte Betrachtung gar nicht oder nur falsch verstehen kann, kommen nicht nur in ausländischen Expeditions- und Fiction-Filmen, Reportagen-, Dokumentar- und Spielfilmen vor, sondern auch in deutschen Filmen, wie die nachfolgenden Einzelbeispiele klar erkennen lassen.

1. Beispiel: »Die seltsame Geschichte des Brandner Kaspar«

Wenn Sie die Filmszene, aus der dieses Szenenbild stammt, so unverhofft zu Gesicht bekommen – etwa weil Sie erst in diesem Augenblick den Vorführraum betreten – wie ein FOTO, das Ihnen ohne jede vorbereitende Einführung überreicht wird, dann bleibt Ihnen der Sinn der hier dargestellten Vorgänge trotz aller Vertrautheit mit den Aufbauelementen verschlossen. Sie erkennen zwar in aller Deutlichkeit, daß hier ein junges Mädchen in Volkstracht mit einem Brautschrank beschäftigt ist. Sie sehen spielende Kinder, die als Engelchen herausgeputzt sind. Sie sehen Spielzeug, Schmuck, Halstücher und gerolltes Linnen. Das alles teilt Ihnen aber nichts darüber mit, welche Handlung sich da abspielt, welchen Sinn die szenischen Vorgänge, das besinnliche Mädchen und die spielenden Engel eigentlich haben.

Kein Zuschauer kann von sich aus herausfinden, daß dieses Mädchen längst tot ist und sich im »bayerischen Paradies« befindet – daher die Engel-Kinder –, wo es aus seiner irdischen Umgebung diejenigen Einrichtungsgegenstände wiederfindet, an denen es zu seinen Lebzeiten besonders hing.

Hier haben Sie ein ganz deutliches Beispiel dafür, warum der Filmzuschauer zum unabdingbaren und mitwirkenden

Abb. 1

Bestandteil eines Filmes werden muß und kann. Denn das *Wissen* um die paradiesische Existenz dieses Szeneninhalts (der ja auch z. B. zu einer irdischen Faschingsveranstaltung gehören könnte) ist hier zur filmgestalterischen *Vollendung* der Szene und zur Weiterführung der Handlung *unbedingt erforderlich*.

Dieses Wissen aber kann nur der Zuschauer haben, und der muß es *mitbringen*.

2. Beispiel: Deux yeux et douze mains (Zwei Augen und zwölf Hände)

Auch zu diesem Filmszeneninhalt aus einem indischen Film, der seinerzeit in Europa recht erfolgreich war, muß der Zuschauer etwas *wissen*. Sonst kann er nicht verstehen, warum die tanzende Musikerin so offensichtlich lustvoll zusammen mit den beiden Kindern in einem Platzregen herumtanzt und dabei auch noch mit Sicherheit ihr geigenartiges Saiteninstrument ruiniert. Vor einem solchen wolkenbruchartigen Regen würde jeder Europäer doch schnellstens ins Trockene flüchten.

Leider wird dem europäischen Zuschauer weder in dieser noch in einer vorhergehenden Szene der Grund für dieses seltsame Benehmen mitgeteilt.

Wenn der europäische Zuschauer nicht zufällig einen der gelegentlich im Fernse-

Abb. 2

hen gezeigten Wüsten-Expeditionsfilme kennt, in denen das Benehmen von Wüstenbewohnern in dem Augenblick gezeigt wird, wenn nach ewig langer Sonneneinstrahlung einmal im Jahr für kurze Zeit Regen vom Himmel fällt, dann wird ihm auch die Tanzszene des indischen Films ganz unverständlich bleiben. Solche Menschen, die Tag für Tag unter klarblauem Himmel zu leben gezwungen sind, aus dem eine erbarmungslose Sonne auf sie herabstrahlt, empfinden einen unverhofft einfallenden Platzregen als göttliches Wunder, dem sie sich ohne Rücksicht auf Kleidung, Haartracht und Gesundheit hemmungslos hingeben. Das aber muß der Zuschauer *wissen*, wenn er diesen Szeneninhalt begreifen und miterleben können soll.

Erster Hinweis auf die Film-Logik

Ein solches *Wissen* muß sich dem Film-Zuschauer jeder einzelnen Filmszene, die ihm gerade vorgeführt wird, einprägen, damit sich der gesamte Film an dieser Stelle vollenden und damit »Wirklichkeit« werden kann. Diese Kenntnis kann dem Zuschauer auch ohne jeden begleitenden Sprech-Kommentar, allein durch den filmlogischen »zwingenden Sinnzusammenhang« vermittelt werden. Wie Sie auch Ihre Filmszenen in diesen für Ihre späteren Zuschauer zwingenden Sinnzusammenhang durch überlegte Kameraeinstellung, Kadrierung und Schnitt so sicher eingliedern, daß er sich diesen ganz unbewußt mitteilt, finden Sie auf Seite 41 im V. Kapitel: Die Filmlogik.

Das mitgeschleppte Wissen des Zuschauers ist also Filmbestandteil

Der Filmer hat gegenüber dem Fotografen den gewaltigen Vorteil, daß er alles, was der Zuschauer braucht, um die ihm gerade vorgeführte Filmszene als Erlebnis zu vollenden, durch den Inhalt der vorhergehenden Szene vorbereiten kann.
Diese Möglichkeit hat der Fotograf nicht. Der Fotograf kann durch sein Bild immer nur feststellen: »So *ist* es. Ich biete dir in meinem Bild einen Höhepunkt dar.«
Der Filmer aber kann seinen Zuschauer *die Entwicklung des Höhepunktes* miterleben lassen. Die einzelne Filmszene hat die Aufgabe, den Zuschauer zu *führen*, indem sie ihm durch ein gleichzeitiges Angebot von sicht- und hörbaren Vorgängen ein Stück Wirklichkeit zum Miterleben anbietet und nicht nur ein aus der Wirklichkeit herausgerissenes stummes *Ab-Bild*, wie es nur der Fotograf machen kann.
Wenn wir ein Bild betrachten, ist es *grundsätzlich* unwichtig, was sich vor dem erfaßten Höhepunkt ereignet hat. Sollte das einmal wirklich wichtig sein, muß es der Fotograf auch mit in sein Bild hineinkomponiert haben.

3. Beispiel: Der fotografische Bildhöhepunkt

In diesem FOTO besteht der nicht gerade sehr aufregende Höhepunkt in einem jungen Mann, der offenbar ein wenig zögernd mit einem Portier verhandelt, welcher durch die spiegelnde Glasscheibe nicht als solcher erkannt werden kann. Das ist eine kompositorische Schwäche des Bildes, die aber durch das Schild »Anmeldung« ausreichend ausgeglichen wird. Die Unsicherheit des jungen Mannes, ob er eingelassen wird, unterstreicht der Fotograf recht geschickt durch die Haltekette für den Kugelschreiber zur Ausfüllung des Anmeldezettels, an den sich der junge Mann geradezu klammert.
Die Hauptpointe des Fotos aber liefert das, wie zufällig, in der rechten Bildhälfte groß mitaufgenommene Schild »BAVARIA FILMKUNST«, das allein durch seine auffallende Existenz den jungen Mann in eine ganze Geschichte eingliedert. Decken Sie das Schild mit Ihrer Hand ab: Dann bleibt ein völlig belangloser Alltagsvorgang übrig.
Der Filmer ist dagegen nicht wie der Fotograf gezwungen, alle zum Verständnis des Bildhöhepunkts wichtigen Einzelheiten in seiner jeweiligen Filmszene zu

Abb. 3

gruppieren. Er kann sich darauf verlassen, daß der Zuschauer, wenn er eine einzelne Filmszene vorgeführt bekommt, bereits etwas weiß, und daß er den Inhalt der neu dargebotenen Filmszene in den Zusammenhang mit dem Inhalt vorhergegangener Filmszenen automatisch eingliedert.

Dem Klasse-Hobbyfilmer stehen alle Berufswege offen

Alle Hobbyfilmer sind, selbst wenn sie nur auf die objektive Registrierung von Umweltereignissen eingestellt sind, auch ein wenig Träumer, denn bevor sie die Kamera aufnahmebereit machen und auf den Knopf drücken können, muß ihnen innerlich klar geworden sein, wo sie mit ihrer Kamera hin wollen und was sie dort aufzunehmen beabsichtigen.
Diese Vorbereitung und Einstellung auf das Filmthema kann – und wenn sie noch so unverbindlich und allgemein erfolgt – nur durch geistige Vorstellungen und Assoziationen erfolgen.

22

Viele Hobbyfilmer aber gehen in ihren Träumen weit über solche allgemeinen Vorbereitungsvorstellungen hinaus. Ihre Träume richten sich auf die Herstellung geschlossener Reportagen und Dokumentarfilme, über ganz bestimmte Themen oder gar Spielfilme und echte Film-Kunstwerke, die ihren Weg über internationale Filmwettbewerbe auf den Fernsehschirm und in die Filmtheater finden könnten.

Diesen kühnen Träumern unter den Hobbyfilmern soll hier am Ende der Einleitung noch Mut gemacht werden.

Alle diese Traumziele sind tatsächlich erreichbar. Viele Berufsfilmer, die sich als Filmgestalter, Schnittmeister, Drehbuchautoren, Kameramänner, Regisseure und Produzenten im Berufsfilm einen geachteten Namen gemacht haben und sich teilweise internationales Ansehen erarbeiteten, haben als einfache Hobbyfilmer begonnen.

Sie alle waren einmal fasziniert von den gewaltigen Möglichkeiten, die der Film auf alle Menschen ohne Unterschied auszuüben fähig ist, wenn ihnen nur ein kunstgerechtes, psychologisch auf ihre seelische Empfindungsfähigkeit und ihren Wissensstand eingestelltes Filmangebot gemacht wird.

Und wiederum einige von diesen sind auch auf ihrem späteren Berufsweg weiterhin Träumer geblieben, die dem echten Film-Kunstwerk nachjagen, das sich gleichberechtigt neben den anderen großen Kunstwerken der Musik, der bildenden Künste, der Theater- und Tanzkunst zu behaupten vermag. Auch diesen Träumern soll hier ausdrücklich Mut gemacht werden.

Wenn auch die Frage, ob die Fotografie und die kinematografische Filmgestaltung zu den legitimen Kunstgebieten gehören, noch nicht endgültig entschieden sein mag, so ist doch heute schon unstreitig, daß beide zu jenen Gebieten gehören, auf denen der Mensch Gestaltungsergebnisse von echter Kreativität hervorzubringen fähig ist. Das Gestaltungsgebiet der »Fotografie« wie des »Films« überdeckt den gesamten Bereich der sinnlichen Erfahrung, der Information, der Unterhaltung, der Verstandes- und Gefühlsführung und schließlich der »Erschütterung und Läuterung« (Aristoteles) im genau gleichen Sinne, wie das die Schriftstellerei und die Dichtung, die akustische Kommunikation und die Musik, die Zeichnung und die Malerei, die Architektur und die Bildhauerei, der Tanz, der Gesang und die deklamatorische Rhetorik auch tun.

Diese Möglichkeiten, sich originär auszudrücken und mitzuteilen, bestimmen die fotografische und kinematografische Gestaltung als ein menschliches Werkzeug, durch dessen Anwendung die prinzipielle Möglichkeit der Entstehung echter Kunstwerke im gleichen Sinne bejaht werden muß, wie das durch die gestalthafte Aneinanderreihung von Sprachbegriffen für die Dichtkunst, durch Töne und Klänge für die Musik, durch Griffel, Pinsel und Pigmente für die Malerei seit Jahrtausenden bereits anerkannt ist.

Es darf daher als zentrale Aufgabe einer Kunstgeschichte der Fotografie und des Films angesehen werden, deren eigenkünstlerische Gestaltungselemente aufzufinden, zu beschreiben und von den analogen Gestaltungselementen der anderen Künste (vor allem der benachbarten) abzugrenzen, zumal der Zuschauer ja häufig zum unabdingbaren Bestandteil des Filmwerks wird (siehe Seite 17 ff.).

Wird die physische Wirklichkeitsqualität des Filmwerks, das als Phasenbildband und Licht- oder Magnettonaufzeichnung objektiviert wurde, dort zu erfassen versucht, wo es sich dem Zuschauer als erlebbares Filmwerk optisch offenbart, dann stellt sich heraus, daß seine physikalisch-physiologische Erscheinungsweise ausschließlich aus gefilterten Lichtwellenenergieströmen besteht.

Ein Filmwerk kann vom Filmzuschauer nur dann im Sinne seiner Gestalter nachgestaltet und erlebt werden, wenn ein durch sich kunstgerecht folgende Phasenbilder gefilterter Strom annähernd weißen oder farbigen Lichtes über die Reflexion oder Streuung durch die Raumluft hindurch in das Auge des Zuschauers eingestrahlt wird.

Die physiologische Umsetzung dieses gefilterten Lichtstroms ist für die kunstgerechte Verwirklichung des Filmwerks auf der Vorführwand wesensentscheidend. Ohne sie und ohne die gezielte Weiterleitung des gefilterten Lichtwellenenergiestroms kann sich das Filmwerk im Zuschauer nicht nachverwirklichen. Es bleibt in seinem sinnbildlichen Zustand seiner dinglichen Zusammensetzung nach physikalisch und chemisch definierbare »Materie«.

Das bedeutet aber einmal mehr, daß der Filmzuschauer selbst und die *von ihm* durchzuführende Transformation physikalisch-physiologischer Reizkomplexe unabdingbarer Bestandteil jedes Filmwerks sind.

III. Kapitel
Welche Kamera sollten Sie kaufen?

Wenn Sie die beiden ersten Kapitel aufmerksam gelesen haben, wird Ihnen die Antwort auf diese Frage leichtfallen.

Die Kamera muß genau diejenigen Filmthemen und Filmszeneninhalte, die Sie filmisch erfassen wollen, so optimal wie möglich, aber schließlich auch außerordentlich handhabungsfreundlich aufzunehmen gestatten.

Wollen Sie also zunächst nicht mehr als die Familienereignisse, das Heranwachsen Ihrer Kinder und vielleicht noch einfache Erinnerungsfilmszenen von Ihrer Freizeit, sportlichen Betätigung und Reiseerlebnisse festhalten, wird Ihnen auch eine sogenannte »einfache Kamera« ohne besondere filmtechnische Möglichkeiten genügen, die allerdings mit höchster technischer Präzision hergestellt und optisch erstklassig ausgerüstet sein muß: das heißt *eine internationale Markenkamera.*

Sehen Sie sich doch rasch noch einmal die Abbildungen I und II des Farbbildteils an. Dort haben Sie zwei Szenenbeispiele, an denen Sie ganz genau erkennen können, welche Teile der Szeneninhalte von der mechanisch-optischen Präzision der Kamera abhängig sind und was Ihrer Leistung als Kameramann und Regisseur daran zu verdanken wäre.

Die Leistung der Filmkamera in diesen Familienszenen besteht in der richtigen Belichtung, die der eingebaute Belichtungsmesser automatisch vorwählt, ferner in der durchgehend scharfen Abbildung, die dem erstklassigen Markenobjektiv zu verdanken ist, und in der Wiedergabe der gleichmäßigen Ausleuchtung bis in die äußersten Ecken des Szenenrahmens, in denen – im Gegensatz zu weniger erstklassig korrigierten Objektiven – auch nicht der leiseste Lichtabfall zu bemerken ist.

Diese aufnahmetechnische Leistung genügt, wie Ihnen schon bewußt geworden ist, aber noch lange nicht, um auch einen *optimal wirkungsvollen* Szeneninhalt für Ihre zukünftigen Zuschauer auf Ihrem Filmband in der Kamera registriert zu haben.

Um das zu erreichen, müssen Sie selbst, wie Sie durch aufmerksame Betrachtung der Filmszenen Abb. I und II des Farbbildteils wohl erkennen, noch eine umfangreiche persönliche Leistung zusätzlich vollbringen, die Ihnen auch von der teuersten Filmkamera nicht abgenommen werden kann. Da ist zum Beispiel die Kleidung der Personen in der ersten Szene, die von auffallend gleichmäßiger Helligkeit ist. Jegliche »Buntscheckigkeit« wurde vermieden. Es gibt zwar verschiedene Farbtönungen, doch sind diese ebenso wie die Gesichter und Arme sämtlich gleichmäßig hell ausgeleuchtet. Ebenso ist die Bekleidung auf die hell gestrichenen Holzteile des Hauses, die Brüstung und Pfeiler der Veranda gleichmäßig hell abgestimmt.

Diesen sorgfältig eingerichteten Helligkeits- und Farbenkontrast können Ihnen weder Kamera noch Szenenmotiv von sich aus so eindrucksvoll liefern. Dieses Arrangement müssen allein Sie vor der Aufnahme zusammenstellen; das heißt *Sie müssen Regie führen.* Für Ihre Familienaufnahmen könnte der Gesamteindruck z. B. schon dadurch verbessert werden, daß Sie sämtliche Männer veranlassen, etwa dunkelfarbige Jacketts auszuziehen. Dadurch würde der allgemeine Helligkeitskontrast schon einmal verbessert. Auch könnten Sie stark farbgetönte Kleider so zwischen den helleren Personen »verstecken«, daß sie nicht als unpassende Farbkleckse den gleichmäßigen Helligkeitsaufbau zerstören – und so weiter.

Genau die gleichen Regie- und Aufnahmeüberlegungen gelten für das Szenenbild Nr. II des Farbbildteils. »Trauung in der Kirche«. Dort ist die diffuse Helligkeitsverteilung ohne starke Helligkeitskontraste durch die wohlüberlegte und arrangierte helle Bekleidung der meisten Anwesenden und die »dichtgestaffelten« Gesichter erreicht.

Sie erkennen an diesen Beispielen, daß der Hauptteil der Zuschauerwirkung von Ihrem persönlichen Beitrag, d.h. von der richtig gewählten und verbesserten Ausleuchtung, von Ihrem Einfluß auf die Bekleidung, die Anordnung und Aufstellung sowie die Führung der Personen im Szenenraum abhängig ist.

Die Kamera kann nicht mehr tun, als *Ihre Leistung* mechanisch-optisch vollendet auf dem Film zu registrieren.

Wie Sie sich beim Einkauf verhalten sollten

Wenn Sie zu einem Fachhändler gehen, um eine Filmkamera zu kaufen, sollten Sie auch darauf bestehen, die Kamera zuerst einmal ausprobieren zu dürfen. Keinesfalls aber sollten Sie Ihr Qualitätsurteil – was leider viele Filmer tun – auf die Betrachtung eines gegen das Licht gehaltenen Filmstreifens, auf dem einzelne Phasenbilder registriert sind und der Ihnen von einem Verkäufer gezeigt wird, allein stützen. Denn bei dieser Betrachtung können Sie zum Beispiel weder den »Bildstand« noch auch eventuelle »Bildfeldschwankungen«, unterschwelliges »Verzittern« oder nachlässige Kameraschwenks beurteilen. Das aber wären sämtlich untolerierbare Mängel, die Sie nur durch eine korrekte Vorführung auf einer erstklassigen Vorführwand eindeutig beurteilen können. Es mag Ihnen ein wenig seltsam vorkommen, ist aber nichtsdestoweniger wahr, daß die sichere Beurteilung der Leistungsqualität einer Filmkamera grundsätzlich von der Vorführfläche abhängig ist, auf die eine mit der Kamera gedrehte Filmszene projiziert wird.

Natürlich brauchen Sie für eine solche Prüfung auch noch einen geeigneten Film-projektor oder wenigstens einen erstklassigen »Betrachter«, doch brauchen wir uns über diese Zusatzgeräte hier nicht groß zu unterhalten, weil für sie, ebenso wie für die Kameras, die internationale Markenqualität gilt, der Sie bei einer Be-schaffung stets vertrauen können.

Nicht aber gilt dieses Vertrauen mit gleicher Selbstverständlichkeit auch für die *Vorführfläche*, die von vielen Hobbyfilmern oft sträflich vernachlässigt wird. Vergessen Sie daher nie: *Der Zuschauer beurteilt die Qualität Ihrer Filme aus-schließlich auf der Vorführfläche!*

Das bedeutet für Sie als Hobbyfilmer, daß Sie das Geld für Ihre hochwertige Filmka-mera, den Filmprojektor und sonstige Marken-Bearbeitungsgeräte zum Fenster hin-ausgeworfen hätten, wenn Sie nicht auch für die Aufrechterhaltung der Qualität Ihrer Filmszenen durch eine ebenso erstklassige Vorführfläche sorgen.

Ich selbst habe die besten Erfahrungen mit den Bildwänden der Fa. Mechanische Weberei, Lippspringe, gemacht. Diese Firma hat eine universelle Bildwand *MW-Vario-Maxi* entwickelt, bei der Sie vier gleichgroße Projektionsflächen zur Verfügung haben:

1. die *Vario-Silver* für Hellraumprojektion mit hohem Leuchtdichtefaktor.
2. die *Vario-Perlmutt* für farbechte Bildwiedergabe in dunklen Räumen bei gerin-gem Betrachtungsabstand,
3. die *Vario-Perlmieron* für farbechte Bilder bei höchster Leuchtdichte mit mini-maler Seitenabstrahlung,
4. die *Vario-Weitwinkelweiß* für gleichmäßige Licht-Bild-Streuung vor großem Zu-schauerkreis.

Jede Kamera muß ganz bestimmte Grundbedingungen erfüllen

Ihre Kamera muß grundsätzlich fähig sein, von sich aus Aufnahmen beliebiger Einzelszenen in optimaler Qualität zu liefern.

Wenn Sie eine internationale Markenkamera erwerben, dann dürfen Sie – unab-hängig von der Höhe des Verkaufspreises – die höchstmögliche mechanisch-opti-sche und neuerdings auch elektronische Präzision als selbstverständlich vorausset-zen.

Die Preisunterschiede der einzelnen Kameramodelle betreffen ausschließlich die sich steigernde Vielseitigkeit der Aufnahmemöglichkeiten. So ist eine Kamera, die nur mit einem Fixfocus-Objektiv (d. i. feste Brennweite, die nur auf »nah« und »fern« umgeschaltet werden kann) ausgerüstet ist und weder einen automatischen Belichtungsmesser noch einen parallaxfreien Sucher besitzt, selbstverständlich zu einem wesentlich geringeren Preise zu haben als eine vielseitigere Kamera, wie etwa die *Bauer 3XL*, die ein Zoom-Objektiv mit einer zwar nur dreifach vergrö-ßernden veränderlichen Brennweite besitzt, damit aber bereits bei unbeweglichem

Abb. 4: Beaulieu 6008 S, modernste Elektronikbauweise. Gesamter Regel- und Elektronikaufbau in Modultechnik, hierdurch außergewöhnlich wartungsfreundlich.

Kamerastandpunkt einen raschen Einstellungswechsel zwischen Totale und Nahaufnahme oder Nahaufnahme und Großaufnahme erlaubt.

Überhaupt werden Sie feststellen, daß der Verkaufspreis internationaler Markenkameras in der Hauptsache mit der wachsenden Leistungsfähigkeit der Objektiv-Ausrüstung steigt.

Für den Hobbyfilmer, der den Ehrgeiz hat, über die Erinnerungsfilme (Familie, Reise) hinaus bis hin zur bewußten Gestaltung von echten Reportage- und Dokumentarfilmen vorzustoßen, ist ein möglichst umfassender Zoom-Bereich seines Kameraobjektivs die entscheidende Hilfe für den oft blitzschnell notwendigen Einstellungswechsel. Damit steigt aber auch der Kamerapreis.

Zu den Grundbedingungen, die jede Filmkamera erfüllen sollte, gehören noch:

- Ein Spiegelreflexsucher, der das ins Objektiv einfallende Licht möglichst über einen Schwingspiegel (TTL-Lichtmessung) zur optimalen Beurteilung und Scharfeinstellung im Sucher anbietet und der zugleich die automatische Belichtungsmessung veranlaßt (siehe Seite 66).
- Eine verstellbare Sektorenblende (XL-Hellsektor), die eine Verlängerung der

28

Abb. 5: Bauer C 104 XL, Preis um 500,– DM

Abb. 6: Bauer C 109 XL, Preis um 1000,– DM

Abb. 7: Beaulieu 1028 XL 10 mit Mikrophon

Abb. 8: Bauer S 709 XL mit Mikrophon

Belichtungszeit pro Phasenbild gestattet. Eine Sektorenblende muß auch zur Durchführung einwandfreier Auf-, Ab- und Überblendungen absolut lichtdicht geschlossen werden können.
- Einstellbarer Bildwechsel von *mindestens* 18 und 24 Bilder pro Sekunde.
- Eine Fern- und Selbst-Auslösemöglichkeit, damit Sie die Kamera aus größerer

Abb. 9: Beulieu 6008 S mit Breitwandobjektiv. Für die Beaulieu 6008 S und 6008 Pro gibt es ein auf der Basis des Goedecke-Kompendiums entwickeltes Modell mit spezieller Beaulieu-Halterung. Diese ermöglicht die gleichzeitige Verwendung der 60-m-Kassette und des Aufsteck-Teleskop-Mikrofons (siehe auch S. 28)

Entfernung auslösen und auch selbst in der Szene mitaufgenommen werden können.

- Einstellbares Sucher-*Okular* für Fehlsichtige.

Als Grundbedingungen für Tonfilm-Kameras sollten erfüllt sein:

- Eine Tonaussteuerungsautomatik, die Übersteuerungen *ohne* größeren Empfindlichkeitsverlust verhindert.
- Die Tonaussteuerungsmöglichkeit von Hand.
- Eine Mithörkontrolle vor und während der Tonaufnahme.

Für gehobene Ansprüche an Tonfilmaufnahmen sollte erfüllt sein:

- Hinterband-Mithörkontrolle
- Die wahlweise Tonaufnahme von Pisten- oder Direkt-Tonverfahren und Zweiband-Verfahren für 15- und möglichst auch 60-m-Kassetten.
- Anstelle der Kabelverbindung bei Zweiband-Verfahren auch die beweglichere kabellose Synchronisation durch Quarzsteuerung zwischen der Kamera und dem Tonaufzeichnungsgerät.

- Anschlußmöglichkeit für verschieden empfindliche Mikrofonarten mit unterschiedlicher Richtungscharakteristik (Kugel bis Tele, auch Lavalliere-Mikrofone) und Wind- wie Berührungsschutz-Einrichtung.

Für Trickmöglichkeiten und gehobene Ansprüche sollte eine Hochleistungs-Super-8-Kamera wie folgt eingerichtet sein:

- Wahlweise Einschaltung einer 60-m-Filmkassette.
- Auf- und Abblendungsautomatik für Bild und Ton.
- Überblendungsautomatik für Bild und Ton variabel einstellbar.
- Zeitlupen-Automatik für Stummkassetten von mindestens 32 Bilder/Sek.
- Einstellbare Zeitraffer oder Zeitlupen-Bildwechsel von 4, 9, 18, 24/25 bis 80 Bilder pro Sekunde (möglichst kontinuierlich) zum Studium von raschen Bewegungen und zur Trick-Dramaturgie (siehe Seite 247 ff.).
- Kompendium-Adapter
- Breitwand-Objektivvorsatz und Austausch-Fotoobjektive.
- Unbegrenzte »Macro«-Aufnahmemöglichkeiten.

Keine Kamera ohne Tragetasche und Stativ

Sowenig Sie eine Filmkamera ohne staubdichte Tragetasche, in der Sie zugleich zusätzliche Filmkassetten, Filter, Ersatzbatterien und fachgerechtes Reinigungsgerät unterbringen können, erwerben würden, ebensowenig sollten Sie es auch unterlassen, gleichzeitig wenigstens ein leicht transportables *Einbeinstativ* mit einzukaufen.

Wenn Sie die Reportage-Filmszenen auf dem Fernsehschirm aufmerksam daraufhin betrachten, werden Sie immer dann eine vertikal schwankende Unruhe der Szeneneinstellung beobachten, wenn der Kameramann seine Aufnahmen freihändig, d. h. ohne Kamerastativ, gedreht hat. Dann schwankt der Szeneninhalt mehr oder weniger merklich innerhalb des Szenenrahmens.

Zu solchen Freihandaufnahmen wird der Fernseh-Kameramann, der sich innerhalb dichter Menschenmengen frei bewegen will, oft gezwungen, wenngleich er auch dann für seine kompakte 16-mm-Kamera fast immer wenigstens ein Schulterstativ benutzt.

Für Sie als Hobbyfilmer, der Sie mit einer viel leichteren und kleineren Super-8-Kamera filmen können, ist es weitaus vorteilhafter, falls Ihnen das solide Dreibeinstativ in solchen Situationen zu hinderlich ist, wenigstens ein Einbeinstativ, das Sie sogar als verlängerten Kamerahandgriff auffassen können, zu benutzen. Es lohnt sich!

Sie werden nämlich bei sorgfältiger Betrachtung Ihrer freihändig aufgenommenen Filmszenen bald selbst feststellen, daß der störende Seheindruck überwiegend von den vertikalen Bewegungsschwankungen ausgeht. Sie werden auch feststellen, daß sich diese Störungen beim Zuschauer um so unangenehmer auswirken, je länger sie andauern.

Auch diejenigen Zuschauer, die sich die vertikalen Bildschwankungen gar nicht bewußt machen, überanstrengen sich nach längerer Betrachtungsdauer derart, daß ihnen die Augen flimmern und bei empfindlichen Personen seekrankheitsähnliche Erscheinungen auftreten.

Die Benutzung eines Einbeinstativs mit Neige- und Panoramakopf schaltet alle vertikalen Bildschwankungen radikal aus und beruhigt darüber hinaus noch die Seiten- und Schwenkbewegungen, macht sie ruckfrei und gleitend, ohne Ihre Bewegungsfreiheit während der Aufnahme selbst in dichtgepackten Menschenansammlungen einzuschränken. Damit erreichen Sie eine aufnahmetechnische Qualitätsverbesserung Ihrer Filmszenen, die noch be-

Abb. 10

deutsamer ist als die der perfekten Kinovorführung.

Als Dreibein-Stativ empfiehlt sich die neuste Schöpfung der jedem Profi wohlbekannten Firma *Sachtler*, das den Namen »Hydro-System Hollywood« trägt. Dieses System ist nicht nur mit allen Finessen wie »Dämpfungselemente für Schwenks, Schnellspannungssystem, Bodenhaftungshilfen, Bodenspinne u.a.m.« ausgestattet, sondern kann auch im Meerwasser aufgestellt werden, ohne zu korrodieren.

Der bequeme Umweg über den Video-Recorder

Natürlich können Sie sich sagen, wozu brauche ich eine separate Vorführwand und einen Filmprojektor, wenn ich doch einen Fernseher und einen Video-Recorder besitze. Es ist ja ohne weiteres möglich, Super-8-Filmszenen auf Video-Bänder umzukopieren und über den Recorder auf dem Fernsehempfänger vorzuführen.

Dieses naheliegende Verfahren würde doch sowohl einen Filmprojektor als auch eine separate Vorführwand einsparen. Diese Auffassung ist zwar grundsätzlich richtig. Sie ist auch für alle diejenigen Hobbyfilmer vertretbar, die sich nur an mehr oder weniger zusammenhängende Erinnerungsszenen von ihrem Familienleben und von Reiseausflügen erfreuen wollen. Aber schon wenn Sie sich und Ihren Zuschauern den Ablauf von wichtigen Familienfesten, Hochzeiten, Kindtaufen,

Geburtstagen, Jubiläen in einer wohlabgestimmten Montagefolge von Großaufnahmen, Nahaufnahmen und Totalen so nahebringen wollen, daß sich jeder Zuschauer, also auch der, dem die meisten der mitwirkenden Familienmitglieder nicht persönlich bekannt sind, in diese hineinversetzen und so die Festlichkeit nachträglich voll intensiv mitzuerleben fähig sein soll, werden Sie feststellen, daß dazu die Video-Übertragungsqualität heute oft noch nicht ganz ausreicht. Auf alle Fälle aber kann die Wirkung auf die Zuschauer durch eine erstklassige Filmprojektion auf eine optimal ausgewählte Vorführwand in einem makellos verdunkelten und akustisch einwandfreien Vorführraum noch bedeutend gesteigert werden.

Der Video-Umweg ist für den Klasse-Hobbyfilmer nicht mehr als ein brauchbares Hilfsmittel für seine eigene Filmherstellung
Wenn es Ihnen mit Ihrer Filmarbeit wirklich Ernst ist, wenn Sie über die reine Filmszenen-Erinnerungssammlung hinaus von der Herstellung kleiner, mittlerer und später sogar großer Reportage-, Dokumentar-, ja Spielfilme und von Filmkunstwerken träumen, sollten Sie sich den tatsächlich vorhandenen Qualitätsunterschied zwischen einer Video- und einer optimalen Super-8-Filmprojektion nicht nur theoretisch erläutern lassen.
Sie sollten eine solche Vorführung auch praktisch durch die nebeneinander erfolgende Projektion der gleichen erstklassigen Filmszenenfolge zu beurteilen versuchen. Dabei wird Ihnen jeder erfahrene Fachhändler gerne behilflich sein.
Dabei werden Sie mit Sicherheit erkennen, daß eine Kino-Projektion im perfekt abgedunkelten, akustisch optimalen Vorführraum qualitativ, das heißt hinsichtlich der Wirkung auf den Zuschauer, unübertrefflich ist. Ein solcher Experimentalvergleich wird Ihnen auch nicht nur die volle Sicherheit in der Auswahl Ihrer Kamera und gegebenenfalls des Filmprojektors vermitteln, sondern auch die für Ihre individuellen Wohnverhältnisse ideal passende Vorführwand auszuwählen ermöglichen.
Über den weiteren nützlichen Einsatz von Video-Recordern und Videokameras für Ihre Super-8-Filmarbeit, der Ihnen unter anderem bedeutende Einsparungen beim Rohfilmeinkauf ermöglicht, auch die Vertonung und den Schnitt Ihrer Filme stark erleichtern und verbilligen kann, finden Sie alles Wichtige im 2. Teil von H. C. Opfermanns Video-Ton-Film-Kurs, der demnächst im ECON Verlag erscheinen wird.
Lifeton, Nachsynchronisation, Playback, Multiplay, elektronisch gesteuerter Schnitt und Montage sind durch Eingliederung des »Camera-Synchron-Systems CASY« optimal lösbar.
Wenn Sie die Geräte-Bausteine dieses von der Fa. Ellelec A. G. in der Schweiz in Herzogenbuchsee im Aufbau-Verfahren für jeden einzelnen Bereich der Super-8- und 16-mm-Filmvertonung entwickelte System zum Herzstück Ihrer eigenen Filmherstellung machen, erreichen Sie, daß sich die herstellungsbedingten Toleranz-Abweichungen der einzelnen Marken-Arbeitsgeräte wie Kamera, Betrachter, Ton-

aufnahmegeräte, Projektoren und Mikrofone unterhalb der Merkschwelle Ihrer zukünftigen Zuschauer halten lassen.

Damit können Sie alle bisherigen Genauigkeits- und Synchron-Probleme, die sich bisher gelegentlich bei Ihren Lifeton-Aufnahmen, während der Nachsynchronisation einschließlich Multiplay- und Playback-Aufnahmen und bei allen Synchron-Schnitt- und Montage-Arbeiten störend bemerkbar machten, sicher beseitigen.

Die Hauptverwendungsmöglichkeiten des CASY-Systems werden durch die folgenden Schemazeichnungen veranschaulicht.

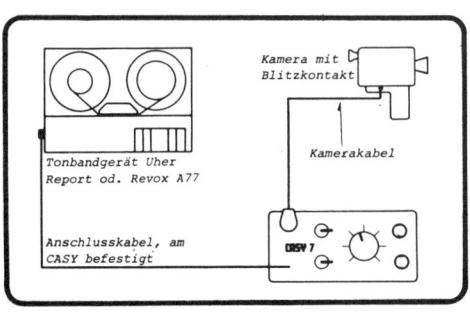

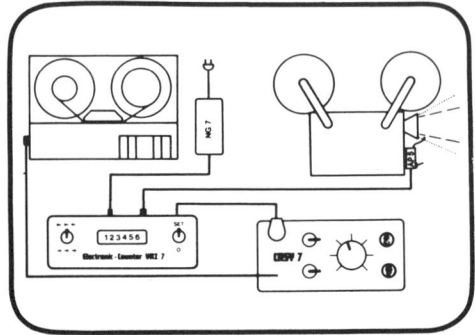

Abb. 11a: CASY-Grundausstattung zur lippen-synchronen Aufnahme mit beliebiger Kamera, die über einen eingebauten Blitzkontakt verfügt, einem CASY 7 und dafür umgebautem Tonbandgerät.

Abb. 11b: CASY-Grundausrüstung für die exakte Vor- und Rückwärts-Synchron-Projektion mit Projektor, Fotozelle, Tonbandgerät und Elektronic-Counter.

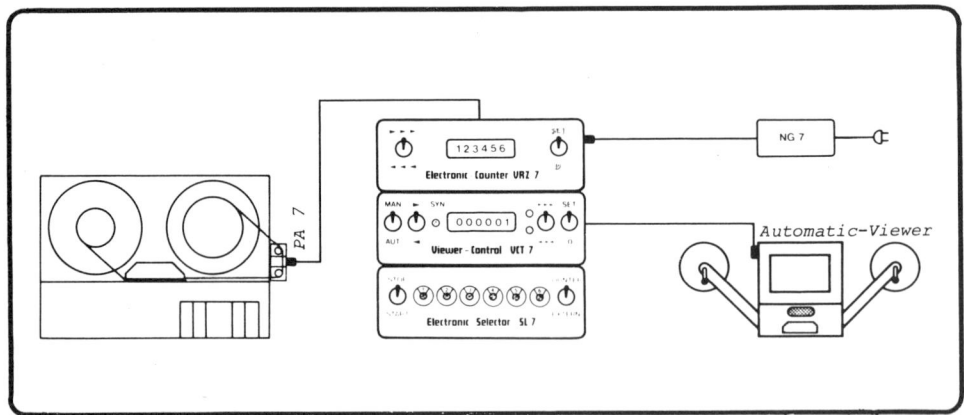

Abb. 11c: Ein motorgetriebener Filmbetrachter wird durch den »Viewer-Control VCT 7« so gesteuert, daß der Film im Betrachter stets bildgenau synchron, vorwärts wie rückwärts zum Tonband mitläuft. Selbst wenn das Tonband von Hand bewegt wird, läuft das Bildband im Betrachter bildgenau mit. Der Electronic-Selector 527 kann jede schnittgewünschte Bild-Tonabweichung synchrongenau festhalten. So kann ohne Schere elektronisch geschnitten werden.

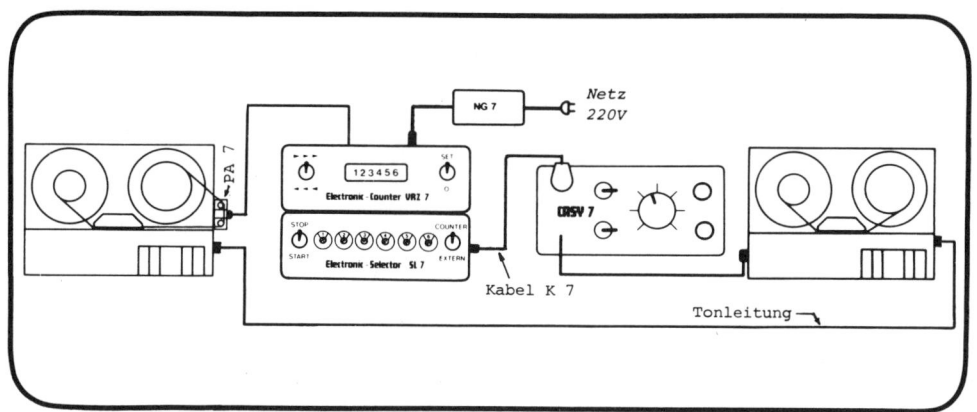

Abb. 11d: CASY-Grundausrüstung für den elektronischen Tonschnitt ohne Schere durch Überspielung. Der Electronic-Selector steuert automatisch szenenweise die bildgetreue Schnitt-Überspielung.

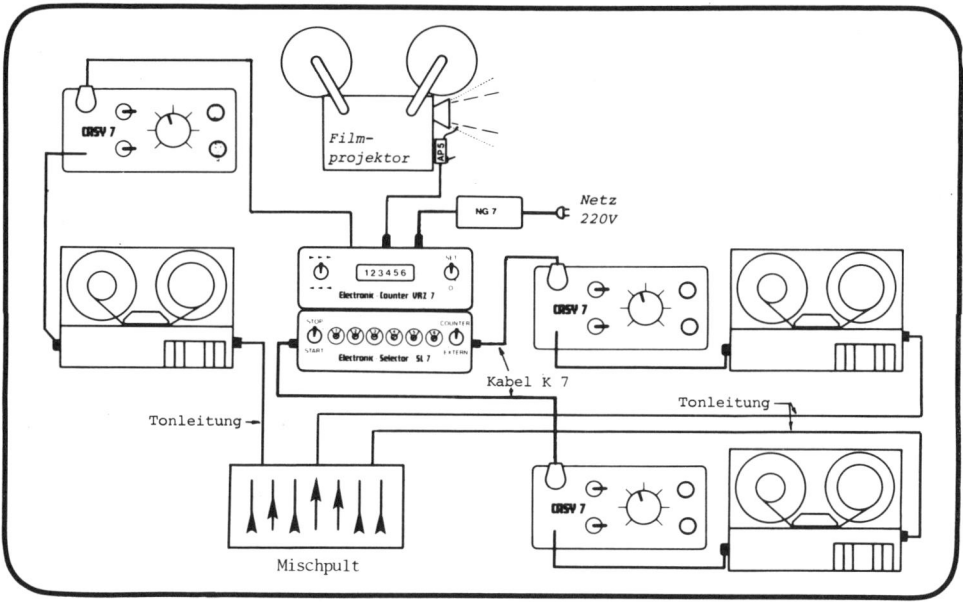

Abb. 11e: Ein stufenweiser Ausbau des CASY-Systems ist bis zur Vormischungs- und Mischungsanlage mit Bild möglich, wenn alle drei benötigten Tonbandgeräte auf CASY-Betrieb umgebaut sind.

35

IV. Kapitel
Wie Sie ein Klasse-Hobbyfilmer werden

Lebendige Erinnerungen als Hobbyfilm
oder
»Weißt Du noch, wie's damals war?«

Es ist ein großer Unterschied, ob Sie im Fußballstadion von der Tribüne aus mit Ihrer Kamera die Flanke, die *Beckenbauer* präzise in den Strafraum hineingab, erwischen und die *Hrubesch* dann in ein Tor verwandelte, oder ob Sie vom gleichen Platz aus das Bundesliga-Spiel HSV gegen den 1. FC Kaiserslautern filmisch erfassen wollen.

Im ersten Falle ist Beckenbauers Flanke, die durch Hrubesch zum entscheidenden Tor verwandelt wurde, alleine herausgegriffen und vorgeführt, nicht viel mehr für Sie und Ihre Freunde als eine Lebenserinnerung, die als Beleg für die Worte: »Wißt Ihr noch, wie Beckenbauer und Hrubesch damals das entscheidende Tor gegen den 1. FC Kaiserslautern fertigbrachten?« gezeigt werden kann.

Das vollständige Spiel des HSV gegen den 1. FC Kaiserslautern können Sie dagegen nur im Rahmen einer *Film-Reportage* ausreichend wirkungsvoll erfassen, denn nur dann können Ihre Freunde und Sie selbst den gesamten Spielverlauf noch einmal nacherleben. Für eine wirkungsvolle Reportage sind aber alle Einzelszenen, die Sie aufgenommen haben, nur Rohmaterial für eine nach dem Spiel durchzuführende filmische Gestaltung durch Schnitt und Montage. Nur durch eine genaue Längenabstimmung der aneinandergeschnittenen Einzelszenen und das Herausschneiden langweiliger Zwischenspielzeiten kann die erforderliche Spannung in Ihre Reportage gebracht werden, die sich Ihren Zuschauern bei der Vorführung mitteilt (ganz abgesehen von der gezielten nachträglichen Vertonung mit Stadion-Geräuschen, Torrufen und den Pfiffen des Schiedsrichters).

Das eben nennt man *»filmische Gestaltung«*, über die Sie ab Seite 216 ff. alles nötige Wissen vermittelt bekommen.

Doch sollten Sie, bevor Sie sich auf die filmische Gestaltung konzentrieren, stets zuschauerwirksame, erstklassige Einzelszenen aufnehmen. Das ist, wie Sie in der Einführung erkannt haben, schon schwierig genug. Und dabei kommen Ihnen Ihre Lebenserinnerungen, die Sie ja vorzugsweise in Einzelszenen einfangen können, gerade recht.

Um immer erstklassige Einzelszenen zu erhalten, müssen Sie sich vor allen Dingen während der Aufnahme richtig und geschickt verhalten – was die meisten Hobbyfilmer leider nicht tun. Wenn Sie einfach nur so drauflosfilmen, werden Sie mit dem Ergebnis nur sehr selten ganz zufrieden sein.

Das allzuleicht zu filmende Baby

Es soll hier nicht ein weiteres Mal die schon tausendmal beschriebene beste Methode, wie Sie ein Baby im Kinderwagen in einer erstklassigen Filmszene festhalten können, beschrieben werden.

Die bringt auch ein krasser Anfänger zustande, wenn er nur darauf achtet, daß sein Baby von direktem oder nur leicht gedämpftem Sonnenlicht beschienen wird und er selbst imstande ist, seine Filmkamera während der Aufnahme eisern ruhig zu halten.

Alles andere, nämlich die ideale Belichtung für die vorhandenen Farben und die ausreichende Schärfentiefe liefert ihm die Automatik seiner modernen Super-8-Kamera von ganz alleine.

Die schon schwieriger zu filmende Familienfeier mit Tanz

Man kann durch einfaches Drauflosfilmen eine solche Veranstaltung in keineswegs erstklassigen, sondern für den späteren Zuschauer ziemlich unerträglich anzusehenden Einzelszenen festhalten. Dafür gibt es ein praktisches Beispiel, das Millionen Zuschauer bereits als Fernseh-Vorführung oder im Kino gesehen haben.

Robert van Ackeren hat einen Film unter dem Titel *»Deutschland privat«* zusammengestellt, in dem ausschließlich Amateurfilmszenen – meist stumm aufgenommen – enthalten sind. Er ist übrigens auch als Video-Kassette zu haben!

Gleich die erste Szenenfolge dieses Films liefert ein abschreckendes Beispiel für eine zuschauerfeindliche Aufnahmeweise mit der Filmkamera. Ein Amateur versuchte, die Tanzszenen einer Familienparty in einem völlig unzulänglich ausgeleuchteten großen Zimmer mit einer ständig hin und her geschwenkten Kamera aus der Hand, also ohne jedes Aufnahmestativ, einzufangen. Der Film wird immer wieder in sogenannten Experimentalfilm-Kinos vorgeführt. Die Aufführungsdaten können Sie vom Verleiher des Films, Filmverleih München, Telefon: 0 89/33 52 77, erfahren.

Dieser Film ist für jeden Hobbyfilmer, der seine Lebenserinnerungen nach Möglichkeit in erstklassigen Filmszenen festhalten und zu Klasse-Hobbyfilmen zusammenstellen will, außerordentlich lehrreich.

Nirgendwo anders kann der Zuschauer so anschaulich miterleben, wie man es *nicht* machen darf. Sie aber können an diesen Aufnahmebeispielen leicht erkennen, aus welchen aufnahmetechnischen und filmlogischen Bestandteilen sich die Wirkungskraft erstklassiger Filmszenen auf den Zuschauer eigentlich aufbaut.

Sie erkennen zum Beispiel, daß sogar eine erstklassige Kameraführung in einer überzeugenden Szenenkomposition (Kadrierung) einfach verschwendet ist, wenn die Ausleuchtung der Szene mangelhaft oder falsch geführt wurde. Wie Sie solche Anfänger-Fehler sicher und mit geringstmöglichem Aufwand vermeiden, erfahren Sie auf Seite 63 ff.

Aber nicht nur die Ausleuchtung des Zimmers und der tanzenden Paare ist in der ersten Szenenfolge des Films *»Deutschland privat«* so unzulänglich, daß sie infolge der pausenlos auftauchenden schweren Schatten die Formen der tanzenden Menschen mehr erahnen als erkennen läßt; der Zuschauer wird vor allem durch die ständig schwankende und selbst herumtanzende Kamera so stark irritiert, daß er nach kurzer Betrachtung seine übermäßig angestrengten Augen am liebsten zumachen würde.

Dazu kommt dann noch eine ganz mangelhafte Schärfentiefe, die durch die schlechte Ausleuchtung erzeugt wird. Sie bewirkt, daß alle nahe vor dem Objektiv ebenso wie die im Hintergrund vorbeitanzenden Paare unscharf abgebildet werden. Dieses teilweise unscharfe Tohuwabohu steigert die Verwirrung des Zuschauers, der Einzelheiten ins Auge zu fassen versucht, und dessen Seh-Unruhe ganz bedeutend.

Hätte der Filmamateur dagegen für eine ausreichend kräftige Ausleuchtung wenigstens des Vorder- und Mittelgrund-Bereichs durch zwei bis drei Kameraleuchten gesorgt, und hätte er seine Kamera auf einem Stativ mit Neige-Schwenkkopf befestigt, wodurch er auf eingegrenzte Horizontal-Vertikal-Schwenks festgelegt gewesen wäre, würde er die noch so wilden und fröhlichen Bewegungen der Tanzparty-Gäste auch zuschauergerecht auf seinen Film gebracht haben.

Wie der Berufsfilm solche Aufgaben löst

Erinnern Sie sich bitte, daß die Kameraführung aus der Hand und in ständig schwenkender Bewegung der Hauptfehler in der geschilderten ersten Szenenfolge des Amateurfilms *»Deutschland privat«* war. Der zweite, nicht weniger schwerwiegende Fehler war die viel zu schwache Ausleuchtung.

Wie der Berufskameramann Menschengruppen so in das Sonnenlicht stellt, daß eine fast schattenfreie Gesamtausleuchtung erreicht wird, zeigen Ihnen die beiden farbigen Szenenbilder, die gleichartig genausogut in einem Ihrer Familienfilme vorkommen könnten.

Betrachten Sie jetzt die Abb. I der Farbtafeln!

Die schöne Gleichmäßigkeit der auffällig schattenarmen Ausleuchtung dieser Familienszene ist nicht nur der von rechts oben einfallenden, leicht wolkenverschleierten Sonne zu verdanken, sondern genauso gewichtig der sehr sorgfältig ausgewählten Aufnahmeblende. Der dritte Faktor, der den schattenarmen Gesamteindruck verstärkt, sind die vielen weißen Hemden und Hosen, die sehr geschickt in der Szene verteilt wurden. Auch die Treppe, das Verandageländer und die Holzsäulen tragen dazu bei. Der Kameramann hat seine Aufnahmeblende so weit geöffnet, daß alle Körperteile, die nicht direkt von der Sonne angestrahlt werden, noch voll durchgezeichnet, also farbrichtig wiedergegeben werden. Dazu mußte er den Helligkeitskontrast kennen, den sein Farbmaterial verarbeiten konnte. Den maß er mit seinem Belichtungsmesser, einem *Spot-Meter* (siehe Seite 88). Daß es sich bei dieser Szene nicht etwa um eine mit Kunstlicht ausgeleuchtete Atelierszene handelt, können Sie selbst an der grünen Blattpflanze auf der linken Seite erkennen. Einige Blätter spiegeln die Sonne in ihrer glänzenden Oberfläche so stark, daß sie keine Durchzeichnung mehr haben.

Dafür sind aber die Blätter weiter hinten im vollen Hausschatten durchaus noch zu erkennen. In einigen spiegelt sich der blaue Himmel, weshalb sie einen geringfügigen Blaustich aufweisen.

Das Wichtigste für Sie aber ist:

Alles, was der Profi-Kameramann und sein Regisseur hier aufnahmetechnisch und szenengestalterisch geleistet haben, könnten Sie auch mit Ihrer Super-8-Kamera genauso überzeugend erreichen. Dafür brauchen Sie keine gewaltigen Scheinwerfer und anderes Zubehör. Sie müssen sich nur während der Vorbereitungen, der Szenenanordnung, bei der Belichtungsmessung und schließlich aufnahmetechnisch richtig verhalten.

Warum die Szenenregie so wichtig wie die Ausleuchtung ist

Wie wichtig die Ausleuchtung der Szene für die Erzielung erstklassiger Filmszenen ist, haben Sie am praktischen Beispiel eingesehen. An der kirchlichen Trauungszeremonie auf Abb. II der Farbtafel, die Sie genausogut mit den aufnahmetechnischen Mitteln einer Super-8-Kamera bewältigen könnten, erkennen Sie die ebenso große Bedeutung der Szenenregie.

Der Kirchenraum braucht allerdings große helle Fenster, damit bei verschleierter Sonne eine diffuse Helligkeitsverteilung ohne starke Helligkeitskontraste erzielt werden kann. Die eigentlichen Lichtakzente werden auch hier wieder durch helle Bekleidung, die weiße Uniform des Bräutigams, den großen hellgelben Farbfleck des Mädchens links im Mittelgrund und die dicht gestaffelten flachsfarbenen Gesichter geliefert. Nicht zuletzt das strahlenförmig angeordnete Maiglöckchen-Bukett trägt vor dem blauen Taftkleid der Braut dazu bei.

Die weiße Perlenkette an ihrem Hals erhöht das schattenlose Gesicht samt dem blonden Haarschopf zu fast bildhauerischer Prägnanz.

In dieser Filmszene ist es nicht nötig – wie im vorigen Szenenbeispiel –, die Hauptbeteiligten direkt in das Kameraobjektiv hineinblicken zu lassen, um den

Zuschauer so stark wie möglich anzureizen, sich als persönlich Anwesender in die Szene mit einzugliedern. Es wäre filmgestalterisch nicht einmal richtig, die Darsteller das tun zu lassen, weil der Zuschauer dadurch aufgefordert würde, *sich als der Priester zu fühlen*, der die Trauung durchzuführen hat.

So aber blicken die Brautleute gewissermaßen am Zuschauer vorbei auf den Priester. Sie »machen« dadurch den Zuschauer zu einem anwesenden Beobachter, der seitlich hinter dem Priester in die Szene mit hineinschauen darf.

Durch die Analyse dieses Szeneninhalts erkennen Sie genauso wie bei der Beurteilung der vorigen Szene, daß sogar die rein aufnahmetechnischen Bedingungen aufgrund geistig-regielicher Überlegungen eine letzte Korrektur erfahren müssen, wenn tatsächlich erstklassige Filmszenen entstehen sollen. Die von Ihnen aufzubringenden aufnahmetechnischen und regielich-geistigen Leistungen, die in allen aufgenommenen Filmszenen die überzeugende Wirkung auf den Zuschauer garantieren, lassen sich systematisch zusammenstellen. Durch diese Systematik sind sie dann auch ganz leicht zu behalten und lückenlos anzuwenden. Dieses System hat einen Namen: Die *Filmlogik*.

V. Kapitel
Die Filmlogik

Wenn Sie die Ihnen gestellte Aufgabe, stets stellvertretend für Ihre zukünftigen Filmzuschauer aufzunehmen und zu gestalten, begriffen haben, ist es für Sie nicht schwer, sich bei Ihrer Filmarbeit entsprechend filmlogisch zu verhalten.

Die Filmlogik, die sich von der klassischen Gedankenlogik in ihrem Wesen allerdings deutlich unterscheidet, sagt Ihnen in jedem Augenblick, wie Sie aufnehmen und zugleich kunstgerecht gestalten können. Sie ist zunächst sehr viel weniger von der aufnahmetechnisch-gestalterischen Beurteilung des Einzelmotivs abhängig als vielmehr von dem *filmgestalterischen Sinn*, den das einzelne Motiv für den Filmzuschauer haben soll und muß, damit er sich leicht eingliedern kann.

Wie Sie die Filmlogik in der Praxis anwenden

Wie Sie schon wissen, ist es fast nie sinnvoll, sich mit einer einzigen Szene zu begnügen. Wenn Sie sich, bereits bevor Sie auf den Auslöseknopf drücken, fragen, was Ihre künftigen Zuschauer im gegenwärtigen Szeneninhalt wohl am meisten interessiert und das anschließend aufnehmen, indem Sie an diesen Szenenteil näher herangehen, treffen Sie eine Auswahl und nehmen zuerst den einen und danach den anderen interessanten Motivbestandteil in Naheinstellungen auf.

4. Beispiel: Der Sieger

Sogenannte Seifenkisten-Rennen sind in Deutschland ganz aus der Mode gekommen; in den USA werden sie noch heute gefahren. Das folgende Szenenbeispiel stammt aus einem alten deutschen Spielfilm. Es läßt sich aber sinngemäß auch auf eine filmlogisch ausschöpfbare Szenenfolge übertragen, die Ihnen auch in unseren Tagen begegnen kann.

Meist ergibt sich dann eine dritte und vierte Aufnahme der Teilmotive, wobei Sie immer mehr Einzelheiten immer größer ins Film-Auge fassen, bis Sie schließlich bei der Großaufnahme angelangt sind. Der Fachmann nennt diese filmische Aufnahmeweise »ein Motiv ausschöpfen«. Die »Filmlogik« ist ebenso streng aufgebaut wie die »Gedankenlogik«. Sie fordert, daß Sie Ihrem künftigen Zuschauer

Abb. 12: Zuerst die Totale der Veranstaltung kurz vor dem Start, in der sich der Filmzuschauer zurechtfindet, während die handlungsbedingte, etwas ironisch aufgefaßte Abschiedszeremonie zwischen einem jungen Rennfahrer und seinem Mädchen abläuft, was einige Zuschauer belustigt.

Abb. 13: Harter Schnitt. Nahaufnahme. Der strahlende Sieger erhält unter großem Beifall den Siegeskuß.

Abb. 14: Harter Schnitt. Halbgroßaufnahme. Der große Sieg beseitigt auch schlagartig die Spannungen zwischen Vater und Sohn, die bisher unüberbrückbar schienen.

stets einen ihn voll befriedigenden Gefühlszusammenhang bieten, d. h., daß Sie weder etwas auslassen, was er gefühlsmäßig erwartet, noch ihm zuviel bieten, denn dann langweilen Sie ihn. Natürlich hängt alles bereits davon ab, ob das Grundmotiv, das Sie auswählen, hinreichend interessant ist oder nicht.

5. Beispiel: Der Holzschnitzer

So ist zum Beispiel ein Holzschnitzer, der in seiner charakteristischen Werkstatt an der Arbeit ist, ein interessantes Filmthema. Es wäre aber falsch und rücksichtslos gegen Ihre zukünftigen Zuschauer, wenn Sie als *erste* Filmszene etwa eine Großaufnahme des Kopfes des Künstlers zeigen würden.

Abb. 15: Ihr zukünftiger Zuschauer kann ja nicht ebenso wie Sie wissen, daß Sie in die Schnitzer- oder Steinmetzwerkstatt gegangen sind und sich dort umsehen konnten, bevor Sie zu filmen begannen. Wenn die Großaufnahmen für Ihren Zuschauer wirklich interessant sein sollen, muß er genau wie Sie selbst zuerst erfahren haben, was für Arbeiten der Mensch in Großaufnahme eigentlich macht.

Abb. 16: Deshalb müssen Sie ihrem Zuschauer zuerst einmal möglichst einen Gesamtüberblick über die Werkstätten samt dem darin arbeitenden Menschen gezeigt haben. Er muß den Künstler und seine charakteristischen Arbeitsbewegungen im Zusammenhang mit seinem Atelier kennengelernt haben. Dann interessiert ihn auch das Wesen des Menschen, das er aus der Großaufnahme erkennen kann.

6. Beispiel: Wie aus Unbekannten Bekannte werden

Sie haben eine Urlaubsreise an die See gemacht und dort zunächst einmal das Leben und Treiben am Badestrand gefilmt. Diese Szene gibt es in Tausenden von Variationsmöglichkeiten. Deshalb gebe ich sie Ihnen, sozusagen stellvertretend für alle, als Strichzeichnung wieder. Ein typisches Strandmotiv mit unauffällig betontem Vordergrund, Mittelgrund und Hintergrund, die zu einem erstklassigen Sze-

nenaufbau gehören (siehe auch Farbtafel II und Bilder 131 ff.). Im Laufe Ihres Urlaubs entdecken Sie bei einem Spaziergang durch die Dünen ein interessantes Ereignis, das sich um einen kleinen Leuchtturm herum abspielt:

7. Beispiel: Der zufallsgeborene Kurzspielfilm

Jetzt heißt es rasch handeln. Während Sie die Aufnahmebereitschaft Ihrer Kamera, in die Sie bereits im Hotel einen Film eingelegt haben, überprüfen, indem Sie den Objektivdeckel abnehmen und kurz durch den Sucher schauen, entdecken Sie auch die fantastische Wolkenbildung, die einen großartigen Hintergrund abgibt. Auch der etwas magere Vordergrund kommt Ihnen gerade recht, weil er Ihren späteren Zuschauern unbewußt den Eindruck: »einsame Dünenlandschaft, weit entfernt vom allgemeinen Badestrand« vermitteln wird.
Sie entschließen sich daher sofort mit der kürzesten Zoom-Brennweite (Wirkung siehe Seite 111 ff.) eine »Totale« (d. i. eine größtmögliche Szenenübersicht) aufzunehmen. Schon auf Ihrem allerersten Weg durch die Dünen ist Ihnen aufgefallen, daß man dort keinesfalls während der Aufnahme unbeweglich sicher stehen kann

Abb. 18

und haben deshalb Ihr Dreibeinstativ mitgenommen. Womöglich haben Sie sogar die Beine Ihres Stativs in eigener Bastelarbeit durch Skistockteller so verstärkt, daß sogar im fließenden Dünensand ein ruhiger Stativstand wenigstens vorübergehend möglich ist.

Aufnahme: Einundzwanzig, zweiundzwanzig, dreiundzwanzig, vierundzwanzig, fünfundzwanzig, sechsundzwanzig – das genügt. Stop.

Während der Aufnahme haben Sie die langsam mit Gesang vorwärtsgehende Menschenschlange beobachtet, die sich an irgendeinem Geflecht festhält. Sie haben auch die bimmelnde Glocke gesehen und gehört, die durch einen Strick von einem Mann in Bewegung gesetzt wird.

Damit aber ist auch die nächste Einstellung mit Rücksicht auf Ihre späteren Zuschauer gefunden. Die wollen nämlich genauso wie Sie wissen, was diese Leute am Leuchtturm dort eigentlich machen. Sie fahren also mit dem Zoom-Objektiv so nahe heran, bis alle Leute und der ganze Turm im Sucherausschnitt sind.

Aha! Jetzt ist es klar zu erkennen. Es sind fröhliche, junge Menschen, Frauen und Männer, die ein Fischernetz mit sich schleppen. Der Turm ist, wie schon vermutet, ein Leuchtturm, der anscheinend drei Stockwerke hat. Der Mann an der Glocke

Abb. 19

ruft den Herankommenden etwas zu, was durch den sausenden Wind hindurch nicht klar zu verstehen ist.

Nun wollen Ihre Zuschauer genau wie Sie selbst wissen, was da eigentlich genau los ist.

Das bedeutet für Sie als Filmer eine Naheinstellung auf die Menschen, die Ihr Zoom-Objektiv in Telestellung ebenfalls liefern kann.

In dieser Kameraeinstellung kann man die Menschen gut unterscheiden. Diese jungen Leute werden durch den Mann an der Glocke anscheinend zum Essen gerufen, das sie im Leuchtturm einnehmen sollen.

Als Sie während der Aufnahme der ersten Einstellung in der Totale plötzlich entdeckten, daß am Leuchtturm eine Glocke geläutet wurde, haben Sie durch das Brausen des Windes hindurch zugleich undeutliche Wortfetzen wahrgenommen, die wie Rufe: »Essen!« »Fertig!« u. ä. klangen.

Diese Wortfetzen formen sich nun in der Naheinstellung *in Ihrer Fantasie* zu ganzen Sätzen. Denn Sie selbst und Ihre Kamera brauchten ja dank des großartigen Zoom-Objektivs keinen Schritt näher an das Hauptmotiv herangehen. Aber Ihre jede neue Einstellung ständig begleitenden akustischen Vorstellungen werden,

Abb. 20

ebenso wie später die Ihrer Filmzuschauer auch, von der Erscheinungsgröße der Darsteller in der Szene unbewußt beeinflußt. Je geringer der Abstand zwischen Ihnen und einem Darsteller in der Szene ist, desto deutlicher und zusammenhängender *scheint er für Ihre und die Ohren Ihrer Zuschauer auch dann zu sprechen,* wenn er undeutliche Wortfetzen vor sich hin murmelt. Worauf sich diese merkwürdige gegenseitige Beeinflussung zwischen den verschiedenen menschlichen Sinnesempfindungen gründet, erfahren Sie auf Seite 244ff. Daher kommt es, daß Sie bereits im zweiten und noch deutlicher im dritten Szenenausschnitt den Mann oder die vor ihm stehende Frau ganz deutlich rufen hören: »Das Essen ist fertig! Das Essen ist fertig!« Als Hilfe für Ihre Zuschauer können Sie übrigens später zu Hause, wenn Sie Ihre Reiseerinnerungen in der richtigen Reihenfolge für die Vorführung im Familien- und Bekanntenkreis zusammenstellen, diese Sätze sogar nachsynchronisieren (siehe Seite 34ff. und 276). Dabei brauchen Sie das Windes- und Meeresrauschen nicht einmal an Ort und Stelle mit einem Kassettenrecorder oder Tonbandgerät mitaufgenommen zu haben. Das können Sie dann von einer Geräuschplatte in die Sprach-Nachsynchronisation gleichzeitig mit einspielen. Wenn Sie das einigermaßen perfekt zustande bringen, was gar nicht so schwer ist, wenn Sie wissen, wie das gemacht werden muß, dann werden Sie erleben, daß diese Tonfilmszene sogar denjenigen Zuschauern, die bei der Aufnahme seinerzeit persönlich mit anwesend waren, als *absolut echte Wirklichkeit* vorkommt.

Erste Grunderkenntnis der Filmgestaltung

Diese überraschende Wirkung ist ein Beispiel für eine ganz allgemeingültige Erkenntnis bei der Auswahl und Gestaltung ganz beliebiger Filmszenen, die von Ihnen, der Sie ein Klasse-Hobbyfilmer werden möchten, gar nicht wichtig genug genommen werden kann.
Diese Erkenntnis lautet:
Es kommt nicht darauf an, ob das, was Sie mit Ihrer Filmkamera aufnehmen, auch tatsächlich die pure Wirklichkeit ist, sondern ganz alleine darauf, daß es auf den Filmzuschauer als pure Wirklichkeit erscheint.
Natürlich wirkt im allgemeinen nur *das* als pure Wirklichkeit auf der Vorführfläche, was auch vor der Kamera tatsächlich vorhanden war, doch ist das keineswegs grundsätzlich immer der Fall.
Das konnten Sie ja zum Beispiel schon an der vorgeschlagenen Tonergänzung durch Nachsynchronisation in der Leuchtturmszene erkennen.
Hätten Sie den selbst bei den Berufskameraleuten für Freiaufnahmen – das sind grundsätzlich alle Aufnahmen im Freien außerhalb des Filmateliers – als praktisch hoffnungslos geltenden Versuch gemacht, den Originalton in der Leuchtturmszene gleich an Ort und Stelle mitaufzunehmen, wäre Ihnen sicher eine herbe Enttäuschung nicht erspart geblieben.
Solche weiträumigen Tonaufnahmen gelingen auch dem Berufsfilm fast nie wirklichkeitsgetreu, sind immer mit Störgeräuschen aller Art belastet und erfordern stets einen kaum zu rechtfertigenden Aufwand. Auch der Berufsfilm greift, um die echte Wirklichkeitsstimmung in diesen Szenen während der Vorführung sicherzustellen, entweder zur Atelieraufnahme oder zur Nachsynchronisation.
Alles, was für Töne, Geräusche und Sprache hinsichtlich des echten Wirklichkeitseindrucks auf den Filmzuschauer gilt, ist auch für den sichtbaren Szeneninhalt maßgebend.
Landschaftsaufnahmen, besonders szenenwichtige Details, wie Baumstämme, Grünflächen, Strauchwerk und anderes, wirken häufig infolge der nicht zu ändernden Allgemeinbeleuchtung auf der Vorführfläche ganz unwirklich oder unvollkommen auf den Zuschauer.
Dagegen bringt es der Berufsfilm mit seinen raffiniert ausgeleuchteten Atelierdekorationen, wie auch das Fernsehen mit Hilfe der MAZ-Technik fertig, Landschaften und andere Hintergründe in Kombination mit Darstellern, die ganz woanders aufgenommen wurden, vollkommen wirklichkeitsgetreu wiederzugeben, obwohl sie künstlich zusammengebaut wurden.

48

8. Beispiel: Echter Baum – Künstlicher Baum

Bitte konzentrieren Sie sich in den beiden Szenenbildern ausschließlich auf die hintergrundfüllenden *Baumstämme*.

Im linken Bild lehnt sich der schreiende Mann an einen *echten* Baumstamm, der an einem wirklichen Waldrand aufgenommen wurde. Obwohl der Stamm eindeutig als Teil eines wirklichen Baumes erkennbar ist, strahlt er in der Wiedergabe auf der Vorführfläche für den Zuschauer viel weniger Wirklichkeitskraft aus als der Baumstamm im rechten Bild.

Abb. 21   *Abb. 22*

Der Baumstamm im rechten Szenenbild ist dagegen ein reines Kunstprodukt. Er wurde im Filmatelier nachgebaut und besteht tatsächlich nur aus einer halbrunden in Gips modellierten Säulenschale, die so sorgfältig und natürlichkeitsgetreu mit Borkenstückchen beklebt wurde, daß sie für den Filmzuschauer absolut überzeugend als naturecht gewachsener Baumstamm *wirkt*. Da diesem Baumstamm für den Szenenablauf selbst keinerlei mitwirkende Bedeutung zukommt, ist diese Szenenabbildung ein typisches Beispiel dafür, mit welcher Sorgfalt die amerikanischen Regisseure auch nebensächliche Kleinigkeiten mit Rücksicht auf die zukünftigen Zuschauer so wirkungsgerecht wie möglich für die Aufnahme aufbereiten (siehe auch 9. Beispiel Charlie Chaplin).

Wenn es Ihnen als Kameramann und Hobbyfilm-Regisseur allerdings gelingt, solche Motive in genau passender Jahreszeit unter günstigen Wetterbedingungen aufzufinden und bei idealer Tagesbeleuchtung aufnahmetechnisch optimal zu erfassen, triumphiert die echte Wirklichkeit auch über jede gleichartige Atelier-Nachbildung. In dieser Hinsicht haben Sie es als Hobbyfilmer sogar einmal leichter als der Berufsfilm, der sich eine so umfangreiche Suche und zeitraubendes Abwarten am Motivort auf die optimale Beleuchtung zugunsten so handlungsunwichtiger Details schon aus Gründen der Produktionskosten gar nicht leisten könnte.

Daß die optimale natürliche Ausleuchtung durch die Sonne bei idealem Motiv-aufbau und harmonischer Farbenkomposition jeder Atelier-Nachbildung in ihrer Wirklichkeitsausstrahlung tatsächlich überlegen sein kann, können Sie auch in der Farbabbildung Nr. III erkennen. Dort sehen Sie einen nahezu idealen Szenen-ausschnittt von Wasserburg am Bodensee, den *Toni Schneider* aufgenommen hat. In dieser Farbaufnahme stimmt einfach alles: Der gesamte Szenenaufbau, der ge-radezu überwältigend von der horizontfüllenden, schneeglänzenden Alpenkette ausgefüllt wird, der Zusammenklang der Farbflächen des blauen Sees, die mit Blüten bedeckten Bäume, das gelbe Riedgras, das den Vordergrund zum Mittel-grund überleitet, die roten Dächer und die weißen Häuser in zahllosen harmoni-schen Abstufungen.

Es sollte für Sie lohnend sein, dieses Motiv für Ihre zukünftige Filmarbeit immer wieder neu zu analysieren.

Die poetische Rechtfertigung des Verstoßes gegen die historische Wahrheit

Für den literarischen Dramatiker, der seine Stücke für die Bühne schreibt, ist die Frage der Wirklichkeit – soweit es sich um die Dekorationen und die Kostüme handelt – niemals zum Problem geworden. Jeder Theaterzuschauer ist mit der ge-malten, ja selbst ins Unwirkliche stilisierten Kulissen- und Kostüm-Unwirklich-keit zufrieden; er erwartet lediglich, daß sich ihm dort lebendige Menschen, mit denen er in geistig-seelische Kommunikation treten kann, darstellen.

Aber er läßt es sich auch gefallen, wenn sich diese Menschen – trotz ihrer histori-schen Vorbilder – in besonderen Lebensumständen befinden und sie Handlungen begehen, die historisch gesicherte Wahrheiten im Notfall sogar in ihr Gegenteil verkehren.

Die dichterische Rechtfertigung für solche »Geschichtsfälschungen« haben den Dramatikern die großen Denker *Aristoteles* und *Lessing* geliefert. In der Hambur-gischen Dramaturgie heißt es:

»Nun hat es Aristoteles längst entschieden, wie weit sich der tragische Dichter um die historische Wahrheit zu bekümmern habe; nicht weiter, als sie einer wohlein-gerichteten Fabel ähnlich ist, mit der er seine Absichten verbinden kann. Er braucht eine Geschichte nicht darum, weil sie geschehen ist, sondern darum, weil sie so geschehen ist, daß er sie schwerlich zu seinem gegenwärtigen Zwecke besser erdichten könnte. Findet er diese Schicklichkeit von ungefähr an einem wahren Falle, so ist ihm der wahre Fall willkommen; oder, mich mit der gewöhnlichen Praxis der Dichter übereinstimmender auszudrücken: sind es die bloßen Fakta, die Umstände der Zeit und des Orts, oder sind es die Charaktere der Personen, durch welche die Fakta wirklich geworden, warum der Dichter lieber diese als eine andre Begebenheit wähle? Wenn es die Charaktere sind, so ist die Frage gleich entschieden, wie weit der Dichter von der historischen Wahrheit abgehen könne. In allem, was die Charaktere nicht betrifft, so weit er will. Nur die Charaktere sind ihm heilig; diese zu verstärken, diese in ihrem besten Licht zu zeigen, ist alles, was er von dem Seinigen dabei hinzuthun darf; die geringste wesentliche Veränderung würde die Ursache aufheben, warum sie diese und nicht andre Namen führen; und nichts ist anstößiger, als wovon wir uns keine Ursache angeben können . . .

Was hindert uns, eine gänzlich erdichtete Fabel für eine wirklich geschehene Historie zu halten, von der wir nie etwas gehört haben? Was ist das erste, was uns eine Historie glaubwürdig macht? Ist es nicht ihre innre Wahrscheinlichkeit? Und ist es nicht einerlei, ob diese Wahrscheinlichkeit von gar keinen Zeugnissen und Überlieferungen bestätigt wird, oder von solchen, die zu unserer Wissenschaft noch nie gelangt sind?«

Zurück zu Ihren Reisefilm-Aufnahmen

Ihre zufällig während eines Spaziergangs durch die Dünen aufgenommenen Szenen bei dem kleinen Leuchtturm verlangen von jedem einigermaßen begabten Hobbyfilmer gebieterisch nach einer Fortsetzung mit irgendeiner Schlußpointe.

Sie dürfen aber nicht darauf bauen, daß Sie diese Fortsetzungsszenen genau so zufällig erwischen könnten wie die erste Totale, die Sie durch Ihr Zoom-Objektiv in drei sich steigernden Einstellungen erfassen konnten.

Deshalb sollten Sie jetzt einmal die praktische Aufnahmetätigkeit abbrechen und den Versuch machen, mit den Leuten im Leuchtturm persönlich bekannt zu werden.

Auf dem Wege dorthin können Sie sich überlegen, ob die bisherige Filmszenenfolge so weitergeführt werden könnte, daß sich daraus eine kleine zusammenhängende Filmgeschichte mit möglichst fröhlich stimmenden Einzelszenen zusammenstellen ließe.

Die praktische Lösung dieser filmischen Gestaltungsaufgabe ist gar nicht so schwierig, sobald es Ihnen gelingt, für alle geplanten weiteren Filmszenen die Bedingungen der Filmlogik: »Was interessiert den zukünftigen Zuschauer für alle nachfolgenden Filmszenen«, einigermaßen zu erfüllen.

Der Zuschauer möchte jetzt – genau wie Sie selbst – diese Gruppe fröhlicher junger Leute, die sich in einem Leuchtturm zum Mittagessen zusammensetzen, näher kennenlernen. Er möchte den einzelnen männlichen und weiblichen Mitgliedern persönlich beobachtend gegenübertreten.

Das wäre selbstverständlich am einfachsten und filmlogisch folgerichtig dadurch möglich, wenn Sie an dem Essen mit Ihrer Kamera teilnehmen könnten. Denn Sie dürfen ja annehmen, daß sich die jungen Leute im Inneren des Leuchtturms bereits zu Tisch gesetzt haben. Aber da gibt es einen Haken, den Sie so schnell nicht beseitigen können.

Erstens kennen Sie die jungen Leute noch gar nicht, zweitens ist es im Inneren des Leuchtturms aller Wahrscheinlichkeit nach ziemlich dunkel. Darauf läßt das kleine Fenster schließen – und Sie haben ja auch keine Filmleuchte dabei, und selbst wenn, könnte sie wahrscheinlich gar nicht elektrisch angeschlossen werden. Also. Vor allen Dingen müßte es Ihnen zunächst einmal gelingen, mit den jungen Leuten in einen freundschaftlichen Kontakt zu kommen. Das ist erfahrungsgemäß mit Hilfe einer Filmkamera und dem Hinweis, daß Sie Ihren Reisefilm, wenn er gut genug gelungen sein sollte, auf Wettbewerben und Amateurfilm-Festivals vorführen lassen wollen, nicht allzu schwierig. Aber was können Sie dann den jungen Leuten vorschlagen, mit Ihnen zusammen zu tun?

Wenn Sie – wie das die Profis auch tun – immer wieder den Ablauf der letzten Einstellung, um einen passenden Anschluß zu finden, an Ihrem geistigen Auge erinnernd vorüberziehen lassen, wird Ihnen einfallen, daß der »Glöckner« und die weibliche Person, die bei ihm allein in der kleinen Senke stand, als letzte durch die Leuchtturmtür gegangen sind. Da Sie nun mit Ihrer Kamera und dem gering empfindlichen Film keine befriedigenden Aufnahmen bekommen werden, können Sie die letzte Szene beim späteren Schneiden so kürzen, daß wenigstens die weibliche Person noch in der Senke steht. Über die ganze Szene legen Sie nun zusätzlich fragende Ausrufe, die Sie später nachsynchronisieren werden, wie sie im nachfolgenden Drehplan-Ausschnitt auf der Ton-Seite vorgeschlagen werden.

Die einzelnen, mit verschiedenen Stimmen gesprochenen Ausrufe sollten für den Filmzuschauer durch das Wind- und Meeresrauschen hindurch klar verstehbar sein. Dabei brauchen Sie nicht zu befürchten, daß der Zuschauer versuchen wird, die Ausrufe einzelnen Personen zuzuordnen, denn dazu ist deren Entfernung in der letzten Zoom-Einstellung (siehe Szenenbild Seite 47) viel zu groß, aber Sie werden auf diese Weise für den Zuschauer eine zusätzliche Spannung in den Handlungsablauf bringen, die Sie dann in der nachfolgenden Szene auch optisch bestätigen.

Entwurf eines Drehplan-Ausschnitts

Bild	Ton
Einstellung Nr. . . . (Nah)	*Take Nr. . . .*
Die jungen Leute drängen sich in den Leuchtturm hinein.	»Wo bleiben denn Max und Sabine?«
	»Die Verliebten!«
Der Glockenzieher läutet weiter, und die weibliche Person im Vordergrund schaut immer noch suchend herum.	»Fangt ruhig schon an zu essen.«
	»Ich kümmere mich darum.«
	»Verliebte haben keinen Hunger!«
	Gelächter.

Wie ein zwingender Sinnzusammenhang für den Zuschauer hergestellt wird

Die Sätze des Drehplan-Ausschnitts, die Sie später nachsynchronisieren wollen, bereiten Ihre nächste Kameraeinstellung filmlogisch so ausreichend und eindringlich vor, daß bei der Vorführung im Zuschauer *ein zwingender Sinnzusammenhang* erzeugt wird, obwohl der Szeneninhalt in der Wirklichkeit ganz anders zustande gekommen ist.

Abb. 23

Sobald der Zuschauer in dieser Szene die Eingangstüre des Leuchtturms erkannt hat, was blitzschnell und ohne jedes Nachdenken geschieht, ergibt sich für ihn ebenso automatisch:
»Die schaut nach Max und Sabine.«
Hier haben Sie wieder ein anderes, aber ebenso überzeugendes Beispiel für die schon auf Seite 48 gewonnene »Erste Grunderkenntnis der Filmgestaltung«, die wegen ihrer fundamentalen Bedeutung für jede beliebige Art der Filmgestaltung hier noch einmal wiedergegeben werden soll:
Es kommt nicht darauf an, ob das, was Sie mit Ihrer Kamera aufnehmen, auch tatsächlich die pure Wirklichkeit ist, sondern ganz alleine darauf, daß es auf den Zuschauer wie pure Wirklichkeit wirkt.

9. Beispiel: Charlie Chaplin und der Elefant

In dieser Filmszene begegnet Charlie, von dem der Zuschauer bereits aus den vorhergegangenen Szenen weiß, daß er als sauberkeitsfanatischer Straßenreiniger tätig ist, einem Elefanten.

Der Profi-Kameramann hat auch die Einstellung (Kadrierung, siehe Seite 128) durch tiefgestellte Kamera und kurze Objektiv-Brennweite (Wirkung siehe Seite 106 ff.) so gewählt, daß die Masse des Elefanten im Verhältnis zu dem kleinen und dünnen Straßenreiniger Charlie auf den Zuschauer den Eindruck überwältigender Größe macht.

Abb. 24

Wenn nun in dieser übergangslos hart angeschnittenen Filmszene vom Elefanten überhaupt nichts mehr zu sehen ist und der Zuschauer lediglich den in normalhoher Kameraeinstellung aufgenommenen Charlie zu sehen bekommt, der mit vorgehaltener Schaufel ängstlich nach oben schaut, dann stellt sich für den Zuschauer *trotzdem* sofort der – komisch wirkende (!) – zwingende Sinnzusammenhang ein, daß Charlie voller Angst unmittelbar auffangbereit hinter dem riesigen Elefanten hermarschiert, weil dieser möglicherweise einen ebenso riesigen Hau-

Abb. 25

fen auf seine mühsam sauber gehaltene Straße fallen lassen könnte. Denken Sie jetzt nicht, dieser Zusammenhang sei doch ganz selbstverständlich. Das ist er nur deshalb, weil diese beiden einander im harten Schnitt folgenden Szeneninhalte mit größter Sorgfalt durch die Kameraeinstellung (Kadrierung) und die Regieführung optisch und zeitlich abgestimmt worden sind.

Der filmpsychologische Effekt der Regieführung in der zweiten Szene besteht darin, daß der Zuschauer den riesigen Hinterleib des Elefanten im Geiste in die Szene als magischen Vordergrund mit hineinsieht. Der Zuschauer identifiziert sich gewissermaßen mit dem Elefanten und schaut selbst den Straßenkehrer aus dieser Machtposition ironisch überlegen an. Die Fähigkeit, sich solche Sinnzusammenhänge von überragender Komik auszudenken und in Filmszenen umzusetzen, haben den Weltruhm Chaplins nachhaltiger begründet als sein gewiß nicht geringes darstellerisches Können.

Es ist übrigens merkwürdig und sollte Ihnen bei der Analyse solcher Szenenbilder gelegentlich auffallen, daß kaum ein Zuschauer auf den Gedanken kommt, daß solche zwingenden Sinnzusammenhänge in der *Wirklichkeit* gar nicht realisiert werden können, weil anstelle der Elefanten-Rückseite doch die Aufnahmekamera mit der ganzen Berufsmannschaft plaziert worden sein muß. Andernfalls kann doch die zweite Chaplin-Szene gar nicht so aufgenommen werden. – Warum kommt da niemand drauf?

Daß dies keinem Zuschauer einfällt, beweist wieder einmal, daß die *pure Wirklichkeit*, die um eine Filmszene herum genausogut *vorhanden sein muß* wie in der Filmszene selbst, für den Zuschauer überhaupt keine Bedeutung mehr hat, sobald diese Wirklichkeit auf der Vorführfläche erscheint. Von diesem Augenblick ab gilt nur noch das, was dort als Wirklichkeit *wirkt*.

Es beweist zweitens die ungeheure Verlockung zum Miterleben, die von dem kreativ gestalteten Szeneninhalt und dessen optimale Eingliederung in ebenso kreativ entstandene weitere Szenenfolgen auf den Zuschauer ausgeübt werden kann. In solchen Fällen identifiziert sich der Zuschauer mit seinem ganzen Denken und Fühlen mit dem Filmverlauf und verwandelt sich dabei oft genug in eine der beteiligten Personen der Handlung, die von den Darstellern vertreten werden. Hier haben Sie einen der Gründe für die in der ganzen Welt zu beobachtende Bevorzugung des Spielfilms vor allen anderen Filmarten.

Entpuppt sich dagegen ein zwischen zwei Szenen beabsichtigter Sinnzusammenhang nicht als *zwingend*, wird der filmische Gesamtzusammenhang, trotz des im Zuschauer bisher angehäuften Wissens und Mitfühlens, radikal unterbrochen. Geschieht dies wiederholt, wie Sie das oft in Avantgarde- und Underground-Filmen beobachten können, dann folgt Verwirrung. Der Zuschauer wird vor allem aus seiner Stimmung, mit der er die Filmszenenfolge bisher begleitet hat, gerissen, muß sich mühsam selbständig einen »Handlungszusammenhang« konstruieren, oder er findet sich erst in späteren Filmszenen wieder in den Gesamtzusammenhang hinein, weil an den unverständlichen Stellen gewissermaßen für ihn *ein neuer Film beginnt*.

Aus all dem ergibt sich eine weitere filmische Grunderkenntnis, über deren praktische Anwendung Sie in Ihrer Hobbyfilm-Arbeit noch ausführlich unterrichtet werden (siehe Seite 87 und 129).

Diese Grunderkenntnis können wir als »filmische Gestaltungsregel« und als

Zweite Grunderkenntnis der Filmgestaltung

ungefähr in folgende Worte fassen:
Geben Sie Ihren Zuschauern keine Rätsel auf.

Zurück zu Ihrem Reisefilm-Drehplan

Sehen Sie sich zunächst noch einmal die von Ihnen mit einem Mitglied der Leuchtturm-Gruppe arrangierte Filmszene (Abb. 23): »Naheinstellung auf das Mädchen, in der Türe des Leuchtturms stehend« an, durch die Ihr Zuschauer zwingend zu dem Gedanken veranlaßt wird: »Die schaut nach Max und Sabine aus.«

Lassen Sie nun wiederum (im harten Schnitt vorgestellt) die folgende Nah-Einstellung folgen:

Abb. 26

Da sind sie schon, die Verliebten, die keinen Hunger haben, ewig Händchen halten und unaufhörlich miteinander diskutieren (quatschen).

Drehplan-Ausschnitt

Bild	Ton
Einstellung: Nah	*Take Nr. . . .*
Zwei Verliebte im Dünengras	Der Mann:
	»Aber du kannst doch nicht ewig eine Jungfrau bleiben. Hauptsache echte Liebe . . .«

Und wenn Sie jetzt in der nächsten Einstellung zwei andere weibliche Mitglieder der Gruppe anschneiden, von denen Ihre Zuschauer eine Person schon kennen, wird ein zwingender Sinnzusammenhang sowohl mit dem Inhalt der vorhergegangenen Szene als auch mit dem inzwischen *durch die gesamte Szenenfolge erworbenen Wissen* der Zuschauer hergestellt.

Abb. 27

Der Dialog, der zwischen den beiden Mädchen gesprochen wird, muß sich also für den Zuschauer sowohl auf den Inhalt der vorhergehenden Szene (die Verliebten) beziehen als auch auf das von den Zuschauern zu allen bisherigen Szenen erworbene Gesamtwissen. Sie müssen auch hier den unbewußten Erwartungen der Zuschauer gerecht werden.

Also: Wir wissen, daß die Verliebten vor lauter Verliebtheit nicht am Essen teilnehmen (obwohl Seeluft doch besonders hungrig macht). Wir wissen auch, daß sich die übrigen Mitglieder der Gruppe über diese Haltung weidlich amüsieren. Was liegt daher näher, als daraus eine humorgetönte Spannung zu entwickeln?

Das neue Mädchen links in der Großeinstellung könnte, nachdem die beiden ohnedies *in die Richtung blicken, wo die Verliebten sitzen,* zum Beispiel sagen:

Bild   Ton

Einstellung: Halbgroß   *Take Nr. . . .*
Zwei Mädchenköpfe   *1. Mädchen:* »Also ich weiß nicht
             – Mich macht die Liebe immer erst
             recht hungrig.«
             2. Mädchen (lacht): »Mich eigentlich
             auch.«
             1. Mädchen: »Begreifst du das?«

Und nun braucht Ihr Zuschauer erfahrungsgemäß – wenn ihm das auch nicht bewußt wird – ein wenig mehr Einstimmung in die gesamte Atmosphäre.

Die unbeschwerte Ferienstimmung der jungen Leute, Seeluft, Sonnenschein, Badefreuden, Strandgeruch usw. erzeugen ein ganz bestimmtes intensives Lebensgefühl, das jedem Menschen, der einmal seinen Urlaub an der See verbracht hat, wohlbekannt ist.

Diese Stimmung sollten Sie nun auch für Ihre Zuschauer – selbstverständlich im Zusammenhang mit *handlungswichtigen* jungen Leuten Ihrer Szenenfolge – nachvollziehbar machen. Es genügt dazu also nicht, eine allgemeine stimmungsvoll-romantische Meereslandschaft oder Segelszene einzuschneiden, sondern in dieser stimmungsverstärkenden Zwischenszene sollte wenigstens eine der beiden verliebten Personen anwesend sein. Dann bindet sich dieser Szeneninhalt für den Zuschauer, der durch eine passend gezielte Musik (siehe Seite 246 ff.) noch erheblich verstärkt werden könnte, in die bisherige Gesamtszenenfolge nahtlos ein. Ja, er trägt dann sogar trotz seiner Handlungspassivität zur Weiterführung der »Geschichte« bei. Aus diesem Grunde sollte die Zwischenszene auch möglichst nicht im harten Schnitt, sondern durch eine Anfangs- und End-Überblendung mit der vorhergehenden (die amüsierten Mädchen) und der nachfolgenden Szene (das Picknick mit Brathähnchen) verbunden werden.

Abb. 28

Abb. 29

Wenn Sie eine Kamera mit automatischer Blendeneinrichtung besitzen, dann können Sie diese beiden Überblendungen sogar an Ort und Stelle gleich mit aufnehmen. Sie müssen dann nur auf den Helligkeitsunterschied der beiden zu überblendenden Einzelszenen achten, damit – insbesondere bei einer Überblendung einer im ganzen dunkleren in eine hellere Szene – die Überblendungen auch einwandfrei herauskommen. Sie können diese Überblendungen aber auch in der Kopieranstalt anfertigen lassen, was allerdings zusätzliche Kosten verursacht.

Abb. 30

Zunächst aber ein Vorschlag für den allgemeinen Aufbau der Szene, in die hinein der Oberkörper des unglücklichen Max überblenden könnte in Form eines Strichzeichnungsausschnitts.

Natürlich können Sie den Ausschnitt der Szeneneinstellung auch allein auf das ausgebreitete Badetuch mit den Speisen so begrenzen, daß nur die Hände und Arme der beiden Verliebten zu sehen sind. Das empfiehlt sich besonders für den Fall, daß Sie diese Szene später zu Hause nachdrehen müssen, weil sie Ihnen an Ort und Stelle nicht rechtzeitig eingefallen ist. Ungefähr ähnliche Hände und Arme finden Sie immer, und die Großaufnahme des Picknick-Ensembles können Sie bei entsprechendem klaren Sonnenschein in jedem Sandkasten auf dem Kinderspielplatz nachdrehen.

Für Ihre Zuschauer wird der filmlogisch zwingende Sinnzusammenhang dieser Einstellung mit den vorhergegangenen Szenen hauptsächlich durch den Dialog hervorgerufen. Sie vertonen ihn ja nachträglich (mit bildangepaßten herausgesuchten Stimmen. Siehe Seite 34 und 280) und können den Dialog deshalb leicht bereits während der Überblendung aus der vorhergehenden Szene (die ja Max in Halbgroßaufnahme zeigt) beginnen lassen.

Drehplan-Ausschnitt

Bild	Ton
Einstellung: Halbgroß	Take Nr. . . .
Sicht von schräg oben auf ein ausgebreitetes Badelaken, auf dem in zierlicher Anordnung Pappschalen mit gebratenem Huhn, französischem Stangenbrot und eine Rotweinflasche ohne Gläser angeordnet sind.	(Noch vor Beendigung der Überblendung) Max (laut, fröhlich, glücklich): »So ist die Liebe noch mal so schön. Sabine! Oder vielleicht nicht?«
In die Szene greifen von außen abwechselnd die nackten Arme des Jungen und des Mädchens hinein.	Sabine (etwas geniert, aber ebenfalls glücklich): »Ach du!« (halblachend): »Jedenfalls bekommt man Hunger.«

60

Solche Überblendungsketten gehören zu den Aufgaben des Hobbyfilmers, an deren Erfolg beim Zuschauer er seine Filmbegabung ablesen kann. Die Einzelszenen und ihre Überblendungslänge (Dauer) müssen gefühlsmäßig auf den Zuschauer ganz penibel abgestimmt sein. Sobald der Zuschauer aus dem Szenenverlauf und der Aufeinanderfolge jeweils gerade das begriffen hat, was der Anlaß zu dieser fröhlichen Schmauserei ist, in der ja womöglich nur immer die hereingreifenden Hände und Arme sichtbar werden, muß wie der Blitz die nachfolgende Szene seine ganze Aufmerksamkeit fesseln.

Abb. 31

Drehplan-Ausschnitt

Bild	Ton
Einstellung: Halbgroß	Take Nr. . . .
Zwei Mädchen aufgeregt neugierig	1. Mädchen (aufgeregt, laut): »Sie essen! Sie essen!«
	2. Mädchen (begreift nichts): »Wer ißt?«
	1. Mädchen: »Max und Sabine! Sie hat schon ein ganzes Huhn aufgefressen! Liebe – verstehst du das nicht? Liebe!!«

Abb. 32

Sie sehen also, wie verhältnismäßig einfach es ist, ein kurzes Lustspielfilmchen entstehen zu lassen. Sie brauchen dazu nur bei Ihren Szenenentwürfen streng filmlogisch auf ihre zukünftigen Zuschauer abgestimmt zu verfahren. Weitere Themenvorschläge für zuschauerwirksame Hobbyfilme erhalten Sie auf Seite 149 ff.

VI. Kapitel
Die optimale Szenenausleuchtung
und warum sie unbedingt erforderlich ist

Sie haben sicherlich bei der Analyse der farbigen Familienszenen (Szenenbild Farbtafel I) eine Ahnung davon bekommen, wie außerordentlich wichtig eine perfekte, dem Objektiv und der Abbildungskraft des Filmmaterials angepaßte Ausleuchtung für die spätere Wirkung Ihrer Szeneninhalte ist.

Ihre Super-8-Kamera kann zwar mit Hilfe des eingebauten Belichtungsmessers *normalerweise* dafür sorgen, daß die aufgenommenen Filmszenen weder unternoch überbelichtet werden, aber *beurteilen*, ob die aufzunehmende Filmszene optimal *beleuchtet* und *ausgeleuchtet* ist, das kann sie nicht. Das ist Ihre Aufgabe.

Das bedeutet für die Aufnahmepraxis, daß allein *Sie selbst* Ihre Filmszene daraufhin beurteilen können und müssen, ob die jeweils zufallsvorhandene natürliche (Sonne) oder künstliche (Lampen) Ausleuchtung Ihrer Szene *genügt*, um auf dem Film eine optimale Abbildung hervorzurufen, die auf Ihre Zuschauer auch optimal *wirkt*.

Dieses Urteil über die *optimale Wirkung* einer Filmszene auf den Zuschauer ist aber, wie Sie jetzt ja schon genauer wissen, von sehr vielen Bedingungen abhängig.

Keine Maschine kann, trotz einwandfreier Mechanik, automatischer Belichtungsmessung und einwandfreier Filmbearbeitung in der Kopieranstalt, diese optimale Wirkung auf den Zuschauer garantieren.

10. Beispiel: Unterschiede zwischen optimaler Aufnahmetechnik und optimaler Zuschauerwirkung

Im linken Szenenbild (Abb. 41) haben der Regisseur und der Kameramann des Spielfilms »Dämonische Liebe« die gefährliche Drohung, die der zweifelhafte Herr *(Kurt Meisel)*, begleitet durch seine vorsorglich behandschuhte Hand, gegenüber dem armselig verzweifelten Buchhalter *(Paul Hörbiger)* ausspricht, mit Hilfe gestisch-kompositorischer Mittel (Zeigefinger, vorgebeugte Körperhaltung, verwirrte Haare, starre Blickfixierung) zu gestalten versucht. Das ist zweifellos bereits zuschauerwirksam, läßt sich aber mit dem dazu gesprochenen Dialog kaum zu einer *gefühlsstarken* Zuschauerwirkung verschmelzen.

Abb. 33: Detailreiche Totale ohne Messeleben-
digkeit. Gitter links unten trägt zur Szenenkomposition nichts bei.

Abb. 34: Das unscharfe, bildbeherrschende
Gitter verstärkt den Tiefeneindruck und das
Messegewimmel.

Abb. 35: Scharfe, detailreiche Aufnahme gotischer Architektur, die in den Himmel ragt.

Abb. 36: Doppelbelichtung überschneidender
Konturen, die die gotische Architektur bis zur
Unkenntlichkeit verzerren. Verwischte Vorder-
grundumrahmung, die den Himmel fleckig mar-
moriert, deshalb stärkere mystische Wirkung.

Abb. 37: Präzise ausgeleuchtete, detailreiche
gut komponierte Reiterszene im Voralpenland.

Abb. 38: Detailreiche, schlecht ausgeleuchtete,
unscharfe Reiterszene im Sumpfgras von dennoch stark romantischer Zuschauerwirkung.

Abb. 39: Detailreiche scharfe Großaufnahme von *Nadja Tiller* in meisterhafter Ausleuchtung.

Abb. 40: Schlecht ausgeleuchtete, teilweise überbelichtete, stark verschattete Großaufnahme des südamerikanischen Dichters *Ernesto Cardenal.* Trotzdem von starker, geistig poetischer Zuschauerwirkung.

Abb. 41   *Abb. 42*

Dieses Bedrohungsgefühl setzt zu seiner Entstehung nämlich die wache Aufmerksamkeit des Zuschauers voraus.

In der rechten Szene (Abb. 42) wird dagegen das Bedrohungsgefühl und die lebensgefährliche Existenzangst des Buchhalters fast ausschließlich durch diffuse Ausleuchtungsmittel und Schattenwirkungen ausgelöst. Vergegenwärtigen Sie sich den Schatten des zweifelhaften Herrn hinter Paul Hörbiger, in dem dieser förmlich ertrinkt.

Von dieser Szene aus teilen sich die Bedrohung und die Todesangst dem Zuschauer ohne komplizierte Beobachtungen und Denkarbeit ganz unbewußt gezielt mit.

Der automatische Einbau-Belichtungsmesser ist nur beschränkt brauchbar

Die Gegenüberstellung der Szenenmotive des 10. Beispiels hat Sie wohl davon überzeugt, daß auch der automatische Belichtungsmesser in Ihrer Kamera nicht mehr ist als ein perfektes Handwerkszeug.

Er verhütet, wie statistisch nachgewiesen wurde, in 70 bis 75% aller Aufnahmen, daß kompositorisch wichtige Bestandteile im Szenenraum unter- oder überbelichtet werden. Er ist dabei zuverlässiger und arbeitet wesentlich präziser als das menschliche Auge, das als objektiv registrierendes Lichtmeßinstrument so gut wie unbrauchbar ist.

Bei Gegenlichtbeleuchtung und überhaupt bei Vorhandensein von starken Helligkeitskontrasten szenenwichtiger Kompositionsbestandteile in Freilandmotiven oder in einer mit Kunstlicht ausgeleuchteten Innendekoration versagt allerdings auch der normale (d.h. integral messende) Belichtungsmesser. Seine Handhabung muß dann entweder durch die Anwendung spezieller Meßmethoden (*getrennte Ausmessung wichtiger Motivteile*) erweitert oder besser, sicherer und bequemer durch ein Spotmeter (das ist ein elektrischer Belichtungsmesser mit sehr kleinem – ähnlich wie beim Zoom-Objektiv – veränderbarem Meßwinkel) ersetzt werden.

Was folgt für Sie als Klasse-Hobbyfilmer aus alledem?

Vor allem sollten Sie die optimale Ausleuchtung normaler Filmszenenmotive hinsichtlich deren Zuschauerwirkung sicher beurteilen lernen. Anschließend sollten Sie die aufnahmetechnische belichtungsmessergesteuerte Erfassung solcher Motive, *bevor Sie auf den Auslöser drücken*, ganz exakt beherrschen.

Wenn Sie sich das alles zu eigen gemacht haben, dann können Sie auch Motive mit ungewöhnlicher Lichtverteilung aufnehmen, mit der sicheren Erwartung, erstklassige Ergebnisse zu erzielen.

Das bedeutet praktisch, daß Sie zunächst alles Herumexperimentieren mit Zusatzlicht, Aufhellern und vor allem bei Farbfilmszenen mit Farbfiltern, Konversionsfiltern, Farbfolien oder gar farbiger Beleuchtung vermeiden sollten.

Erst wenn Sie ganz normal ausgeleuchtete Innenmotive oder auch Freiaufnahmen mit normalen bis schwierig zu erfassenden Helligkeitskontrasten mit Ihrer Kamera erstklassig festzuhalten gelernt haben, und zwar in allen Einstellungen von der Totale bis zur Großaufnahme, *dann* können Sie sich auch das Experimentieren leisten.

Denn dieses Experimentieren mit Hilfsmitteln, die die Ausleuchtung deutlich beeinflussen, bezieht sich ja – wegen der Zuschauerwirkung – nicht nur auf die aufnahmetechnisch korrekte Aufnahme selbst, sondern *baut stets auf ihr auf!*

Wer altbewährte aufnahmetechnische Erfahrungsregeln mit Erfolg verletzen können will, muß zuerst einmal diese Regeln selbst und ihre praktische Anwendung wie im Schlaf beherrschen.

Ihm geht es genau so wie einem Seiltänzer-Nachwuchs, der auch erst das simple Gehen auf dem dünnen Seil körperlich wie geistig sicher und automatisch-unbewußt beherrschen muß, bevor er es sich leisten kann, akrobatische Sprünge und Saltos auf dem Seil zu versuchen.

Um Ihnen die eigene filmtechnische Auswertung dieser Grundregeln zu erleichtern, folgen jetzt einige typische Szenenmotive, die Sie in Ihrer eigenen Umgebung und auf Filmreisen nach Belieben variieren können.

11. Beispiel: Normale bis schwierige Ausleuchtungsfälle in farbigen und schwarzweißen Filmszenenmotiven

a) Vom normalen Helligkeitskontrast bis zum Gegenlicht

Abb. 43: Eine gut ausgeleuchtete, sonnige Freilichtszene. *Normaler Helligkeitskontrast* 1:30 bis 1:50. Keine Überstrahlungen.

Abb. 44: Eine Freilichtszene im Seitenlicht bei klarem Himmel und starker Sonneneinstrahlung! Ihr Kamerabelichtungsmesser ist hier wegen des überwiegenden Himmelsanteils bereits überfordert. Er bewirkt in den bildwichtigen Schatten (Gebäude, Schienenweg und weibliche Person) Teil-Unterbelichtungen. Hier ist die Benutzung eines Spotmeters, bei Farbfilm auch eines Farbtemperaturmessers zur Erzielung optimaler Zuschauerwirkung unerläßlich (siehe auch Seite 74 ff.).

Betrachten Sie in diesem Zusammenhang auch die Abbildungen III und IV auf den Farbtafeln

Abb. 45: Gerade noch aufnahmetechnisch zu bewältigende Freilichtszene. Hier muß auf die bildwichtigsten Schatten, das heißt auf die beiden Personen, belichtet werden (Spotmeter). Der Helligkeitskontrast zu den Sonnenflecken ist zwar viel zu groß, wird aber vom Zuschauer der punktförmigen Verteilung wegen als »flirrendes Licht« empfunden.

Abb. 46: In dieser Gegenlichtszene ist der Helligkeitskontrast bereits weit überschritten. Diese Szene wird vom Zuschauer nicht mehr als »romantische Badeszene«, sonder als *mißglückte Filmaufnahme* empfunden. Hier hilft auch kein Spot-Belichtungsmesser mehr, höchstens vielleicht aber ein Graufilter.

b) *Vom idealen Helligkeitskontrast in Farbfilmmotiven*

Die beiden Farbabbildungsbeispiele, Abb. III und IV der Farbtafel, eine Chiemsee- und eine Strandweg-Freiaufnahme, sind beide ideal für die Zuschauerwirkung ausgeleuchtet.

Es kommt ziemlich selten vor, daß in der freien Natur ein vollendeter Szenenaufbau auch noch von der direkten oder wolkenverhangenen Sonne so farbgerecht abgestuft oder so gleichförmig ausgeleuchtet wird. Dadurch wird die reine Lichtverteilung vom Zuschauer gar nicht mehr bemerkt.

Die Wirkung der Szenenraumeinstellung (Kadrierung) geht ausschließlich von der Anordnung und dem Bewegungsablauf der vorhandenen Kompositionselemente aus. Der außerordentlich starke ästhetische Eindruck, der sich durch klare, deutliche und ruhige Anordnung einfacher farbig kontrastierender Formen erzielen läßt, kann insbesondere in der unteren Strandwegszene von Ihnen analysiert werden. In der Chiemseeszene ist es die bei einem normalen Helligkeitskontrast von ca. 1:30 sehr raumtiefenwirksame Verteilung der szenenwichtigen Aufbauelemente im Vorder-, Mittel- und Hintergrund, die eine makellose Zuschauerwirkung garantieren. Sie muß wegen ihres vielfältigen, komplizierten Aufbaus auch *länger* auf der Vorführwand gezeigt werden.

c) *Die Farbkomposition ist meist zuschauerwirksamer als der Helligkeitskontrast*

Betrachten Sie jetzt Farbtafel Abb. V!
Eine allein durch ihre Farbenkomposition wirkende, ganz normal ausgeleuchtete

68

Filmszene. Günstig stehende Sonne ohne zusätzliche Aufheller. Wegen des geringen Helligkeitskontrasts können Sie die Belichtungsbestimmung ohne weiteres dem automatischen Belichtungsmesser in Ihrer Kamera überlassen.

Nun zur Farbtafel Abb. VI:

Diese Kunstlichtszene verlangt schon mehr Belichtungsüberlegungen von Ihnen. Der Korb, dessen geflochtene Weidenzweige auch tatsächlich goldgelb aufleuchten sollen, muß kräftig ausgeleuchtet sein. Auch muß er so weit geöffnet werden, daß die dunkle Tiefe nicht in völlige Schwärze absäuft.

Das erreichen Sie, wenn Sie dort ein mittelhelles Kleidungsstück plazieren. Andernfalls erzielen Sie dort einen Unterbelichtungs-Farbstich. Spotmetermessung ist sicherer.

Farbtafel Abb. VII:

Durch das *Effektlicht* auf dem Nasenrücken, den Armen und den gespreizten Fingern verwandeln Sie die »Tanzpuppe« schlagartig in einen lebendigen Menschen, der, weil er direkt in das Kamera-Objektiv hineinschaut, mit dem Zuschauer *im persönlichen Blickkontakt steht.*

Eine solche Regieführung bei so menschlichkeitsbetonter Ausleuchtung erleichtert dem Zuschauer die persönliche Anteilnahme.

Dadurch wird ihm ein Anwesenheitsgefühl unbewußt aufgezwungen. Er erlebt einen lebendigen Menschen in einem exotischen Raum, wozu übrigens die Ausleuchtung der sonnenhellen Treppenstufen im Hintergrund kräftig beiträgt.

Alles in allem sollten Sie für die Beurteilung von Farbfilm-Freiaufnahmen und beliebigen Kunstlicht-Filmmotiven stets von dem Grundsatz ausgehen: *Je flacher (kontrastärmer) die Gesamtausleuchtung gehalten werden kann, desto sicherer werden erstklassige Super-8-Farbfilmszenen geschaffen.*

Sie sollten sich bei jeder aufnahmetechnischen Beurteilung immer bewußt bleiben, daß an der Erzielung von erstklassigen Farbfilmszenen außer dem Rohfilmhersteller auch die Kopieranstalt beteiligt ist. Bei der Entwicklung von Super-8-Umkehrfarbfilmen spielt der Helligkeitskontrast in der Filmszene eine maßgebliche Rolle. Je geringer er war, desto sicherer kann die Kopieranstalt erstklassig wirkende Farbfilmszenen entwickeln. (Das ist durch die Notwendigkeit bedingt, die »Umkehr-Gradation« [Gamma = 1] einzuhalten.)

Wenn Sie also im Szenenablauf unbedingt dramaturgisch begründete Kontraste in kräftiger Gegenüberstellung haben wollen, dann sollten Sie diese Kontraste besser durch ungefähr *gleich helle Farbtonkontraste* statt durch reine Helligkeitskontraste auszudrücken versuchen, wie das z. B. in Farbabb. I der Fall ist.

Reine Helligkeitskontraste in Farbfilmszenen sollten jedenfalls bei normalem Grundlicht (siehe Seite 124) nie ein Verhältnis von 1:40 überschreiten.

d) Von der Wirkung kontrastarmer Ausleuchtung bis zum Extrem-Kontrast schwerer Verschattungen menschlicher Gesichter in Großaufnahme

Abb. 47: Sehr flach ausgeleuchtete Großaufnahme eines Gesichts. Geringer Helligkeitskontrast. Der automatische Belichtungsmesser würde eine dunklere Abbildung bewirken. Für die Wirkung auf den Zuschauer ist eine manuelle größere Blendeneinstellung nötig, damit der hilflos-einsame Gesichtsausdruck sich stärker ausprägt.

Abb. 48: »Männlich« wirkende unauffällige schattengestaltende Ausleuchtung mit noch normalem Helligkeitskontrast. Nachprüfung mit Spotmeter ist wegen der Augen-Licht-Täuschung vorteilhaft. Bei gekonnter Ausleuchtung bringt aber der automatische Kamera-Belichtungsmesser zuschauerwirksame Szenenabbildung.

Abb. 49: Aus dramaturgischen Gründen (Verbrecherausdruck) stark verschattete Großaufnahme von hohem Helligkeitskontrast, der gerade noch vom Film bewältigt werden kann. Spotmeter-Messung ist unerläßlich.

e) Vom wirkungsstarken Effekt-Gegenlicht, von der Effekt-Übertreibung und von der unheimlich-magischen Wirkung überstarker Helligkeits-Kontrastgestaltung im Szenenraum

Abb. 50: In dieser Halbgroßaufnahme will ein Mann einen anderen mit brachialer Gewalt zu etwas zwingen. Durch die Gegenlichtausleuchtung, die auf der Schulter des stärkeren und den beiden Haarschöpfen hell strahlende Lichtsäume erzeugt, wird die starke geistige und muskulöse Anspannung der gewaltsamen Auseinandersetzung für den Zuschauer wirksam unterstrichen.

Abb. 51: Ganz ähnliche Gegenlichtsäume umgeben die Haare und den Oberkörper der technischen Assistentin. Infolge der dramaturgischen Spannungslosigkeit des gesamten Szeneninhalts, der nur der apparatetechnischen Information dienen soll, wirkt diese Betonung ganz unbegründet, d. h. als reine Lichtspielerei. Dagegen ist das Dokument, auf das sich die beiden Personen konzentrieren, infolge der effekthaschenden Ausleuchtung so stark überstrahlt, daß der Zuschauer auf ihm überhaupt nichts erkennen kann. Eine typische Szenengestaltung für die Erweckung von Enttäuschung und Unzufriedenheit im Zuschauer.

Abb. 52: Ganz anders ist die Zuschauerwirkung bei selbstverständlich vorausgesetzter kunstgerechter Eingliederung dieser Szene in die allgemeine Filmhandlung. Die Kneipenszene ist nicht nur über die Abbildungsgrenzen des Filmmaterials hinaus kontrastreich, sondern auch noch so tief verschattet, daß bei ihr nur von einer rein aufnahmetechnisch mißglückten Ausleuchtung, die zu Teil-Fehlbelichtungen führen muß, gesprochen werden kann. Trotzdem können solche Filmszenen gerade wegen ihrer aufnahmetechnischen Entgleisungen beim Filmzuschauer unheimliche, magische oder mystische Wirkungen hervorrufen. Daß bei derart abnormen Ausleuchtungsgestaltungen die schmale Grenze, die solche Szeneninhalte *für den Zuschauer* in krasse Fehlbelichtungen umkippen läßt, vom Kameramann nicht überschritten wird,

kann (außer der Regie) nur durch die sorgfältige und erfahrene Anwendung des Spot-Belichtungsmessers gesichert werden.

f) Von typischen Ausleuchtungsfehlern

Abb. 53: Die zu »ausgefressenen« Lichtern und »abgesoffenen« Schwärzen führenden Licht- und Schattenbereiche durch übertriebenes Gegenlicht sind an den Kopf- und Schulterpartien eindeutig als aufnahmetechnisch bedingte Belichtungsfehler infolge extremen Helligkeitskontrasts zu erkennen.

Abb. 54: In diesem Szenenausschnitt fällt als Begründung für die Ausleuchtungsfehler weniger der zu große Helligkeitskontrast auf, als vielmehr die viel zu dunklen, völlig detaillosen Schwärzen. In ihnen versinken sogar Körperglieder der beteiligten Darsteller bis zur Unkenntlichkeit. Die »abgesoffenen« Schwärzen begründen zusammen mit den ganz irregulär verteilten, alle biologischen und technischen Formen mißachtenden, hellen Lichtern deutlich eine kontrastüberschreitende Fehlbelichtung.

Abb. 55: In diesem Szenenbild ist ein typischer, unbeabsichtigter Ausleuchtungsfehler zu erkennen. Solche aufnahmetechnischen Fehler sind in den Spielfilmen der damaligen Zeit (20/30er Jahre) bei Freiaufnahmen, gerade auch in bezug auf die zusätzliche mangelhafte Hintergrund-Scharfabbildung, oft zu beobachten. Alles Interesse galt der Licht- und Schattenmodellierung der Köpfe und Oberkörper der Hauptpersonen. Deshalb wurde die Berücksichtigung des Gondoliere für so unwichtig gehalten, daß er nicht wie ein Mensch, sondern wie ein totes Kompositionselement zur Betonung der Senkrechten behandelt wurde. Darum wurde er, was durch einen Aufheller ganz leicht gewesen wäre, nicht einmal andeutungsweise so weit aufgehellt, daß wenigstens das typische sonnengebräunte Antlitz eines venezianischen Gondoliere als folkloristische Komponente erkennbar geworden wäre. Die gleiche nachlässige, ausschließlich starbezogene, filmgestalterische Einstellung läßt sich an der Behandlung des Hintergrunds erkennen. Durch Verwendung

eines kurzbrennweitigen Objektivs wäre nicht nur die Front der venezianischen Patrizier-Gebäude im Hintergrund in den Handlungsablauf für den Zuschauer abbildungsscharf mit einbezogen worden, sondern auch der vor dem linken Unterarm des Darstellers unscharf abgebildete (Schärfentiefe) historische Befestigungsholm.

Hinweis! Die auf der vorigen Seite analysierten Szenenbilder sind z. T. Ausschnitte aus größeren Einstellungen, die zu pädagogischen Zwecken vorgenommen wurden, damit die partiellen, als Ausleuchtungsfehler auffallenden Partien vom Hobbyfilmer erkannt werden können. Bis auf das venezianische Gondel-Beispiel sind die Fehlbelichtungen in den Filmszenen von den jeweiligen Kameraleuten und Regisseuren bewußt als handlungsdramaturgische Effekte in Kauf genommen worden.

Da damals noch keine Zoom-Objektive für Filmkameras in Gebrauch waren, hätte der Kameramann ein dieser Einstellung möglichst genau angepaßtes Objektiv (wegen der perspektivischen Verzerrung siehe Seite 116 ff.) zur Auswechslung zur Verfügung haben müssen.

Das bedeutet aber, selbst wenn ein passendes Objektiv vorhanden gewesen wäre, einen umständlichen mechanischen Wechselvorgang an hochempfindlichen Geräten, die jeder erfahrene Kameramann insbesondere bei Freiaufnahmen nur ungern durchführt.

Dennoch hätte der Regisseur auf der *scharfen* Hintergrundabbildung bestehen müssen angesichts eines Filmszeneninhalts, der ja die beiden Darsteller während der touristischen Besichtigung der Lagunenstadt Venedig zeigt und damit den Filmzuschauer auffordert, eine gleichwertige Miterlebensstimmung in sich wachzurufen.

Denn nur dann kann der Zuschauer *ungestört* das Miterlebensgefühl entwickeln. Die scharfe und unscharfe Wiedergabe von wichtigen Szenenbestandteilen ist nämlich genau wie die Helligkeitsverteilung nicht nur ein aufnahmetechnisches Problem, sondern muß ebenso wie die Ausleuchtung überwiegend mit Rücksicht auf den zukünftigen Zuschauer und dessen Gefühle gleich sorgfältig gestaltet werden.

Die zuschauerabhängigen Schärfeprobleme werden Sie noch ausführlich beschäftigen (siehe Seite 104 ff.). Zunächst aber sollen Sie den optimalen meßtechnischen Umgang mit den verschiedenen Belichtungs- und Farbtemperaturmessern beherrschen lernen.

VII. Kapitel
Integral-Spot-Farbtemperaturmesser oder: Über das Verhältnis zwischen Filmgradation und Belichtungsspielraum

Der Klasse-Hobbyfilmer wendet sich vor jedem Motiv, das seine filmgestalterische Aufmerksamkeit erregt, vor allem anderen der Ausleuchtung des Motivs zu. Hat er dazu keine Zeit mehr, weil sonst die Ereignisse für die Filmszene unwiderruflich abgelaufen sind, muß er natürlich blitzschnell handeln und sich dabei auf seinen *integral* messenden automatischen Belichtungsmesser in seiner Kamera verlassen.

Welche Risiken er für das Aufnahmeergebnis dabei eingeht und wo er an die Grenzen der optimalen Zuschauerwirkung stößt, haben Ihnen die verschiedenartig ausgeleuchteten Szenen des 11. Beispiels bereits in aller Klarheit demonstriert.

Die Grundeinstellung Ihrer Super-8-Kamera

Damit Sie auch jedes überraschende Ereignis ohne Nachdenken und Einstellungsmanipulationen sicher erfassen können, ist es sinnvoll, daß Sie Ihre Super-8-Kamera, sobald Sie von zu Hause zum Filmen aufbrechen wollen, je nach der wahrscheinlichen Motivart in eine entsprechende Grundeinstellung bringen, und zwar als Einstellung auf entweder Freiaufnahmen oder Innenaufnahmen *oder* auf überwiegend normale *oder* aber starke Helligkeitskontraste oder auf die nördliche oder tropische Allgemeinbeleuchtung der Gegend, in der Sie sich jeweils aufhalten.

Diese Grundeinstellung sollten Sie auch mit Rücksicht auf die vermutlich zu erfassende Schärfentiefe zu disponieren versuchen, also die mittlere, kurze oder lange Zoom-Brennweite und sogar den wahrscheinlichen Einstellungsrahmen, also Totale, Nah- oder Großaufnahmen (z. B. Spaziergang oder Festveranstaltungen u.a.m.), wobei Sie die voreingestellte Filmgeschwindigkeit, das Einbeinstativ, den Filterschalter und die Einschaltung der Sucher-Mattscheibe gegebenenfalls nicht vergessen sollten.

Erfahrungsgemäß können Sie, vor allem, wenn Sie in unbekannten Bereichen filmen wollen, gar nicht sorgfältig genug vorbereitet sein, um jeweils sofort »zuschlagen« zu können.

Die Grundeinstellungen am Beispiel einer internationalen Markenkamera

Abb. 56a: Filmkamera »Beaulieu 6008 S«

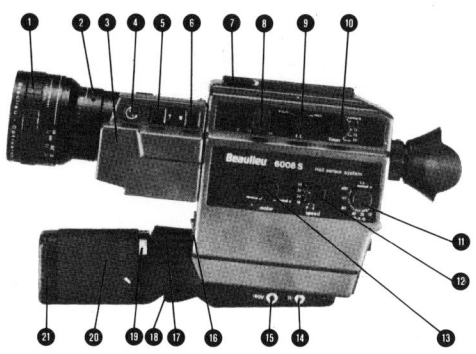

Abb. 56b:

1 – Entfernungseinstellung
2 – Zoomverstellung/Makroeinstellung
3 – Blenden- und Zoommotore
4 – Geschwindigkeitsregulierung des Zoom-
    durchlaufs

5 – Zoomschalter (6–70 mm)
6 – Zoomschalter (70–6 mm)
7 – Zubehörschuh (z. B. für Aufsteckmikrofon)
8 – Sektorenblendenverstellung mit Bild- und
    Ton- Ab- und Aufblendungen
9 – Belichtungsmesser –
    Wahlschalter/Blendenfixierung
10 – Filmlauf-Wahlschalter
11 – Filmempfindlichkeitseinstellung (ASA) mit
    ± Korrektur
12 – Filmgeschwindigkeitseinstellung
13 – Film-Rücklaufschalter
14 – Anschluß für Fernauslöser
15 – Anschluß für externe Stromversorgung
16 – Filmlaufanzeige (action light)
17 – Auslöseschalter
18 – Stromhauptschalter
19 – Dauerlaufarretierung
20 – Handgriff
21 – Deckel von Akku bzw. Batteriefach

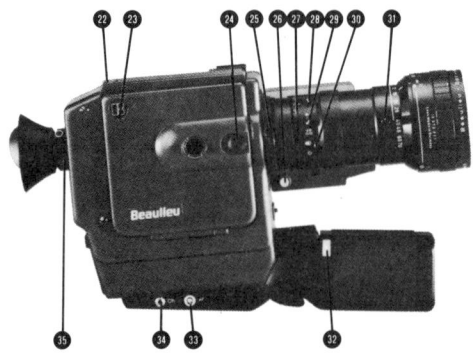

Abb. 56c:

22 – Verschluß für 60 m Kassettenöffnung
23 – Druckpunkt zum Schließen des Kassetten-
raumdeckels
24 – Kassettenraumdeckelverschluß
25 – Objektiv-Befestigungsring
26 – »Schärfeknopf« für volle Blendenöffnung
und längste Brennweiteneinstellung
27 – Objektiv-Blendenring
28 – Makro-Schalter
29 – Brennweitenlimitierung 40 mm
30 – Filterschalter
31 – Zoomhebel/Makroeinstellhebel
32 – Dauerlaufentriegelung
33 – Blitzlicht- und Tonsynchronisations-
Anschluß
34 – Batterie-Ladegerätanschluß
35 – Okularjustierung mit Fixierschraube

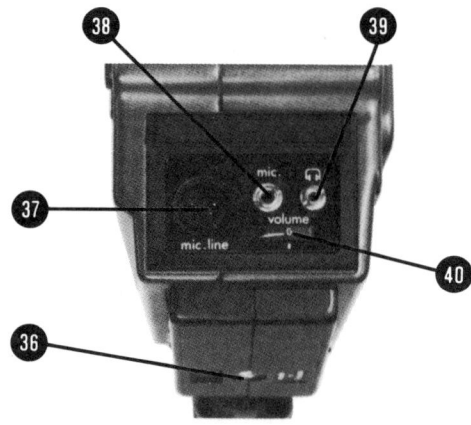

Abb. 56d:

36 – Stativanschluß
37 – Mikrofon und Linieneingang (DIN)
38 – Mikrofoneingang (Klinkenstecker ⌀ 3,5)
39 – Kopfhöreranschluß
40 – Aufnahmewahlschalter auto/manuell
Manuelle Tonaussteuerung

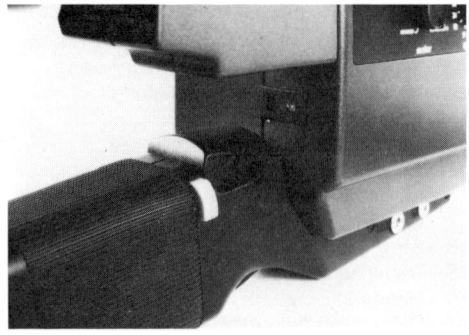

Abb. 56e: Beaulieu 6008 S: Batteriehandgriff für
6 × NC-Akkuzellen Typ R6 (1,2 Volt 500 mA).
Kameraauslöser während des Filmens »einhän-
dig« arretierbar und lösbar

76

Abb. 56f: Zoom und Blendenmotorsteuereinheit:
Motorische Brennweitenverstellung. Zoomdurchlauf stufenlos einstellbar zwischen 3–10 Sek. Durchlauf.
Abb. von links nach rechts: − +-Verstellung der Zoomgeschwindigkeit.
T Einstellung 6–70 mm
W Einstellung 70– 6 mm

Abb. 56g: Bedienungselemente von links nach rechts:
Sektorenblendenhebel (Stellung: Normal)
Belichtungsmesserwahlschalter für:
automatische Blendensteuerung
manuelle Blendeneinstellung (z. B. bei Zusatzobjektiven).
Drucktaste zur Blendenfixierung (z. B. bei starken Lichtkontrasten)
Laufwahlschalter:
Stellung »Normal«
Stellung »Einzelbild«
Stellung »T 1« = Intervallschaltung
                  1 B/sec
Stellung »T 2« = 1 Bild alle 10 sec
Stellung »T 3« = 1 Bild alle 30 sec

Haben Sie die jeweiligen Grundwerte an Ihrer Kamera *gewohnheitsmäßig* vorher eingestellt, dann können Sie es sich leisten, bei jeder Begegnung mit einem Überraschungsmotiv blitzschnell durch den Sucher festzustellen, ob irgendwelche Aufnahmegrenzen, also Helligkeit-Kontrast, Schärfentiefe usw. bereits untragbar überschritten sein könnten.

Ist das nicht der Fall, dann drücken Sie gleichzeitig auf den Auslöser und haben das unwiederbringliche Ereignis festgehalten.

Sagt Ihnen der prüfende Blick durch den Sucher dagegen, daß eine Aufnahme sinnlos wäre, unterlassen Sie es lieber, Ihren Film völlig unnötig zu verschwenden.

Überlegen Sie sich in solchen Fällen, ob das Ereignis vielleicht bei anderem Sonnenstand oder anderer Aufnahmerichtung möglicherweise zu anderer Zeit in ähnlichem Ablauf wiederholt werden könnte und legen Sie sich dann rechtzeitig auf die Lauer. Planen Sie dann aber die gewünschten Resultate voraus.

12. Beispiel: Überraschungsmotive, die bei vorheriger Grundeinstellung der Kamera erstklassig erwischt werden können

Sollten Sie für die Filmaufnahme der folgenden Beispielsart zufällig dennoch genügend Vorbereitungszeit haben, dann werden Sie selbstverständlich auch bei diesen Ausleuchtungsbeispielen wenigstens eine integrale, möglichst sogar eine Kontrastmessung mit dem Spot-Belichtungsmesser durchführen. Ist das jedoch gar nicht möglich, bleibt Ihnen nichts anderes übrig, als die Kamera einfach hochzureißen und sie ohne weitere Kontrolle oder Korrekturen laufen zu lassen.

Aus diesen Gründen sollten Sie also die allgemeine Grundeinstellung aller Kameraschalter z.B. mit Rücksicht auf die allgemeine Wetterlage (Sonnenschein, bedeckter Himmel, Innenräume, Schattenbereiche usw.) vor dem Verlassen des Hauses erledigt haben.

Die Grundeinstellungen können Sie auch an typischen »Leermotiven« trainieren, damit Sie ein *sicheres Gefühl dafür entwickeln,* was Sie im aktuellen Augenblick noch riskieren können, oder wo es total sinnlos ist, Film zu verschwenden.

a) Nachtschwarzer Hintergrund – Direktes Sonnenlicht

Abb. 57: Bei solchen Feuerwerkszenen ist eine vorherige Messung selbstverständlich sinnlos. Sie können nur dafür sorgen, daß Sie die Kamera *ausschließlich* während szenengefüllten Erhellungen laufen lassen. Beziehen Sie auch möglichst Vordergrund-Wasserspiegelungen in die Einstellung mit ein. Fahren Sie manchmal blitzschnell mit dem Zoom in die Tele-Einstellung. Daß all das mit solidem Dreibein-Stativ aufgenommen wird, ist für den Klasse-Hobbyfilmer selbstverständlich.

Abb. 58: Auch vor dieser Szene kann nicht erst eine Spot-Messung gemacht und ausgewertet werden. Der automatische Einbaubelichtungsmesser veranlaßt natürlich wegen der starken Gegenlicht-Strahlung zu kleine Blenden. Um nicht nur total schwarze Silhouetten von den Menschen und Bäumen zu bekommen, können Sie auch während der Aufnahme rasch auf manuelle Blendenkorrektur umschalten und mit einer Blende größer aufnehmen. Solche Methoden sollten Sie aber lange vorher auch praktisch-experimentell ausprobiert haben!!

b) Naheinstellung ohne Rücksicht auf die Umgebungsausleuchtung

Abb. 59: Wenn Sie das seltene Glück haben, die britische Königin bei einer Preisübergabe aus so günstigem Aufnahmewinkel in Naheinstellung (Zoom) aufnehmen zu können, sollten Sie an den Hintergrund keinen Gedanken verschwenden. Der automatische Kamera-Belichtungsmesser sorgt auch bei Farbfilm für ein Spitzenergebnis, solange nur die wichtigsten Gesichter und Köpfe hell genug ausgeleuchtet sind.

Abb. 60: Auch diese Gelegenheit, einen echten Erzbischof nach der Trauung zu erwischen, ist ein ganz seltener Glücksfall, bei dem Sie rasch handeln müssen. Konzentrieren Sie sich ausschließlich auf die optimale Einstellung (Zoom) zur Erfassung der Hauptpersonen. Eine zweite Halbgroß-Einstellung (Abb. 61), die ausschließlich die Köpfe der Braut und des kauzigen Bischofs erfaßt, garantiert eine verstärkte Zuschauerwirkung!

Abb. 61

Das Profi-Grundlicht und das Hobby-Hauptlicht

Wenn ein Profi-Kameramann und ein Hobbyfilmer vor dem gleichen Landschaftsmotiv stehen, dann wird der Klasse-Hobbyfilmer zuerst die allgemeine Ausleuchtung des Motivs analysieren, während sich der Profi-Kameramann zuerst einmal der *Lichtquelle*, also der direkten Sonneneinstrahlung oder der durch Wolkenschleier, Dunst oder einen Dämmerungshimmel bewirkten indirekten Ausleuchtung zuwendet.

Dieses unterschiedliche Verhalten hat traditionelle Gründe. Es richtet sich aber bei beiden auf das gleiche aufnahmetechnische Ziel, nämlich die optimal belichtete Filmszene.

13. Beispiel: Typische Motive für die unterschiedliche Ausleuchungsbeurteilung zwischen dem Profi-Kameramann und dem Klasse-Hobbyfilmer

Abb. 62: Strandszene mit vielen schweren Schattenbereichen in kräftigem Seiten-Vorderlicht bei direkter Sonneneinstrahlung

Abb. 63: Beginnende Abenddämmerung in spiegelndem Gegenlicht

Die Gründe dafür, warum sich der Profi-Kameramann zuerst mit der Hauptlichtquelle für das aufzunehmende Motiv beschäftigt, während der Klasse-Hobbyfilmer sogleich damit beginnt, im Motiv selbst die Ausleuchtungsverhältnisse zu analysieren, sind in der unterschiedlichen aufnahmetechnischen und szenendramaturgischen Ausbildung der beiden zu entdecken.

Der Klasse-Hobbyfilmer

Der Hobbyfilmer kommt meist von der Fotografie her zum Filmen.
Der Fotograf aber sucht stets nach dem »interessantesten Motiv«, das er festhal-

ten kann. Für ihn ist der Motiv-Inhalt vordringlich; die Ausleuchtung des Motivs, die er ja meist durch die Auswahl beliebig langer Belichtungszeiten entscheidend steuern kann – was dem Filmkameramann verwehrt ist –, wird erst dann für ihn wichtig, wenn er sein Urteil darüber abgeschlossen hat, ob sich das Motiv nach Bildkomposition und eventuell ergänzender Gestaltungsmöglichkeit zur Aufnahme eignet.

Bei dieser bildgestalterisch-dramaturgischen Arbeit spielen meist auch ästhetische Fragen des fotografischen Bildaufbaus eine ausschlaggebende Rolle. Die aber hängen stets mit der *Lichtführung* zusammen, so daß der Fotograf seine besondere Aufmerksamkeit von vornherein auf das vom Motiv *reflektierte Licht* richtet. Der Fotograf überlegt sich genau, ob und wie er die Gesamtheit der reflektierten Helligkeiten und Lichter des Motivs aufnahmetechnisch bewältigen kann.

Folgerichtig wurden dann auch die ersten fotoelektrischen Belichtungsmesser als reine Reflexions-Belichtungsmesser entwickelt, die vom Standplatz der Kamera aus in das Motiv hineingehalten wurden. Von diesem Meßplatz aus konnten sie nur das *reflektierte* und nicht auch das in das Motiv eingestrahlte Licht erfassen. Dadurch erhielt der Fotograf einen »integralen«, das heißt einen Helligkeitswert, der das gesamte, vom Motiv in das Aufnahme-Objektiv seiner Kamera hineingestrahlte Reflexionslicht erfaßte. Bei dieser Messung wurden die Licht- und Schatten*verteilung* und der Helligkeits*kontrast* der einzelnen bildwichtigen Teile der Motive vollkommen außer acht gelassen.

Der Profi-Kameramann

Ganz anders geht der Profi-Kameramann vor. Er hat im Laufe seiner Ausbildung gelernt, sein Hauptaugenmerk stets auf den Helligkeitsaufbau zu richten; der aber hängt von der Wahl des verwendeten Filmmaterials, der Objektiv-Brennweite und (bei Farbfilm) von der *Qualität* des in das Motiv *hineingestrahlten* Lichtes entscheidend ab.

Bei dieser Motivbeurteilung spielen für den Kameramann dramaturgische Fragen gar keine und auch etwaige ästhetische Überlegungen nur eine untergeordnete Rolle.

Die einschlägigen dramaturgischen Fragen werden dem Kameramann ohnehin vom Drehbuch und vom Regisseur abgenommen; die ästhetischen Überlegungen hat er, wenn überhaupt, bereits lange vor der Aufnahme bei Atelierdekorationen mit dem Filmarchitekten und allen Freiaufnahmen zusammen mit dem Kostümbildner und dem Regisseur erledigt.

Aus diesen und noch einem weiteren Grunde, der für den Hobbyfilmer nur sehr selten zwingend wird, schaut oder mißt der Kameramann bei Freiaufnahmen – nachdem er die ihm vorgeschriebene Einstellung im Sucher festgelegt hat – auch nicht in das Motiv hinein, sondern nach dem Sonnenstand und der allgemeinen

Bewölkung. Er muß dies tun, weil er immer damit zu rechnen hat, daß die Filmszene, die er anschließend aufzunehmen hat, mehrmals geprobt und mehrmals aufgenommen wird.

Im Berufsfilm genügt es fast niemals, eine Filmszene ein einziges Mal aufzunehmen, weil einer der vielen verantwortlichen Beteiligten, Kameramann, Regisseur, Toningenieur (Tonstörgeräusche aus der Umgebung) oder auch die Hauptdarsteller immer wieder mit irgend etwas während der Aufnahme so unzufrieden sind, daß manches sogar umgestellt, neu geordnet und noch einmal neu aufgenommen werden muß.

Und wenn dann in der Szene endlich einmal alles geklappt hat – was oft erst nach vielen Minuten, ja Stunden der Fall sein kann –, ändert sich ausgerechnet während dieser letzten Aufnahme das Licht, weil eine Wolke die Sonne erreicht. Und dann muß der Kameramann zum Unmut aller Beteiligten noch eine Wiederholung der Aufnahme verlangen. Dabei muß möglicherweise auch noch abgewartet werden, daß die Wolke die Sonne wieder freigegeben hat.

Es ist daher kein Wunder, daß sich der Profi-Kameramann samt allen seinen Helfern sofort nach der Szenen-Einstellung im Sucher wieder der Sonne zuwendet, und sich, falls es wahrscheinlich ist, daß sie längere Zeit ungetrübt weiter scheint, der Messung des von ihr in die Szene *eingestrahlten* Lichtes zuwendet.

14. Beispiel: Lux-Messung des einfallenden Hauptlichts, unkorrekt auch »Objektmessung« genannt

Abb. 64

Sie sehen, daß der Kameramann in das aufzunehmende Motiv hineingegangen ist. Er mißt von einer bildwichtigen, gleichmäßig ausgeleuchteten Stelle, dem Gesicht der Hauptdarstellerin aus, die Intensität des dorthin eingestrahlten Lichtes.

Um einen passenden Blendenwert zu bekommen, muß er die kleine runde Milchglaskuppel genau senkrecht auf die Lichtquelle einstellen. Damit er in dieser Einstellung den Meßverlauf auf der Skala seines Belichtungsmessers bequem ablesen kann, ist die Milchglaskuppel samt der unter ihr liegenden lichtempfindlichen Zelle drehbar angebracht.

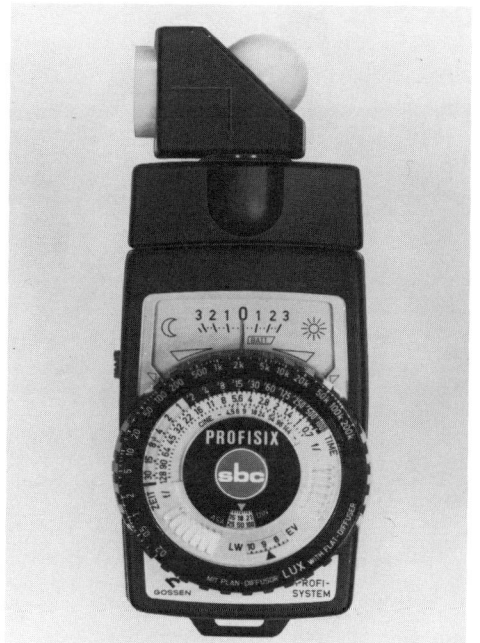

Abb. 65

Abb. 66

Zurück zum Meßvorgang in Abb. 64. Dort mißt der Kameramann deshalb vom Gesicht der Hauptdarstellerin aus das von der Sonne eingestrahlte Licht, weil er wissen will, ob die dortige Helligkeit trotz der leichten Verschattung noch innerhalb des Grundlichtwertes liegt, oder ob er mit Hilfe eines Aufhellers oder Spot-Scheinwerfers das Gesicht zusätzlich heller ausleuchten muß.

Beachten Sie die gleichzeitige Ausleuchtung der links am Tisch sitzenden Darstellerin, deren Gesicht und Oberkörper teilweise von direkten Sonnenflecken erhellt sind. Diese Erhellungen sind hier als »Effekt-Lichter« aufzufassen.

Abb. 67

Was der Hobbyfilmer vom Profi-Kameramann lernen kann

Die Gründe, warum der Profi-Kameramann das Licht der in das Motiv einstrahlenden Lichtquellen – also das Grundlicht – mißt und nicht das aus dem Motiv in Richtung der Kamera reflektierte Licht, sind Ihnen jetzt sicher ausreichend bekannt geworden.

Durch das *Grundlicht*, das durch diese Meßart jeden szenenwichtigen Bereich des Motivs einschließlich aller Schatten ausreichend intensiv ausleuchtet, wird garantiert, daß der Film in der Kamera auch alle Schatten voll durchzeichnet und bei Farbfilm auch farbrichtig abbildet (Farbabb. II). Damit aber müssen keinerlei »schwarze Löcher« oder »abgesoffene Schwärzen« in Kauf genommen werden. Diese Garantie hat der Klasse-Hobbyfilmer mit seiner Kamera keineswegs. Denn

84

die »integrale Reflexionsmessung« seines Einbau-Belichtungsmessers liefert ihm ja nur einen *Durchschnittswert der gesamten vom Motiv reflektierten Helligkeit.*
Will der Hobbyfilmer sich darüber Gewißheit verschaffen, ob er irgendwelche, die Szenenkomposition störende »schwarze Löcher« in Kauf nehmen muß und hat er dazu keine separate Meßmöglichkeit, dann bleibt ihm gar nichts anderes übrig, als mitsamt seiner Kamera vor der Aufnahme in das Motiv hineinzumarschieren und alle verdächtigen Schatten aus unmittelbarer Nähe getrennt auszumessen und mit dem »integralen Durchschnittswert« zu vergleichen. Das kann er bequemer haben, wie die nachfolgende Abbildung klar macht.

15. Beispiel: Reflexionsmessung des Effektlichtwertes im Gesicht der Hauptdarstellerin

Abb. 68

In dieser Szene ist das Grundlicht längst ausgemessen und festgelegt. Nun muß nur noch dafür gesorgt werden, daß die Hauptdarstellerin auf der linken Seite im Vergleich zum männlich-lebenserfahrenen Antlitz des alten Herrn ein etwas heller ausgeleuchtetes und dadurch auf den Filmzuschauer *lieblicher wirkendes* Jungmädchengesicht bekommt. Diesen dramaturgisch wichtigen Unterschied mißt der Kameramann gemeinsam mit dem links stehenden Regisseur mit einem Handbelichtungsmesser aus.

Je nach dem sich ergebenden Wert wird dann durch eine gezielt eingerichtete Aufhellung oder durch Spot-Scheinwerfer dafür gesorgt, daß dieser Aufhelleffekt während der Aufnahme auch tatsächlich vorhanden ist.

Wie eine solche Helligkeitsverstärkung mit Hilfe sorgfältig gerichteter »Aufheller«, das sind Reflexionswände, zur Durchzeichnung der im schweren Gegenlichtschatten liegenden Seite eines Automobils vom Profi-Kameramann veranlaßt wird, zeigt Ihnen das nächste Bildbeispiel.

16. Beispiel: Die Einrichtung eines Aufhellers auf einem Stativ, um Gegenlichtschattenbereiche eines Automobils aufzuhellen

Abb. 69: Hier wird der Schattenbereich eines Automobils nicht ausgeleuchtet, sondern aufgehellt. Ein das Sonnenlicht diffus reflektierender Aufhellschirm wird von einem Stativ aus zielgerecht eingerichtet.

Abb. 70: Die Darstellerin erhält von seitlich hinten Gegenlicht. Deshalb wird sie samt den Schilfvorhängen durch kräftige Aufhellscheinwerfer dem allgemeinen Grundlicht meisterhaft angeglichen. Die Aufhellscheinwerfer spiegeln sich als Lichtpunkte in den Augäpfeln.

Wenn sich der Anfänger-Hobbyfilmer durch das stets lichtkorrigierende menschliche Auge aus Unerfahrenheit täuschen läßt und ohne Aufhellung auf den Kameraauslöser drückt, dann bekommt er so schreckliche Aufnahmeergebnisse, wie im folgenden Beispiel gezeigt.

17. Beispiel: Total unaufgehellte Szene in starkem seitlichen Gegenlicht

Sowohl der Schwarzweißfilm als auch der Farbfilm »sehen« und bilden starke Helligkeitskontraste viel krasser ab, als das menschliche Auge sie unterscheidet (siehe Seite 179). Deshalb sieht Ihr Auge im Gesicht dieses Frauenkopfes *in der*

Abb. 71

Wirklichkeit noch alle einzelnen Gesichtszüge, die sich wegen des Umwegs über Film und Projektion auf der Vorführwand dem Zuschauer total schwarz »abgesoffen« darbieten. Genauso wie auf dem Foto. Der integral messende Belichtungsmesser Ihrer Filmkamera veranlaßt infolge des umfangreichen, viel zu hellen Hintergrundes eine so kleine Blende, daß nur noch das zufällige Effektlicht auf der Nasenspitze durchgezeichnet abgebildet wird, während das völlig abgeschattete Gesicht überhaupt keine Durchzeichnung mehr aufweist.
Ein Spitzengerät für Universalmessungen aller Art ist der »Profi-Six« von Gossen, der sich als entscheidende Ergänzung aller eingebauten, integral messenden Kamera-Belichtungsmesser bei Klasse-Hobbyfilmern und Profi-Kameraleuten bewährt hat.
Außerdem gibt es seit 1981 auch das »Minolta Spotmeter M«, ein ausschließlich auf Spotmessungen (bis 1° bei scharfer Abbildung) ausgerichtetes Gerät, das auch die Grenzen des Helligkeitskontrasts samt Mittel-Blendenwerten analog und digital ablesbar festzuhalten gestattet.
Im übrigen lassen sich, was bereits hier angemerkt werden soll, auch für Aufnahmen bei bedecktem Himmel keine eindeutigen Vorschriften machen. Die farbfilm-

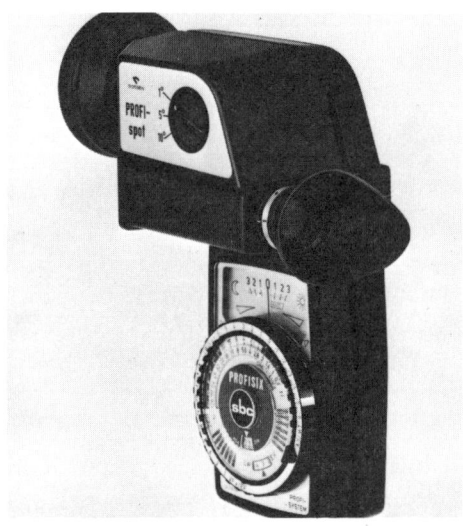

wirksamen Motive bei bedecktem Himmel sind auf jeden Fall gegenüber denjenigen im vollen Sonnenlicht weit in der Minderzahl. Eine genaue Grenze für Motive, die noch mit befriedigender Zuschauerwirkung aufgenommen werden können, läßt sich nicht ziehen, weil die »Prägnanz der Gesamtgestalt« entscheidend ist. Die »Prägnanz« (siehe Seite 179 ff.) aber ist von lichtphysikalischen Bedingungen nur sehr geringfügig abhängig.

Abb. 72: Profi-Six mit Spotmeter

18. Beispiel: Extreme Ausleuchtungen, die der Klasse-Hobbyfilmer durch den Einsatz des Spotmeters sicher beherrschen kann

Abb. 73: Der Kopf eines Menschen in Nahaufnahme gehört stets zu den bildwichtigen Motivbestandteilen. Der Blick durch den Sucher hätte den Klasse-Hobbyfilmer trotz der Sehkorrektur des menschlichen Auges darauf aufmerksam gemacht, daß der ganze obere Kopfteil des Mannes und die Haare der Dame von der fast senkrecht einfallenden Tropensonne deutlich überstrahlt sind. Die manuelle Wahl einer kleineren Aufnahmeblende, *die eben deshalb an allen Kameras möglich sein sollte,* hätte die völlig »ausgefressenen« Lichter auf den Köpfen verhindert (Spotmeter).

Abb. 74: Diese Filmszene soll dem Zuschauer Trost- und Hoffnungslosigkeit vermitteln. Dazu trägt die kontrastarme Ausleuchtung ohne Spitzlichter trotz scharfer Schatten und kräftig einfallendem Sonnenlicht entscheidend bei. Sorgfältig durch Spotmessung ermittelte Blendeneinstellung, die im Gesicht, Oberkörper und Abendkleid noch gut durchgezeichnete Schatten liefert und trotzdem die Entstehung von Spitzlichtern auf dem Haar, dem Gesicht und den Schultern vermeidet, ist durch Integralmessung nicht zu ermitteln. Manuelle Blendeneinstellung ist hier ebenfalls nötig.

88

Abb. 75: Aus gleichen dramaturgischen Gründen kann manchmal die schwarze Silhouette eines Menschen ohne jede Durchzeichnung inmitten einer normal ausgeleuchteten Szene handlungsnotwendig sein. In diesem Szenenbild wird dem Zuschauer durch eine diffus gehaltene Kontrastausleuchtung der zwingende Eindruck eines schreitenden Toten vermittelt. Dieser Tote, der mitten durch die Gruppen schießender Männer dem Totenreich zuschreitet, wirkt als schwarze Silhouette gewissermaßen »ausgelöscht«. Daß dieser Ausleuchtungseffekt im Rahmen der komplizierten Gesamtausleuchtung sehr schwierig zu erzielen ist, was insbesondere das diffuse Flächenlicht an der Decke und in der linken Szenenhälfte erkennen lassen, ist Ihnen wohl klar. Die Analyse

nach Grundlicht, Hauptlicht, Effektlichter läßt Sie auch erkennen, daß eine solche Ausleuchtung nicht ohne umfangreiche und sorgfältige Spotmessung erreicht werden kann.

Farbtemperatur: Warum und wann sie vor der Aufnahme gemessen werden sollte

Der Klasse-Hobbyfilmer hat nicht oft Veranlassung, vor einer Aufnahme die Farbtemperatur zu messen und daraufhin seine Aufnahmebedingungen durch »Konversionsfilter« zu korrigieren.

Kümmert er sich jedoch überhaupt nicht um die in seinen jeweiligen Motiven vorherrschende Farbtemperatur, dann erhält er häufig, vor allem in Filmszenen, die bei blauem Himmel in Schneelandschaften spielen, sehr unangenehme Farbstiche, die ihn dann zu Unrecht zu dem Glauben verführen, einen farbstichigen Film eingekauft zu haben.

Sie wissen ja, daß weißes Licht aus einer Mischung von farbigen Lichtbündeln zusammengestrahlt wird. Das weiße Sonnenlicht können Sie mit Hilfe eines Glasprismas in das bekannte »Regenbogenband« auseinanderziehen. Das gleiche gilt für alle Arten von künstlich erzeugtem Licht, wie es in Glühbirnen, Nitraphotlampen, Gasentladungs- und Lichtbogenlampen entsteht. Je höher der Energieumsatz in solchen Lichterzeugern, desto höher ist auch die jeweilige »Farbtemperatur«. Die Wissenschaft hat für die verschiedenen Farbtemperaturen, ebenso wie für Entfernungen und Gewichte, Maßeinheiten geschaffen, die an einer Normskala als »Grad Kelvin« (°K) abgelesen werden können.

Alles weiße Licht setzt sich aus den drei Grundfarben Blau (430–500 mµ), Grün (487–566 mµ) und Rot (680–700 mµ) zusammen. Die anteilige Mischung dieser Grundfarbenstrahlung ergibt alle anderen möglichen Farben und deren Farbtonnuancen, deren jeweilige Mischungsverhältnisse Sie auf den Abbildungen VIII a–f der Farbtafeln sehen können.

89

19. Beispiel: Farbveränderungen in Filmszenen, deren Ausleuchtung eine von den Rohfilmnormen abweichende Farbtemperatur aufweist (5500° K bei Tageslicht, 3200° K bei Kunstlicht)

Betrachten Sie vorab zur Illustration des Problems die Abbildungen IX bis XI der Farbtafeln. An diesen Beispielen können Sie erkennen, welche Auswirkungen die (manchmal notwendigen) Einstellungen zur Veränderung der Farbtemperaturwerte haben können.

Zunächst sollten Sie aber möglichst ohne Farbfilter drehen, denn ohne Erfahrung werden Sie nur farbstichige Szenen erhalten.

Nach Möglichkeit sollten Sie die Szenenausleuchtung nicht durch Farbfilter zu korrigieren versuchen. Es ist stets besser, abzuwarten und die Farbaufnahme zu einem anderen Zeitpunkt, d. h., wenn das Licht oder die Beleuchtung günstiger ist, zu machen. Bleibt Ihnen indessen keine andere Wahl, dann sollten Sie für jedes Farbfilmfabrikat, das Sie in Ihrer Kamera haben, nur diejenigen Farbfilter verwenden, die vom Hersteller des Farbfilmfabrikats ausdrücklich empfohlen werden. Agfa, Kodak, Ansco, Ilford und Gevaert geben darüber Auskunft, welche Filterarten zu ihren Farbfilmfabrikaten passen. In den entsprechenden Druckschriften sind die Färbungen, der Dichtigkeitsgrad und die Verlängerungsfaktoren für die Belichtungszeit angegeben (siehe auch Farbtafeln Abb. VIII a–f).

Jedes farbige Filter verstärkt diejenigen Farbtöne, in denen es selbst eingefärbt ist, und schwächt die Farbtöne, die zu der Eigenfarbe des Filters komplementär sind. Man kann auch durch Farbfilter die Gesamtfarbenstimmung eines Aufnahmemotivs radikal verändern, was für symbolisch wirkende Farbaufnahmen manchmal vorteilhaft sein kann. Solche Versuche sind indessen sehr schwierig erfolgreich durchzuführen. Sie setzen viel Erfahrung und zahlreiche Versuchsaufnahmen voraus.

Die »Farbtemperatur« kennzeichnet eine Maßeinheit, die Aussagen über den Farbcharakter des Lichts macht, das Ihr Aufnahmemotiv beleuchtet. Sie wird in »Kelvin« gemessen.

Direktes Sonnenlicht um die Mittagszeit hat z. B. eine Farbtemperatur von 5800 bis 6000 Kelvin. Ein klarer, blauer Himmel, ohne direkte Sonnenstrahlen, hat zwischen 9000 und 27 000 Kelvin. Wird ein Motiv gleichzeitig von strahlendem Sonnenlicht und einem klarblauen Himmel beleuchtet, so entsteht »Mischlicht«, da die nur von der Himmelsbläue beleuchteten Schatten eine andere Farbtemperatur aufweisen als die sonnenbeschienenen Motivteile.

Damit Sie einen Begriff davon bekommen, welche Farbtemperaturen in der Natur eine Rolle spielen, folgt nun eine entsprechende Aufstellung. Die praktische Bedeutung dieser Aufstellung für Ihre Filmarbeit ist gering und bezieht sich eigentlich nur auf die Vermeidung von möglichen und auf die Beseitigung von extremen Farbstichen für den Fall, daß Sie Ihre Aufnahme nicht auf einen günstigeren Zeitpunkt verschieben können.

Direktes Sonnenlicht ungedämpft	5400– 5800 Kelvin
Himmel, Sonne und Wolken (normales Tageslicht)	um 5500 Kelvin
Klarblauer Himmel und Sonne	um 6500 Kelvin
Sonne verschleiert	5700– 5900 Kelvin
Von *weißen* Wolken völlig bedeckter Himmel	um 6700 Kelvin
Hoher, von hellgrauen Wolken ganz bedeckter Himmel ohne Sonne	7500– 8400 Kelvin
Klarblauer Himmel im Sonnenschatten	11000–18000 Kelvin und höher

Die in den Super-8-Kassetten enthaltenen sogenannten Tageslicht-Umkehrfarbfilme sind tatsächlich Filme, die ohne ein extra vorgeschaltetes Filter, das in die Super-8-Kameras eingebaut ist, für Aufnahmen von Motiven eingerichtet sind, deren Farben um eine Farbtemperatur von 3200 Kelvin liegen.

Eine solche Farbtemperatur haben Motive, die von Nitraphot-, Halogen-Photolita- und fast allen Studio- oder Atelier-Beleuchtungslampen oder Scheinwerfern angestrahlt werden.

Dieser auf 3200 Kelvin eingestellte Film kann aber ohne jede Schwierigkeit auf etwa 5500 Kelvin, das heißt auf Aufnahmen bei mittlerem Tageslicht, durch die Vorschaltung des Kodak-A 85-Wrattenfilters bzw. CR 12 umgeschaltet werden.

Diese Umschaltung veranlaßt die automatisch wirksame Einrichtung der Super-8-Kamera, sobald Sie die Kassette einlegen.

Wollen Sie auf dem gleichen Film Aufnahmen machen, die mit dem üblichen Kunstlicht beleuchtet sind (siehe Seite 95 ff.), dann brauchen Sie nur das Tageslichtfilter wegzuschalten, was bei allen Super-8-Kameras von Hand gemacht werden kann.

Natürlich gibt es auch den auf das mittlere Tageslicht von 5500° Kelvin eingestellten Tageslichtfarbfilm, der auch in Farbnegativ-Positiv-Ausführung und nur für 16-mm-Kameras wegen der geringeren Körnigkeit des Originals als Farbumkehrfilm gebraucht wird. Er hat für das Super-8-Verfahren keine wesentliche Bedeutung.

Der Farbtemperaturmesser und seine aufnahmetechnische Bedeutung für Farbfilmszenen

Farbtemperaturmesser sehen ganz ähnlich aus wie Handbelichtungsmesser. Sie haben aber die ganz andere Aufgabe, durch eine unbestechliche, objektive Messung festzustellen, ob die Farbenzusammensetzung der Szenenausleuchtung, die ja für das Kameraobjektiv nichts anderes als ein reflektiertes Paket farbiger Lichtenergiestrahlen ist, auf den Farbfilm in der Kamera, der vom Rohfilmhersteller auf ein ganz bestimmtes Paket farbiger Lichtenergiestrahlen eingestellt wurde, so farbrichtig wiedergegeben wird, wie es vom *betrachtenden menschlichen Auge* in

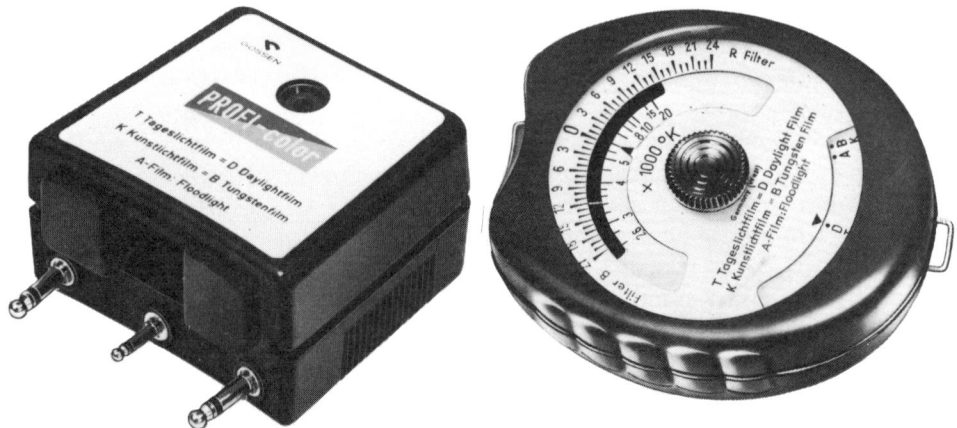

Abb. 76: Profi Color, aufsteckbar auf den Profi-six

Abb. 77: »Sixticolor« – Farbtemperaturmesser

der Wirklichkeit empfunden wird. Eine solche als farbrichtig empfundene Wiedergabe auf dem Farbfilm ist nämlich keineswegs selbstverständlich, weil das menschliche Auge das ihm aus seiner Umgebung zugestrahlte farbige Licht ziemlich rigoros zu korrigieren imstande ist und das auch fast immer tut (siehe Seite 179 ff.). Der Farbfilm aber kann das eingestrahlte farbige Licht nicht korrigieren, und auch das Auge tut das während der Vorführung nicht mehr.

Seit die Farbtemperaturmesser benutzt werden, sind Farbverschiebungen, die aus dramaturgischen Gründen manchmal gefordert werden, exakt meßbar.

Ausleuchtungsbedingte Farbstiche und ihre sichere Vermeidung

Die weitaus wichtigste Farbtemperaturabweichung, die für Sie in einem Freiaufnahmemotiv auftreten kann, ist ein Überschuß an blauen Strahlen. Dieser Überschuß wird im Flachland vom blauen Himmel, im Gebirge dagegen von der Sonne als UV-Strahlung geliefert. Er verleiht, wenn er vorhanden ist und nicht durch Konversions- oder UV-Filter abgeschirmt wird, Ihren Filmszenen auf der Vorführfläche einen sehr unangenehmen Blaustich. Im wirklichen Motiv fällt Ihnen der dort vorhandene Blaustich wegen der Korrekturen durch das Auge nicht auf.

Beschuldigen Sie in solchen Fällen bitte nicht den Rohfilmhersteller, daß er Ihnen eine blaustichige Emulsion geliefert habe, sondern benutzen Sie vor der Aufnahme lieber einen Farbtemperaturmesser, der Ihnen eine unbestechliche Auskunft gibt und Ihnen auch noch dazu verhilft, das passende Konversionsfilter zu finden.

Farbtemperaturen können geschätzt und mit Instrumenten gemessen werden. Solche Schätzungen sind bei einiger Erfahrung etwas leichter möglich als die Schätzung von Belichtungszeiten.

Wer aber immer sicher arbeiten will, kann ein Meßinstrument benutzen. In Europa sind der »Sixticolor« von Gossen und der »Farbtemperaturmesser Rebikoff« erhältlich, in den USA der »Eastman Color Temperature Meter«, der »Ashcraft-Color-Photometer« und der »Harrison Color Meter«. Die Farbtemperaturmesser vergleichen jeweils den Rotgehalt der zu messenden Strahlung mit dem Blaugehalt (680–700 mit 430–500 mµ). Sie sind daher zur Messung von Leuchtstofflampen und Leuchtröhren sowie selektiv absorbierender Filter *nicht verwendbar*, weil sie ganze Spektralbereiche zusammenfassen.

Doch muß auch die Handhabung dieser Farbtemperaturmesser sorgfältig geübt werden, wenn man praktisch brauchbare Resultate erzielen will. Es ist verhältnismäßig einfach und sicher, direkt strahlende Lichtquellen (Sonne, Lampen) mit ihnen auszumessen. Die Wirkung des blauen Himmelsgewölbes ist schon schwieriger zu erfassen. Besondere Schwierigkeiten macht die meßtechnische Einbeziehung der für die Farbaufnahme wichtigen Einflüsse farbig reflektierender Flächen. Übungsmessungen und Auswertung von Versuchsaufnahmen ist unvermeidlich. Sie bekommen dann rasch Sicherheit.

Es gibt spezielle Farbtemperaturmesser, die in »Mired«-Graden geeicht sind, was nichts anderes als 1 000 000 dividiert durch die Kelvin-Grade ausdrückt. Für die Konversionsfilter, die von den Farbtemperaturmessern angezeigt werden, wird die Bezeichnung allerdings in Zehntel-Mired = Dezi-Mired angegeben.

Wenn Sie in Ihre Super-8-Kamera *Farb-Umkehrfilm* geladen haben, dann müssen Sie sich jeweils klarmachen, daß zur Beseitigung eines Farbstichs ein Filter in der Komplementärfarbe erforderlich ist.

Blau erfordert das Konversionsfilter	Gelb (V)
Rot erfordert das Konversionsfilter	Cyan (C)
Blau-Grün erfordert das Konversionsfilter	Rot (R)
Gelb erfordert das Konversionsfilter	Blau (B)
Purpur erfordert das Konversionsfilter	Grün (G)
Grün erfordert das Konversionsfilter	Magenta (M)

Die Filterbezeichnungen entsprechen den Kodak-Color-Compensating-Filtern. Die Trennung der beiden Farbgruppen wurde deshalb vorgenommen, weil nur die Farben der ersten Gruppe häufiger im Aufnahmelicht der Freiaufnahmen vorkommen. So das Blau im Schatten, vor allem bei Schneeaufnahmen und als UV-Blau im Hochgebirge. Auch bei hochstehender Sonne wird es gerne, unsichtbar für das Auge, von Gras und Blättern reflektiert (Tau!).

Das Rot kommt bei tiefer stehender Sonne vor und verrötlicht die Fleischfarben,

das Blaugrün wirkt sich unter Bäumen aus, und bei Vorhandensein von viel Vegetationsgrün in der Umgebung werden alle weißen Gegenstände und Fleischfarben, unsichtbar für das korrigierende Auge, unangenehm vergrünlicht.
Auch bunte Sonnenschirme erzeugen Farbstiche in Gesichtern und auf Kleidern.
Für die Beseitigung der einen Blaustich verursachenden UV-Strahlung im Gebirge und auch jedes anderen Blauüberschusses verwenden Sie vorteilhaft ein sehr zart rosa gefärbtes Skylight-Filter, Typ 1 A von Kodak. Für Schwarzweiß-Aufnahmen sind die entsprechenden Filter 2 A und 2 B, die zart gelb gefärbt sind, und die UV-Sperrfilter heißen.

Der Weg zur sicheren Beurteilung der optimalen Ausleuchtung und Licht-Verteilung am Aufnahmemotiv

Sie verstehen jetzt bereits, warum sich für das filmwirksame, farbige Motiv kein Einteilungsschema aufstellen läßt. Man kann nicht einfach behaupten, es sei stets Sonnenschein nötig oder Gegenlichtaufnahmen würden nichts. Ist der Helligkeitskontrast nicht wesentlich größer als 1:70 für die Kinoprojektion oder 1:30 für die Fernsehwiedergabe, sind nicht gerade ausgesprochen dunkle neben ausgesprochen hellen Farben in den szenenwichtigen Stellen vorhanden, dann entsteht bei richtiger Belichtungsermittlung und richtiger Farbtemperatur eine absolut farbrichtige Abbildung.
Die Motive, in denen überwiegend eine *gleichmäßige* Helligkeitsverteilung herrscht, lassen sich ungefähr in einer Gruppe zusammenfassen. Das sind fast alle Großaufnahmen. Gehen Sie mit der Kamera oder dem Zoom so nahe heran, bis der groß aufzunehmende Gegenstand die Hälfte bis zwei Drittel der Bildfläche ausmacht, ermitteln Sie die Belichtung sorgfältig, und lassen Sie die Kamera laufen.
Natürlich darf der Hintergrund in seiner Helligkeit nicht allzusehr von der Helligkeit des bildwichtigsten Gegenstandes abstechen (verlassen Sie sich dabei aber nicht auf Ihr Auge!). Auch sind dunkle oder fleckige Hintergründe unvorteilhaft (siehe Seite 106/108).
Tiefverschattete Hintergründe sind dagegen manchmal ganz gut brauchbar und lassen sich zur Erzielung besonderer Szeneneffekte vorteilhaft ausnützen. Besonders dann, wenn das Objekt von einem Lichtstrahlenband hell beleuchtet wird.
Auch für Aufnahmen bei bedecktem Himmel lassen sich keine eindeutigen Vorschriften machen. Die Anzahl der farbfilmwirksamen Motive ist denjenigen bei voller Sonnenbestrahlung gegenüber jedenfalls viel geringer. Eine genaue Grenze für das, was noch befriedigend abgebildet wird und was nicht mehr, läßt sich indessen nicht ziehen.
Da das Grundfarbengedächtnis des Menschen für die wesentlichen Erfahrungsgestalten seiner Umwelt (siehe Seite 188 ff.) auf mittleres Tageslicht abgestimmt ist,

kommen ihm z.B. Großaufnahmen von Gesichtern, die im Abendrot aufgenommen wurden, viel zu rot gefärbt vor, wenn Sie nicht gleichzeitig dafür sorgen, daß dieses Abendrot als Beleuchtungsquelle bei der Betrachtung *mitwirkt*.
Das kann durch eine vorhergehende Szene, in der das Abendrot als Landschaftstotale auftritt, geschehen. Gestalten Sie so, dann erhält die Großaufnahme eine zusätzliche Abendrot-Prägnanz, die der Zuschauer von sich aus auf die Szene überträgt, wodurch ihm dann die rot verfärbte Großaufnahme als völlig natürlich wiedergegeben erscheint.
Bei sparsam ausgeleuchteten Kunstlicht-Aufnahmen können sehr störende Farbabweichungen plötzlich dann auftreten, wenn sich Personen zwischen Aufhellgeräten bewegen, die eine ungleiche Farbtemperatur abstrahlen oder wenn Sie in solchen Bereichen mit Ihrer Kamera schwenken. Es ist nicht leicht, diese Spontan-Veränderungen während der Lichtproben vor der Aufnahme zu entdecken. Gewöhnen Sie sich deshalb durch ein spezielles Sehtraining daran, solche Farbabweichungen zu sehen und auszumessen.
Es bleibt Ihnen zur Abrundung Ihrer aufnahmetechnischen Kenntnisse nun noch übrig, sich ein Urteil über das auf dem Markt befindliche Filmmaterial zu erwerben. Dabei haben Sie es nicht ganz so gut wie der Profi-Kameramann, der für Farbfilm- wie für Schwarzweiß-Aufnahmen eine unerschöpfliche Fülle von Normal- und Spezialrohfilmarten von der Industrie zur Verfügung gestellt bekommt. Doch bringen die meisten Rohfilmhersteller neue Typen, die sich im Profibereich bewährt haben, nach einiger Zeit auch für den Super-8-Sektor auf den Markt, so daß es sich auch für Sie lohnt, ständig auf dem laufenden zu sein.

Nach welchen Gesichtspunkten soll das Filmmaterial ausgewählt werden?

Verwenden Sie niemals Filme, die Sie in »Sonderangeboten«, unzulänglich d.h. *nicht tropenfest verpackt,* oder mit überschrittenem (»zu belichten bis . . .«) Verfalldatum angeboten bekommen. Auch ist es ein großes Risiko, Super-8-Filme unbekannter Herstellermarken, mit denen Sie noch keine praktischen Aufnahmeerfahrungen gemacht haben, zu verwenden.
Es werden genug Super-8-Filme von internationalem Ruf in jedem Winkel der Erde angeboten, so daß Sie kein Risiko eingehen müssen.
Sollten Sie ein spezielles Filmthema (siehe Seite 149) zu einem längeren, geschlossenen Dokumentar-, Reportage- oder Spielfilm gestalten wollen, dann ist es sinnvoll, sich das benötigte Rohfilmmaterial möglichst immer mit *der gleichen Emulsionsnummer,* die gewöhnlich auf der Verpackungsschachtel aufgedruckt ist, zu besorgen. Damit vermeiden Sie fabrikationsbedingte geringfügige Farbabweichungen, die zwar selten, aber doch manchmal vorkommen. Denn solche Verfärbungen machen sich bereits beim Schneiden, aber auch während der Vorführung

für den Zuschauer deutlich bemerkbar, weil das weitgehend »dunkeladaptierte« menschliche Auge auch für geringfügige Farbabweichungen zwischen zwei sich unmittelbar folgenden Szenen übermäßig empfindlich ist (siehe auch Seite 183).

Aus den gleichen Gründen sollten Sie auch das gesamte belichtete Filmmaterial immer *in derselben Kopieranstalt* gleichzeitig bearbeiten lassen.

Sollte die gleichzeitige Bearbeitung des gesamten Materials wegen der zu langen Dauer Ihres Filmvorhabens nicht zweckmäßig sein, sorgen Sie dann wenigstens dafür, daß möglichst dramaturgisch zusammengehörige Blöcke des belichteten Materials gleichzeitig bearbeitet werden.

Im allgemeinen läßt sich Farbfilmmaterial verschiedener Lichtempfindlichkeit des gleichen Farbfilmherstellers, das aufnahmetechnisch einwandfrei belichtet wurde, problemlos durcheinanderschneiden.

Auch für den Super-8-Filmer gibt es verschiedenartig leistungsfähiges Filmmaterial, das sich für die verschiedenen Motivarten jeweils am besten eignet. Dieses Material können Sie dann, wenn es Ihnen auf eine durchgehend erstklassige Filmgestaltung ankommt, entsprechend auswählen.

So liefern die Firmen *Kodak, Agfa-Gevaert* für Super-8- als auch *Fuji* für Single-8-Kameras zwei Arten von Umkehrfarbfilmen, die sich in ihrer Lichtempfindlichkeit, in ihrem Belichtungsspielraum und in ihrer Feinkörnigkeit deutlich unterscheiden.

Für Sie als potentiellen Klasse-Hobbyfilmer genügt es zunächst zu wissen, daß Sie mit dem weniger empfindlichen Film bei Tageslicht, normaler Farbtemperatur und normalen Helligkeitskontrasten erstklassige Filmszenen in natürlichen Farben erhalten.

Der höchstempfindliche Farbfilm liefert dagegen bei relativ lichtschwacher Gesamtausleuchtung auch dann noch die besseren Ergebnisse, wenn der Helligkeitskontrast an die äußerste Grenze gehen sollte, wie das bei Sonnenauf- und -untergängen oder punktförmigen Lichtquellen hoher Intensität vorkommt (siehe Bildbeispiel Farbtafel Abb. XI), ebenso wie bei fast allen Kunstlichtaufnahmen, die sparsamer ausgeleuchtet wurden.

Vergessen Sie aber bei Ihren aufnahmetechnischen Überlegungen nicht, daß die Schärfentiefe von *Ihrer* Wahl der Brennweite des Objektivs abhängig ist. Bedenken Sie weiterhin, daß *farbtondunkle* Motivbestandteile genauso wie Schattenbereiche eine gewisse Mindestleuchtdichte (siehe S. 69 ff.) aufweisen müssen, und die kann nur durch entsprechendes Haupt- bzw. Grundlicht garantiert werden. Anderenfalls wirken alle Motive nicht »farbrichtig« und erscheinen den Zuschauern auch nicht als natürlich.

Eine Anweisung, die von der Fa. Kodak für die Beleuchtung mit einfallendem Kunstlicht ganz allgemein gegeben wird, soll deshalb hier zitiert werden, weil sie auch für Ihre aufnahmetechnischen Überlegungen uneingeschränkt gelten sollte: »Diese (Tabelle) gilt für mittelhelle Objekte mit hellen und dunklen Farben. Wenn ein Objekt ausschließlich sehr helle Pastellfarben enthält, sollte die Blende wenigstens um eine halbe Stufe verkleinert werden. Für Objekte mit ausschließlich dunklen Farben vergrößert man die Blende um eine halbe Stufe. Geringe Veränderungen in der Entfernung zwischen Lampe und Objekt beeinflussen die Beleuchtungsstärke erheblich. Die Lampen sollen deshalb nach der endgültigen Messung der Beleuchtungsstärke nicht mehr bewegt werden.« Sollten Sie die Absicht haben, mit verschiedenen Farbfilmmaterialien Vergleichsaufnahmen zu machen, so vergessen Sie niemals die folgenden Bedingungen zu erfüllen:

1. In jeder Vergleichsszene muß unbedingt auch eine genormte Farb-Grau-Tafel mit abgebildet worden sein. Denn die vergleichende Beurteilung von Farbtönen und Helligkeitsintensitäten ist nur bei Vorhandensein eines genormten Bezugsobjekts einwandfrei möglich. (Farb-Grau-Tafelabbildung siehe Abb. XIII, Farbtafel)

2. Sorgen Sie stets dafür, daß Sie mit der Ausleuchtung und dem Helligkeitskontrast der Versuchsszenen stets innerhalb des normalen Belichtungsspielraums des verwendeten Filmmaterials bleiben. Das heißt, die Gesamthelligkeit in der Versuchsszene und das Verhältnis der Helligkeit des dunkelsten bildwichtigen Motivteils zum hellsten bildwichtigen Motivteil darf *den gradlinigen Teil der Gradationskurven* des Farbfilmmaterials nicht überschreiten. Andernfalls werden in solchen Motivteilen unkontrollierbare Farbverschiebungen entstehen.

Die letzte Bedingung gilt übrigens für Ihr gesamtes aufnahmetechnisches Verhalten in allen normalen Aufnahmefällen. Warum das erforderlich ist, das werden Sie besser verstehen, wenn Sie sich die folgenden Erklärungen zu eigen machen.

Alle Umkehrfarbfilme werden in den Entwicklungsanstalten zu einem $\gamma = 1$ entwickelt, was heißen soll, daß aus jeder einzelnen Helligkeit, die durch das Kameraobjektiv fotografisch registriert wurde, eine genau anteilige Schwärzung (die bei Farbfilm später ebenso anteilig in Farbpunkte umgesetzt wird) im Verhältnis von 1:1 ausentwickelt wird. Bildlich läßt sich das folgendermaßen veranschaulichen:

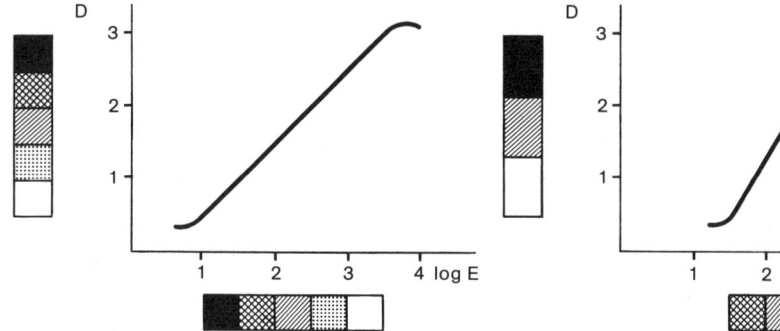

Abb. 78a: Jede anteilige Helligkeit wird durch die Entwicklung zum y = 1 (45° steil) in die genau anteilige Schwärzung umgesetzt.

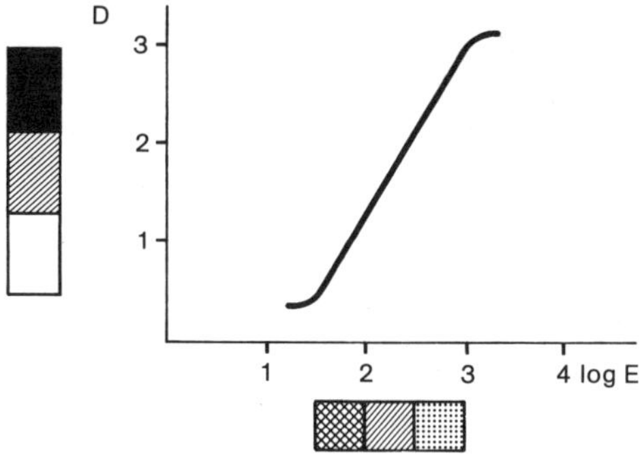

Abb. 78b: Bei zu steiler Entwicklung die über das y = 1 hinausgeht, werden anteilige Helligkeitsstufen verloren. Es entstehen falsche oder stichige Farben bzw. zu kräftige Kontraste.

Eine solche anteilige Entwicklungsschwärzung ist natürlich nur erzielbar, wenn auch die Registrierung der Helligkeit des Aufnahmemotivs für den gesamten Helligkeitsumfang innerhalb des geradlinigen Teils der Gradationskurve im Verhältnis 1 : 1 erfolgt. Auch das ist bildlich zu veranschaulichen:

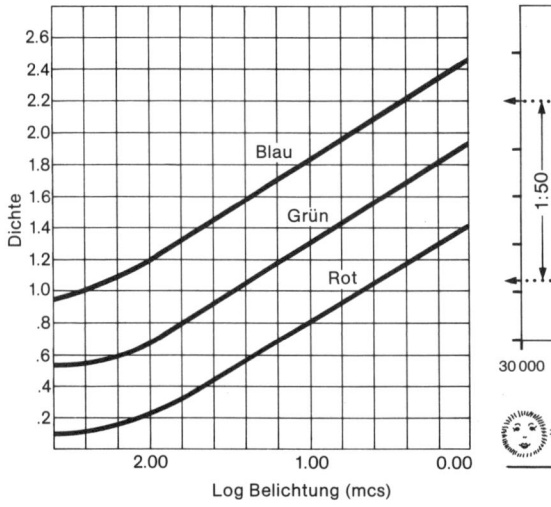

Abb. 79a und 79b: Aus diesem Diagramm erkennen Sie, daß die Gradationen für die Abbildung der einzelnen Farbanteile, aus deren Mischung sich die Farben auf der Vorführfläche jeweils aufbauen, vor allem im Bereich der geringen Helligkeiten des Aufnahmemotivs nicht mehr gleich intensiv registriert werden. Nur dort wo die Kurven genau parallel zueinander ansteigen ist die einwandfreie Farbwiedergabe gesichert.

Allgemeine Grundsätze für die Szenenausleuchtung mit Kunstlicht

Die Geräteausstattung des anspruchsvollen Hobbyfilmers ist erst dann einigermaßen vollständig, wenn er auch über die Mindestausstattung an Kunstlichtstrahlern ebenso verfügt, wie Sie das für den Einsatz von »Aufhellern« in sonnenbeschienenen Freilichtszenen bereits erkannt haben.

Die aufnahmetechnische Anwendung dieser Grundgeräte für die optimale Szenenausleuchtung werden Sie allerdings erst dann in ihrem ganzen Umfang und in allen Einzelheiten sicher beurteilen können, wenn Sie die nachfolgenden Kapitel und Abschnitte studiert haben.

Sie sollten, bevor Sie sich an der Ausleuchtung versuchen, zunächst das Wichtigste über den Wirkungseinsatz der Abbildungsschärfe, der Schärfentiefe, der Wirkungsbereiche von Weitwinkel- und Tele-Objektiven, den Unterschied zwischen Film- und Theaterregie und die optimale Führung von Laiendarstellern erfahren haben. Erst nach diesem Studium werden Sie sich über die Notwendigkeit eines kombinierten Einsatzes der verschiedenartigen Kunstlicht-Beleuchtungsgeräte sowohl rein aufnahmetechnisch als auch dramaturgisch voll und ganz klargeworden sein.

Damit Sie sich aber schon vorher über den Anteil der verschiedenen Ausleuchtungsgeräte klarwerden können, sollen Sie schon jetzt die üblichen Grundtypen und ihre aufnahmetechnische Leistungsfähigkeit kennenlernen.

Die lichttechnische Ausrüstung des Klasse-Hobbyfilmers

Nach allem, was Sie durch das Studium der bisherigen Ausleuchtungsbeispiele erkannt haben, ist es besser, viele kleine als wenige große Beleuchtungslampen zur Verfügung zu haben.

Auch haben Sie wohl den grundlegenden Unterschied zwischen Breitstrahlern und Effektlicht erkannt.

Jede gewöhnliche Glühbirne ist bereits ein Breitstrahler. Deshalb bedecken wir sie ja auch in unseren Wohnungen mit einem Lampenschirm.

Für Ihre Filmarbeit liefern die normalerweise 60- oder 100-Watt-Glühbirnen allerdings ein zu wenig intensives Licht von zu niedriger Farbtemperatur.

Wenn Sie daher zusätzliches Glühbirnenlicht zur Erhöhung der Gesamtausleuchtung verwenden wollen, weil Sie dadurch die meist erwünschte höhere Leuchtdichte größerer Flächen zu bekommen hoffen, dann sollten Sie dazu möglichst fabrikfrische mit Edelgas gefüllte 500-Watt-Birnen verwenden, wie das der Berufskameramann auch macht.

Abb. 80

Wenn Sie in Ihrer Wohnung filmen wollen, werden Sie mit dieser Ausleuchtungsmethode nicht sehr weit kommen, weil Ihnen dann die elektrische Absicherung der Stromkreise einen Streich spielt. Es sei denn, Sie können HMI-Lampen, die eine Farbtemperatur von 6000° Kelvin haben, benutzen. Dann aber müssen Sie auch auf Tageslichtfilm bzw. mit Tageslichteinstellung drehen. Die HMI-Lampen gibt es von 875 bis 5000 Watt Lichtleistung. Sie können trotzdem wegen ihrer geringen Leistungs*aufnahme* über ein zwischengeschaltetes Netzgerät, das den Wohnungsstromkreis nicht überlastet, betrieben werden.

Die Stromabsicherung in Ihrer Wohnung

Im allgemeinen ist in modernen Wohnungen ein Stromkreis mit 10 Ampere, in alten Wohnungen mit 6 A abgesichert.

Die Sicherung im Zählerkasten Ihrer Wohnung hat oben ein rot- (10 A) oder ein grüngefärbtes (6 A) rundes Plättchen, das Sie durch das Deckglas der abschraubbaren Sicherungskappe sehen können.

Ist das Plättchen herausgefallen, dann müssen Sie eine frische Sicherung einsetzen, die alte ist dann durchgebrannt.

Es empfiehlt sich, mehrere Ersatzsicherungen zur Verfügung zu haben, bevor Sie anfangen, eine größere Szene auszuleuchten.

Denn selbst wenn Sie vorher

$$10 \text{ A mal } 220 \text{ V} = 2200 \text{ Watt}$$
$$6 \text{ A mal } 220 \text{ V} = 1320 \text{ Watt}$$

gerechnet und dann Ihre beiden Halogenleuchten à 1000 Watt vorsichtshalber an zwei verschiedene Stromkreise Ihrer Wohnung angeschlossen haben, dann braucht nur irgendein Familienmitglied ein Elektrogerät (Bügeleisen, Toaströster, Haartrockner) gleichzeitig anzuschalten, und die Sicherung brennt vor allem in mit 6 A abgesicherten Stromkreisen sofort durch.

Im allgemeinen werden Sie für die kleinräumigen Aufnahmemotive in Ihrer Wohnung bei zwei Stromkreisen mit insgesamt 4000 Watt, ja selbst noch mit 2600 Watt ganz gut auskommen, wenn Sie ein Grundlicht von 1000 bis 1500 Watt benutzen und die übrige Ausleuchtung mit zwei 500-Watt- und zwei bis drei 200-Watt-Lampen bei 6 A Absicherung und zwei 500-Watt- und fünf 200-Watt-Lampen bei 10 A abgesicherten Stromkreisen bestreiten. Für eventuelle Spotlicht-Bedürfnisse können Sie übrigens auch einmal Ihren Filmprojektor (ohne Film) benutzen. Wichtig ist, daß möglichst freie, helle Wände und die Decke durch Lichtreflexion das Grundlicht verstärken.

Auch können Sie meist Aufhellschirme mit Metalloberfläche (Metallfolien oder Alubronze) oder aus weißem Papier (Zeichenkarton DIN A 1–2) einrichten. Wenn Sie ein besonders weiches Grundlicht für Farbaufnahmen brauchen, dann können Sie Ihre Motive auch indirekt ausleuchten, indem Sie 1000 oder 2000 Watt gegen die Decke und Wände strahlen lassen und so ein ausreichend helles Reflexlicht bekommen.

Wollen Sie dagegen ausgedehntere Aufnahmemotive, vom Berufsfilmer »Dekorationen« genannt, ausleuchten, dann können Sie sich, sofern Sie eine Stadt in der

Nähe haben, einem der Schmalfilmklubs anschließen, die oft über gemeinsam gebastelte Aufnahme- und Tonstudios verfügen, bevor Sie die stets recht teuren Berufsfilm-Studios in Anspruch nehmen.

Filmleuchten – Scheinwerfer – Weichstrahler – Hintergrundleuchten

Der Meisterfilmer wird sich über die Beleuchtungslampen für seine Zwecke hinaus vielleicht noch Filmleuchten mit Gebläsekühlung, einen größeren Halogen-Weichstrahler und auf Stativen zu befestigende Aufheller, Gazeschleierrahmen und Abschirmflächen, von denen die beiden folgenden Abbildungen Muster zeigen, beschaffen wollen. Auch ein Batteriegürtel, der mit aufladbaren Nickel-Cadmium-Zellen bestückt ist, kann für Außenaufnahmen an abgelegenen Orten nützlich sein, muß aber vorher an Ihr Kameramodell extra angepaßt werden. Ein solcher Batteriegürtel macht Ihre Handleuchten (1 V und 8,4 V, 4 A) völlig stromnetzunabhängig. Hier eine Auswahl handelsüblicher Leuchten:

Abb. 81

Abb. 83

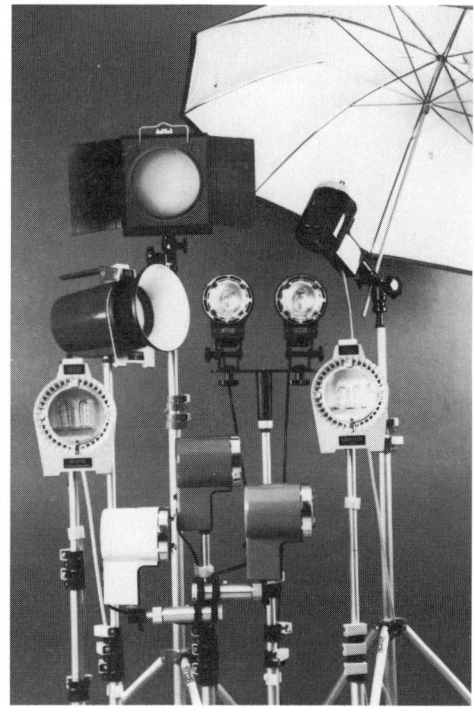

Abb. 82

Hintergrundveränderung durch »Cookies« oder »Cucalories«

Sie wurden zwar nicht in den USA erfunden, aber dort zur höchsten Vollendung entwickelt und umfangreich praktisch eingesetzt.

Sie sparen sehr hohe Beträge für die Hintergrunddekorationen ein, ermöglichen mit recht wenig Licht sehr wirksame Effekte und sind schon deshalb auch für Ihre Szenenaufnahmen von großer Bedeutung.

Cookies gibt es in unendlich vielen Ausführungen. Sie können sie auch selbst entwerfen und dabei Ihrer gestalterischen Phantasie freien Lauf lassen. Sie beruhen alle auf dem Prinzip des Ganz- oder Halbschattenmusters.

Einige Grundformen sehen so aus:

 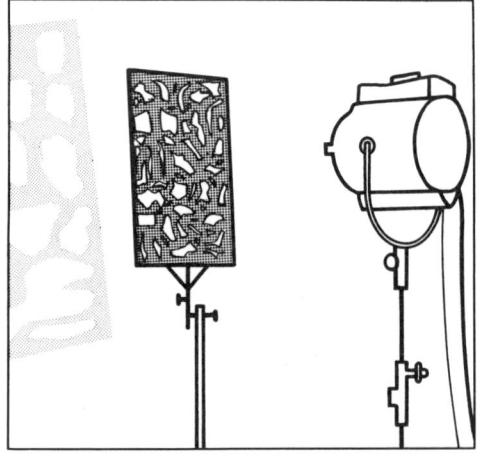

Abb. 84 a   Abb. 84 b

Cookies werden so zwischen (Effektlicht-)Scheinwerfer und den Szenenraum geschaltet, daß sie scharfe, halbscharfe oder verlaufend scharfe Schattenmuster werfen. Als Effektlichtscheinwerfer können Sie oft Ihren Filmprojektor mit und ohne Projektionsobjektiv benutzen (die Fa. Mole Richardsson ist auf Cookies spezialisiert). Die Cookies können aus hartem, lichtundurchlässigem oder halbdurchlässigem Material hergestellt werden. Man macht sie aus Holz, Kunststoffen, Papier, Fiberglas. Sie sollten so hergestellt sein, daß sie mit einer Schere oder einem scharfen Messer nachträglich verändert werden können.

Man kann mit ihrer Hilfe nicht nur strukturlose Hintergründe »beleben«, sondern auch »Stimmungen« verstärken.

Kahle Wände können sich z. B. handlungsentsprechend in »stimmungsvolle« Wände gleitend so verwandeln, daß es dem Zuschauer nicht bewußt wird.

Beginnen Sie damit, einfach mit einem oder mehreren Cookies herumzuspielen und das Ergebnis mit Ihrer Kamera probeweise aufzunehmen.

Das einfachste ist natürlich die »Jalousie«, durch die das Sonnenlicht (Scheinwerfer) hereinfällt.

Dann kommen alle möglichen Nachteffekte, bis Sie schließlich die feinsten Nuancen von Schattenzeichnungen in hell ausgeleuchteten Dekorationen beherrschen lernen.

VIII. Kapitel
Die prinzipielle Bedeutung der allgemeinen Abbildungsschärfe und der Schärfentiefe aller Szenenteile

Wenn Sie im wirklichen Leben einen Gegenstand oder ein lebendes Wesen in Ihrer Umgebung aufmerksam betrachten, stellen sich Ihre beiden Augen unmerklich und blitzschnell darauf ein, dieses Objekt so konturen- und flächenscharf wie nur irgend möglich auf der Netzhaut Ihrer beiden Augen – Retina genannt – abzubilden.

Der Volksmund sagt dazu: »Ich fasse das Ding scharf ins Auge«, was in Wirklichkeit heißt, daß sich das »Ding« auf dem Augenhintergrund lediglich scharf abbildet.

Bei diesem Sehvorgang werden zugleich alle weiteren »Dinge«, die sich in der unmittelbaren Nähe des scharf ins Auge gefaßten »Dings« befinden, gleich scharf mitabgebildet.

Dagegen werden diejenigen »Dinge«, die sich gleichzeitig in *merklichem Abstand* vor oder hinter dem scharf ins Auge gefaßten »Ding« befinden, um so unschärfer auf dem Augenhintergrund abgebildet, je näher sie im Vordergrund oder je weiter sie sich im Hintergrund des Gesamtsehbereichs befinden.

Von Extremfällen abgesehen, interessiert sich ein geradeaus vor sich hin blickender Mensch nur für das, was er mit seinen beiden Augen überdeckend gleichzeitig betrachten kann.

Erregt etwas außerhalb dieses gemeinsamen beidäugig überdeckten Gesichtsfeldes seine Aufmerksamkeit (das geschieht vor allem durch »Bewegung«), dann bringt er es durch Blick- oder Kopfwendungen in diesen beidäugigen Gesichtsfeldbereich hinein, damit er es deutlich, scharf und so räumlich wie möglich betrachten kann.

Der beidäugige Gesichtsfeldbereich in »mittlerem Abstand« von der Vorführfläche (im Normalkino ist das meist die 17. Sitzreihe) wird in der umseitig abgebildeten Filmszene auf beiden Seiten ungefähr von den Köpfen der rechts und links in der Szene sitzenden Herren und oben von der Wandlampe samt der oberen Türecke begrenzt (siehe eingezeichnete Sehbereichskurve).

Dabei gehört der in der Türe stehende livrierte Diener, der leider nur unscharf aufgenommen wurde, durchaus noch in den beidäugigen Sehbereich. Deshalb wird er, sobald er sich deutlich bewegt, vom Zuschauer – vergeblich – »scharf ins Auge gefaßt«.

20. Beispiel: Der beidäugige Sehbereich wird bevorzugt

„ Ein idealer Gatte "

Abb. 85

In dieser Weise orientiert sich jeder lebende Mensch vom Jugendlichen bis zum Greis innerhalb seiner Umwelt.

Diese Sehweise kann durch die kinematographische Aufnahme und Wiedergabe durch eine struktur- und formgerechte, mit Tönen und Geräuschen verschmolzene Registrierung schwarzweißer und farbiger Umweltausschnitte zum Erlebnis angeboten werden. Dem Zuschauer wird auf der Vorführfläche stets ein beidäugiger zentraler Sehbereich angeboten, in dem sich genau das jeweils »Interessante« ereignet. Sobald das Erlebnis der einzelnen Filmszene »ausgeschöpft« ist, wird ein nachfolgendes weiteres »Interessantes« erwartet, das dann im Normalfall durch eine analoge weitere Kameraeinstellung erfaßt und dargeboten wird.

Fotografische Objektive sind, wenn auch unvollkommen, dem Bau und der Funktion des menschlichen Auges in etwa nachempfunden worden. Deshalb ist es erlaubt, die Sehfunktion des Auges auch an einem optischen Extremfall zu analysieren, der fotografisch durch ein langbrennweitiges Objektiv bei größter Blendenöffnung und geringer Schärfentiefe zustande gekommen ist.

Dieses Foto, das der Fotograf Otto Nöcker aufgenommen hat, ist durch den Zwang, die volle Öffnung seines langbrennweitigen Objektivs auszunützen, auf eine relativ geringe Schärfentiefe eingeschränkt. Dadurch wird es zu einem idealen Beispiel für die Demonstration fotografischer Abbildungsschärfe und deren Bedeutung für den Zuschauer.

Wenn Sie den scharf abgebildeten Mittelteil der Szene mit der britischen Prinzessin und dem strammstehenden Soldaten mit der Hand abdecken, dann erkennen Sie deutlich, daß die nach rechts hin immer stärker werdende Unschärfe schließlich zur totalen Unkenntlichkeit führt. Ganz rechts können die drei Soldaten nicht einmal mehr als Menschen erkannt werden. Die völlig zerflossenen Konturen werden für den Betrachter zu formlosen hellen, dunkelgrauen und schwärzlichen Nebelballungen. Mit Hilfe dieser

Abb. 86

Aufnahme können Sie den fundamentalen Unterschied zwischen dem Sehen in der Wirklichkeit und der eingeschränkten Betrachtung fotografisch gewonnener Abbildungen auch in Filmszenen besonders schön demonstrieren.

Diese am Rande des Gesichtsfeldes unscharf gesehenen Bereiche werden auch durch die direkte Fixierung mit beiden Augen weder zur scharfen noch zur räumlich wirkenden Abbildung gebracht.

Sie bleiben total unscharf und zwingen eben dadurch den Betrachter zu der Erkenntnis, daß es sich um eine teilweise unscharf wiedergegebene *Abbildung* handeln *muß* und nicht um Wirklichkeit handeln kann.

Denn in der Wirklichkeit werden alle am Rande des Gesichtsfeldes unscharf abgebildeten Dinge, sobald sie mit den Augen fixiert werden, auf dem Augenhintergrund scharf abgebildet.

Wollen Sie also im Zuschauer bei der Vorführung Ihrer Filmszenen einen sicheren Wirklichkeitseindruck erzielen – was in der Tat überwiegend angestrebt wird –, dann sollten Sie auch dafür sorgen, daß alle szenewichtigen Motivteile grundsätzlich aufnahmetechnisch so scharf wie möglich abgebildet werden.

Andernfalls wird der Zuschauer beim Umhersehen in der Farbfilmszene unweigerlich gezwungen, seinen bisherigen Wirklichkeitseindruck radikal aufzugeben, da unscharf dargebotene Motivteile eben auch bei fixierender Betrachtung *unscharf bleiben.*

Diese Erzielung eines »physiologisch« möglichst vollkommenen Schärfeeindrucks ist die Grundlage aller kinematographischen Aufnahmetechnik. Diese Ebene kann zwar aus dramaturgisch zwingenden Gründen verlassen werden und Teil-, ja sogar Gesamtunschärfen in der Filmszene in Kauf nehmen, die aber dann stets als graduelle Abweichungen von der kinematographisch-technischen (Lichtverteilung, Objektiv, Rohfilm-Aufzeichnung und -Verarbeitung, Projektionstechnik, Struktur der Vorführfläche) höchstmöglichen Schärfewiedergabe zu verstehen sind. Dies gilt selbst für die von den Regisseuren Alain Tanner, Souter und Goretta vertretene filmische Gestaltungsweise »Cinema mort ou vif?«, die sich auf die Überzeugung gründet: »Film ist *nicht* Wirklichkeit, deshalb darf sie der Zuschauer auch nicht dafür halten.«

Abb. 87

Das spricht übrigens nicht gegen die *bewußte* Veränderung des Tiefenschärfebereiches. Regisseur und Kameramann können im Rahmen einer »Kadrierung«, der Einstellung, durch Veränderung der Abbildungsschärfe oder der Ausleuchtung den Szeneninhalt beliebig umgestalten.

»Kadrierung« wird ein von den »Jungfilmern« seit etwa einem Jahrzehnt in die Filmgestaltung eingeführter dramaturgisch-aufnahmetechnischer Begriff genannt, der die Schärfeverteilung, die Komposition, die allgemeine Anordnung in der Filmszene und den Raumeindruck samt der Apperzeptionsweise des Zuschauers (d.i. die »urteilende Auffassung«) in bezug auf den gesamten Szeneninhalt umfaßt. Die Kadrierung kann also bei unveränderter Kameraeinstellung im Extremfall den szenischen *Inhalt* beliebig verändern.

Dabei können Sie dem Zuschauer durch einen allmählich in die Raumtiefe hinein fortschreitenden Schärfeabfall behilflich sein, den Vordergrundeindruck auf die unscharfe Abbildung seelisch-geistig zu übertragen. Das ergibt einen speziellen filmgestalterischen Effekt. Wie der gewollt sein kann, zeigt Ihnen die Abbildung Nr. 87.

Abb. 88

Die Übertragung menschlicher Gestaltmerkmale ist etwa durch einen »Sprung« von vorne nach hinten möglich, wie die folgende Szene zeigt. Das bedingt aber, daß die Person im Vordergrund groß, deutlich und prägnant in scharfer Abbildung dargeboten wird.

Beachten Sie hierzu auch die Farbabb. XII und XXXIV auf den Farbtafeln.

21. Beispiel: Gegenüberstellung von Filmszenen, aus denen die *grund-sätzliche* Bedeutung der durchgehenden Abbildungsschärfe des gesamten Szenenraums erkennbar ist.

Zuschauerfeindlich

Abb. 89: In der Totale eines Vortragsraumes blickt der Zuschauer selbstverständlich umher, weil die Handlung in einem Monolog besteht. Die im Vorder- und Mittelgrund unscharf abgebildeten Köpfe von Zuhörern und Leselampen zerstören den räumlichen Wirklichkeitseindruck so nachhaltig, daß der Zuschauer sich nicht selbst in die Zuhörerschaft seelisch eingliedert, was doch durch den Szenenaufbau erkennbar angestrebt wird.

Zuschauerfreundlich

Abb. 90: In dieser ganz ähnlich aufgebauten Totale einer Gerichtsszene kann sich der Zuschauer während der Vorführung dagegen als in einer der hinteren Bankreihen selbst anwesender Zuhörer empfinden, weil sein im Szenenraum umherschweifender Blick an keiner Stelle durch eine unscharfe Abbildung aus seinem scheinbaren Wirklichkeitsgefühl herausgerissen wird.

Zuschauerfeindlich

Abb. 91: Vor dieser Szene kann sich der Zuschauer im Vorführraum nicht als Konzertbesucher im Saal fühlen, wie das der Szenenaufbau herausfordert, denn er wird durch die Szenenumrahmung aufgefordert, auch die Orchestermitglieder zu fixieren. Da diese dann unscharf bleiben, muß er anerkennen, daß er nur eine Abbildung und keine Wirklichkeit vor sich haben kann.

Teils zuschauerfeindlich

Abb. 92: Auch in dieser Szene wird der Zuschauer durch die fast total unscharf abgebildete vorgestreckte Hand, in der die Waffe überhaupt nicht mehr erkannt werden kann, deutlich enttäuscht. Denn der Zuschauer weiß bereits, daß der Junge hier durch Schießübungen darauf trainiert wird, einen Mord zu begehen. Durch die unscharfe Abbildung dieses wichtigen Handlungsrequisits wird der Zuschauer deutlich enttäuscht.

Sehr zuschauerfeindlich

Abb. 93: In dieser Totale blicken vier um eine Bar gruppierte, in optimaler Schärfe abgebildete Männer einen im Vordergrund trinkenden Mann an, den sie offensichtlich aufmerksam und feindselig betrachten. Durch den Szenenaufbau, der direkt aus der Szene heraus zur Kamera hin, das heißt *auf den Zuschauer hin* (!), gestaltet wurde, wird der Zuschauer aufgefordert, sich an dem Abscheu, der die Männer an der Bar beherrscht, zu beteiligen. Sobald er das aber versucht und dazu den Mann am Tisch fixiert, wird er durch die stark unscharfe Abbildung, die unverändert bleibt, aus seiner Miterlebensbereitschaft herausgerissen.

Teils zuschauerfeindlich

Abb. 94: Wenn schon die Aufmerksamkeit des Darstellers auf das Roulette gerichtet ist und der Film den Titel »Der Spieler« hat, dann sollte in einer solchen Filmszene auch das Roulette vom Zuschauer übersichtlicher eingesehen werden können und keinesfalls auch noch unscharf abgebildet sein.

Zuschauerfreundlich

Abb. 95: In dieser Totale kann der Zuschauer dagegen jedes einzelne Detail vom Vordergrund bis zum entferntesten Hintergrund ins Auge fassen, ohne daß ihm der Eindruck seiner persönlichen Anwesenheit durch eine aufnahmetechnisch hervorgerufene Unschärfe gestört oder gar vernichtet wird. (Über die film-dramaturgische Rechtfertigung solcher tiefgestaffelter Filmszenen siehe Beispiel 22, S. 111.)

Objektiv-Brennweiten und ihre Bedeutung für den Klasse-Hobbyfilmer

Alle Super-8-Kameras, die auf dem Weltmarkt angeboten werden, sind entweder mit einem sogenannten »Normal-Objektiv« ausgerüstet, womit hauptsächlich die Normal-Brennweite von etwa $f = 14$ mm gemeint ist, oder einem normalen »Zoom-Objektiv«, dessen veränderliche Brennweiten etwa von $f = 6\text{–}51$ mm, oder $f = 6\text{–}70$ mm um die Normal-Brennweite herumgruppiert und beliebig kontinuierlich einstellbar sind.

Aus diesen Gründen ist die für den Hobbyfilmer wichtigste Eigenschaft seines Objektivs die Fähigkeit zur Abbildung der Raumtiefe des Aufnahmemotivs.

Jeder Kameramann sucht vor allem nach derjenigen Objektiv-Brennweite, deren Abbildungsleistung auf der Vorführfläche dem Raumtiefeneindruck des menschlichen Auges bei durchgehender Schärfentiefe möglichst nahekommt.

Diese Leistung ist keineswegs selbstverständlich, wie Sie bereits durch die Analyse beliebiger Fotos erkennen können. Sie war, seit es überhaupt fotografische Objektive gibt, ein Streitpunkt unter den Fotografen (vor allem wegen des *subjektiven* Raumtiefeneindrucks).

Im Laufe der letzten hundert Jahre haben sich schließlich die meisten Hersteller auf Objektiv-Brennweiten geeinigt, die dem Zuschauer bei der Vorführung eine Perspektive anbieten, wie sie das (normalgesichtige) Auge im Augenblick der Aufnahme in der Wirklichkeit gehabt hätte. Daher kommt auch der Begriff der »Normal-Objektive«.

22. Beispiel: Der Wirkungsbereich der Normal- und Tele-Brennweiten auf den Filmzuschauer

Wenn die Kadrierung einer Einstellung mit Normal-Brennweite so vorzüglich glückt wie in dieser Szene, dann wird der Zuschauer, der hier eine vertraute, natürliche Raumtiefe samt unauffälliger Betonung perspektivischer Aufbauelemente angeboten bekommt, das Gefühl stimmungsvoller Altstadt-Atmosphäre in sich wachrufen. Daß dies trotz der Schwarzweiß-Wiedergabe geschieht, verdankt der Kameramann dem unauffällig-wirkungsstarken Gesamtaufbau der Szene. Die rechts im

Abb. 96

Vordergrund in den Himmel aufragende in allen filigranen Einzelheiten dargebotene Straßenlaterne führt den Blick zwanglos zu den gleich prägnant angeordneten,

für die Pariser Altstadthäuser so kennzeichnend herausmodellierten Kaminen hin-
über. Damit wird der Zuschauer verlockt, den ganzen romantisch-verfallenen
Baukomplex der beiden Häuser und der abfallenden Straßenzeile bewußt zu erfassen. Das läßt ihn ganz automatisch bei den beiden auf ihn zu kommenden Personen, dem weißgekleideten Lieferanten, der ein großes Blumen-Arrangement auf
dem Kopf balanciert, und der Frau mit dem Dutt in der Kleidung der Jahrhun-
dertwende, enden. In der Tat eine Kadrierung von außergewöhnlicher Prägnanz.
Die normale Brennweite, mit der dieses Luftbild aufgenommen wurde, vermeidet
jede perspektivische Tiefen-Verzerrung und bildet infolgedessen alle Hauskom-
plexe bis in den fernsten Hintergrund deutlich in natürlicher Abstandsstaffelung
hintereinander ab.

Abb. 97

Der international anerkannte Kameramann *Axel Block*, der auch an der Hoch-
schule für Film und Fernsehen lehrt, beantwortete im Herbst 1979 in einem Fach-
Interview die Frage: »Welche Objektive benutzt du?«, wie folgt: »Meist Festob-
jektive von Zeiss. Ich denke, daß das 25er bei 16 mm (entspricht dem 14er bei Su-
per-8) eine gute Raumrepräsentation hat, und das hat sicher etwas mit den
normalen Sinnesempfindungen (gemeint ist ›Sehempfindungen‹) zu tun. Das ist

112

immer ein bißchen schwierig zu vergleichen: menschliche Wahrnehmung und Bild einer Kamera. Das 25er gibt eben die Tiefenstaffelung wieder in einer Art, die uns vertraut ist: Man sieht sehr häufig, daß jemand (in der Filmszene) drei Schritte auf die Kamera zu macht und dabei von einem Zwerg zu einem Riesenmonstrum wächst. Das gleiche gibt es bei langen Brennweiten, d.h. eine Person läuft und läuft und verändert sich nicht in der Größe.« (Und kommt auch, wenn sie auf die Kamera zu läuft, für den Zuschauer überhaupt nicht vorwärts, d.A.)

Abb. 98: Der majestätisch aufgereckte Kopf eines Platzhirsches mit spielenden Ohren und prächtigem Geweih ist mit diesem selbstbewußten Ausdruck, der dem Zuschauer direkt in die Augen schaut, nur aus einer Entfernung von wenigstens 1500 m bei sorgfältiger Tarnung durch ein sehr langbrennweitiges Objektiv so eindeutig zu erfassen.

Abb. 99: Der von Lutz Winkler aufgenommene Läufer scheint sich durch ein Gestrüpp von Hürden hindurchzuquälen, die alle nur ungefähr 20 cm Abstand voneinander zu haben scheinen. Dabei kommt er trotz schneller Bewegung kaum vorwärts. Solche, dem Zuschauer geradezu traumartig vorkommenden, bedrückenden Erlebnisse können durch sehr langbrennweitige Objektive (hier 1000 mm) vermittelt werden. So können auch Sie durch ein *rein aufnahmetechnisches Gerät* symbolische Wirkungen vermitteln. Die Aufnahme entstand auf Veranlassung von *Willy Bogner*, der sich durch die Erzielung außergewöhnlicher Bildwirkungen, hervorgerufen durch extreme, aufnahmetechnisch besonders schwierig zu beherrschende Motive, einen internationalen Namen gemacht hat.

An anderer Stelle fordert *Axel Block*: »Die Brennweite sollte sich vorrangig aus dem Effekt ergeben, den man erreichen will, und nicht aus den Unzulänglichkeiten (wie z.B. unüberbrückbare Aufnahmeabstände, erzwungene Einstellungsbegrenzungen usw.) des Motivs.«

23. Beispiel: Über die idealen Super-8-Kombinationsobjektive für den Klasse-Hobbyfilmer

Der grundsätzliche optische Aufbau von Film-Aufnahmeobjektiven ist für alle Brennweiten und Lichtstärken so übereinstimmend, daß es möglich war, durch geschickte Kombination aller einzelnen Linsenglieder und unter Einfügung beweglicher Teile sogenannte Vario- oder Zoom-Objektive zu entwickeln. So lassen sich die verschiedensten von der kürzesten (Weitwinkel-) bis zur längsten (Tele-)Brennweite reichenden Einstellungen kontinuierlich ohne jeden Schärfeverlust einstellen.

Ein solches Vario- oder Zoom-Objektiv erfaßt innerhalb seines Brennweitenbereichs gewissermaßen einen ganzen Linsensatz vom Weitwinkel bis zum Teleobjektiv in einem gemeinsamen Gehäuse.

Für Sie als Klasse-Hobbyfilmer genügt es vollauf, wenn Sie eine einigermaßen präzise Vorstellung vom Aufbau und der inneren Wirkungsweise eines solchen Vario- oder Zoom-Objektivs besitzen.

Eine solche ausreichend genaue Vorstellung vermittelt Ihnen das folgende Schnittbeispiel und eine maßstabgerechte Querschnittszeichnung.

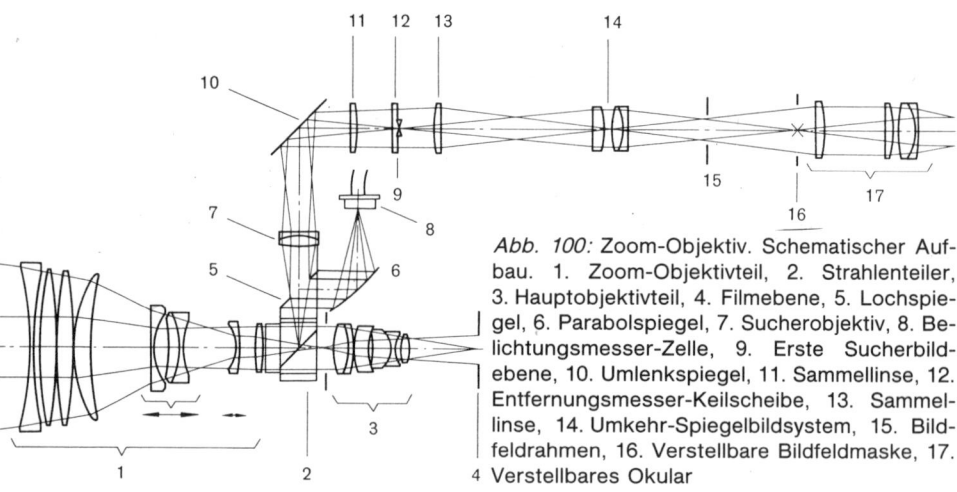

Abb. 100: Zoom-Objektiv. Schematischer Aufbau. 1. Zoom-Objektivteil, 2. Strahlenteiler, 3. Hauptobjektivteil, 4. Filmebene, 5. Lochspiegel, 6. Parabolspiegel, 7. Sucherobjektiv, 8. Belichtungsmesser-Zelle, 9. Erste Sucherbildebene, 10. Umlenkspiegel, 11. Sammellinse, 12. Entfernungsmesser-Keilscheibe, 13. Sammellinse, 14. Umkehr-Spiegelbildsystem, 15. Bildfeldrahmen, 16. Verstellbare Bildfeldmaske, 17. Verstellbares Okular

Achtung vor Irrtümern!

Mit einem Zoom-Objektiv haben Sie zwar ein Universalobjektiv zur Hand, doch dürfen Sie deshalb nicht annehmen, daß Sie deswegen in Ihrer Szenengestaltung vom Aufnahmestandpunkt Ihrer Kamera unabhängig wären.

Wenn Sie glauben, daß Sie nur durch die bloße Brennweitenveränderung den Eindruck der Raumperspektive im Motiv *vom gleichen Kamerastandpunkt aus* so verändern können, wie wir das an den Szenen-Beispielen Nr. 60/61 analysiert haben, dann irren Sie sich sehr.

Blicken Sie lieber zunächst einmal experimentell während der Brennweitenveränderung durch den Kamerasucher, und achten Sie dabei besonders auf die Veränderung der Raumperspektive; Sie werden feststellen, daß sich durch die Veränderung der Brennweite auch der Einstellungsrahmen mitändert, so daß sich zum Beispiel aus einer Nahaufnahme eine Halbtotale bis zur Totale oder umgekehrt eine Großaufnahme bis zur Detail-Großaufnahme entwickelt. Dadurch aber ändert sich zwar die Abbildungsgröße der im Einstellungsrahmen erfaßten Motivteile, nicht aber die Darstellung der Raumtiefe in der Kadrierung! Wenn Sie also die raumperspektivische Veränderungswirkung auf den Zuschauer filmgestalterisch durch eine andere Brennweite einfangen wollen, dann müssen Sie auch dafür sorgen, daß in Ihrer Motiveinstellung die gesamte Kadrierung des durch die ursprüngliche Einstellung erfaßten Inhalts unverrückbar erhalten bleibt. Das aber erreichen Sie nur, wenn Sie auch den Kameraabstand zum Motiv so verändern, daß auch die Kadrierung voll erhalten bleibt.

Abb. 101: Tele-Brennweite, analoge Kadrierung

Abb. 102: Normal-Brennweite, Grund-Kadrierung

Abb. 103: Kurz-Brennweite, analoge Kadrierung

Wie der Klasse-Hobbyfilmer
die Brennweiten mit Rücksicht auf den Raumeindruck auswählt,
den sein jeweiliger Filmszeneninhalt auf den Zuschauer machen soll

Der Klasse-Hobbyfilmer filmt ausschließlich mit erstklassigen Markenobjektiven, wie sie durch die Namen »Zeiss«, »Schneider-Kreuznach«, »Leitz«, »Angenieux«, »Bausch u. Lomb«, »Kern«, »Dallmeyer«, »Cook« und einige andere gekennzeichnet werden.

Bei diesen Objektiven braucht er sich um die Schärfe- und Farbkorrekturen, die Gleichmäßigkeit der Lichtverteilung, die Unterdrückung »innerer Reflexion« und die optimale Verzeichnungsbegrenzung nicht zu kümmern. Sie sind alle gleich optimal. Deshalb kann er sich auch die jeweilige Einzel- oder Zoom-Brennweiteneinstellung ganz allein nach dem Raum- und Kompositionseindruck heraussuchen, den er dem Zuschauer zur seelischen Verarbeitung anbieten möchte.

Diese Auswahl wird, wie Sie schon wissen, vom Profi-Kameramann »Einstellung« und »Kadrierung« genannt. Wie sich diese in der aufnahmetechnischen Praxis auswirkt, läßt sich am überzeugendsten wieder einmal durch eine Gegenüberstellung ausgewählter Beispiele verdeutlichen.

24. Beispiel: Vergleich normaler mit kurzer Brennweite

oder: Wie durch die kurze Brennweite eine Steigerung des dramatischen Eindrucks erreicht werden kann.

Normale Brennweite

Abb. 104: Eine Szene zwischen drei Personen, aufgenommen mit einem normalbrennweitigen Objektiv. Die eisessende Frau im Vordergrund belauscht den Austausch von Nachrichten, die der hinter ihr sitzende Mann mit einer weiblichen Person, die an ihm vorbeigeht, blitzschnell, unauffällig austauscht. Die am Tisch Sitzende muß dem Zuschauer mimisch eindeutig klarmachen, daß sie eine *Lauschende* ist. Das erreicht sie dadurch, daß sie den Löffel unbeweglich in der Luft stehenläßt, obwohl sie ihren Mund bereits geöffnet hat (übrigens eine typische Lauschgeste). Sie unterstreicht außerdem durch ihren Blick, daß sie, ohne den Kopf zu bewegen, die beiden hinter ihr befindlichen

Personen zielgerichtet belauscht. Beachten Sie übrigens, mit welchem Geschick der Kameramann den Griff der Türe im Hintergrund direkt vor dem Mund des belauschten Mannes so eingerichtet hat, daß der Blick des Zuschauers direkt zum Gesicht der Empfängerin der Botschaft geleitet wird. All das empfindet der Zuschauer als ganz normalen Blick in eine Straßenszene ohne jede perspektivische Verzerrung. Die dramatische Spannung wird ihm alleine durch die Darstellungskunst der beteiligten Personen vermittelt.

Kurze Brennweite

Abb. 105: In dieser Szene kann sich die Lauscherin im Vordergrund mit geringfügigen Andeutungen (starre Kopfhaltung, kaum gewendeter Blick) begnügen.

Infolge ihrer übergroßen Abbildung im Vordergrund und der perspektivischen Raumtiefenverzerrung in den Szenenhintergrund hinein wird sie vom Zuschauer ganz eindeutig als *Lauscherin* erkannt. Die durch den Weitwinkeleinsatz bewirkte übergroße Abbildung des Kopfes, der von der Stirn bis zum Kinn bereits so groß ist wie die gesamte Körpergröße der beiden belauschten Personen(!), erlaubt es dem Zuschauer sogar, den Schmerz und die Qual der Lauscherin mitzuempfinden. Dadurch teilt sich die dramatische Spannung, die durch das *Lauschereignis* geschürt wird, dem Zuschauer viel leichter als im vorigen Beispiel mit, obwohl die Darsteller zur Situation selbst viel weniger Mimisch-Gestisches beitragen.

Weitwinkel

Abb. 106: Das Weitwinkel bildet die Faust des Angreifers samt den Revolver so groß ab, wie dessen Kopfgröße vom Kinn bis zur Frisur. Deshalb wirkt sie bereits so stark lebensbedrohend auf den Zuschauer, daß keinerlei martialische Kopfbedeckung mehr mitabgebildet werden muß. Hier geht es »um Leben und Tod«.

Normal-Brennweite

Abb. 107: Die Bedrohung mit dem Revolver hat infolge der Normal-Brennweite keine starke optische Kraft für den Zuschauer. Sie bleibt ein gleichwertiges Detail der Gesamtfigur. Sie müßte zu ihrer Verstärkung wesentlich deutlicher durch mimisch-gestische Mittel, als sie dieser Darsteller aufbietet, unterstützt werden.

Abb. 108: Suchen Sie sich selbst aus, welcher Revolverheld dem abwehrenden und entsetzten Mann besser angepaßt ist. Auch hier wird die Todesangst durch die weit vorgestreckte, übergroß abgebildete Hand (Weitwinkelwirkung) dramatisch unterstrichen. Die Hand hat, von der Fingerspitze bis zur Handwurzel, eine ebenso große Längenausdehnung wie der gesamte Kopf von der Frisur bis zum Kinn! Das erleichtert es dem Zuschauer, an dieser Angst mit seinen eigenen Gefühlen teilzunehmen.

Einer der typischen Unterschiede zwischen Film- und Theaterregie

An den letzten beiden Beispielen der »Lausch-Szenen« läßt sich einer der typischen Unterschiede zwischen Film und Theater demonstrieren. Das erste Beispiel (Straßenszene) entspricht einer Bühnenszene auf dem Theater, aus der die Schauspieler mit deutlichen, weit in das Parkett und die Ränge hineinreichenden mimisch-gestischen Wirkungselementen eindeutig auf die stets im gleichen Abstand von der Bühnenrampe bleibenden Zuschauer wirken und sich verständlich machen müssen.

Im Kino oder auf dem Fernsehschirm hingegen wechselt der Abstand jedes Zuschauers zum jeweiligen Handlungs- oder Informationsschwerpunkt durch die wechselnden Kameraeinstellungen ganz nach Belieben des Kameramanns und des Regisseurs, worauf ja die ganz allgemeine Faszination des Films gegenüber dem Theater beruht.

Im Theater kann sich der Zuschauer nur mit seiner Phantasie an den Vorgängen auf der Bühne beteiligen; körperlich bleibt er ausgeschlossen, weil alles immer so weit von ihm entfernt vor sich geht.

Im Film aber wird er durch die Nah- bis Detail-Großaufnahmen gewissermaßen mit seiner eigenen Nase unmittelbar in den Ereignisablauf hineingestoßen. Und außer dieser ganz unmittelbaren Ereignisnähe kann ihm dann auch noch durch die Brennweitenwahl (und andere filmgestalterische Mittel, die Sie noch kennenlernen werden) ein überwirkliches Raumtiefenerlebnis angeboten werden, das ihn zusätzlich dazu verlockt, sich als persönlich Beteiligter an der Handlung oder wenigstens an Ort und Stelle persönlich Anwesender zu empfinden.

An diesen beiden letzten Beispielen erkennen Sie aber auch, wie durch den bloßen Einsatz rein aufnahmetechnischer Hilfsmittel bereits dramaturgisch-künstlerische Wirkungen auf den Zuschauer ausgeübt werden können.

Noch stärker lassen sich derartige dramatische Spannungen für den Zuschauer, in denen es sich um direkte Lebensgefahr handelt, durch den Einsatz von Weitwinkel-Objektiven verstärken.

Weitwinkel-Einsatz zur allgemeinen Stimmungsverstärkung des Zuschauers

Meistens erfolgt die Auswahl der Brennweite durch den Kameramann mehr gefühlsmäßig als direkt gezielt und dient zur Unterstreichung normaler, allgemein bedrohlicher, ästhetischer, dokumentarischer, gefühlsbeladener Verhältnisse, ja sogar zur Vermittlungsverstärkung metaphysisch-religiöser Symbole und Bedeutungen. Das belegen die folgenden Bildbeispiele.

Normal-Brennweite

Weitwinkel

Abb. 109: Die Szene stellt die Übermittlung von Nachrichten an eine Reiterschar durch eine Fußgängerin dar. Ein in diesen Gegenden alltäglicher Vorgang ohne dramatischen Charakter. Deshalb genügt auch die Verwendung der Normal-Brennweite.

Abb. 110: Hier wird durch die übergroße Darbietung des Pferdekopfes eine unbestimmte allgemeine Bedrohung im Zuschauer erweckt, die er ganz selbstverständlich auf das junge Mädchen im Sattel, dessen Gesicht durch eine fein schattenmodulierte Ausleuchtung ja besonders herausgehoben ist, überträgt.

 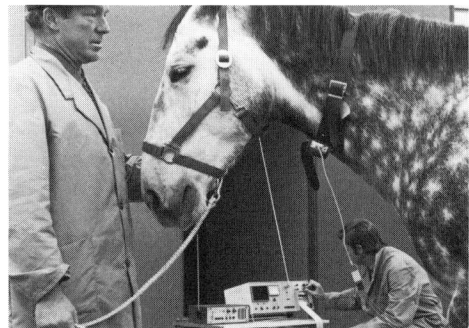

Abb. 111: Hier dient die Verwendung der Normal-Brennweite der ästhetisch-harmonischen Eingliederung von Pferd und Reiterin in eine weite Landschaft, über der sich ein von schönen Wolkenbildungen durchzogener Himmel wölbt. Es ist deutlich zu erkennen, daß der Kameramann eine Einstellung bzw. Kadrierung gewählt hat, in der sich der edle Pferdekopf und der schöne Körper der Reiterin gerade über der Horizontlinie befinden. Die filmkünstlerische Übertragung der Stimmung dieses so sorgfältig komponierten formalen Zusammenklangs war für den Zuschauer nur durch größtmögliche Annäherung an die natürliche Sehweise des menschlichen Auges möglich. Deshalb erforderte sie die Normal-Brennweiteneinstellung.

Abb. 112: In dieser Szene dient die übergroße Abbildung des Pferdekopfes im Vordergrund durch das Weitwinkel der *dokumentarischen* Betonung des Szeneninhalts. Hier spielen nicht die Menschen oder die Apparaturen die zentrale Rolle, sondern das Pferd, um das sich die Menschen mit den Apparaturen gesundheitsmessend zu kümmern haben. Da einem Pferd kein mimisch-darstellerischer Ausdruck abverlangt werden kann, liefert gerade hier das Weitwinkel-Objektiv die entscheidende Darstellungshilfe, um dem Zuschauer eindeutig die Vorrangstellung des Tieres vor den Menschen zu vermitteln. Diese Szenengestaltung ist ein sehr gutes Beispiel dafür, auf welche Weise durch aufnahmetechnische Maßnahmen (Objektivbrennweite, Einstellung und Kadrierung) selbst wissenschaftlich-dokumentarische Verhältnisse durch eine Verzerrung der »wirklichen« Raumperspektive »*wirklicher*« dargestellt werden können.

25. Beispiel: Übertreibungen schädigen die Zuschauerwirkung

Es kommt aber auch vor, daß ein Kameramann die dramatische Spannung, die durch den Einsatz einer kurzen oder langen Brennweite verstärkt werden soll, so stark übertreibt, daß anstelle einer verstärkten natürlichen Wirkung ein übertriebener, kolportagehaft unwahrhaftiger Eindruck auf den Zuschauer ausgeübt wird wie im nächsten Beispiel.

Abb. 113: Durch die übergroße Darstellung mit tiefgestellter Kamera wirkt der seine finstern Absichten auch noch mimisch stark übertreibende Darsteller inmitten dieser Straßenszene derart überzogen, daß der Zuschauer sich unbewußt weigert, diesen Szeneninhalt als »gesehene Wirklichkeit« mitzuerleben. Häufen sich in einer Folge von Filmszenen derartige »Übertreibungen«, dann wird bei sensiblen Zuschauern die Miterlebensbereitschaft nach und nach zerstört und der ganze Film schließlich als kitschiges Machwerk empfunden. Hier lauern auch für den Klasse-Hobbyfilmer besondere Gefahren, die er bereits bei der Planung und Auswahl seiner Einstellungen und Kadrierungen unbedingt vermeiden sollte (siehe auch Seite 115).

Abb. 114: Die wuchtige Übersteigerung eines verträumt, aber ohne deutliche Gemütsbewegung vor sich hin blickenden Mädchenkopfes, der den knapp hinter ihm befindlichen Männerkopf trotzdem gefühlsmäßig geradezu deklassiert, übt diese Wirkung schon durch den aufdringlichen Größenunterschied aus; gleichzeitig wird für den Zuschauer aber auch eine zwar unbestimmte, aber sehr intensive emotionale Beziehung zwischen den beiden Menschen hergestellt. Das ist die wohlüberlegte Absicht. Dieser Szeneninhalt liefert dem Klasse-Hobbyfilmer, der sich für die Herstellung von Kurzspielfilmen interessiert und dabei mit Laiendarstellern arbeiten muß, ein überzeugendes Arbeitsbeispiel.

Vorläufige Einführung in das Problem des Umganges mit Laiendarstellern

Haben Sie Laien nach Probeaufnahmen für ein Filmvorhaben ausgewählt, dann beachten Sie unbedingt folgende »eiserne Grundregel«:
Muten Sie niemals einem Laiendarsteller in einer Filmszene den Übergang von einem Gefühlsausdruck in einen anderen zu.
Seelische Übergänge in einer Szene von »Liebe« zu »Haß«, von der »Bewunderung« zur »Verachtung«, von »Feigheit« zum »Mut« oder gar von »demütiger Unterlegenheit« zur »arroganten Überlegenheit« sind darstellerisch *in einer Szene* außerordentlich schwer zu bewältigen. Die Zuschauer merken immer, daß hier etwas »gemacht«, anstatt wahrhaftig erlebt wird. Selbst im Berufsfilm gelingen solche darstellerischen Aufgaben fast nie und haben in der Geschichte des Spielfilms zu großen Versagern geführt. Mehr als ein großer Darsteller ist daran so nachhal-

tig gescheitert, daß er seine Karriere beenden mußte (zum Beispiel Greta Garbo nach »The Two-faced Woman«).

Daraus ergibt sich die zwingende Schlußfolgerung, daß die Darstellung einander widerstrebender Seelenzustände in verschiedene Szeneneinstellungen aufgegliedert werden muß. Daher sollten auch Sie Ihre Filmszeneninhalte stets so planen, daß Ihren Darstellern in jeder Einzelszene immer nur ein bestimmter, eindeutiger Gefühlsausdruck zugemutet wird, der die ganze Szene hindurch nur nuanciert, sonst aber unveränderlich aufrechterhalten wird.

IX. Kapitel
Einführung in die Kunstlichtausleuchtung

Ernst W. Kalinke, international anerkannter deutscher Kameramann, formuliert ein Fazit seines beruflichen Lebens:
»Richtig belichten ist wichtig, mit wenig Licht arbeiten ist gut, aber (ausreichend) beleuchten ist das Allerwichtigste.«
Diese Erkenntnis gilt uneingeschränkt auch für den Klasse-Hobbyfilmer.

Ausleuchten heißt zuerst: Mit Hilfe von Licht *verdeutlichen*

Die Ausleuchtung soll nicht nur eine Szene heller machen, sondern die Deutlichkeit, das heißt die *Prägnanz* aller Teilgestalten, die das Motiv aufbauen und der Gesamtgestalt der Filmszene, herausarbeiten.
Von wenigen Ausnahmefällen abgesehen, bieten sich jeder Gegenstand, jedes Wesen (vor allem kleine), jede Umgebung dem Auge des Betrachters um so prägnanter dar, je heller sie beleuchtet sind.
Durch die Beleuchtung heben sich die Dinge von ihrem Hintergrund und ihrer Umgebung ab. Die Zusammensetzung ihrer Teile und Strukturen, die Funktionsbeziehungen ihrer Glieder werden um so deutlicher erkennbar; damit werden auch das Wesen und die Absichten leichter durchschaubar und für den Zuschauer transparenter.
Alles, was Sie bisher unter den Begriffen Schärfe, Deutlichkeit, Ruhe und deren Umkehrung als für die Filmgestaltung wichtig erkannt haben, läßt sich in der Regel durch die Helligkeit, in der es sich dem Zuschauer präsentiert, entwickeln und beeinflussen.
Das geschieht im Falle der Filmgestaltung, also der Ausleuchtung eines Aufnahmemotivs, gewöhnlich in zwei Stufen:
1. Stufe: Grundlicht oder Gesamthelligkeit.
2. Stufe: Aufhellicht und Effektlichter.
In der ersten Stufe beurteilt der Kameramann die Gesamthelligkeit, die von seinem Aufnahmemotiv in das Kameraobjektiv hineingestrahlt wird.
Diese Gesamthelligkeit muß – von dramaturgisch geforderten abweichenden Licht- und Schattenstimmungen abgesehen – für alle Filmarten eine bestimmte Mindesthelligkeit haben.

26. Beispiel: Deutlichkeit und Prägnanz durch das Grundlicht

Selbst wenn es sich nur um die Großaufnahme eines Gesichts oder eines Oberkörpers handelt, ist zunächst einmal eine Gesamthelligkeit erforderlich, die dann, um eine möglichst prägnante Darstellung zu erreichen, moduliert und durch zusätzliche Lichteffekte bereichert werden kann.
In der freien Natur kommt das Grundlicht oder Hauptlicht, die Sonne, so gut wie immer von schräg oben.
Haben Sie selbst eine starke Fotoleuchte oder einen Scheinwerfer, den Sie als Grund- oder Hauptlicht für Ihr Kunstlichtmotiv einsetzen können, dann liegt es für Sie nahe, dieses Licht unmittelbar über dem Kamerastandpunkt einzusetzen. Solche Direktscheinwerfer werden auch im Berufsfilm eingesetzt, wenn auch nicht gerade als Grundlichtquellen. Sie können aber bei Kamerafahrten, die zur Verfolgung von Personen durch wechselnd ausgeleuchtete Dekorationen benutzt werden sollen, von großer Bedeutung für die Aufrechterhaltung der gleichmäßigen Ausleuchtung der Person sein.

Abb. 115

Für Schwarzweißfilm ist aus Gründen des prägnanten Eindrucks ausgedehnter szenenwichtiger Teilgestalten eine hohe *Leuchtdichte*, die nur durch eine kräftige Ausleuchtung mit möglichst viel Licht erreicht werden kann, wichtig.

Für Farbfilm kommt noch die Forderung nach einem geringen Helligkeitskontrast dazu. Auch die Einhaltung der richtigen Farbtemperatur, die dem Rohfilm angepaßt sein muß, erzwingt – wie Sie schon erkannt haben (siehe Seite 96) – eine gewisse Mindesthelligkeit.

Außer dem Scheinwerfer rechts unten an der Kamera neben dem Regisseur, der hier von Gustav Fröhlich gespielt wird, sehen Sie rechts oberhalb seines Kopfes über und hinter der Kamera zwei weitere Scheinwerfer, die zur Erzeugung des Grundlichts eingerichtet wurden. Wären diese beiden Scheinwerfer die einzigen, die aus diesem Beleuchtungwinkel, das heißt direkt von vorne, auf das Gesicht der Darstellerin gerichtet wären, dann würde sich ein Ausleuchtungseffekt ergeben, wie er im folgenden Szenenbild dargestellt ist.

Abb. 116 und 116a: Eine Ausleuchtung direkt von vorn nimmt dem Gesicht jede Licht- und Schattenmodulation. Das Gesicht wirkt ausdruckslos und flach. Durch Schattenmodulation kann dasselbe Gesicht dagegen ganz schlank gemacht werden. Eine solch flache Ausleuchtung von Gesichtern ist manchmal der erwünschte Darstellungseffekt, der allerdings vom Kameramann durch Zusatzbeleuchtungen noch überhöht werden muß. Beispiele für derartige Ausleuchtungswirkungen liefert die folgende abgestufte Bildreihe.

Verstärkte Prägnanz des Gesichtsausdrucks durch Modulation der Ausleuchtung

Der wichtigste Teil des menschlichen Gesichtes, den jeder Filmzuschauer zuerst ins Auge faßt, sind die Augen. Ihrer kunstgerechten fotografischen Abbildung müssen Sie also besondere Aufmerksamkeit widmen.

Jeder Scheinwerfer, der das Gesicht eines Darstellers innerhalb eines Winkels von vorne beleuchtet, bildet sich als heller Punkt in den Augen des Darstellers ab.

Es ist wichtig, darauf zu achten, daß nie mehr als zwei solche Punkte im Auge zu sehen sind und daß möglichst keiner dieser Punkte in die schwarze Pupille fällt.

Abb. 117: Beachten Sie auch die links schwächere und rechts stärkere Nuancierung der feinen Schattenmodulation beider Gesichter. Dadurch wird im rechten Bild derselben Darstellerin eine stärkere Geschlossenheit des Persönlichkeitsausdrucks erreicht.

Am besten ist es fast immer, wenn nur ein Punkt sichtbar ist, der möglichst im oberen Teil der Iris oder wenigstens seitlich liegt und nicht im unteren, weil sonst das Auge »blöde« wirkt. Augen können durch die Kopfhaltung, durch hartes oder weiches Licht und durch kosmetische Korrekturen ausdrucksvoller gemacht werden. Tiefliegende Augen werden durch ein gehobenes Kinn ausdrucksvoller, ein starrer Blick wird durch Schauen nach unten weniger starr.

Dunkle Augen kommen bei weicher Ausleuchtung besser. Kleine Augen wirken vergrößert, wenn das Objektiv unter der Augenhöhe steht und der Blick von seitwärts kommt. Hervortretende Augen kommen besser, wenn das Objektiv über Augenhöhe steht und eine harte Ausleuchtung von oben herkommt.

Auch durch kosmetische Korrekturen der Augenumgebung, durch Wimperntusche, Augenbrauenfärbung und Lidschattierung ist vieles zu verbessern.

27. Beispiel: Meisterleistungen der Verstärkung der Prägnanz von Gesichtern durch verschiedenartige Gestaltung von Licht und Schatten

Abb. 118: Die berühmte, fast schattenlose Ausleuchtung des im tiefschwarzen Umgebungsschatten eingesunkenen Gesichts des *Orson Welles* im »Dritten Mann« ist trotz des Lächelns von gefährlich-unheimlicher Prägnanz.

Abb. 119: Die beiden Punktlichter in den »schlitzohrig« zusammengekniffenen Augenbereichen von *Leo Slezak* vollenden den pfiffigen Gesichtsausdruck wie der sprichwörtliche »Punkt auf dem i«.

Abb. 120: Die überzeugende Prägnanz des Gesichts eines britischen Majors, der im Wien der Nachkriegszeit vor der Aufgabe resigniert, die Ordnung in der von der Unterwelt vergewaltigten Hauptstadt Österreichs wiederherzustellen, wird vornehmlich durch den meisterhaft komponierten Schlagschatten der Nase gesichert. Trevor Howard in »Der dritte Mann«.

Abb. 121: Der bereits im Schatten eines gewaltsamen Todes dahinvegetierende Wiener Hausmeister wird durch eine gezielte Schattenmodulation seines Gesichts, in der wieder die Lichtpunkte in den Augen eine bestimmende Rolle spielen, in höchster Prägnanz dargeboten. So gelingt es, nicht nur den Menschen zu charakterisieren, sondern auch sein Schicksal in die Darstellung einzubinden. Paul Hörbiger in »Der dritte Mann«.

Eine durch optimale Kadrierung erzielte höchste Prägnanz kann sogar die negative Wirkung unscharfer Konturen im Hinter- und Vordergrund überwinden

Abb. 122: Die anscheinend erzwungene unscharfe Einstellung des Kanufahrers im Vordergrund ist vor dem scharfen Hintergrund der Donau-Brücke, des Häuserblocks und der Menschenmenge am Ufer so überlegen eingepaßt, daß beide zur optimalen Prägnanz verschmelzen. Vor allem das Paddel, der sportgerechte Griff der Hand, der angeschnittene Oberkörper und der Hinterkopf verhindern, daß im Zuschauer das Interesse an der individuellen Persönlichkeit des Sportlers überhaupt wach wird. Er dient in dieser Kadrierung lediglich als typisches *Symbol* für ein Wasserfest.

Abb. 123: Hier ist die totale Unschärfe des Hintergrundes beabsichtigt. Die zum Teil leuchtenden Strukturelemente, aus denen der Hintergrund besteht, werden durch die kreisförmig-unscharfen Abbildungen zu einem flirrenden Muster, das den undurchsichtigen Charakter einer in höchster Vordergrundschärfe abgebildeten schönen Frau eines Gentleman-Einbrechers sehr prägnant symbolisch unterstreicht. Dadurch wird im Zuschauer das Verlangen, diesen Hintergrund scharf ins Auge fassen zu können, gar nicht erst wachgerufen.

28. Beispiel: Die unwiderruflich geschädigte Prägnanz, die durch überzogene Kadrierung entsteht

Der Gedanke, ein Menschenbild durch die Technik buchstäblich, oder besser szenisch, anschaulich überwältigen und zerstören zu lassen, ist schön und von filmgestalterischer Kraft. Doch darf, das erkennen Sie an diesem Szenenbeispiel mit schlagender Deutlichkeit, nicht nur – wie dies in dem Film, aus dem das Beispiel stammt, falsch geschah – das Endergebnis gezeigt werden, weil der Filmzuschauer den Vorgang und seine Bedeutung nicht durch eine ganze Vorstellungsreihe auflösen, verstehen und miterleben kann. Statt der Einzelszene bedarf es vorher einer Szenenfolge, in der der von der Technik schließlich überwältigte Mensch sich mit der Maschine noch unverschmiert und kraftvoll abmüht.

Abb. 124: In diesem Szenenbild hat die Sehnsucht nach außergewöhnlicher Kadrierung die Wirkung, daß der Szeneninhalt völlig unverständlich geworden ist. Das ist kein Szenenbild mehr, sondern ein Bilderrätsel.
Wer es durch sorgfältiges Betrachten löst, der erkennt, daß hier ein Mensch unter einer Maschine liegt, an der er herumrepariert, während ihm so viel Öl ins Gesicht getropft ist, daß er bis zur Unkenntlichkeit entstellt wurde.

Abb. 125: Das Gesicht des Mädchens macht in dieser mangelhaften Halbprofildarstellung einen geradezu verkrüppelten Eindruck, der durch die unscharfe Abbildung störend verstärkt wird. Durch diese geschädigte Prägnanz wird Mitempfinden verhindert.

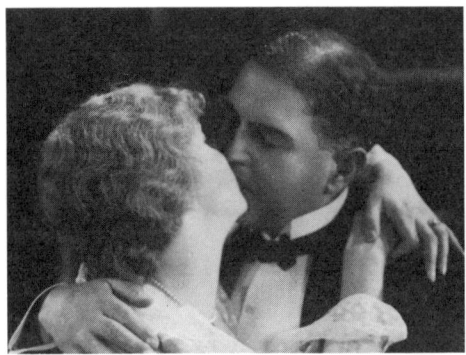

Abb. 126: Um den Verführer der hochadligen Prinzessin während des Kusses für den Zuschauer so deutlich wie möglich erkennbar zu machen, haben Kameramann und Regisseur die Prägnanz des Gesichts der Prinzessin trotz scharfer Abbildung so stark vernachlässigt, daß es völlig unkenntlich geworden ist. Ihre Stirnpartie wirkt wie abgeschnitten, auch hat sie keine Nase mehr. Wie soll der Zuschauer hier eine liebende Hingabe mitempfinden können?

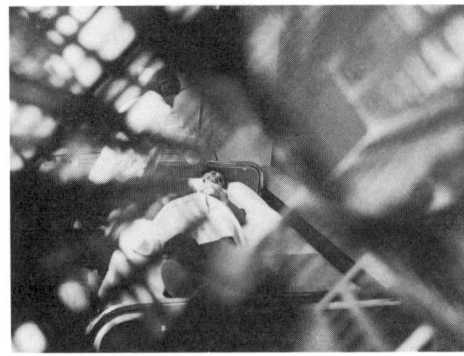

Abb. 127: Die stark übertriebene Kadrierung des gesamten Vordergrundes in fast total unscharfer Abbildung zerstört, selbst wenn sie symbolisch gemeint sein sollte, jegliche Prägnanz. Sie verwirrt den Zuschauer nachhaltig.

Abb. 128: Die französische Schauspielerin Brigitte Bardot ist trotz scharfer Abbildung infolge der perspektivischen Überschneidungen und Verzerrungen kaum als normale menschliche Person zu erkennen. Sie wirkt, vor allem durch die starke Verkürzung ihrer Beine, wie ein Liliputaner.

29. Beispiel: Über die verschiedenartigen Ausdrucksformen optimaler Prägnanz
Geschädigte Prägnanz durch Undeutlichkeit – Deutlichkeitsoptimale Prägnanz

Abb. 129: Die Prägnanz dieses im Dschungel aufgenommenen Gibbons wird durch die undeutliche Darstellung seines Körperfells und der großen unaufhellbaren Schattenpartien, vor allem in den Augenhöhlen, sehr stark geschädigt.

Abb. 130: Die Prägnanz dieses in Gefangenschaft lebenden gleichartigen Weißhandgibbons ist durch die deutliche Ausleuchtung mit zerstreutem Licht und den sein Gesicht markierenden weißen Haarkranz optimal.

131

Brennweiten-Prägnanz

Abb. 131: Die sehr kurze Brennweite erfaßt die überlegen halbrund gestaltete Hintergrunddekoration der Diele einer Industriellen-Villa samt allen ihren Statussymbolen in optimaler Prägnanz.

Abb. 132: Auch hier ist die Einstellung auf die wildzerklüftete Felslandschaft Grundlage für die umfassende Prägnanz, die durch die Normal-Brennweite keinerlei perspektivische Verkleinerung erleidet. So werden die Menschen spürbar zu Schicksalsgefangenen.

Formale Prägnanz

Abb. 133: Infolge des hohen Helligkeitskontrastes zwischen dem dunklen Wasser und den weißen Enten werden die wie kleine Flammen wirkenden, aus der Draufsicht aufgenommenen Enten fast unkenntlich. Dieser Darstellung fehlt jegliche Prägnanz.

Abb. 134: Im Gegensatz zum gegenüberliegenden Szenenbild haben die gleichen weißen Enten, die hier in ihrer traditionellen Sicht von der Seite bei vorgestrecktem Kopf in Fluchtbewegung aufgenommen sind, eine optimale Prägnanz.

Abb. 135: Durch die formale Kadrierung wird in dieser deutlich auseinanderfallenden Szene infolge der unprägnanten großen Lücke zwischen den beiden Männern und der kurzen Brennweite, die den zwickertragenden Herrn im Vordergrund sinnlos übersteigert, jegliche Prägnanz verhindert. Dazu kommt, daß auch die Prägnanz von Teilgestalten durch die krampfhaft übersteigerte Drohhaltung des wild blikkenden Mannes links, der in dieser Handhaltung den Stuhl kaum als Schlagwaffe benutzen kann, bereits im Ansatz zerstört wird.

Abb. 136: Dagegen bewirkt die formale Kadrierung der Umgebung des in mißtrauischer Drohhaltung lauernden Mannes infolge der Ausleuchtung des perspektivisch unwirklich dargebotenen Geländers eine meisterhaft vollendete optimale Gesamtprägnanz.

Symbol-Prägnanz

Abb. 137: Die optimale Prägnanz dieses Szeneninhalts wird durch den Hintergrund garantiert. In diesem symbolisch-akzentuierten Großstadtverkehr wird die kurzbrennweitig übersteigerte Figur des arrogant-intellektuellen Studenten als gleichmächtig wirkungsvoll gekontert. Dieser junge Mann ist durch seine selbstsichere Arroganz in dieser Umgebung seelisch gefährdet. Er wird durch diese Kadrierung selbst zum Symbol.

Abb. 138: Hier wird die optimale Prägnanz des Szeneninhalts durch den in übertriebener Vordergrund-Perspektive als Machtsymbol wirkenden Pferdekopf garantiert. Dieser Machteindruck überträgt sich für den Zuschauer unbewußt auf den Reiter, neben dem die unter ihm stehenden Krieger wie Sklaven wirken.

Abb. 139: Der verkrüppelte, abgestorbene, moosbewachsene Baum kommt hier mit überzeugender Prägnanz als Symbol für die seelische Zerstörung, der ein Soldat durch den mörderischen Krieg ausgesetzt ist, zur Darstellung. Der Zuschauer fühlt sofort und ohne Nachdenken mit.

Abb. 140: Die seelische Einsamkeit dieses Mannes, dessen »Lebens-Uhr« durch das Uhrblatt der Konsole in gleicher Kopfgröße (!) symbolisiert wird, überfällt den Zuschauer geradezu. Die kurzbrennweitig bewirkte, riesige Ausdehnung und Leere des verdunkelten Vordergrundes und die harte perspektivische Verkürzung der Deckenbalken vermitteln dem Zuschauer durch rein symbolische Akzente das Einsamkeitsgefühl in geradezu schmerzhafter Prägnanz.

Kadrierungs-Prägnanz

Schlechte Prägnanz

Sehr gute Prägnanz

Abb. 141: Das Baugelände ist ganz ohne Leben und Bewegung. Der links im Vordergrund in den Betonschacht einsteigende Arbeiter ist kaum von einem Bündel Lumpen zu unterscheiden. Er hat nicht einmal einen Kopf (!). Sehr schlechte Gesamtprägnanz.

Abb. 142: Sobald das gleiche Baugelände im Vordergrund von zielbewußt tätigen Arbeitern, deren Stahlhelme die Gefährlichkeit ihrer Arbeit prägnant unterstreichen, belebt ist, steigt die Gesamtprägnanz der Szenenkadrierung zu optimaler Qualität. Beachten Sie auch den Beitrag im linken Teil der Horizontlinie.

Schlechte Prägnanz

Abb. 143: Das Viertelprofil des Mannes verläuft sich wegen mangelhafter Aufhellung in der detaillosen Frisur. Das Gesicht der Frau ist teils verdeckt, teils durch den Schatten des Mannes verdunkelt, und nur die auffallend weiße Zahnreihe verleiht dem Gesichtsfeld einige Konturen. Nur – für den Zuschauer wird jede Vorstellung einer echten Liebesbeziehung zerstört und läßt sie zur Lächerlichkeit entarten. Eine solche Kadrierung stempelt den Kameramann wie auch den Regisseur zu Kitschproduzenten.

Sehr gute Prägnanz

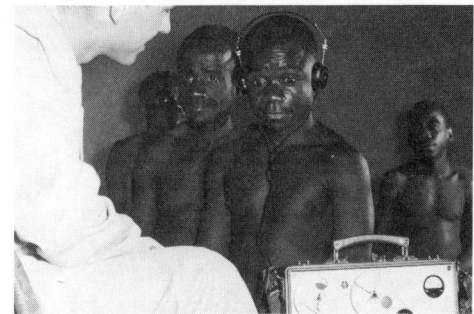

Abb. 144: In dieser Kadrierung liefert der Europäer einen wörtlich zu nehmenden Kontrast zwischen Schwarz und Weiß. Der Weiße und seine Sprech-Maschine stehen als »pars pro toto« für die ganze industrielle Zauberwelt, die von diesen innerafrikanischen Eingeborenen zugleich bestaunt, bewundert und gefürchtet wird. Eine Kadrierung von überwältigender Prägnanz.

Dramatische Prägnanz

Schwache Prägnanz

Abb. 145: Eine sich anbahnende Auseinandersetzung zwischen einem offensichtlich unerwünschten weiblichen Gast und einem mißbilligenden Hotelportier ist hier nach Kadrierung und Darstellerführung deshalb von nur schwacher Prägnanz, weil beide ihren eigenen Standpunkt noch nicht gefunden haben und deshalb in vage-passiven Überlegungen verharren. Ebenso unbestimmt-passiv reagiert der Zuschauer.

Starke Prägnanz

Abb. 146: In dieser Kadrierung und Darstellerführung steht dagegen die dramatische Spannung zwischen dem Hotelportier und der ihn aggressiv ins Auge fassenden Rosemarie unmittelbar vor einer Explosion. Der Zuschauer erwartet gespannt die Entscheidung, ob der Portier ihr feige Feuer reichen oder sie grob aus dem Hotel verweisen wird. Die Gesamtprägnanz ist optimal entwickelt.

Schlechte Prägnanz   *Starke Prägnanz*

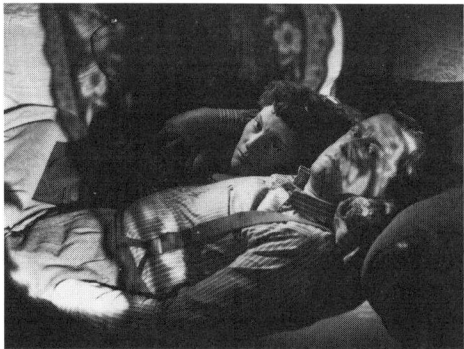

Abb. 147: Hier wird die dramatische Prägnanz durch vor einen Scheinwerfer geschaltete *Cookies* (siehe Seite 102), der über das Liebespaar wirre Schattenfetzen verstreut, erhöht.
Wie ein solcher Eindruck durch gezielte Kadrierung mit noch stärkerer Prägnanz gestaltet werden kann, zeigt das nächste Beispiel.

Abb. 148: Von dieser kurzbrennweitig unterstützten Kadrierung strömt eine lebensgefährlich bedrohende Prägnanz auf den Zuschauer ein. Hier wird das schlechte Gewissen leibhaftig dargestellt und durch Kadrierung und Ausleuchtung überzeugend verstärkt.

Erhöhung der Prägnanz durch Verdunkelung

Wie Sie bereits vielfach durch die Analysen erkannt haben, ist die Prägnanz einer Szenendarbietung in den allermeisten Fällen von der scharfen Abbildung der szenischen Gesamtgestalt und der szenenwichtigen Teilgestalten abhängig.

Nun ist die fotografische Unschärfe ein optisch-chemisches Phänomen, das von der Linseneinstellung und der Lichtverarbeitung durch die lichtempfindliche Schicht abhängt.

Es gibt aber auch eine Unschärfe, die bei gleichbleibenden technischen Voraussetzungen und gleicher Szenengestaltung eine veränderte psychologische Wirkung beim Zuschauer hervorrufen kann:

Durch Veränderung der Leuchtdichte durch stärkere oder schwächere Ausleuchtung einer gleichbleibenden Teilgestalt im Szenenbild kann für den Zuschauer ein schärferer oder unschärferer Eindruck zwingend hervorgerufen werden.

Diese auch für Sie als Klasse-Hobbyfilmer wichtige Kadrierungsmöglichkeit, kann vor allen Dingen für Ihre Farbfilmszenen große praktische Bedeutung bekommen. Sehen Sie sich deshalb die Farbabbildungen XIV und XV an. Jede merkliche Abdunkelung von Teilgestalten im Szenenraum erhöht scheinbar die Abbildungsschärfe aller so behandelten Szenenelemente. Dieser Effekt wird bei allen normalsichtigen Zuschauern ebenso wirksam wie bei Brillenträgern.

Wie kommt dieser psychologisch-physiologische Effekt zustande?

Durch Verdunkelung des Hintergrundes und die damit zusammenhängende Leuchtdichteveränderung scheinen die Konturen aller im Hintergrund befindlichen Gegenstände schärfer zu werden, obwohl die physikalische Schärfe des Hintergrundes unverändert bleibt.

Dem menschlichen Auge erscheinen in der wirklichen Umwelt beliebige Gegenstände bei unverändertem Entfernungsabstand um so konturenschärfer und detailreicher, je größer ihre Leuchtdichte ist, d. h., je stärker sie im Normalfalle beleuchtet sind. Verringert sich die Leuchtdichte solcher Gegenstände, so wird die abnehmende Konturenschärfe durch den sich gleichzeitig verringernden Detailreichtum ausgeglichen, so daß infolge der physio-psychologischen Zusammenfassung differenzierter Strukturelemente zu einheitlichen Formgebilden (Punktreihen zu Liniengeraden, Schraffuren zu Flächen, Überstrahlungen zu Kanten usw.) der Gesamtschärfeeindruck aufrechterhalten bleibt.

Werden dem menschlichen Auge nun wohlbekannte Gegenstände in unscharfer Abbildung dargeboten, so unterliegt der Beschauer einem seelischen Zwang, die unscharfe Abbildung zur scharfen Abbildung zu erhöhen. In der wirklichen Umwelt gelingt ihm dies durch Aufmerksamkeitsverlagerung und Akkommodation des dioptrischen Apparates seiner Augen. Im Falle der unscharfen Abbildung ist dieser Weg infolge der Unmöglichkeit, durch Akkommodation die Unschärfe zu ändern, nicht gangbar. Die Aufmerksamkeitskonzentration auf den unscharf abgebildeten Gegenstand läßt im Gegenteil die Unschärfe deutlicher bewußt und damit psychologisch stärker werden. Wird nun die Leuchtdichte der Abbildung verringert, so erfolgt die Zusammenfassung differenzierter Strukturelemente zu einheitlichen Formgebilden in der Abbildung in der gleichen Weise wie an wirklichen Gegenständen. Dadurch werden aber vorher als unscharf, d. h. in unregelmäßige Einzelelemente aufgelöst empfundene Konturen scheinbar als regelmäßiger geworden empfunden, womit ein zwar detailärmerer, aber in seiner Gesamtheit *als schärfer empfundener Bildeindruck* entsteht.

Lichttechnische Grundbereiche der Kunstlicht-Ausleuchtung

Nachdem Sie nun alles Wichtige über die Wirkung der Kameraeinstellung, der Kadrierung, der Abbildungsschärfe, der Brennweitenauswahl und der Prägnanz auf den Filmzuschauer erfahren haben, werden Sie auch Ihre Kunstlicht-Ausleuchtungen nicht nur nach rein aufnahmetechnischen Gesichtspunkten, sondern vorrangig unter Berücksichtigung der optimalen psychologischen Wirkung auf den Zuschauer einrichten.

Die bei Kunstlichtszenen oft erforderliche komplizierte und vielfältige Ausleuchtung läßt sich auf wenige Grundbereiche reduzieren, von denen Sie bereits einige praktisch und theoretisch kennengelernt haben.

Das Hauptlicht, auch »Key-Light« genannt

Es bildet normalerweise den Hauptbestandteil des Grundlichts und ist die Grundlage für die Blendenöffnung, mit der die Szene im ganzen auf den Film in der Kamera aufbelichtet wird.

Alles weitere hinzugefügte Aufhell- oder Effektlicht nuanciert diese Blendenöffnung nur noch.

Aus diesem Grunde muß das Hauptlicht auch in möglichst kleinen Stufen verändert werden können, was am bequemsten durch Stufenlinsen-Scheinwerfer zu bewerkstelligen ist. Es kann aber auch durch die Abstandsveränderung der einzelnen Hauptlichtquellen von den szenenwichtigen Teilgestalten bewirkt werden.

Für Ihre Wohnungs-/Atelierverhältnisse bedeutet das praktisch, daß Sie zur Erhöhung des Hauptlichts manchmal einige Filmleuchten unangenehm nahe an Ihre Darsteller heranrücken müssen.

Das Hauptlicht kann hart und kontrastreich oder durch vorgeschaltete Schirme und Stufenlinsenverstellung zerstreut oder weich gemacht werden, was besonders bei der Ausleuchtung von Frauengesichtern Hautunebenheiten, Härchen und Falten bis zum Verschwinden beeinflussen kann. Sie sollten, um hierbei völlige Sicherheit zu gewinnen, nicht nur viele Ausleuchtungsversuche machen, sondern auch durch Probeaufnahmen auf Schwarzweiß- und auf Farbfilm das Projektionsergebnis Ihrer Ausleuchtungsversuche studieren. Denn auch bei diesen Abbildungsproblemen sind Sie vor den Korrekturen Ihrer Augen nicht völlig gefeit.

Das Hauptlicht ist stets *direktes Licht*. Es genügt im allgemeinen, wenn es eine Helligkeit von 2800 Lux einstrahlt.

Bei dieser Helligkeit können auch die Darsteller noch natürlich agieren, ohne bereits unter Blendungserscheinungen zu leiden.

Für jede Ausleuchtung ist es von besonderer Bedeutung, daß Sie die den Lampen zugeführte Spannung und auch den Alterszustand Ihrer Lampen immer wieder kontrollieren. Das hat für alle Szenenaufnahmen in Farbe, die für Fernsehvorführungen bestimmt sind, besondere Bedeutung. Bedenken Sie, daß die Lichtausbeute Ihrer Lampen bei Spannungsänderung in der 4. Potenz (!) mitschwankt. Das kann unerklärliche Farbstiche bewirken.

Das Aufhellicht

Das Aufhellicht ist zwar stets schwächer als das Hauptlicht – im Normalfall etwa halb so intensiv –, beeinflußt aber die Blendeneinstellung, mit der aufgenommen wird, ebenfalls merklich. Deshalb werden sowohl für Schwarzweiß- wie für Farbfilmaufnahmen zur Ermittlung der Aufnahmeblende beziehungsweise zur Festlegung des Grundlichts stets das Hauptlicht und das überlagernde Aufhellicht gemeinsam gemessen.

Der *Helligkeitskontrast,* der insbesondere für alle Farbmotive zur Herausarbeitung der Prägnanz der Teilgestalten und der Gesamtgestalt von entscheidender Bedeutung ist (siehe Seite 124 ff.), wird durch die sorgfältige Ausmessung des Hauptlichts plus überlagerndem Aufhellicht zu dem Aufhellicht allein festgelegt.

Das so zustande kommende Grundlicht soll in normal ausgeleuchteten Aufnahmeszenen um 2800 Lux eingestrahltes Licht betragen.

Wollen Sie den Helligkeitskontrast der gesamten Szene festlegen, dann schalten Sie nach der Einrichtung des Grundlichts (also Hauptlicht samt dem überlagernden Aufhellicht) das ganze Hauptlicht aus und messen das Aufhellicht alleine.

Das Kontrast-Licht-Verhältnis zwischen Hauptlicht und Aufhellicht sollte, mit Ausnahme dramaturgisch geforderter Spezialwirkungseffekte, für Farbfilmaufnahmen ein Verhältnis von 3 : 1 niemals und für Schwarzweißfilmaufnahmen von 4 : 1 möglichst nicht übersteigen.

Andernfalls besteht die Gefahr, daß bei der Projektion die Spitzlichter »ausgefressen« und die tieferen Schatten ohne Durchzeichnung wiedergegeben werden.

Wohlgemerkt, Sie erfahren hier das Wichtigste über das Verhältnis der in das Aufnahmemotiv *hineingestrahlten Lichtströme* und nicht etwa über den Helligkeits- und Farbenkontrast, der durch die *Reflexion dieser Lichtströme* an den beleuchteten Gegenständen und Wesen entsteht, die im Aufnahmemotiv vorhanden sind.

Der Remissionsfaktor

Der durch die verschiedenartigen Oberflächenfarben und die verschieden kräftige Reflexion, die auch Remissionsfaktor und »Grauwert« genannt wird, der einfallenden Lichtströme von stumpfen, matten, glänzenden, spiegelnden usw. Flächen entstehende *Helligkeitsumfang* des Aufnahmemotivs, der *ebenfalls* als *Helligkeitskontrast* bezeichnet wird, ist, wie Sie durch Ausmessung mit dem Spotmeter vom Kamerastandpunkt aus leicht feststellen können, im Normalfall wesentlich größer als der Helligkeitskontrast, den die *einfallenden* Lichtströme untereinander haben beziehungsweise haben sollen.

Es gibt also für Sie *zwei verschiedene Arten von Helligkeitskontrasten,* die auch auf ganz verschiedene Weise gemessen werden. Allen beiden sollten Sie Ihre besondere Aufmerksamkeit zuwenden, bevor Sie Ihre Kamera laufen lassen.

Ausleuchtung und Oberflächen-Reflexion

Ganz einfach gesagt, haben Sie bei der Ausleuchtung folgende Verhältnisse zu berücksichtigen:

Das in ein Aufnahmemotiv eingestrahlte Licht soll insgesamt einen Grundlichtwert von mindestens 2800 Lux erreichen.

Das Verhältnis zwischen dem eingestrahlten Hauptlicht zuzüglich dem eingestrahlten Aufhellicht soll zum Aufhellicht allein (das können auch Fill-Light und Hintergrundlicht gemeinsam sein) in einem Verhältnis stehen, das für Farbfilm 4:1 und für Schwarzweißfilm 9:1 nicht überschreitet.

Das Normalverhältnis für Hauptlicht plus Aufhellicht zu Aufhellicht allein soll für Farbfilm 2:1, für Schwarzweißfilm 3:1 sein.

Der gesamte Hintergrundbereich eines normal ausgeleuchteten Motivs soll nicht mehr als die halbe Helligkeit des durch Hauptlicht plus Aufhellicht ausgeleuchteten Vordergrunds haben.

Diese Ausleuchtungsregel gilt sowohl für Farb- wie für Schwarzweißfilmaufnahmen. Sie hat den Sinn, die Hauttöne der in den Szenen vorhandenen Personen zugunsten der Hintergrunddetails zu bevorzugen.

Nach allem, was Sie bereits erkannt haben, kann diese allgemeine Ausleuchtungsregel zugunsten einer starken Prägnanz der Gesamtgestalt selbstverständlich durchbrochen werden (siehe Bilder 49 und 71).

In diesem Falle werden Sie aber der Ausleuchtung aller Hauptdetails besondere Aufmerksamkeit widmen und sie durch Effektlichter hervorheben müssen.

Für Farbfilmaufnahmen hat die Ausleuchtung in halber Helligkeitsintensität des Hintergrundes den Vorteil, daß eine psychologische Schärfeerhöhung durch Leuchtdichteverringerung ausgenutzt werden kann (siehe Bildbeispiele XIV und XV der Farbtafel).

Der von der Kamera aus in dem Aufnahmemotiv mit dem Spotmeter gemessene Helligkeitskontrast zwischen derjenigen Stelle, von der die eingestrahlte Helligkeit am stärksten reflektiert wird (weißes Tischtuch oder weiße Hemdteile in Großaufnahmen), und derjenigen, von der die Helligkeit am geringsten reflektiert wird (tiefe Schatten, aber nicht totalschwarze Bezirke [!]), soll für Farbfilm und für Schwarzweißfilm einen Bereich von möglichst 40:1 nicht überschreiten, weil dann die Wiedergabemöglichkeiten im Fernseh-Sende- und -Empfänger-Bereich die technisch günstigsten sind.

Auch treten bei diesen Kontrastumfängen mit Sicherheit noch keine ausgefressenen Spitzlichter und Schatten ohne Durchzeichnung auf.

Da der Reflexions-Helligkeitskontrast sich *nicht* zwischen dem absoluten, völlig lichtlosen Schwarz und der höchstmöglichen Farbtemperatur bewegen kann, ist es erforderlich, für den Bereich, in dem der Kameramann seine Aufnahmen unterzubringen hat, zwei äußerste Bezugspunkte festzulegen.

Das »Bezugsschwarz« und das »Bezugsweiß«

Das hellste Weiß, das im Aufnahmemotiv von einer szenenwichtigen Teilgestalt (Tischtuch, weißlackierte Gegenstände, Hemdenstoff, Taschentücher) in das Kameraobjektiv zurückgestrahlt wird, sollte nicht mehr als 60% der auf sie fallenden Helligkeit (Hauptlicht plus Aufhellicht), *reflektieren*.

140

Der Fachmann sagt: Die Remission des Farbstoffes eines vollausgeleuchteten Objekts soll 60% für das Bezugsweiß und 3% für das Bezugsschwarz betragen.
Unter »Bezugsschwarz« ist eine entsprechend szenenwichtige Teilgestalt zu verstehen, die entweder eine schwarze Oberflächenfarbe trägt, die nicht mehr als 3% der vollen Ausleuchtung (Hauptlicht plus Aufhellicht) reflektiert, oder ein Schattenbereich, der das gleiche tut, aber noch szenenwichtig ist. Dieser Schattenbereich darf ebenfalls nicht mehr als 3% des Grundlichts (Hauptlicht plus Aufhellicht), zusätzlich in diesem Falle auch eines eventuellen Effektlichts, reflektieren.
Vor allem können Sie diese Korrekturen meist bereits durch eine Modulation des Aufhellichts erreichen, indem Sie dessen Strahlung härter oder weicher machen.

30. Beispiel: Das Hintergrundlicht und das Effektlicht

Das Hintergrundlicht hat ebenso wie das Effektlicht die Hauptaufgabe, Personen und Dinge vom Hintergrund zu lösen und ihre Körperlichkeit zu unterstreichen. Das ist vor allem in Schwarzweißfilmszenen sehr oft erforderlich.
In Farbfilmszenen hat das Hintergrundlicht mehr die Aufgabe, die Teilgestalten des Hintergrundes in ihrer natürlichen Erscheinung und Daseinsaufgabe so prägnant, wie das für die Information und das Handlungsverständnis erforderlich ist, hervorzuheben.

Optimale Lösung   *Gegenbeispiel*

Abb. 149: Hier ist die Aufgabe des Hintergrundlichts optimal gelöst. Durch die diskret zerstreute, gleichmäßige Helligkeit des Hintergrundes heben sich die dunkleren Personen wie plastisch von ihm ab.

Abb. 150: Hier wurde aus wohlerwogenen dramaturgischen Gründen, um im Zuschauer ein grausam-verlottertes Umweltgefühl zu erzeugen, gerade das Gegenteil aufnahmetechnisch versucht. Diese Personen verlieren sich auch ausleuchtungstechnisch in einem allgemeinen Elend.

141

Optimale Lösung

Abb. 151: An dieser schwarzen Großaufnahme ist die Abhebung des Hutrandes, der fast das ganze Gesicht umrahmt, vom Hintergrund das prägnante Merkmal der Darsteller-Teilgestalt. Der Hutrand ist durch einen Ober-Gegenlicht-Effekt mit einem ganz hell scheinenden Saum umgeben, der wie eine Art »Heiligenschein« wirkt, was die Handlung symbolisch unterstreicht. Aus dem gleichen Grunde wird das vor dem schwarzen Hutrand genau abgegrenzte, übergroße Ohr als »Schlitzohr« herausgestellt. Hier kann über die Aufgabe der Loslösung vom Hintergrund hinaus eine handlungsbedingte, leicht symbolisch erzeugte Effektlicht-Komposition als wirksame Ergänzung des pfiffig-verschmitzten Mienenspiels beobachtet werden. Effektlichter, die diesen Eindruck aufbauen, sind auch auf den Hutrandschatten, den sie gewissermaßen eingrenzen, angewiesen, weshalb hier einmal der Begriff »Effektschatten« eingeführt werden kann.

Gegenbeispiel

Abb. 152: Hier ist der Effektlichtkontrast zu kräftig ausgefallen, wodurch zugleich das Grundlicht so stark zurückgedrängt wird, daß die Person – ein als Frau verkleideter Mann – zum großen Teil im Hintergrundschatten »absäuft«.

Daher die grundsätzlich kontrastärmere Ausleuchtung der Farbfilmszenen gegenüber den Schwarzweißfilmszenen.

Effektlichter sind bei genauer Betrachtung vom Grundlicht abtrennbare, mit Hilfe ausgewählter Beleuchtungsmittel *aufgesetzte* Lichterscheinungen. Sie erscheinen als Lichtsäume, Spitzlichter, Lichtflecke oder auch als entsprechend abgegrenzte Schattenbereiche.

Einige Szenenbeispiele werden das am überzeugendsten verdeutlichen.

Lösung: Hintergrundlicht

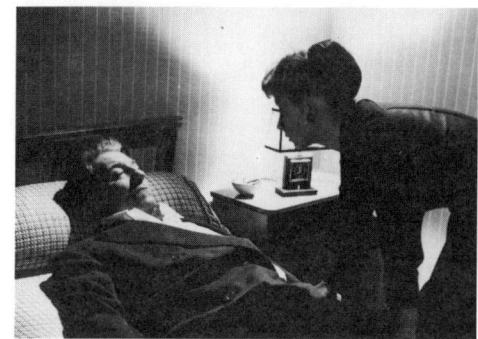

Abb. 153: Hier ist das Hauptlicht aus dramaturgischen Gründen drohend überstrahlt in den Hintergrund verlegt worden, während die schweren Vordergrundschatten vom Aufhellicht allein nur wenig modelliert werden. Auf dem Kopf des Mannes liegt dagegen ein Effektlicht, das infolge seiner Härte ebenfalls furchteinflößende Schlagschatten erzeugt. Körper und Kopf der Frau lösen sich fast plastisch vom Hintergrund. Die Kadrierung erweckt durch diese Ausleuchtungsführung das Gefühl der Lebensbedrohung.

Lösung: Effektlicht

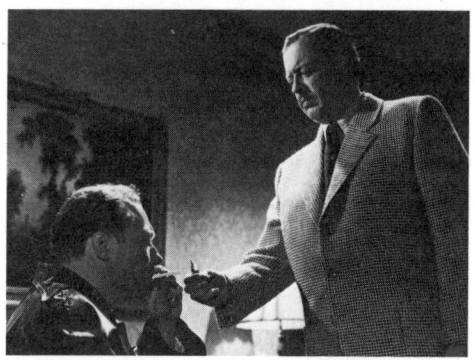

Abb. 154: Hier wird die Loslösung der Köpfe vom Hintergrund in klassischer Ausleuchtungsweise durch Effektlichter auf die Köpfe und die Schultern bewirkt. Das gedämpfte Aufhellicht verstärkt die Prägnanz des Hintergrundes, zu der auch die einseitige Beleuchtungsverstärkung durch die überhelle Stehlampe beiträgt. Die rund um die Köpfe laufenden Gegenlichter auf dem Haar lösen die Köpfe vom dunklen Hintergrund. Wie meisterhaft die Gesamtbeleuchtung hier bereits bei der Inszenierung in Betracht gezogen worden sein muß, läßt auch das Stoffmuster des Jacketts erkennen.

Diskretes Effektlicht

Abb. 155: Die Effektlichter sind hier mit so außerordentlicher Sensibilität eingesetzt, daß sie auf der Stirn und den Haaren wie eine zufällige Beigabe des Grundlichts wirken. Um so eindrucksvoller charakterisieren die Lichtkreuze auf der Brille den Persönlichkeitsausdruck. Beachten Sie, daß sich kein Lichtpunkt in den Augen findet. Das alles unterstreicht die Lebensunerfahrenheit eines schicksalbedrohten Mädchens für den Zuschauer.

Gegenbeispiel

Abb. *156:* Im Gegensatz zum vorigen Beispiel wird hier bei gleicher Persönlichkeitslage durch die Überfülle der Effektlichter bei zu hohem Kontrast die Charakterisierung förmlich zugedeckt. Vor lauter Geglitzer und Gegenlicht-Überstrahlung kommt der Zuschauer nicht dazu, die Seelenlage des Mädchens angemessen mitzuempfinden.

Der Effektschatten

Optimaler Effektschatten

Abb. *157:* Wie mit einer optischen Fanfare unterstreicht hier der Effekt-(licht-)schatten des Leuchtergitters die jüdische Kultstätte der Klagemauer in Jerusalem. Die großflächige helle Hintergrund-Ausleuchtung gilt selbstverständlich der jahrtausendealten Mauer, während die vor ihr zum Gebet verharrenden Juden als vergängliche schwarze Silhouetten angeboten werden.

Gegenbeispiel

Abb. *158:* Auch in dieser Szene erscheint der Effektschatten des pistolenbewehrten Mannes als zentrales Szenenelement. Doch bleibt die dramatische Wirkung auf den Zuschauer infolge der kitschigen Formgebung des Drohschattens, die große Zigarre, das vulgäre Profil und die übertrieben große Pistole, vollständig aus. Der Schatten wirkt zwar komisch, doch wiederum nicht komisch genug, um die dramatische Situation in ein befreiendes Lachen aufzulösen.

*Diskrete Effektlicht-Verteilung in der
Halbtotale*

Gegenbeispiel

Abb. 159: In diesem Szenenbeispiel einer Hochzeitsfeier ist das Hintergrundlicht als Effektlicht vom Grundlicht nicht mehr zu unterscheiden. Dennoch ist es, wenn Sie das Holzgitter mit den dahinterliegenden Parkbäumen vergleichen, als Effektausleuchtung zu erkennen. Das gleiche gilt für die diskreten Effektlichter auf der Nasen- und Stirnpartie der Braut und auf den Gesichtern der Personen, die schräg oben hinter ihr stehen. Auch an der Ausleuchtung einiger Musiker und deren Instrumenten sind Effektlichter beteiligt. Die Prägnanz der Gesamtszene ist infolge der ganz natürlich wirkenden Ausleuchtung sehr hoch.

Abb. 160: Dieser Szeneninhalt einer Hochzeitsfeier scheint auf den ersten Blick aus lauter durcheinandergewürfelten Effektlichtern zu bestehen, was jedoch keineswegs der Fall ist. Durch diese ungewöhnliche Ausleuchtung entsteht ein verwirrendes Licht-Schatten-Mosaik, in dem viele einzelne Körperlinien, Gliedmaßen und Kleidungsstücke vom Zuschauer nicht mehr auseinandergehalten werden können. Durch die so bewirkte, sehr schwache Prägnanz wird der Zuschauer mehr verwirrt als informiert. Die freudige Hochzeitsreisen-Stimmung kann er nur schwer teilen. Er fühlt sich eher ausgeschlossen.

Fazit der Effekt-Ausleuchtung

Effektlichter strahlen meist hart und werden nur selten auf weiblichen Hautpartien weich gehalten. Sie müssen, da sie die Prägnanz der Teilgestalten verstärken sollen, besonders sorgfältig innerhalb des tragbaren Reflexions-Helligkeitskontrasts gehalten werden (40:1), damit sie nicht ausgefressen oder als schwarze Löcher erscheinen. Mit dem Spotmeter können Sie das leicht und sicher nachprüfen.
Wenn diese Prüfung und Korrektur versäumt wird, kann es zu Verzerrungen der Gesichtsdarstellung kommen. Versuchen Sie das nachzugestalten! Aber machen Sie vorher klar, daß Sie, um solche feinabgestuften Effekte zu erreichen, Scheinwerfer benötigen, die es erlauben, die Strahlenhärte fließend von ganz hart bis weich einzustellen. Das geht nicht mehr nur durch Vorschaltung von Streuschirmen, Sie müssen dazu schon über die professionellen Stufenlinsen-Scheinwerfer verfügen.

Optimale Effektlicht-Verteilung in der
Totale   *Gegenbeispiel*

Abb. 161: In dieser Halbtotale hebt sich die Verteilung der Effektlichter aus der Grundlicht-Ausleuchtung deutlich heraus. Dadurch soll sich dem Zuschauer eine unheimliche Stimmung mitteilen. Dennoch sind die Kontraste zwischen den Effektlichtern und den verschatteten Partien der Szene nicht so groß, daß diese Szenen-Ausleuchtung unruhig oder verwirrend wirkt. Dazu trägt auch, trotz der Überfülle von Antiquitäten, die geschickte Kadrierung bei. Beachten Sie das effektbeleuchtete Bild, die Nische im Hintergrund zwischen den beiden Gesichtern, die diskreten Effektlichter auf dem Kronleuchter, die Lichtmodulation der Porzellangefäße, der Wand und der Nische rechts im Hintergrund. Schließlich geben die Kannen und der siebenarmige Leuchter rechts im Vordergrund prägnante Effektschatten vor dem hellen, teppichbelegten Fußboden ab.

Abb. 162: In dieser Halbtotale wird versucht, bei sehr schwachem Grund- und Aufhellicht, durch kräftige Beleuchtung senkrecht von oben eine ängstlich-unheimliche Stimmung zu erzeugen, die durch die in Furcht erstarrten Gesichter der Frauen und Männer gerechtfertigt und verstärkt werden soll. Tatsächlich aber entsteht durch diese primitive Ausleuchtungsweise ein verwirrender, weil viel zu starker Licht-Schatten-Kontrast in den Gesichtern. Dadurch wird die Gesamtprägnanz der Kadrierung sehr stark geschädigt. Die Szene ist ein weiteres Beispiel für die Wirkungslosigkeit von Scheineffektlicht-Ausleuchtungen, wie sie bereits ausführlich analysiert wurden.

Fazit der Ausleuchtung farbiger Motive

Der Helligkeitsunterschied der im Szenenbild enthaltenen Farben soll nicht sehr merklich sein und nur dem ganz geübten Auge bei genauerer Betrachtung auffallen. Ist er es dennoch, so haben Sie ein bereits von Natur aus zu kontrastierendes Motiv gewählt. Sind die Kontraste in Ihrem Motiv nur gering, werden sie im wesentlichen von der Farbe, weniger von Licht und Schatten gebildet, dann liegen sie auch innerhalb des aufnahmetechnisch günstigsten Bereichs. Sie können sich sogar bei einiger praktischer Übung durch den bloßen Augenschein davon überzeugen, daß dieser Unterschied das Maximum für die Erhaltung des richtigen

Wie Effektschatten Todesangst verstärken

Wie Effektschatten zur Schicksalsdrohung werden

Abb. 163: Zu der allgemeinen Unruhe, die durch eine Effekt-Ausleuchtung des Hintergrunds und der wie zerrissen wirkenden Kleidung des gehetzten Mannes vom Zuschauer mitempfunden wird, kommt als besonders eindringliches Kennzeichen ein Effektschatten hinzu, der ihm symbolisch die Stirne spaltet. Dieser wie eine schwere Verletzung wirkende, strichfeine Schatten wird durch eine von links hart ausgeleuchtete, ins Gesicht hineinhängende Haarsträhne verursacht. Dieser schwarze Schatten verstärkt im Zuschauer unbewußt die Prägnanz der Kadrierung bis zur Unerträglichkeit. Ein von seinem unmittelbar bevorstehenden Tode gekennzeichneter Mensch.

Abb. 164: Auch in dieser Szene wird die Prägnanz eines ausweglosen Schicksals fast ganz durch die gezielte Kombination von Effektschatten erzeugt. Dieser Mann ist weniger ein in den Tod gehetzter Flüchtling, wie in der vorigen Szene, als vielmehr ein Verlorener, der von einem unabwendbaren Schicksal gezeichnet ist. Daß auch er dem baldigen Tode nicht entgehen wird, kennzeichnet sich für den Zuschauer wieder durch einen harten Effektschatten, der über seine Stirne zur Schläfe läuft. Dieser Schatten spaltet symbolisch den Kopf des Mannes wie eine tödliche Wunde. Auch das Gesicht wirkt durch die prägnante Schatten-Licht-Verteilung wie verwüstet.

Farbtones darstellt. Stärkere Kontraste verändern die einzelnen Farbtöne jedenfalls so merklich, daß es auch dem Laien auffällt.

Fazit der gesamten Kunstlicht-Ausleuchtung

Die Beleuchtungstechnik eröffnet Ihnen ungeahnte Möglichkeiten. Mit richtiger Lichtverteilung läßt sich nahezu alles erreichen. Manche Berufskameraleute haben eine bewunderte Meisterschaft in der Behandlung des Lichtes erreicht. Sie bringen es, dank ihrer Scheinwerfer, die ihnen in unbegrenzter Anzahl zur Verfügung stehen, nicht nur fertig, dicke Personen schlank und kleine groß zu machen, sie ersetzen darüber hinaus in manchen Fällen sogar die fehlende Schauspielkunst. Nicht immer ist ein filmwirksames Gesicht auch fähig, Empfindungen glaubhaft darzustellen. Hier greift der Kameramann ein. Er prägt dem Gesicht einfach die geforderte Empfindung durch Lichtgestaltung und -führung auf. Ihnen ist ähnliches schon in Kriminal- und Verbrecherfilmen aufgefallen, wo die verbrecherischen Absichten eines Menschen häufig durch eine kräftige Beleuchtung von schräg unten auf den Gesichtern deutlich gemacht werden. Die so entstehende unheimliche Maske verfehlt niemals ihre Wirkung (siehe auch Szenenbilder Seite 127 und 128).

Das Hauptproblem der Kunstlichtaufnahme ist die Beleuchtung des Motivs. Die Ausleuchtung muß sehr sorgfältig und gleichmäßig vorgenommen werden, so daß nirgends Schlagschatten oder tiefschwarze Stellen übrigbleiben. Sie dürfen die Ausleuchtung ruhig so weit treiben, daß Sie mit dem bloßen Auge *fast keinen Schatten mehr* im Motiv entdecken können. Haben Sie Sorge, daß durch eine so gleichmäßige Ausleuchtung Plastik und Raumwirkung verlorengehen könnten, so lassen Sie sich versichern, daß diese Sorge überflüssig ist. Die Farbe trägt viel mehr zur Entstehung der Plastik und Raumwirkung bei, als das noch so geschickt gesetzte Schatten jemals könnten.

Ganz allgemein gilt, daß der Helligkeitskontrast im Aufnahmemotiv durch die von Ihnen vorgenommene Ausleuchtung vom Helligkeits- und vom Farbton-Kontrast der Wirklichkeit geführt werden sollte.

Wenn der Helligkeitskontrast oder Farbkontrast schon in der Wirklichkeit auffallend stark ist, wie zum Beispiel bei einem Mann, der ein strahlendweißes Hemd zu einem schwarzen Anzug trägt, dann sollten Sie den Ausleuchtungskontrast niedriger halten, als wenn der Wirklichkeitskontrast bereits von sich aus niedrig ist (z. B. Grau auf Grau oder gleichhelle Farbtöne).

Auch für Porträtaufnahmen gilt grundsätzlich die Forderung: *»Schatten vermeiden«*. Insbesondere unter dem Kinn, am Hals und unter den Achseln; und, wenn nötig, kräftig aufhellen!

Halogenlampen haben eine Farbtemperatur von ca. 3400° Kelvin, geben also ein etwas kälteres Licht als Glühlampen und Nitraphotlampen. Doch wird diese geringe Farbtemperaturabweichung fast stets durch die Prägnanz der Teilgestalten und die Handlungsführung überspielt.

Auch das kräftige Oberlicht, das Glanz aufs Haar bringt, können Sie für Farbaufnahmen anwenden. Nur müssen Sie achtgeben, daß Sie dabei nicht den tragbaren Kontrastumfang überschreiten, was besonders bei blondem Haar leicht vorkommt.

Je nach der Ausdehnung des Hintergrundes und seiner separaten Ausleuchtung geht also das Hintergrundlicht mehr oder weniger mit dem Aufhellicht eine Gemeinschaft ein.

Von welcher Grenze ab das Hintergrundlicht als Aufhellicht bei Ihren Messungen berücksichtigt werden muß, das können Sie nun schon selbst entscheiden.

X. Kapitel
Von den Filmthemen bis zum Filmkunstwerk

Einführung in die für Hobbyfilmer geeigneten Filmthemen

Die Welt ist voll von leicht zu bewältigenden Filmthemen. So scheint es wenigstens dem oberflächlichen Beobachter und auch dem Träumer.
Sobald Sie aber versuchen, ein solches sich so ohne weiteres anbietendes Filmthema auf seine filmgestalterische und filmtechnische Qualität hin zu untersuchen, dann entdecken Sie meistens, daß seiner Verfilmung unüberwindliche Schwierigkeiten entgegenstehen, weil
1. der technische und finanzielle Aufwand zu groß wäre,
2. das Filmthema in einem Einfall besteht, der sich nur durch eine »Situation« kennzeichnen, nicht aber zu einer »Handlung« oder zu einem »sinnvollen Geschehnisablauf« ausweiten läßt,
3. in dem Filmthema überhaupt viel zu viel zu *sehen* ist, ohne daß dem Zuschauer ein interessanter oder gar aufregender Sinnzusammenhang zwischen den einzelnen Filmszenen aufgezwungen oder zum Erlebnis gebracht werden könnte. Das typische Beispiel eines solchen Filmthemas sind der *übliche* Reisefilm oder der Familienfilm.
Für jeden Zuschauer, der die Reise nicht mitgemacht hat oder der die Familie nicht kennt, sind solche Filme einfach langweilig, weil für ihn zwischen den einzelnen Szenen kein *Erlebniszwang* wachgerufen wird. Und zwar geschieht dies um so weniger, je mehr Einzelheiten in jeder einzelnen Szene zu sehen sind.
Es wäre also richtiger, zu sagen, die Welt sei voll von interessanten Szenenbildern, denn das beweist schon jeder gute Standbild-Fotograf. Szenenbilder aber sind, wie Sie schon erkannt haben, noch lange keine Filmthemen; im Gegenteil, denn je interessanter, vielfältiger und ästhetisch überzeugender das einzelne Szenenbild ist, um so schwieriger ist es, seinen Inhalt in einen »sinnvollen Geschehnisablauf« oder gar in eine »Handlung« einzugliedern. Das ist der Hauptgrund, warum sich so viele hervorragend begabte Fotografen als unbegabte Filmgestalter entpuppt haben.
Interessante Filme, die auch dem unbeteiligten Zuschauer Erlebnisse vermitteln, tun das nur dann, wenn sie fähig sind, Einzelszenen in eine »Handlung« oder in einen interessanten Geschehnisablauf einzuordnen.

Onkel Otto als Objekt der Filmgestaltung

Onkel Otto z. B. ist noch keine Handlung, auch dann nicht, wenn er dick und vergnügt aussieht und wenn alle Familienmitglieder und die näheren Bekannten wissen, wie komisch Onkel Otto sein kann. In Ihrem Film muß er nicht nur *auftreten*, wenn er für jeden späteren Filmzuschauer komisch und damit interessant sein und bleiben soll, sondern er muß zum *Objekt einer Handlung* oder wenigstens eines interessanten Ereignisses werden.

Abb. 165: Onkel Otto zum Beispiel

Das heißt konkret: Onkel Otto soll nicht etwa selbst handeln, also sich komisch aufführen, z. B. groß angeben, Gymnastik am Strand treiben, auf einem Esel reiten oder den Maßkrug schwenken, sondern die *Handlung muß mit ihm umgehen*. Er soll sich nicht vor der Kamera produzieren, sondern Sie sollen ihn unauffällig mit der Kamera *belauschen*, und wenn er ein wirklich komischer Mensch ist, dann wird er auch auf jeden Zuschauer komisch wirken, wenn er ganz ernsthaft etwas zu tun versucht, z. B. auf einen Esel hinaufzuklettern, eine Strandburg zu bauen oder an einem Andenkenverkaufsstand die Preise herunterzuhandeln.

Handlungen wie »Onkel Otto« sind natürlich nur *schwache Handlungen.* Sie lassen sich meist nur über wenige Filmszenen hin aufrechterhalten und so gut wie niemals über einen ganzen Film hin ausdehnen, es sei denn, der ganze Film handelt »Von den seltsamen Erlebnissen des Onkel Otto«. Aber dann muß die Onkel-Otto-Handlung eine filmdramaturgisch richtig aufgebaute Handlung mit Anfang und Ende sein. In diesem Falle würden Sie bereits einen regelrechten Spielfilm drehen, und Onkel Otto müßte nicht nur ein komischer Mensch, sondern auch noch ein echter und geübter Schauspieler sein, sonst würde Ihr Film entweder schlecht oder kitschig werden.

Haben Sie für Ihren Reise- oder Familienfilm nur eine schwache Handlung zur Verfügung, dann empfiehlt es sich, um das Interesse der späteren Filmzuschauer über längere Strecken hin aufrechtzuerhalten, sowohl zur »gekreuzten Handlung« als auch zur »Geschichte in der Geschichte« zu greifen, womit Sie allerdings bereits das Gebiet des Dokumentarfilms betreten würden.

Aus den Abenteuern des Onkel Otto (nach einer Idee von Charlie Chaplin)

Onkel Otto erscheint, von einem feuchtfröhlichen Kegelabend kommend, recht alkoholheiter auf einer größeren Faschingsparty bei Freunden. In der Diele wird ihm von einer appetitlich kostümierten Serviererin ein Tablett angeboten, auf dem karnevalistische Kopfbedeckungen und Scherzartikel liegen.
Onkel Otto stülpt sich ein Hütchen auf den Kopf und entdeckt dabei eine Fußball-Schiedsrichterpfeife auf dem Tablett.
Er greift nach ihr und bläst gellend hinein.
Daraufhin öffnet sich, wie auf ein Stichwort, eine Tür, und ein Kellner hält ihm ein Tablett mit gefüllten Gläsern hin.
Onkel Otto ergreift sogleich freudig zwei gefüllte Gläser, kann aber dann nicht trinken, weil er die Schiedsrichterpfeife noch zwischen den Lippen hat.
Kurzentschlossen läßt er die Pfeife in eines der Gläser hineinfallen und trinkt dann das Glas so gierig aus, daß die Pfeife mit in seinem Munde verschwindet.
Währenddessen haben sich in der Diele einige weitere fröhliche Faschingsgäste eingefunden, die Onkel Otto lärmend begrüßen.
Ein guter Freund, der von hinten kommt, haut Onkel Otto zur Begrüßung auf den Rücken.
Der Schlag mit der flachen Hand erfolgt genau in dem Augenblick, in dem Onkel Otto den Inhalt seines Glases samt Schiedsrichterpfeife im Munde hat.
Auf Onkel Otto wirkt der Schlag auf den Rücken wie ein Schock.
Er preßt die Lippen zusammen, bläht die Backen auf, und es gelingt ihm, die Umstehenden nicht vollzuprusten, weil er es gerade noch fertigbringt, die Flüssigkeit mit Gewalt hinunterzuschlucken.

Erst nachdem er dieses Heldenstück in seinem alkoholisierten Zustand fertiggebracht hat, fällt ihm ein, daß er auch die Pfeife mit hinuntergeschluckt hat. (Hier können Sie sich als Meister der Szenenmontage beweisen, die auf den Zuschauer wie eine gedachte Vorstellungsreihe von Onkel Otto – und nicht naturalistisch-wirklich wirkt.)

Onkel Otto setzt sich tief erschüttert auf eine Sitzgelegenheit und horcht in sich hinein, während ihn die Partygäste mit den üblichen Faschingsscherzen aufzumuntern versuchen.

Als ihm einer der Gäste mit einem Federwedel ins Gesicht fährt, erschrickt der auf seinen pfeifengefüllten Magen konzentrierte Onkel Otto erneut und bekommt einen Schluckauf.

Der Schluckauf wird von einem kurzen Pfiff, der aus dem Munde von Onkel Otto herauskommt, begleitet.

Onkel Otto erstarrt.

Einige Partygäste betrachten ihn interessiert.

Ein zweiter Schluckaufpfiff läßt sie in Applaus ausbrechen.

Einige Gäste rennen in das angrenzende Zimmer, um das große Kunststück von Onkel Otto zu verkünden.

Onkel Otto wird von bewundernden Gästen umringt, die ihn lärmend auffordern, seine Schluckaufpfiff-Darstellung zu wiederholen.

Er aber, mehr denn je bedenklich geworden, erhebt sich, wehrt die Gäste ab, wankt zur Haustür, geht in den Garten hinaus, indem er lallend versichert, er brauche nichts anderes als ein bißchen frische Luft.

Da es draußen recht kalt ist und die Faschingsgäste, dünn angezogen, erschauern, läßt man ihn alleine hinausgehen.

Onkel Otto setzt sich vor der Haustüre auf die Treppenstufen und gibt weitere Schluckaufpfiffe in regelmäßigen Abständen von sich.

Da nähert sich ihm schweifwedelnd ein großer Bernhardiner, der, von den Pfiffen angelockt, an Onkel Otto mit den Vorderbeinen hinaufklettert und ihm das Gesicht ableckt.

Onkel Otto, gerührt über soviel Zuneigung, umarmt den Bernhardiner, und beide blicken, in Großaufnahme, in das Kameraobjektiv mit dem gleichen traurigen Gesichtsausdruck, wie ihn Bernhardiner und geplagte, alkoholisierte Männer zu haben pflegen.

In einen letzten Schluckaufpfiff hinein blendet die Szene rasch aus.

Mit dem Kurzfilm »Weh dem, der trinkt« sind Sie endgültig in den Bereich des Amateurtonfilms eingetreten.

Es ist eindeutig, daß die Szenen, in denen der Schluckaufpfiff ertönt, grundsätzlich nicht nur optisch gestaltet werden können.

Das Gebiet der Super-8- und 16-mm-Filmvertonung ist für den Meisterfilmer viel zu umfangreich, als daß es in diesem Buch auch nur ungefähr mit abgehandelt werden könnte.

Kanäle, Kunst und Katzen in Venedig

So sind die altehrwürdige, pittoreske Architektur und das Wasserstraßen-Stadtbild Venedigs gewiß ein großartiges Reisefilmthema. Es wird aber für den Zuschauer, der Venedig nicht persönlich kennt, rasch langweilig, wenn er nichts als Palazzi, Gondeln, Tauben und Touristen zu sehen bekommt.

Sie können sich nun aber in Ihrem Venedig-Film zwei Erscheinungen als gekreuzte Handlung zunutze machen, die dem Touristen dort als eklatanter Gegensatz zu der Würde und künstlerischen Schönheit des Stadtbildes, der Paläste, Plätze und Brücken immer wieder auffallen.

Ihr Film wird erheblich an Interesse und Erlebniskraft bei Ihren Zuschauern gewinnen. Gemeint sind die Katzen und die Zeitungskioske. In Venedig haben Sie oft, besonders frühmorgens, den Eindruck, daß dort mehr Katzen als Menschen wohnen. Die Katzen Venedigs treten auch nicht, wie bei uns, meist einzeln auf, sondern ebenso häufig in Familien und Rudeln. Wo also immer die Ehrfurcht vor der Schönheit eines Gebäudes oder eines stillen Winkels aus Ihren Filmszenen strahlt, da stellt sich unversehens auch das Katzentier ein, auf das Sie *nebenbei* ein filmisches Auge werfen können.

Gliedern die vielen Katzen Venedigs die ästhetische Schönheit des Szeneninhalts gewissermaßen in die lebendig pulsierende Wirklichkeit ein, leiten sie zu den dort lebenden Menschen, ihren alltäglichen Verrichtungen, die sich ja wegen des wäßrigen Untergrundes in drangvoller Enge abspielen müssen, über, so stößt der Anblick eines Zeitungskioskes in Venedig den kunstbegeisterten oder romantisch schwärmenden Besucher geradezu vor den Kopf. Was dort in Gestalt von bunten Magazinen, Abenteuerheften und Gerichtszeitungen, an praller Fleischeslust, Sinnenfreude und Brutalität feilgeboten wird, das übersteigt oft alles, was wir im kühlen Norden an unseren doch auch nicht langweiligen Zeitungs-Verkaufsständen zu sehen gewohnt sind. Die prächtigen Kontrastmöglichkeiten, die hier zur Handlungskreuzung filmisch eingefangen werden können, liegen auf der Hand.

Aus einer schwachen Handlung läßt sich also durch Kreuzung zweier in sich schwacher Handlungsfäden, die immer wieder zusammentreffen, sich kreuzen und jeder für sich weiterlaufen, eine mehr oder weniger starke Gesamthandlung machen, die einen ganzen Film zu tragen imstande ist.

So kann der langweiligste Reisefilm auch für einen uneingeweihten Zuschauer z. B. dadurch zu einem interessanten Film werden, daß einerseits ein Reisemitglied ewig etwas vergißt, verlegt und verliert, während andererseits ein anderes Reisemitglied infolge seiner zeitlos staunenden Bewunderung vor all dem Neuen und Schönen, das es sehen und erleben darf, von der ganzen Gesellschaft immer wieder verloren, zurückgelassen und vergessen wird.

Wird beim Suchen nach einem verlorenen Gegenstand statt dessen die Person entdeckt, deren Abwesenheit noch gar nicht aufgefallen ist, dann kreuzen sich die beiden Handlungsfäden, ja sie kulminieren sogar, wenn die Suche nach der Person und dem verlorenen Gegenstand damit endet, daß die verlorene Person den verlorenen Gegenstand, ohne es zu wissen, bei sich hat, und so weiter.

»Gekreuzte Handlungen« lassen sich praktisch überall auffinden und in Ihren Film einfügen, wenn Sie bei Ihren Aufnahmen nur mit ein bißchen Überlegung und Improvisation zu Werke gehen.

Gekreuzte Handlungen können Sie konstruieren, z. B. aus dem Kontrast zwischen Mensch und Tier. Menschen essen, Tiere fressen, Menschen erschrecken, Tiere erschrecken, Menschen staunen, und Sie können Tiere so aufnehmen, daß sie aussehen, als ob sie staunten.

So können Sie, wenn in Ihrem Reisefilm z. B. eine Gelegenheit zum Essen, Erschrecken oder Staunen ist, nicht nur Ihre Reisegefährten in dieser Betätigung und Reaktion zeigen, sondern auch die begleitenden oder in der Nähe befindlichen Tiere. Die Handlung »Mensch« wird dann von der Handlung »Tier« gekreuzt. Dieses Mensch-Tier-Verhältnis läßt sich geradezu ins Karikaturistische übertragen, wenn nur genügend Kontraste aufgefunden werden können.

Der Reportage- oder Dokumentarfilm von der Höhlenforschung

Dieses Filmbeispiel läßt sich sowohl als Musterbeispiel für eine gekreuzte Handlung als auch für die grundsätzlich unterschiedliche Gestaltungsweise zwischen Filmreportage und Dokumentarfilm benützen.

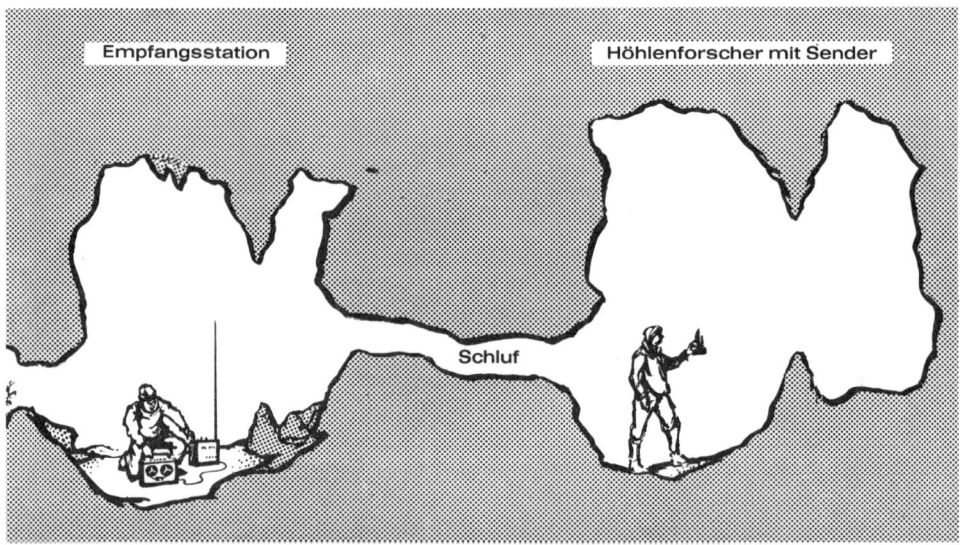

Abb. 166: Schemazeichnung eines Höhlenquerschnittes. Der Schluf verbindet zwei größere Hohlräume im Gestein.

154

Da ist zunächst die Information über den Sinn der Höhlenforschung, die weit über das reine Abenteuer, in den Tiefen der Erde herumzustromern, hinausgeht. Die prähistorische Geschichte des Menschen, die Geologie, ja selbst die Geographie verdanken der Höhlenforschung entscheidende wissenschaftliche Fortschritte. Diese Zusammenhänge durch einen informativen Reportagefilm aufzuzeigen, ist wahrhaftig der Mühe wert.

Die Höhlenforschung hat in den letzten 50 Jahren unseres Jahrhunderts dank der Entdeckung und technischen Anwendung der Radiowellen und der elektroakustischen Tonbandaufzeichnung einen gewaltigen Aufschwung genommen. Und damit sind wir wieder bei der gekreuzten Handlung angelangt. Die Darstellung des bergsteigerischen Verlaufs der Höhlenbegehung kann gekreuzt werden mit der praktischen Anwendung der Mikrofone und des Tonbandgeräts für die exakte Verständigung der Höhlenforscher untereinander und der zugleich möglichen Aufzeichnung eines Erfahrungsberichts und Protokolls ihrer Entdeckungen unmittelbar vor Ort (Abb. 166).

Sie erkennen, daß Sie sogar Handlungslinien, die sich immer wieder miteinander kreuzen lassen, filmgestalterisch führen können.

1. Die geologische, hydrologische und prähistorische Ausbeute für die Wissenschaft.
2. Die leibhaftige Erforschung des Höhlenbereichs durch bergsteigerische Arbeit.
3. Die Förderung der Höhlenforschung durch das Radio.

31. Beispiel: Drei gekreuzte Handlungen

Abb. 167

Mit diesem Filmvorhaben können Sie, wenn Sie die drei Filmgestaltungskomplexe im Drehplanentwurf so aufeinander abstimmen, daß die Handlungskreuzungen jeweils im Szeneninhalt oder den Montagekomplexen für den Zuschauer verständlich und miterlebbar werden, einen guten Reportagefilm zustande bringen, wie folgende Szenenbilder zeigen.

Abb. 168

Abb. 169

Abb. 170

Die Erhöhung zum Dokumentarfilm

Eine solche Filmreportage können Sie aber auch durch die Berücksichtigung einiger weiterer Ideen, die zum Thema Höhlenforschung gehören, zu einem regelrechten Dokumentarfilm erhöhen.

156

Dazu ist nicht mehr nötig, als die Grundforderung von John Grierson, dem »Vater des Dokumentarfilms«, zu erfüllen, nämlich die »Unterscheidung zwischen beschreibender (Reportage) und dramatischer Form (Dokumentarfilm)« zu kennen und ihr bedingungslos zu folgen.

Grierson fügt hinzu: »Es ist wichtig zu unterscheiden zwischen einer Methode, die nur die oberflächlichen Eigenschaften eines Gegenstandes beschreibt, und jener, die mehr mit plötzlicher Gewalt *das wahre Wesen enthüllt.*«

Was nun die Erhöhung des Reportagefilms zu einem echten Dokumentarfilm über das *wahre Wesen* der Höhlenforschung betrifft, so genügt es, die Bekenntnisse des großen Höhlenforschers *Norbert Casteret* zu zitieren, um zu erkennen, auf welchen Wegen aus einem interessanten Informationsfilm ein dramatischer Dokumentarfilm über *eine bestimmte Höhlenerforschung* gemacht werden kann, der außer der gesamten Information der Filmreportage den Zuschauer auch an den persönlichen Erlebnissen der Forscher, ihrer Charakterveranlagung und ihren menschlichen Reaktionen auf die Entdeckungen in der Unterwelt und die Ereignisse, denen sie ausgesetzt sind, teilnehmen zu lassen:

»Es ist eine harte und strenge Schule, sich allein in das Dunkel der Höhlen hineinzuwagen und einsam zwischen so vielen Fallen umherzuirren. Es bereitet aber auch herbe Freude, wenn man die Angst überwindet und der stofflichen Hindernisse mancher Unternehmungen Herr wird, wenn man Geheimnisse entdeckt, Rätsel löst und die Bestätigung für erarbeitete Annahmen findet, ja selbst die Naturkräfte bei ihrer unterirdischen Arbeit belauscht.

In dieser Unterwelt, die so seltsam ist, daß man sich in eine andere Welt versetzt glauben kann, unterliege ich immer wieder dem Zauber des ersten Eindrucks. So viele Stunden ich auch unter der Erde verbracht, so viele Kilometer ich dort zurückgelegt habe, bisweilen auf den Knien oder mühselig kriechend, – ich wurde dadurch weder ermüdet noch abgestumpft – ganz im Gegenteil. Das wunderbare Alter der Erde, ihre unveränderte Jugend und ihre reinen Lehren haben es mir unbezwinglich angetan. Ich unterliege dem Zauber des Mineralreiches.

Eine Höhle ist nicht nur ein Ort des Schreckens, düster und häßlich, eine Kluft nicht nur eine finstere, gefahrdrohende Fratze der Natur. Wie viele Säle habe ich angeschaut, die an Großartigkeit und architektonischem Aufbau die schönsten Kirchenschiffe der Welt übertreffen, die von den Menschen aufs höchste bewundert werden! Welche Feinheit und unendliche Mannigfaltigkeit der Formen, welche Diamantenreinheit der im Erdschoß entstandenen Kristallbildungen! Welche Fülle von Gedanken befällt uns in jenen tiefen Zufluchtsstätten, in die unsere fernsten steinzeitlichen Vorfahren sich hineinwagten, um dort rührende oder schreckliche Feiern zu begehen und ihre Toten zu bestatten! Welches Erlebnis, wenn wir nach Jahrtausenden ihre Gebeine, die Spuren ihrer bloßen Füße, ihre urzeitlichen Waffen und die aufregenden Reste der ältesten Kunstübung an den Felsen erblicken! . . .

Auch heute noch geht es mir wie bei meinen ersten Erkundungen: Ich kenne kein stärkeres Erlebnis, als wenn man sich allein in eine unbekannte Höhle hineinwagt, wo nur das von den Wölbungen tropfende Wasser mit der leisen, tausendfachen Musik seines Tropfenfalls die ewige Stille der Unterwelt unterbricht. So erwarb ich die nötigen Kenntnisse und Erfahrungen von der unterirdischen Welt, um richtige Erkundigungen zu wagen und mit dem Studium wenig bekannter Fragen und verwickelter Probleme zu beginnen.«

Auf diese Weise kann ein Reportagebericht zu einem *Schicksalsereignis* von Menschen werden, an dem der Zuschauer »jetzt und hier« teilnehmen kann.

Die Filmreportage bereichert das Wissen des Zuschauers, überläßt es aber seiner persönlichen Entscheidung, aus diesem Wissen Folgerungen zu ziehen oder daraus eigene Handlungen abzuleiten.

Der Dokumentarfilm konfrontiert den Zuschauer mit dokumentarisch belegten (durch die fotografische Abbildung) Erlebnissen der Beteiligten.

Diese Grundeinstellung zum Thema des Dokumentarfilms, die über die bloße Reportage weit hinausgeht, rechtfertigt sich durch die Bedingung, daß der *»Dokumentarfilm immer auf Echtheit und auf dem tatsächlichen Leben«* bestehen müsse.

Es ist leicht einzusehen, daß diese »dokumentarische« Gestaltungsmethode leicht zur tendenziös-propagandistischen Beeinflussung des Zuschauers mißbraucht werden kann.

Wie leicht ein solcher Mißbrauch ist und wie ungeheuer wirksam er zur unlauteren Beeinflussung der Massen durch filmische Scheindokumentation mißbraucht werden kann, zeigt Ihnen ein gleichfalls von John Grierson ganz naiv mitgeteiltes praktisches Beispiel:

»In *Three-Cornered Moon* gab es einen kurzen Querschnitt durch die Psyche amerikanischer Arbeitsloser. Das Bild huschte von einer verzweifelten Gestalt zur anderen, und der Tonstreifen als Ergänzung schnappte verschiedene Gesprächsfetzen auf, die die ganze Hoffnungslosigkeit der Leute enthüllte, als sie um Brot anstanden.«

Sie erkennen, welch ungeheure persönliche Verantwortung Sie als Hersteller eines Dokumentarfilms gegenüber der Herstellung eines bloßen Reportagefilms auf sich nehmen.

Andererseits aber bietet Ihnen die Gestaltung von Dokumentarfilmen die Möglichkeit, Ihren Zuschauern durch das Angebot dokumentarisch erfaßter Wirklichkeitsausschnitte eine persönliche Bildungserweiterung in *Erlebnisform* zu vermitteln, die der notwendigerweise primitivere Reportagefilm durch sein viel magereres Erlebnisangebot niemals erreichen kann. Wie gewaltig dieser Unterschied ist, kann wiederum durch ein Beispiel von John Grierson belegt werden:

»Der Wissenschaftler ist aus seiner Klause herausgekommen. Jeder Zweig der Wissenschaft verliert jetzt die Atmosphäre einer rein scholastischen Fragestellung und einer akademischen Disziplin. Jetzt sucht sie in anderer Form das Wohlergehen der Menschen zu fördern. Man sieht besonders, wie die Wissenschaft ihre Hilfe für Wohnungs- und Gesundheitsprobleme zur Verfügung stellt und neue

Maßnahmen für die Wohlfahrt des Individuums ersinnt, man sieht dieselbe Revolution in der Medizin in der über Nacht erfolgten Umstellung von der Heilung zur Prophylaxe.

Man erkennt die neue Auffassung in der lebendigen Baukunst, in der diese nicht mehr eine Sache des bloßen Bauens ist, sondern ein schöpferischer Prozeß gemeinschaftlichen Planens, in dem der Wissenschaftler, der Arzt, der Bauherr, der Verkehrssachverständige, der Psychologe, der Lehrer, der Verwaltungsbeamte und die Bürgerschaft als Partner in einem gemeinsamen Unternehmen auftreten.«

Die überhöhte gekreuzte Handlung

Sie können sogar zwei mehr oder weniger starke Handlungen miteinander kreuzen und kommen dann zur »überhöhten Handlung«, die auf den Zuschauer, wenn ihre filmische Gestaltung nur einigermaßen geglückt ist, einen ganz besonders starken Eindruck zu machen pflegt. Mit der »überhöhten Handlung« kommen Sie bereits in einen filmischen Gestaltungsbereich, in dem die Anwärter auf Preise bei internationalen Amateurfilmwettbewerben angesiedelt zu sein pflegen. Das typische Beispiel für mehrere sich kreuzende Handlungen, die sich gegenseitig überhöhen und die manchmal in einem grandiosen Knalleffekt in einer einzigen abgegrenzten Situation zusammenlaufen, werden häufig in Lustspiel- und Kriminalfilmen, Western oder Schicksalsdramen erlebbar, wie sie Alfred Hitchcock, John Ford, Ernst Lubitsch, Billy Wilder und Frank Capra gestalteten.

Themenbeispiele sind die dramatischen Verwicklungen des »Helden zwischen zwei Feuern«, der gleichzeitig sowohl von der Polizei als auch von Verbrechern gejagt wird und der während dieser lebensgefährlichen Jagd auch noch ein ahnungsloses schönes Mädchen mit sich herumschleppen muß, das er, wenn er sich endlich siegreich und nur wenig beschädigt durchgesetzt hat, zur Belohnung heiraten darf.

Ein weiteres Beispiel auf höherem Niveau ist Billy Wilders »Extrablatt« (The Front Page), wo sich im Star-Journalisten (Jack Lemmon) zwei Handlungsfäden immer wieder schmerzhaft kreuzen. Der Antritt einer Hochzeitsreise, um derentwillen er die Zeitung verlassen hat, und die journalistische Sensation eines zum Tode verurteilten Mörders, der ausgebrochen ist und der von der gesamten Polizei Chikagos gejagt wird, bringen ihn in fast unlösbare Widersprüche. Natürlich wird er vom Berufsfieber gepackt und versucht, die Hochzeitsreise mit dieser grandiosen journalistischen Aufgabe zu koordinieren. Dabei kreuzen sich die beiden Handlungsfäden: wird er seine Frau verlieren, oder muß er die größte Sensation seiner journalistischen Laufbahn im Stich lassen, in außerordentlich schmerzhafter Weise, was für den Zuschauer trotz der makabren Vorgänge ungeheuer komisch wirkt.

Eine filmkünstlerisch noch überzeugendere Lösung gelang Frank Capra in seinem

Film »Mister Deeds geht in die Stadt« (Mr. Deeds goes to town). In diesem Film wird ein junges Mädchen als Zeugin während einer Gerichtsverhandlung von einem gegnerischen Anwalt dazu gezwungen, öffentlich einzugestehen, daß sie den angeklagten Mister Deeds liebt.

Mit diesem Eingeständnis aber kreuzen sich zwei entscheidende Handlungsfäden. Einmal die Offenbarung der von dem jungen Mädchen bisher sorgfältig verheimlichten Liebesgefühle für Mister Deeds; zum anderen der Mister Deeds, der es bisher zu seinem immer gefahrdrohenderen Nachteil abgelehnt hat, vor Gericht auch nur ein einziges Wort zu seiner Verteidigung zu sagen. Er bleibt deshalb stumm, weil er sich einbildet, das junge Mädchen habe nur mit ihm gespielt. Das Liebesgeständnis aber löst nun den kreuzungsbedingten Knalleffekt aus. Der Erfolg des gegnerischen Anwalts, der sich wiederum seinerseits einbildet, durch das aus dem jungen Mädchen herausgezwungene Liebesgeständnis die Glaubwürdigkeit der Zeugin vernichten und damit die Verurteilung des Angeklagten erreichen zu können, bewirkt genau das Gegenteil.

Mister Deeds verliert schlagartig seine schwere seelische Bedrücktheit, die ihn bisher an seiner Verteidigung gehindert hat. Und nun beginnt ein durch die Vereinigung der beiden Handlungsfäden bewirkter ganz neuer Handlungsabschnitt. Mister Deeds löst sich aus seiner seelischen Erstarrung. Er findet die schlagendsten Argumente, die das Gericht und die Geschworenen von seiner geistigen Gesundheit und seiner Unschuld unwiderleglich überzeugen.

Durch all dies wird der Filmzuschauer, der ja längst weiß, was die Geschworenen nicht wissen (!), daß Mister Deeds den Eindruck eines geisteskranken Gesetzesbrechers nur aus enttäuschter Liebe gemacht hat, in ein bis zum Happy-End des Films andauerndes ungetrübtes Entzücken.

Mit dieser seelischen Führung des Filmzuschauers in einen dionysischen Rauschzustand im Sinne der Definition Friedrich Nietzsches: »Der edelste Ton, der kostbarste Marmor wird hier geknetet und behauen, *der Mensch...*« wird eine erste Stufe des echten Kunstwerks betreten, auf der sich dem Zuschauer die beiden von Aristoteles in seiner »Poetik« erforschten Grundbedingungen für die Wirkung aller echten Kunst mitteilen: »Erschütterung und Läuterung«.

Abgrenzung des Dokumentarfilms von anderen Filmarten

Filmreportagen und Dokumentarfilme haben fast niemals eine durchlaufende Filmhandlung im Sinne des Bühnenschauspiels. Auch darin besteht einer der grundlegenden Unterschiede zwischen Bühne und Film.

Auf dem Theater muß (wenigstens früher) etwas Zusammenhängendes geschehen, müssen die einzelnen Szenen des Handlungsablaufs einander bedingen und verknüpfen sich unaufhörlich durch miteinander verschlungene Ursachen und Wirkungen.

Abbildung I
Gelungene Familienszene mit starkem Helligkeitskontrast (siehe S. 25 und 63)

Abbildung II
Trauung als Beispiel von Ausleuchtung und Szenenregie (siehe S. 25 und 84)

Abbildung III und IV
Bei diesen beiden Szenenmotiven ist die Zuschauerwirkung *allein* von der Anordnung der farbigen Kompositionselemente abhängig und erst in zweiter Linie von der Beleuchtung (siehe S. 68).

Abbildung V
Eine durch ihre Farbkomposition wirkende, ganz normal ausgeleuchtete Film-
szene (siehe S. 68)

Abbildung VI
Diese Szene mußte mit
Kunstlicht ausgeleuchtet
werden (siehe S. 69).

Abbildung VII
Hier kommen neben der
Farbkomposition, die ja vor-
gegeben ist, noch andere
gestalterische Elemente
hinzu (siehe S. 69).

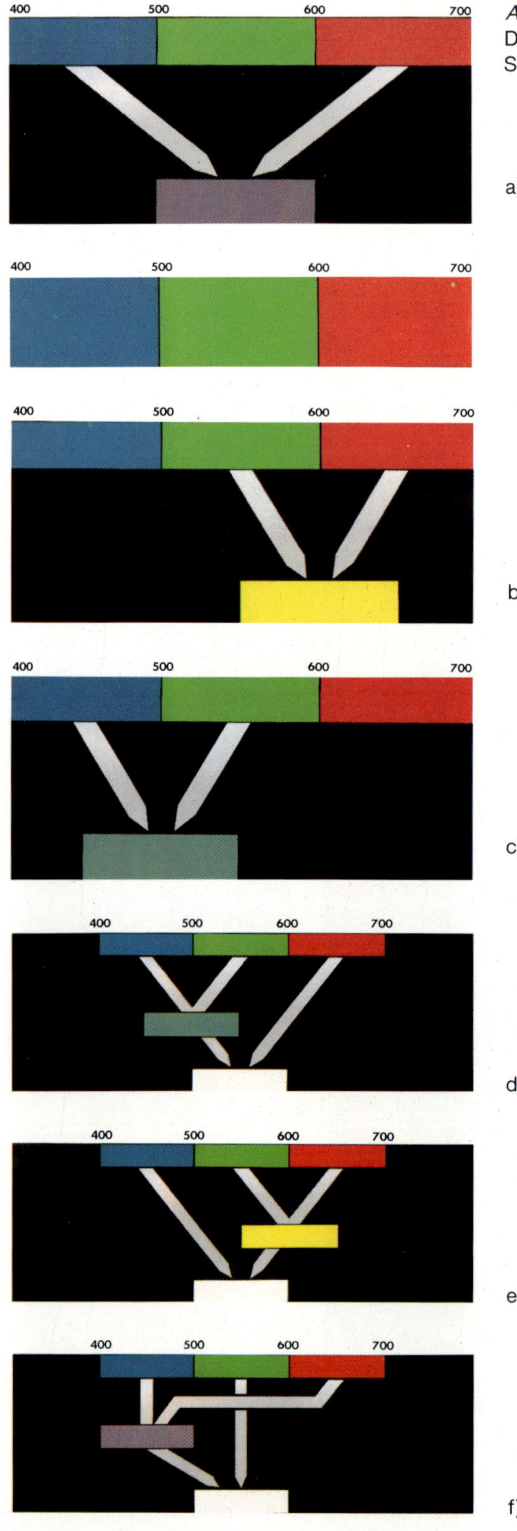

Abbildung VIII
Die Mischungsverhältnisse der Farben (siehe
S. 89 ff.) :

a) Mischung aller blauen und roten Strahlen ergibt violett

b) Mischung aller roten und grünen Strahlen
ergibt Gelb

c) Mischung aller blauen und grünen Strahlen
ergibt Blaugrün.

d) Die Komplementärfarbe von blaugrün ist rot

e) Die Komplementärfarbe von Gelb ist Blau.

f) Die Komplementärfarbe von Violett ist Grün.

Abbildung IX
Die Ausleuchtung dieser Filmszene hat eine niedrigere Farbtemperatur (um 3000° K), was außer der Gelbfärbung der weißen Schloßfront auch die grünen Rasenflächen fast schwarz und den Himmel dunkler erscheinen läßt. Diese Gesamtfarbenstimmung kann absichtlich so aufgenommen worden sein und ist es in dieser Szene auch (siehe S. 90).

Abbildung X
Bei Korrektur der Farbtemperatur wird die Schloßfront weiß, der Rasen deutlich grün und der Himmel in natürlichem Tagesblau wiedergegeben. Farbtemperatur um 5000° K (siehe S. 91).

Abbildung XI
Es ist sogar möglich, den auf 3200° K eingestellten »Tageslichtfilm« zur Erzielung hochkünstlerischer Szenenwirkungen zu mißbrauchen. Das gelbe Lampenlicht hebt den Gegensatz zum Blaustich der Frauengesichter wieder *psychologisch* auf. Zu diesem Zweck müßte der Kamerafilter ausgeschaltet werden, damit das ungefilterte Tageslicht aufgenommen werden kann (siehe S. 96).

Abbildung XII
Selbst dem Profi-Kameramann unterläuft gelegentlich eine dramaturgisch und aufnahmetechnisch ganz sinnlose Vordergrund-Unschärfe, für die das obige Bild ein überzeugendes Beispiel ist. Der Zuschauer, der den unscharfen Blumenstrauß auch durch Fixierung in der sonst ganz scharfen Szene nicht erkennen kann, wird verwirrt und ärgert sich.

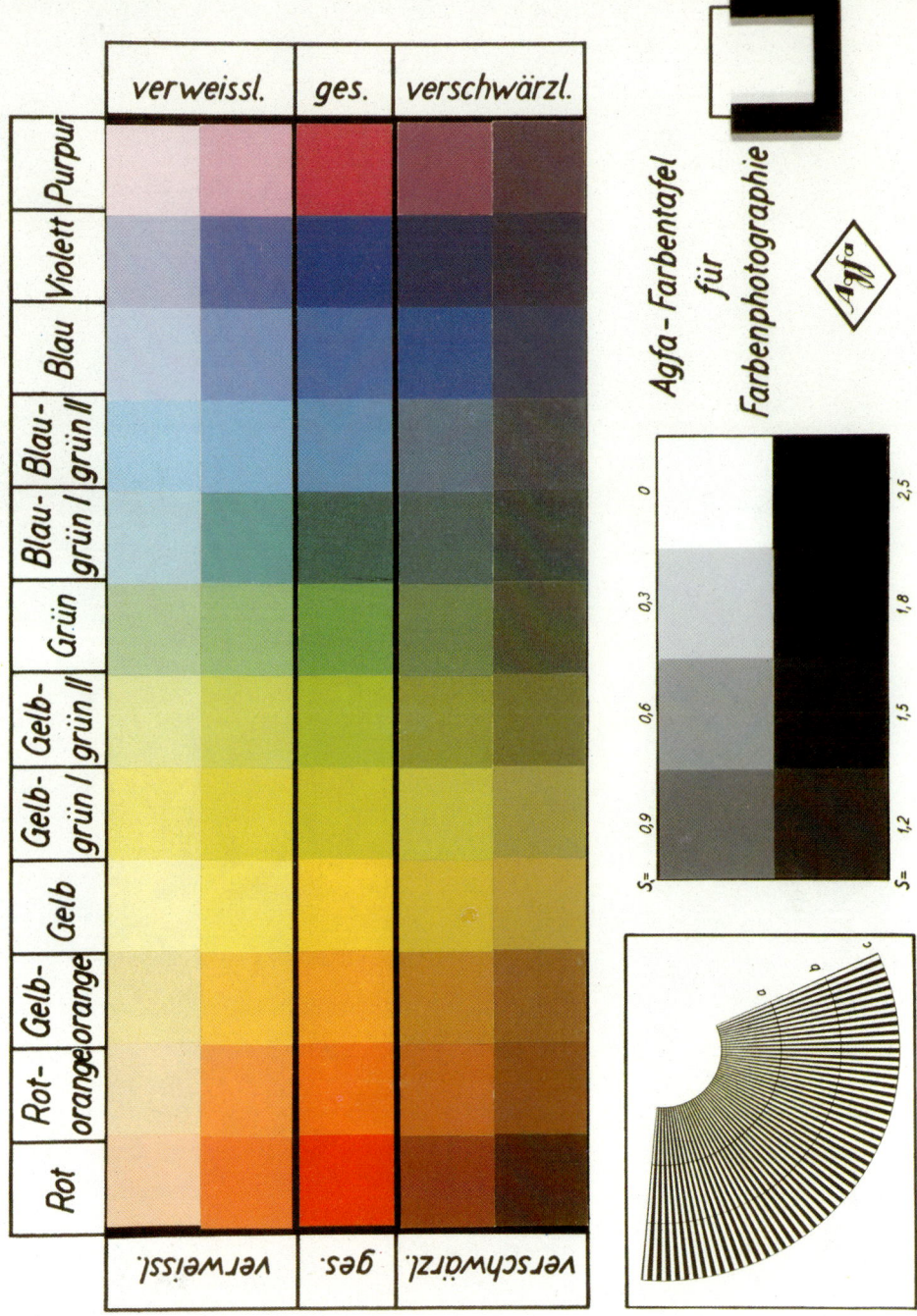

Abbildung XIII
Farbentafel für Vergleichsaufnahme (siehe S. 90 und 97).

Abbildung XIV
Deutlich unscharf wirkender Hintergrund.

Abbildung XV
Scheinbar scharf wirkender gleicher Hintergrund (beide Bilder siehe S. 136 und 137).

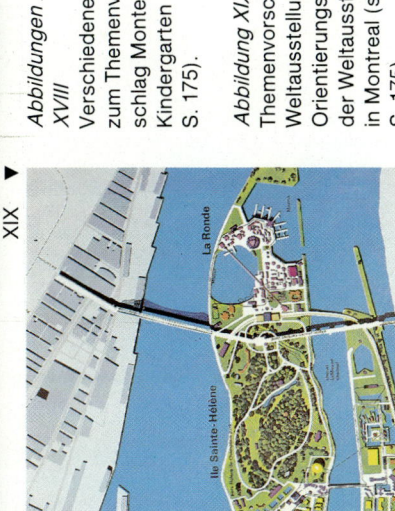

XVI ◄   XVIII ▶

XVII ◄   XIX ▶

Abbildungen XVI bis XVIII
Verschiedene Motive zum Themenvorschlag Montessori-Kindergarten (siehe S. 175).

Abbildung XIX
Themenvorschlag Weltausstellung: Orientierungskarte der Weltausstellung in Montreal (siehe S. 175).

Abbildung XX
USA-Pavillion auf der Weltausstellung (siehe S. 175).

Abbildung XXI
Themenvorschlag England (siehe S. 175).

Abbildung XXII
Themenvorschlag Männer (siehe S. 175).

Abbildung XXIII
Themenvorschlag Pflastermaler (siehe S. 176).

Abbildung XXIV
Themenvorschlag Sonnenblende (siehe S. 176).

Abbildung XXV
Themenvorschlag Ferienclub (siehe S. 176).

Abbildung XXVI
Beispiel für ein typisches Ferienmotiv. Aber das Ausland besteht nicht nur aus alten Tempeln. (siehe S. 176)

Abbildung XXVII
44. Beispiel: Ist das Blau echt? (siehe S. 192)

Abbildung XXVIII
Nur im Bildzusammenhang ist eine Farbe einzuordnen (siehe S. 192).

Abbildung XXIX
Schwache Gesamtgestalt.
Die Menschenmenge ist fast nicht zu erkennen, weil die Teilgestalten (Menschengruppen, Einzel-
personen) viel zu undeutlich und unprägnant zu sehen sind. Hier hilft die Abbildungsschärfe nichts.

Abbildung XXX
Starke Gesamtgestalt.
Das gleiche Motiv bekommt durch die Einbeziehung des Vordergrundes mit prägnanten Teilgestalten (Personen, Pkw, Kirche, Zeltbuden) eine starke Gesamtprägnanz, weil der Zuschauer die prägnanten Vordergrundteilgestalten assoziativ auf die unprägnanten Mittel- und Hintergrundteilge-
stalten überträgt.

Abbildung XXXI
Starke Gesamtgestalt.
Hier ist die Stärke der Gesamtgestalt gleichfalls von den prägnanten Reitern im Vordergrund abhängig. Wenn Sie den Vordergrund abdecken, verlieren die Reiter jegliche Prägnanz und sind nicht
mehr zu erkennen (siehe auch S. 162 f.).

Abbildung XXXII
Starke deutliche Gesamtgestalt – Sehr deutliche Teilgestalten.
Die Kombination des in ausruhender Haltung an die Mauer gelehnten Indianers mit den gefährlichen Eisenspitzen des Stacheldrahts verdeutlicht überzeugend die hoffnungslose Lebenslage dieses unglücklichen Menschen. Dieses Ziel wird mit den geringstmöglichen Teilgestalten erreicht
und überwältigt den Zuschauer durch die optimale Prägnanz. Auch werden trotz aller Ruhe und
Deutlichkeit der gleichmäßig hell ausgeleuchteten Kadrierung im Zuschauer ganze Assoziations-
ströme wachgerufen, die eine völlig trostlose Stimmung erzeugen (siehe auch S. 167 f.).

Abbildung XXXIII
Schwache Gesamtgestalt durch sehr undeutliche Teilgestalten.
Der Kopf des Indianers verschmilzt konturlos mit dem schwarzen, unaufgehellten Hintergrund. Der
übrige Hintergrund ist völlig unscharf abgebildet. In dieser Kadrierung kann sich der Zuschauer
nicht zurechtfinden. (Aus der ursprünglichen Szenen-Einstellung wurde zur pädagogischen Verdeutlichung ein uncharakteristischer Ausschnitt hergestellt) (siehe auch S. 167).

Abbildung XXXIV
Undeutliche Gesamtgestalt wegen unscharfer Teilgestalten.
Diese Szenen-Kadrierung hätte alle Chancen, wegen des gehemmt-lächelnden Gesichtsausdrucks
und der Handhaltung der schönen tätowierten Negerfrau, zu einer sehr starken Gesamtgestalt zu
werden, wenn nicht alle übrigen Teilgestalten, sogar der angeschnittene Kinderkopf im Vordergrund und der gesamte Hintergrund, unerträglich unscharf abgebildet wären. Diese Szenen-Kadrierung liefert ein ganz überzeugendes Beispiel für ein filmisches Gestaltungsgesetz: Die Wirkung
eines Szeneninhalts auf den Zuschauer kann nie durch »angenähert« gute Mittel erreicht werden,
sondern bedarf, wenn sie optimal sein soll, auch des optimalen Zusammenwirkens aller aufnahmetechnischen und dramaturgischen Einzelbedingungen (siehe auch S. 107 und 108).

Im Dokumentarfilm kann auf einen solchen durch Ursachen und Wirkungen verknüpften Handlungsablauf oft ganz verzichtet werden. Es genügt bereits, den Zuschauer ausführlich und mit optimaler Prägnanz zu informieren, um ihn filmgestalterisch zufriedenzustellen. Wenn dem Zuschauer im Reportage- und Dokumentarfilm nur genug Neues, das interessant aufbereitet ist, angeboten wird, dann fühlt er sich bereits angeregt, an einer solchen Wissenserweiterung auch persönlichen Anteil zu nehmen.

Das Fußballspiel als Experimentalbeispiel

Ein Fußballspiel hat keine durchlaufende und schon gar keine gekreuzte Handlung. Es besteht gewissermaßen aus unter sich unzusammenhängenden Kurzhandlungen, die immer wieder abbrechen, weil sie sich dann von Grund auf neu aufbauen.

Dramaturgisch besteht selbst das spannendste Fußballspiel aus einem stets gleichartigen Informationsfluß, aus dem sich plötzlich einzelne Handlungs*nummern* herauskristallisieren.

Darin ähnelt es der Show, die allerdings eine größere Variationsbreite hat und dementsprechend schwerer zu planen und zu gestalten ist.

Das Fußballspiel plant sich dagegen gewissermaßen stets selbst, seine Gestaltung bleibt dem gezielten Zufall und dem spontanen Einsatz artistischer Gewandtheit überlassen.

Die leichte Durchschaubarkeit der jeweiligen Möglichkeiten von den hohen Rängen aus und die überraschende Ausnützung dieser Möglichkeiten durch artistische Kreativität, die ebenfalls auf einen leicht durchschaubaren Katalog von festgelegten Verhaltensweisen (Regeln) beschränkt bleibt, machen seinen Reiz auf die Massen der Weltbevölkerung aus.

Sie sehen, das Fußballspiel mit seiner Massenfaszination kann sehr wohl als Analogon für diejenige Filmgestaltungsart dienen, die den Welterfolg anstrebt. Es lohnt sich also durchaus, sein Wesen und seine Wirkungen vergleichend zu studieren.

Das können Sie nirgends besser und tiefschürfender tun als vor dem Fernseher. Studieren Sie vor allem die sogenannten »Zusammenschnitte«, die von den stets zeitgehetzten Sportredakteuren von den wichtigsten Spielen, soweit diese nicht »live« *übertragen werden,* angefertigt werden. In diesen Zusammenschnitten werden die Höhepunkte eines Spiels direkt hintereinandergeschnitten.

Ein Höhepunkt im Fußball aber zeigt nicht nur den Schuß auf das Tor, sondern bezieht stets auch die Vorbereitung, also den Aufbau des Angriffs und das erfolgreiche Zusammenspiel zwischen Hintermann und Torjäger, den Doppelpaß oder die Kopfballvorlage usw. ausführlich mit ein. Und eben an diesen gezielt geschnittenen Spielabläufen können Sie besser als auf dem Fußballfeld während des

Spiels studieren, wie sich parallel zu den Ereignissen auf dem Rasen die Zuschauerbeteiligungen entwickeln, wie sich die dramatischen Höhepunkte stufenweise im Zuschauer in Mimik, Gesten und Schreie umsetzen und durch welche Kameraeinstellungen sie am wirkungsvollsten auf dem Fernseher dargeboten werden können.

Der reine Informationsfilm

Grundsätzlich kann festgestellt werden: Alle Lehrfilme und die meisten Dokumentarfilme basieren auf dem Gedanken der stückweisen Information.
Wer lernen will, muß grundsätzlich über das, was er lernen will oder soll, informiert werden.
Wer *lehren* will, muß, ganz unabhängig von filmgestalterischen oder pädagogischen Umwegen und Verschleierungen, den Lernenden so umfassend wie möglich informieren.
Lernen bedeutet für Sie als werdenden Klasse-Hobbyfilmer, daß Sie jeden einzelnen Filmszeneninhalt ihrer geplanten Lehr- oder Dokumentarfilme daraufhin prüfen müssen, mit welcher Deutlichkeit und Prägnanz dem Filmzuschauer weiterführendes Wissen oder erlebte Erfahrung dargeboten und vermittelt werden kann.
Eine starke Gesamtgestalt, die informativ auf den Zuschauer wirken soll, muß ausnahmslos aus deutlich und prägnant dargebotenen Teilgestalten aufgebaut sein. Selbst wenn – aus didaktischen oder dramaturgischen Gründen – die unscharfe Abbildung einer Teilgestalt innerhalb der Gesamtgestalt gerechtfertigt ist (Sicht des Betrunkenen oder Betäubten), muß diese Unschärfe den szenenwichtigen Teilgestalten so prägnant und so deutlich anhaften, daß der Zuschauer die ihm vom Filmgestalter zugedachte Information oder das Erlebnis sich ohne weiteres Nachdenken spontan zu eigen machen kann. Erst wenn diese seelischen Vorgänge bei der Zuschauergruppe, an die sich der Film richtet, auch tatsächlich so bewirkt werden, kann von einer starken Gesamtgestalt gesprochen werden.
Wie eine solche starke Gesamtgestalt trotz unscharf dargebotener Teilgestalten aussehen kann, das verdeutlicht das folgende Szenenbeispiel:

32. Beispiel: Informative Gestalt – Emotionale Gestalt

Der unterschiedliche Darstellungsinhalt beider Szenen macht Ihnen klar, daß die Prägnanz und deutliche Darbietung von Teilgestalten, die der Wissensvermittlung dienen sollen, ganz anders beurteilt werden muß als solche, die im Filmzuschauer ein Erlebnis wachrufen sollen.
Wenn Ihnen dieser fundamentale Unterschied so klar geworden ist, daß Sie ihn

Informative Gestalt   *Emotionale Gestalt*

Abb. 171: Hier kann der Zuschauer lernen.   *Abb. 172:* Hier wird im Zuschauer Mitgefühl, Mitleid und Trauer wach.

selbständig in jedes Aufnahmemotiv, das Ihnen begegnet oder das Sie auswählen wollen, hineinsehen und beurteilen können, dann haben Sie einen großen Schritt voran gemacht.

Sie erkennen aus den obigen Bildbeispielen, auf welche Weise auch in Reportage- und Dokumentarfilmen entweder vorwiegend informative, das heißt rein wissensvermittelnde Szeneninhalte, oder aber vorwiegend emotional betonte, das heißt stimmungs- und gefühlserzeugende Szeneninhalte dem Zuschauer angeboten werden können.

Deshalb besteht die »Hohe Schule« des Reportage- und Dokumentarfilms eben darin, jeweils aus dem Gesamtthema die wesentlichsten Einzelkomplexe herauszustellen und in sich so zu gestalten, daß sie dem Zuschauer als konzentrierte geballte Ladungen in angemessenen Abständen zum Mitfühlen oder zum Verstehen angeboten werden. Dem Zuschauer sollte es nicht ungeführt überlassen bleiben, sich die zusammengehörigen Informationen im Verlauf der Vorführung selbst aufzufinden und durch geistiges Kombinieren miteinander zu vereinigen.

Die ersten Dokumentarfilmgestalter waren die »Symphoniker«

Der berühmte erste deutsche Dokumentarfilm war *Walter Ruttmanns* »Berlin. Die Symphonie der Großstadt« (Originaltitel 1929). Er war nach einer Filmgestaltungsmethode hergestellt, die sich an der musikalischen Kompositionstechnik orientierte. *John Grierson* hat über die Symphoniker unter den Dokumentarfilmgestaltern das abschließende, bis heute gültig gebliebene Urteil gesprochen:

»Die Symphoniker haben eine Möglichkeit gefunden, solche Stoffe alltäglicher Realitäten in sehr gefälligen Bilderfolgen zu bringen. Durch Einsatz von Tempo

und Rhythmus und durch die großartige Hervorhebung von Einzeleffekten nehmen sie das Auge gefangen und erwecken denselben Eindruck wie etwa ein Großer Zapfenstreich oder eine Militärparade. Aber durch ihre Konzentration auf
Massen und Bewegungen versuchen sie, die höhere schöpferische Leistung zu umgehen. Was gibt es Anziehenderes (für einen Mann mit visuellem Geschmack), als
Räder und Kolben bei der klangvollen Darstellung einer Maschine umhersausen
zu lassen, wenn er wenig über den Maschinenwärter zu sagen hat und noch weniger über die Blechbüchsen, die die Maschine auswirft? Und was gibt es Bequeme-
res, wenn man doch herzlich gern das Thema der schlechtbezahlten Arbeit und
der bedeutungslosen Produktion umgeht? Aus diesem Grunde halte ich die Sym-
phonietradition des Films für eine Gefahr und *Berlin* für das gefährlichste aller
Vorbilder für den Film.
Leider ist es üblich, wie in *Berlin* um die Dinge herumzugehen. Die Intelligenz
hebt die Symphonie in den Himmel wegen der guten Aufnahmen, und da es größ-
tenteils wohlbehütete, reiche Leutchen sind, so sprechen sie ihn gerne von allen
weiteren Verpflichtungen los. Andere Faktoren kommen hinzu, um das Urteil
über ihn zu trüben. Die Generation nach 1918, in der die ganze Filmintelligenz zu
finden ist, neigt dazu, ein besonders starkes Gefühl der Enttäuschung und eine
sehr natürliche erste Reaktion der Ohnmacht zu verbergen, und sie tut das in jeder
nur zulässigen Art, die sich gerade bietet. Die Jagd nach der verfeinerten Form,
die in diesem Genre sicherlich zu finden ist, ist das sicherste Asyl.«
So richtig dieses Urteil ist, so falsch wäre es, wenn Sie als Klasse-Hobbyfilmer bei
Ihren ersten Versuchen, Dokumentarfilme zu gestalten, auf die Möglichkeit, aus
Ihren Filmszenen eine »musikalisch-rhythmische Symphonie« zu gestalten, verzichten würden. Denn diese Gestaltungsform ist die dokumentarisch leichteste
von allen. Sie benötigt nicht mehr als »Impressionen«, wie sie jede beliebige,
prägnant kadrierte Filmszene bereits von sich aus liefert.
Nicht umsonst sind mit dieser Gestaltungsweise einige unsterbliche Filmwerke
entstanden. Außer *Walter Ruttmanns* »Symphonie einer Großstadt« gehören dazu
»Rien que les heures«, »Pett and Pott« von *Cavalcanti*, »Cargo from Jamaica«
von *Basil Wright* und andere.

Die Grenzen des Dokumentarfilms

Es ist nun erforderlich, auch noch die Grenzen des Dokumentarfilms abzustek-
ken, weil er, mit Ausnahme des Spielfilms, die höchste Entwicklungsstufe filmischer Gestaltungsmöglichkeiten darstellt.
Alle vor dem Dokumentarfilm liegenden, organisch mit ihm zusammenhängenden
Stufen durchlaufen auch Sie als Hobbyfilmer, wenn Sie sich der natürlichen Entwicklung ohne Gewalt überlassen.
Sie sollten sich diese Entwicklungsstufen jeweils bewußt machen und möglichst

keine überspringen. Andernfalls werden Sie sich bloß zu einem Filmer mit gestalterischen Schwächen entwickeln.

Ihre Entwicklung beginnt ja mit der blanken, aus Ihrer Umgebung ohne bestimmtes Ziel herausgerissenen Einzelszene, an der Sie alle aufnahmetechnischen und zuschauerwirksamen Bedingungen entdecken und sich zu eigen machen.

Es folgt der Erlebnis- und Erinnerungsfilm, dessen Motive im Kreise der Familie, in Ihrer kommunalen Umgebung und auf Reisen zu finden sind. Danach bietet sich der bereits auf ein allgemeines Thema ausgerichtete Archivfilm an, der in den Belehrungs- und Reportagefilm mit genau gezielten Themen übergeht.

Und dann erst folgt der in seiner »Gesamthandlung« und in den einzelnen Szenenfolgen (Montagebilder siehe Seite 283 ff.) sorgfältig und detailliert von der ersten bis zur letzten Szene durchgestaltete *Dokumentarfilm.* Damit sind wir auch an einer weiteren grundsätzlichen (dramaturgischen) Forderung angelangt, die von Ihnen filmgestalterisch erfüllt sein muß, wenn Sie einen echten Dokumentarfilm zustande bringen wollen, nämlich der »Geschichten in der Geschichte«.

Die Geschichten in der Geschichte I

Die vielen von den Profis so strikt eingehaltenen Arbeitsregeln haben sich während der Entwicklung der Filmgestaltung aus zwingenden Gründen für bestimmte Gestaltungsaufgaben des Filmautors, des Regisseurs, des Kameramanns und des Schnittmeisters Stufe für Stufe herausgebildet. Weil sie alle aus einer Summe vieler Einzelerfahrungen angeleitet wurden, können sie nicht als echte Gestaltungsgesetze gelten. Das heißt, sie dürfen in psychologisch begründeten Ausnahmefällen auch einmal unbeachtet gelassen werden. Das haben viele Avantgarde-Filmgestalter seit nunmehr fast 100 Jahren immer wieder nachgewiesen. Das ist auch der Grund, warum Sie als Klasse-Hobbyfilmer diese Gestaltungsregeln nicht nur kennen, sondern auch ihre Ursprungsbedeutung verstehen sollten. Denn Sie werden insbesondere bei Ihren Dokumentarfilmarbeiten immer wieder vor der Entscheidung stehen, im Interesse der optimalen Zuschauerwirkung diese Regeln zu beachten oder aber in Ausnahmefällen ganz bewußt gegen sie zu handeln.

Unsere Analyse der Dokumentarfilmgestaltung kommt zu folgenden Ergebnissen:
1. Szeneninhalte können immer nur *Ereignisse* sein, die nicht auch gleichzeitig eine *Begründung* für ihre Darbietung vor dem Zuschauer mitliefern können.
2. Der Zuschauer verlangt aber jeweils (unbewußt) diese Begründung durch die nachfolgenden Szenen. Andernfalls hört der Film an dieser Stelle für ihn plötzlich auf.*

---

* Solche »unbegründeten« Anschlußszenen können Sie, falls Sie darauf achten, sowohl in Kinofilmen als auch in Fernsehspielen oft beobachten. Wenn sie auftreten, haben sie den Charakter filmgestalterischer »Kunstfehler«.

Mit einer »unbegründeten« nächsten Filmszene fängt dann für den Zuschauer quasi ein neuer Film an.

Die klassische filmgestalterische Methode, in die Anschlußszene »Begründungen« für vorangegangene Szeneninhalte einzubauen, besteht darin, die Gesamthandlung jeweils mit selbständigen Teilhandlungen zu umranken, das heißt als »Geschichten in der Geschichte« anzubieten.

33. Beispiel: Der Windstoß vor der Kirche

Abb. 173

»Eine Hochzeit und ihre bürgerlichen Folgen« ist das Gesamtthema des Dokumentarfilms, aus dem die Szene stammt. Es handelt sich um einen Film, wie er im Profibereich zum Beispiel dem Film »Eine ganz normale Familie« von Robert Redford analog ist.

In dem abgebildeten Szenenbeispiel wird durch den Windstoß, der das Hochzeitskleid der Braut so verführerisch hinaufschweben läßt und dadurch im Zuschauer automatisch die Szene mit Marilyn Monroe über dem U-Bahn-Schacht in New

York wachruft, eine selbständige Teilgeschichte in der Gesamtgeschichte erzählt, die zwar dramaturgisch nicht notwendig wäre, die aber doch insofern *symbolisch* mit der Gesamtgeschichte zusammenhängt, als der freigewehte Anblick zweier ungewöhnlich schöner Frauenbeine dem Zuschauer den abschließenden Gedanken nahelegt: »Das fängt ja gut an.«

»Einer flog über das Kuckucksnest« als Lehrbeispiel

Der amerikanische Spielfilm »Einer flog über das Kuckucksnest« von *Milos Forman*, der in dem lockeren, fast sporadischen Aufbau seiner Gesamthandlung wie ein Dokumentarfilm angelegt ist, besteht fast nur aus solchen »Einzelgeschichten«, die einander in ununterbrochenem Fluß ablösen und nur dadurch miteinander zusammenhängen, als sie für den Zuschauer jeweils den fast unmerklichen Fortgang der Gesamthandlung rechtfertigen.

Dieser Film ist für Sie als Klasse-Hobbyfilmer ein Studienobjekt von höchstem Wert. Er wird, weil er so überzeugend gestaltet ist, immer wieder in den Filmkunsttheatern und Fernseh-Retrospektiven gezeigt.

Die Geschichten in der Geschichte II

Die Geschichten in der Geschichte Ihrer Dokumentarfilme müssen nun keineswegs immer Episodencharakter haben. Sie können zum Beispiel auch durchaus in »Zusammenfassungen« bestehen, die sich Ihnen erst während des Schnitts und der Montage Ihrer Filmszenen gewissermaßen von selbst anbieten.

Wenn Sie etwa in Ihrem Reisefilm über *Nepal* zahlreiche Kinderszenen in vielen verschiedenen Städten und Gegenden aufgenommen haben und wenn Sie darüber hinaus beobachteten, daß die meisten dieser Kinder unter erbarmungswürdigen hygienischen und sozialen Verhältnissen meist sich selbst überlassen aufwachsen, dann können Sie daraus ohne Bedenken eine »Geschichte in der Geschichte« machen.

Fassen Sie alle Kinderszenen ohne Rücksicht auf die Orte, wo sie gedreht wurden, einfach zusammen, und montieren Sie eine oder mehrere Szenenfolgen (Montagebilder) so zusammen, daß der Zuschauer vom Mitgefühl überwältigt wird. Dann rechtfertigt sich die filmgestalterisch bewirkte, scheinbare Verlegung aller dieser Szenen etwa in den Bereich der Hauptstadt *Katmandu*, obwohl die Kinderszenen dort nur zum Teil aufgenommen wurden.

Diese dem Zuschauer angebotene überwirkliche Konzentration aller dieser Szenen innerhalb der Hauptstadt rechtfertigt sich dokumentarisch deshalb, weil sie erstens eins der sozialen Hauptprobleme dieses unterentwickelten Himalaja-Staates zeigt und zweitens, weil die Beseitigung dieser, das ganze Land betreffenden

Mißstände nur durch die in der Hauptstadt amtierende Zentralgewalt möglich ist. Durch die örtliche »Verdichtung« der Szenen auf die Hauptstadt wird dem Zuschauer mit optimaler Eindringlichkeit das Gesamtproblem verdeutlicht.

Sie sehen, es lohnt sich auch für Sie, bei der Planung und Vorbereitung Ihrer Filmvorhaben schon bei jedem einzelnen Szenenentwurf darüber nachzudenken, inwieweit »Geschichten in der Geschichte« untergebracht werden könnten. Ganz gewiß aber werden Sie während der Szenenaufnahmen an Ort und Stelle, schon bei Einstellungsauswahl und Kadrierung auf die Möglichkeit selbständiger Teilhandlungen, die natürlich auf die Gesamthandlung bezogen sein müssen, achten.

Das wird zwar oft mühsam für Sie sein, wird sich aber doch sehr gelohnt haben, wenn Sie Ihren Film später »zusammenschneiden«. Außerdem werden Sie auf diesem Wege ganz von selbst und fast unmerklich zum Klasse-Dokumentarfilmhersteller heranwachsen.

Der Fernsehempfänger als Lehrmeister

Wenn Sie am Fernsehschirm Szenen studieren wollen, die überwiegend im positiven, gelegentlich auch im negativen Sinne die überzeugende Identifizierung zwischen dem Zuschauer und den Darstellern bzw. deren Gefühlen vorbildlich ermöglichen, dann seien Sie auf die Kriminalfilmserie »Task Force Police« verwiesen. Hier finden Sie stets eine handlungsgerechte Häufung von Großaufnahmen, Spiel ins Objektiv, intensive und auch schwache darstellerische Ausdruckskraft, identifizierungsgerechte Handlungsführung in allen Spielarten und Schwächen.

Diese Filme bieten dem Zuschauer über die allen Kriminalfilmen ganz selbstverständlich eigene, spannungsgeladene Handlung hinaus ganz besondere Verhaltensweisen und Informationen über die handelnden Personen an, die das vom Zuschauer erwartete Spannungserlebnis in den Bereich seiner persönlichen Menschenkenntnis bestätigend erweitern. Dadurch werden die meisten handelnden Personen für den Zuschauer geradezu liebenswert. Er erlebt nicht nur den Handlungsablauf gespannt mit, sondern nimmt zugleich auch ganz persönlichen Anteil an den Leiden und Freuden der handelnden Polizeibeamten, als deren *Mithandelnder* er sich fühlt. Weil er Kenntnis vom Intimbereich dieser Männer bekommt, identifiziert er sich auch rasch und leicht mit jedem einzelnen von ihnen.

Damit aber wird der Zuschauer auch in die strenge Ordnung ihrer Polizei- und Rechtsvorschriften mitwirkend eingespannt und erlebt am eigenen Leibe, daß und warum diese Beamten nicht immer so handeln dürfen, wie ihnen das ihre Erfahrung, ihr Instinkt und ihr Urteil eigentlich vorschreiben würden. Er durchlebt den Zwiespalt, in den diese Beamten mit sich selbst und in der Diskussion untereinander kommen, selbst mit. Das alles macht es ihm leicht, sich mit diesen Männern zu identifizieren und sie gern zu haben.

Durch diese Erweiterung der dramaturgischen Situation treten die Polizisten, In-

spektoren, Kommissare für den Zuschauer aus ihrer üblichen beruflichen Anonymität heraus und werden zu seinen *persönlichen Bekannten.*
Es ist eindeutig, daß die Themenwahl für Kriminalfilmserien durch derartige Vermenschlichungen für den Zuschauer an Anziehungskraft gewinnen muß, solange diese Einblicke in die Intimsphäre der Beteiligten die Spannung des Handlungsverlaufs nicht schädigen.

Angebot gleichwertiger Themenbeispiele für den Hobbyfilmer

Die allgemeinen Grundthemen, die in der engeren und weiteren Umgebung für den Hobbyfilmer stecken, also in der Familie, dem kommunalen Bereich, dem Sport, dem Handwerk, der Industrie und den Urlaubsreisen, haben Sie bereits aufnahmetechnisch, filmdramaturgisch, filmgestalterisch ausführlich analysiert. Hier sollen Sie nun auf einige spezielle Erweiterungsmöglichkeiten oder Zentrierungen hingewiesen werden, die sich über die klassisch-typische Behandlungsweise hinaus durch kreative Originalität auszeichnen.
Auf diesen Wegen entstehen aus filmisch erfaßten Erinnerungen, Informationen, Belehrungen quasi automatisch echte Dokumentarfilme, deren Herstellung Sie sich ja zum Hoch-Ziel gesetzt haben.

34. Beispiel: Abenteuer Schreibmaschine und Daktyloskopie

Abb. 174: Da wäre zunächst im Familienbereich als erweitertes Thema etwa »Abenteuer Schreibmaschine« aufzufinden, in dem ein technisch ungeübtes Familienmitglied, aus welchen Gründen auch immer, gezwungen ist, sich mit einer Schreibmaschine persönlich auseinanderzusetzen, z.B. ein Farbband auszuwechseln oder sie zu reinigen.

Abb. 175: Auch die ewigen Kriminalfilme und die polizeilichen Lehrfilme über Verbrechensbekämpfung könnten eine Anregung für Sie sein, sich einmal etwas genauer mit den kriminalistischen Fahndungsmethoden und der »Spurensicherung« auseinanderzusetzen.

35. Beispiel: Kunst und Künstler

Das gleiche gilt für die in Ihrer Gemeinde lebenden Künstler und die Museen. Hier sind schier unerschöpfliche Themen zu finden.

Abb. 176 und 177: Solches Schnitzwerk finden Sie in gotischen Kirchen und Kapellen. Die »Geschichten« in der Geschichte können Sie an den beiden folgenden Sockelreliefs aufhängen.

Abb. 178 und 179: Auf solchen »Nebenbildern« werden oft die Stifter der Kunstwerke festgehalten; jedenfalls aber steht hinter solchen Kunstwerken stets eine Geschichte, mit der sich die Gesamtgeschichte angemessen umrahmen läßt. Der Pfarrer kennt sie.

Abb. 180: Hochbarock. Kirchen-Architektur. Zerfall des aristokratischen Absolutismus.

Abb. 181: Rokoko-Schloßhof- und Garten-Anlage. Symbol für eine sozioästhetische Zwangsjacke.

Abb. 182: Spätexpressionistische Plastik von Gustav Seitz. Ungebrochene Lebenskraft.

Abb. 183: Expressionismus. Fassadengestaltung der »Goldenen 20er Jahre«.

Abb. 184: Picasso. Er ahnte die angst- und schreckerfüllte Gegenwart voraus.

Abb. 185: Jean Tinguely. Auch er ahnte die Sinnlosigkeit der technischen Überflutung unseres Lebens und die innere Hohlheit der Konsumgesellschaft voraus.

171

Abb. 186: Goethe in der italienischen Campagna. Welch ein Aufhänger für »Geschichten«!

Abb. 187: »Kind und Plastik«. Auch so können Sie eine »Geschichte« in die Geschichte bringen.

Es muß keineswegs die geschichtliche Vergangenheit sein, die Ihnen interessante Filmthemen anbietet. Die Gegenwart tut das in gleicher Fülle.

36. Beispiel: Das Kind im Manne

Abb. 188: Es gibt vor allem im konservativen England viele Traditionsvereine, die Murmelwettkämpfe austragen.

Abb. 189: In Frankreich entwickeln sich die Murmelspieler zu Boule-Spielern weiter. Diesem Spiel bleiben vor allem die Südfranzosen ihr Leben lang treu.

Abb. 190: Hier wurde mit altdeutschen Karten ein bayerischer Tarock oder Schafskopf ausgekartelt.

Abb. 191: Welcher Vater hätte seinen Kindern nicht einmal die geschenkte Eisenbahn weggenommen. Welch ein Filmthema!

37. Beispiel: Vati und sein heiliges Auto

Sie kennen natürlich auch Autobesitzer, die ihren Kraftwagen wie eine Kostbarkeit behüten und am liebsten gar nicht mit ihm fahren würden, damit er nicht schmutzig oder gar angekratzt werden könnte.

Aus dieser Leidenschaft läßt sich ganz gewiß eine mit stark komischen Zügen angereicherte Reportage oder gar ein Dokumentarfilm gestalten.

Dazu das folgende Beispiel mit zwei Einzelszenen, deren Zusammenhang aber die Möglichkeit – mit etwas Glück –, eine »Geschichte« in die Geschichte einzubauen, typisch belegen.

Abb. 192: An diesem Montageband arbeitet Vati Tag für Tag acht Stunden lang. Und er tut das auch noch gerne.

Abb. 193: Das ist doch kein so großes Wunder, weil er ja Autos liebt und noch dazu sogar den Chef persönlich kennt.

Auch Sie können mit der »versteckten Kamera« aufregende Filmthemen finden

Sie kennen vermutlich die Fernsehsendung »Verstehen Sie Spaß«, die eine Weiterentwicklung der uralten Versuche ist, Menschen aus Verstecken heraus, wie dunklen Hausgängen, Kraftfahrzeugen, Straßenarbeiterzelten unbeobachtet zu filmen. Die Filmaufnahme vom verborgenen Kamerastandpunkt aus hat in Europa und den USA zu avantgardistischen Filmbewegungen geführt, die unter dem Schlagwort »Cinema Vérité« von Frankreich ausgingen.

Die Hersteller der Filmepisoden »Verstehen Sie Spaß« haben die Methoden des »Cinema Vérité« so systematisiert, daß mit ihrer versteckten Kamera das Verhalten von Menschen in außergewöhnlichen Situationen, die sie vorher arrangiert hatten, erfaßt wurden.

Die Ahnungslosen werden in ganz alltäglicher Umgebung mit völlig unerwarteten Reaktionen von Sachen, Maschinen und Menschen konfrontiert und dabei mit einer so ausgezeichnet versteckten Kamera aufgenommen, daß sie die Kamera selbst dann nicht entdeckten, wenn sie direkt in das Aufnahme-Objektiv hineinblickten. Die Ergebnisse solcher Aufnahmen üben auf die Zuschauer während der Vorführung eine geradezu faszinierende Wirkung aus.

Dem Hobbyfilmer ermöglicht diese Aufnahmemethode ein geradezu ideales Training, sowohl optimale Kadrierungen auszutüfteln als auch unbemerkt bleibende Regie zu führen, denn die ahnungslosen Darsteller, die in solchen Situationen gefilmt werden, dürfen ja nicht bemerken, daß sie in der Szene entweder durch geschickte Kadrierung oder absolut unauffällige Regieführung stets so aufgenommen werden können, daß ihre mimischen und gestischen Reaktionen auch sichtbar bleiben. Sie dürfen zum Beispiel der Kamera nie längere Zeit den Rücken zudrehen, noch sich aus dem Einstellungsbereich entfernen, oder durch Eigenbewegungen in der Szene abgedeckt werden und so weiter.

Die Kamera so zu verstecken, daß sie auch bei aufmerksamer Betrachtung aus dem Szenenraum heraus nicht entdeckt werden kann, ist verhältnismäßig leicht zu erreichen, wenn Sie nur zwei Grundbedingungen sorgfältig beachten.

1. Sie nehmen die Szene nicht direkt, sondern über einen oder mehrere Umlenkspiegel auf.

2. Sie sorgen dafür, daß die Kamera selbst oder mindestens das Aufnahme-Objektiv vollkommen abgedunkelt ist, so daß sie, wenn sie zum Beispiel in einem vollkommen abgedunkelten Hausflur steht, selbst dann nicht mehr gesehen werden kann, wenn man aus einiger Entfernung und heller Umgebung in diesen Hausflur hineinblickt.

Eine solche total abgedunkelte Umgebung für die Kamera oder das Objektiv läßt sich natürlich auch völlig unabhängig von der Aufnahmerichtung, die ja über Umlenkspiegel gesichert ist, herstellen. Bitte vergessen Sie bei eventuellen Versuchen nie, daß die heimliche Aufnahme von Personen, die nicht der »Zeitgeschichte«

angehören, gesetzlich untersagt ist und der ausdrücklichen, nachträglichen Zustimmung für die Veröffentlichung bedarf.

Themenbeispiele in Farbe, die zusätzliche Aufnahme- und Gestaltungsbedingungen verlangen

38. Beispiel: Hilfe für Behinderte

Ein großes und vielseitiges Filmthema, das Sie als Klasse-Hobbyfilmer im unmittelbaren Kontakt mit den Leitern solcher Kinderzentren verwirklichen können. Oft sind diese Behandlungszentren mit Montessori-Kindergärten, in denen gesunde Kinder zusammen mit behinderten sich gemeinsam heranbilden, verschwistert. Der Wahlspruch von Maria Montessori war: »Hilf mir, es selbst zu tun.« In München hat Professor Th. Hellbrügge diese sozial-therapeutische Erziehungsmethode zu seiner Lebensaufgabe gemacht.
Im Montessori-Kindergarten darf sich jedes Kind das Spielzeug, mit dem es spielen (lernen) will, frei aussuchen. Es darf sich aber auch, wenn es keine Lust zum Spielen hat, auf seinem Schlafteppich ausruhen. Die Kindergärtnerin beteiligt sich nur dann an einem Spiel, wenn sie vom Kind ausdrücklich darum gebeten wird. Auch im Umgang untereinander haben die Kinder völlig freie Wahl. Dadurch bilden sich ganz von selbst natürliche Gemeinschaften heraus, die spielend lernen und dabei ganz erstaunlich überdurchschnittliche Leistungen völlig freiwillig vollbringen. (Siehe auch Farbtafeln Abb. XVI bis XVIII)

39. Beispiel: Weltausstellung in Montreal

Auf zwei Inseln, »Sainte Hélène« und »Notre Dame«, und einer Halbinsel in Kanadas St.-Lorenz-Strom wurde die Weltausstellung EXPO 69 ausgerichtet. Alle Nationen der Erde hatten dort ihre Pavillons, in denen die gesamte soziale, politische, naturwissenschaftlich-technische, geisteswissenschaftliche und handelspolitische Situation der Menschheit in nationalen und Sonder-Pavillons dargestellt waren. »Geschichten« in der Geschichte fanden sich hier in beliebiger Fülle. Deshalb kann die aphoristische Szenen-Übersicht für alle künftigen Weltausstellungen als Beispiel dienen. (Siehe Farbtafeln XIX und XX)

40. Beispiel: Wie verschieden sind doch Männer

Die folgenden Szenenbeispiele der Farbtafeln liefern Ihnen sowohl Charakter- als auch Schicksalsstudien. Solche Szenen können Sie jahrelang überall auf der Erde als außergewöhnliche Begegnungen mit Ihrer Kamera festhalten. Sie müssen nur den rechten Augenblick und die günstige Ausleuchtung erkennen.

Eines Tages stöbern Sie dann in Ihrem Filmarchiv und fassen die Idee, diese menschlichen Szenenbeispiele als Baustein für einen Dokumentarfilm zu verwenden. Viele Themen sind denkbar: »Das menschliche Antlitz«, »Beruf und Freiheit«, »Kuriositätenschau«, »Wer sucht, der findet«, und so weiter, und so weiter. (Siehe auch Abb. XXI–XXV des Farbteils).

Natürlich steht es Ihnen frei, die Menschen-Szenen als »Geschichten« für eine zu erfindende Gesamtgeschichte zu verwenden, was filmdramaturgisch und filmgestalterisch leichter ist, oder die verschiedenartigen Archivszenen als Gesamtgeschichte anzubieten, was wesentlich schwieriger ist, weil Sie die allen Szeneninhalten *gemeinsame* Grundlinie finden und nachträglich mit »Geschichten« umranken müssen. Denn alle diese Archivszenen müssen doch für den Zuschauer *sinnvoll* miteinander verbunden werden. Eine schwere Aufgabe.

41. Beispiel: Andere Länder

Hierzu als Szenenbeispiel die Farbabb. XXVI, die gewissermaßen am Anfang und am Ende des Bogens der Gesamtgeschichte plaziert ist. Wir Deutsche haben die Gewohnheit, wenn wir in die klassischen Länder des Mittelmeers reisen, unser Augenmerk auf die Antike zu richten und eventuell noch auf die Folklore. Daß aber diese Länder auch moderne z. B. technische Probleme haben, die sie mit zeitgemäßen Mitteln bewältigen müssen, das kommt uns weniger in den Sinn. Aus diesem Grunde wird Ihnen hier als Grundthema eine antike Tempelruine von großer Schönheit gezeigt. Denken Sie aber auch daran, daß es in diesen Ländern moderne Bauten und Probleme gibt, die gleichfalls eine Filminformation wert sind.

42. Beispiel: Wohin gehen unsere Kinder?

Die Ungewißheit und Einflußlosigkeit, die viele Eltern gegenüber ihren heranwachsenden Kindern bedrückt, ist eins der größten Probleme unserer Zeit. Es übertönt sogar oft die allgemeine Lebensangst, die Furcht vor dem Verlust des Arbeitsplatzes, vor der Atomenergie und dem Kriege. Das kommt daher, weil die Auseinandersetzungen mit den jungen Leuten bereits zur täglichen Routine innerhalb der Familien gehört und weil diese Streitereien zu immer schlimmeren Entfremdungen führen, statt sich wenigstens allmählich zum Besseren zu wenden.

Wer nicht wenigstens mit der Zeit von seinen Kindern als Elternteil besser verstanden wird, der erlebt schließlich, daß sie bei der erstbesten Gelegenheit von zu Hause davonlaufen und in der Welt der sogenannten »Wohngemeinschaften« untertauchen.

Wer aber als Erwachsener den Versuch machen will, die Denkweise und die untergründige Lebenswelt, von der sich unsere Kinder wie magisch angezogen fühlen, zu verstehen – so wie das unsere Eltern, als wir jung waren, wenigstens versuchten –, der entdeckt bald, daß dies ein hoffnungsloses Unterfangen ist.

Denn die Leitbilder und Lebensgrundsätze unserer Jugend scheinen – von wenigen Ausnahmen abgesehen – grundlegend andere zu sein als diejenigen, nach denen wir unsere eigene Lebensführung einrichten. Meistens will uns sogar scheinen, daß diese jungen Leute überhaupt keine Leitbilder noch irgendwelche Lebensgrundsätze mehr haben und daß sie sich einfach nur so treiben lassen. In ihrer eigenen Ausdrucksweise nennen sie das »Gammeln« und »Vergammeln«.

Wenn Sie ein solcher Vater oder eine solche Mutter sind, die sich zugleich darum bemühen, zum Klasse-Hobbyfilmer zu werden, dann haben Sie ein einzigartiges Mittel in der Hand, in die fremde Welt Ihrer Kinder dadurch einzudringen, daß Sie von deren Leben so viele verschiedene Filmszenen wie möglich zu erschnappen versuchen, um daraus einen Reportage- oder Dokumentarfilm zu gestalten.

Die sich immer wiederholende Betrachtung dieser Einzelszenen während der Schneidearbeiten läßt Sie dann Einzelheiten entdecken, die Ihnen während der

Aufnahme überhaupt nicht aufgefallen sind. Bei der Zusammenstellung von ganzen Montagebildern drängen sich auch ganz von selbst zwingende Sinnzusammenhänge zwischen den Einzelszenen auf, die Charaktereigenschaften und erkennbare Gründe für das unverständliche Verhalten der Jugendlichen bloßlegen, die Sie in vielen Fällen dann verstehen, wenn auch nicht gleich begreifen lassen, *warum* sich die jungen Leute so merkwürdig verhalten.

Abb. 194

Abb. 195

Abb. 196

Sie werden auf diesem Filmszenen archivierenden Wege zu ganzen Psychogrammen kommen und ein Studienmaterial zusammenbringen, das zu regelrechten Dokumentarfilmen weiterverarbeitet werden kann. Solche Filme sind wertvolle Erkenntnismittel, weil sie sich aus *dokumentarisch-echtem* Material aufbauen.

XI. Kapitel
Der Klasse-Hobbyfilmer nimmt Rücksicht
auf das menschliche Auge
und die Sehverarbeitung im Gehirn

Sie haben schon in der Einleitung erfahren, daß der Zuschauer schon deshalb zum entscheidenden Bestandteil jeden Filmwerks werden muß, weil ohne das menschliche Auge weder auf dem Filmband noch auf der Vorführwand eine erkennbare *Bewegung* vor sich gehen kann.

Der Zuschauer muß aber nicht nur jede Bewegung selbst »machen«, sondern er wird auch durch das ihm angebotene *Licht-Spiel* unaufhörlich angereizt, alle Formen, Gestalten und Strukturen, die er dort sieht, unbewußt aus seinem Gedächtnis herauszuholen und sie als *Schein-Bild* (gleich den bekannten komplementären, optischen Nach-Bildern) auf die Vorführfläche hinaus zu verlegen, dort als wirklich vorhanden zu empfinden und anzuschauen.

Diese physiologischen und psychologischen Vorgänge im Zuschauer werden Ihnen jetzt zur genaueren Analyse angeboten.

Sie sollten sich mit diesen wissenschaftlich längst endgültig erforschten Vorgängen deshalb vertraut machen, weil sie – genau so wie die »Auswahl der Brennweite«, »die optimale Ausleuchtung«, usw. – entscheidende Einflüsse auf den Aufbau der »Prägnanz« vor allem der farbigen Szeneninhalte für den Zuschauer ausüben.

Wenn Sie die optimale Wirkung der einzelnen Szeneninhalte, der Szenenfolgen und Ihres Gesamtfilmwerks endgültig sichern wollen, dann wird Ihnen nichts anderes übrigbleiben, als auch die Grenzen der physiologisch-psychologischen Einflüsse der schwarzweißen und farbigen Szenenfolgen zur Kenntnis zu nehmen.

Andernfalls werden, trotz aller aufnahmetechnischen und dramaturgischen Meisterschaft, während der Filmvorführung im Zuschauer Störungen auftreten, die Ihre großen kamera- und bearbeitungstechnischen Leistungen entscheidend beeinträchtigen, ja sogar zunichte machen können.

Die unabdingbare Voraussetzung aller Filmdarbietung auf der Vorführwand oder dem Fernsehempfänger ist die Auslösung des sogenannten stroboskopischen Effekts im Zuschauer, die ganz alleine von der Art der Projektion abhängt.

Damit wird, so seltsam das auch zunächst klingen mag, der Filmprojektor oder Fernsehabtaster zum integrierenden Bestandteil des Filmwerks.

Ohne einen Projektor ist ein Filmwerk kein Filmwerk, sondern ein mit Phasenbildern belegtes perforiertes Filmband. Aus diesem Filmband kann das Filmwerk nur dadurch gegenwärtig und wirklich gemacht werden, daß es in einen zu ihm genau passenden Projektor eingespannt und Phasenbild für Phasenbild in der Weise auf eine Vorführwand projiziert wird, daß im Zuschauer der stroboskopische Effekt ausgelöst wird.

»Stroboskopischer Effekt« wird die seit einigen hundert Jahren bekannte und experimentell erforschte Erscheinung genannt, daß stillstehende Phasenbilder eines ablaufenden Vorgangs, die dem menschlichen Auge rasch genug nacheinander starr gezeigt werden (mindestens 4- bis 6mal in der Sekunde), trotz ihrer Bewegungslosigkeit den Bewegungsvorgang in etwa naturgetreu nachzubilden scheinen. Der stroboskopische Effekt beruht also nicht auf einer physikalischen Bewegung – denn er tritt um so deutlicher in Erscheinung, je bewegungsloser die Darbietung der einzelnen Phasenbilder erfolgt –, sondern ausschließlich auf einem psychologischen Prozeß. Das Auge des Zuschauers glaubt auf der Vorführwand etwas zu sehen, was in Wirklichkeit in seinem Gehirn und allein dort produziert wird: die Bewegung.

Der stroboskopische Effekt, also die Verschmelzung unbewegter Einzelbilder zu einem sich kontinuierlich bewegenden Vorgang, entsteht ausschließlich im sensorisch-zentralen Bereich als peripherer Randeffekt des lebenden Gehirns, er ist also rein psychologischer Natur.

Auf seine möglichst ungestörte Entstehung und Aufrechterhaltung richten sich alle konstruktiven und funktionalen Bemühungen der gesamten Filmtechnik.

Die psychische Eingliederung des Film- und Fernsehzuschauers in die auf der Vorführfläche gesehenen Vorgänge, die durch den stroboskopischen Effekt erfolgt, hat zur Folge, daß physikalisch meßbare Helligkeits- und Farbreize mit Hilfe des betrachtenden Auges im Gehirn des Zuschauers zu bewegten Gegenständen werden, obwohl auf der Vorführfläche selbst objektiv keinerlei Bewegungen stattfinden.

Es erscheinen dort auch keinerlei wirkliche Gegenstände, ja nicht einmal Abbildungen von solchen.

Wenn der Film- und Fernsehzuschauer das Mosaik von Lichtwellenenergiepaketen, das ihm von der Vorführfläche her diffus in die Augen gestrahlt wird, als Strukturen, Formen und Gestalten der Wirklichkeit erkennt, dann geschieht dies durch eine eigenständige psychische Leistung. Die von ihm gesehenen Strukturen, Formen und Gestalten befinden sich überhaupt nicht physikalisch-wirklich auf der Vorführfläche. Sie werden genauso wie die stroboskopische Bewegung vom Zuschauer dem Lichtwellenmosaik unbewußt durch eine Leistung des Sehzentrums im menschlichen Gehirn aufgeprägt und damit hineingesehen.

Die physiologisch-psychologischen Prozesse und sensorischen Mechanismen, mit deren Hilfe der Mensch die ihm aus der Umwelt physikalisch zuströmenden Sinnesreize in Strukturen, Formen und Gestalten umsetzt, sind seit einem halben Jahrhundert im Rahmen der Psychologie und der Gestaltpsychologie umfassend erforscht worden. Sie gehören heute zum gesicherten Wissensgut der Naturwissenschaft.

Was für die Erkennung und Verarbeitung naturalistischer Darstellungsinhalte von Filmszenen durch den Film- und Fernsehzuschauer gültig ist, das gilt erst recht für alle Sinnbilder und Symbole, weil diese, genau wie das gesprochene Wort, im Geiste bewußt gemacht und verstanden werden müssen, bevor ihr Bedeutungsinhalt nachempfunden oder miterlebt werden kann. Dazu bedarf es einer eigenständigen Leistung des Zuschauers, die sich diesmal im Bewußtseinsbereich vollzieht.

Für die Filmherstellung und Filmgestaltung bedeutet das aber, daß der Darstellungsinhalt aller einander folgenden Filmszenen nicht mehr als ein kompliziertes Reizangebot ist, das der Film- und Fernsehzuschauer erst durch Erkennen, Verstehen, Empfinden und Miterleben vollenden muß.

Die filmgestalterischen Voraussetzungen, unter denen dieser psychische Prozeß im Filmzuschauer vollständig und störungsfrei veranlaßt wird, wurzeln in der Filmaufnahmetechnik, dem Filmschnitt, der filmischen Montage, der Story, dem Treatment, dem Drehbuch, der Filmszenenkomposition, der Filmregie, dem gestischen und mimischen Ausdruck und der fachgerechten, auf physiologisch-psychologische Seh-Empfindungs- und Erlebnisbedingungen Rücksicht nehmenden Film- und Fernsehvorführung.

Es läßt sich leicht nachweisen, daß der künstlerische Ruf international berühmter Kameramänner zum größten Teil darin begründet ist, daß sie intuitiv die Auswirkungen dieser physikalischen Unterschiede auf den menschlichen Zuschauer auszunützen und sich dienstbar zu machen verstehen.

Denn es ist leider nicht so, daß der Filmzuschauer (oder auch Standfoto-Betrachter) die Abbildung auf der Vorführfläche genau so, das heißt in einem genau gleichen physiologischen Zustand und damit auch psychologisch gleichartig betrachtet, wie er das Wirklichkeitsvorbild betrachtet hat oder betrachten würde. Im Gegenteil.

Auch der Zuschauer befindet sich im Vorführraum oder vor dem Fernsehempfänger in einem sehr unterschiedlichen körperlich-physiologischen Zustand, der ihm allerdings, von seltenen Ausnahmefällen abgesehen, nicht bewußt wird.

Der Klasse-Hobbyfilmer aber muß diese Unterschiede kennen und bei der Filmgestaltung berücksichtigen, wenn er dem Filmzuschauer ein optimales filmgestalterisches Angebot machen will.

Das menschliche Auge ist nicht, wie noch vor etwa 100 Jahren geglaubt wurde, eine Art fotografische Kamera, die ein auf den Augenhintergrund projiziertes Abbild in das Gehirn weiterleitet, sondern vielmehr ein komplizierter elektrooptischer Transformator, der das Abbild der Wirklichkeit umwandelt, bearbeitet, mit eigenen Zutaten versieht und in ein aus der Lebenserfahrung herausentwickeltes Anschauungssystem integriert. Hat es das vollbracht, dann wird das Bild-Ergebnis wieder in die Umgebung hinausverlegt und dort als scheinbar objektiv vorhandene Wirklichkeit »betrachtet«. Selbstverständlich geschieht dies alles völlig unbewußt, und das ist auch der Grund, warum es so lange gedauert hat, bis die Wissenschaft das alles herausfand.

Das, was der Filmprojektor dem Auge des Film- und Fernsehzuschauers als Reflexionsereignis von der Vorführfläche her anbietet, ist sowohl als Farbfilm wie auch als Schwarzweiß-Filmvorführung etwas völlig anderes, als es optisch (und auch akustisch) in der irdischen Wirklichkeit vor dem Kameraobjektiv als Lichtreflexionsereignis einmal vorhanden war.

Und zwar besteht dieser Unterschied nicht nur in einer verhältnismäßigen Verschiebung der helligkeitsintensiven und der spektralen Anteile des Gesamt-Lichtstroms, sondern das von der Vorführfläche in die Augen des Zuschauers eingestrahlte Lichtwellengemisch ist bereits physikalisch von dem Wirklichkeitsvorbild vor dem Kameraobjektiv so sehr verschieden, daß nicht einmal mehr von einer Ähnlichkeit gesprochen werden kann (Lloyd A. Jones, Kodak Lab. Rochester).

Und trotzdem erkennt der Zuschauer dieses Angebot als eine so wirklichkeitsentsprechende Abbildung, daß er das Vorbild in allen Einzelheiten, ja bis in feinste Nuancen hinein wiedererkennen kann.

Wohlgemerkt, es ist hier nicht wie früher von der Übertragung von Strukturen, Formen und Gestalten die Rede oder von sonst irgendwelchen psychologischen Effekten, sondern allein von dem durch den fotografischen Aufnahme- und Wiedergabeprozeß geschleusten, physikalisch eindeutig meßbaren Lichtwellenenergiepaket, das ursprünglich in der Film-(oder Foto-)kamera auf einer fotoempfindlichen Schicht registriert und schließlich ebenso physikalisch meßbar von einer Vorführfläche in die Augen des Zuschauers hineingestrahlt wird.

Wenn zwischen diesen beiden Angeboten tatsächlich ein so fundamentaler physikalischer Unterschied besteht, daß beide nicht einmal mehr *physikalisch ähnlich* genannt werden können, obwohl sie doch vom Zuschauer als übereinstimmend gleich *gesehen* werden, dann kann das alles sehr wohl auch maßgeblichen Einfluß auf die Filmaufnahme- und -wiedergabetechnik haben.

Der Mensch sieht die Umwelt trotz der spiegelbildlichen, kopfstehenden Projektion auf den Augenhintergrund deshalb seitenrichtig und aufrecht, weil das Gehirn dieses Projektionsbild *nicht anschaut,* sondern weil es dieses Bild als Nervenreizkomplex entsprechend seiner Gesamt-Sinneserfahrung *verarbeitet.*

Die vom Menschen erfahrene und erkannte physikalische Umwelt ist also real *in ihm!*

Der Mensch erfährt die Umwelt mit der Gesamtheit aller Sinnesempfindungen.

Der Tonfarbfilm registriert von dieser Gesamtheit lediglich einen optischen und akustischen »Abzug«.

Dieser Abzug wird dem Zuschauer auf der Vorführfläche und aus dem Lautsprecher dargeboten.

Dieses eingeschränkte und verarmte Angebot weist selbstverständlich wesentliche Unterschiede zu der erfahrbaren irdischen Wirklichkeit auf. Daher kommt die so andersartige Qualität des projektionsoptischen und elektroakustischen Angebots, das durch die Kamera und das Mikrofon registriert, weitergeleitet und wiedergegeben werden kann.

182

Die Vorführung von Farbbildern und der daraus erkennbare Einfluß der Farbwirkungen von Farbfilmszenen auf den Zuschauer

Schon bei der Vorführung stehender farbiger Bilder ist es durchaus nicht gleichgültig, auf welchen Hauptfarbton und welche Helligkeit die unmittelbar aufeinanderfolgenden Farbbilder abgestimmt sind. Der geübte Vortragende wählt die Aufeinanderfolge entsprechend dem Farbcharakter seiner Bilder sehr sorgfältig aus, weil er weiß, daß von einem Bild zum anderen durch falsche Folge *scheinbare Farbstiche* hinübergeschleppt werden, die den Eindruck eines Farbbildes völlig zerstören können.

Die Möglichkeit einer solchen Verschleppung von Farbtönen von einer zur anderen Szene ist bei der Filmvorführung naturgemäß noch größer, weil die Vorführungsdauer der einzelnen Szene gewöhnlich kürzer und der Wechsel häufiger ist als bei Stehbildern. Das menschliche Auge geht nämlich, wenn ihm Farbflächen in raschem Wechsel dargeboten werden, höchst selbstherrlich mit diesen Farben um. Es erzeugt unter Umständen durch die Erscheinung des sogenannten *Nachbildes* geradezu die Komplementärfarben der eben entschwundenen Farben. Aber die Erzeugung nur *eingebildeter* neuer Farben wird dem sehenden Menschen so lange nicht als Augenfehler bewußt, solange sie in voller Stärke andauert. Die Dauer dieser farbigen Nachbilder beträgt normalerweise einige Sekunden, also ebenso lange, wie viele Filmszenen überhaupt nur auf der Leinwand verbleiben! So kann das Auge bei *ungeschickt* gewählter Aufeinanderfolge zweier Szenen die größte Verwirrung im Betrachter anrichten.

Das menschliche Auge sieht die Farben nicht immer gleichmäßig; es verändert seine Empfindlichkeit für einzelne Farben auch je nach der *allgemeinen* Helligkeit in seiner Umgebung. »Bei Nacht sind alle Katzen grau«, lautet ein altes Sprichwort. Es will besagen, daß bei der geringen Helligkeit der Nacht – selbst bei Vollmond – Farben vom Auge nicht mehr wahrgenommen werden können. Das Auge unterscheidet bei diesem Licht zwar noch Helligkeiten, aber keine Farben mehr. Das kommt daher, weil es im Augenhintergrund zwei verschiedene Sehapparate gibt, die abwechselnd gebraucht werden und von denen der eine farbempfindlich und der andere farbenblind ist: Wenn Sie durch die Pupille des Auges hindurchblicken könnten – was die Ärzte mit Hilfe eines raffiniert konstruierten Spiegels tatsächlich fertigbringen –, dann würden Sie den Augenhintergrund erblicken. Und wenn Sie diesen Augenhintergrund dann noch entsprechend vergrößern würden, *dann könnten Sie sehen, daß er mit zwei verschiedenen Arten von Punkten geradezu übersät ist.* Diese Punkte sind die Spitzen von stäbchen- und zapfenartigen, länglichen Körperchen, die der Mediziner daher Stäbchen und Zapfen nennt. Der ein wenig exzentrale Teil des Augenhintergrunds enthält fast ausschließlich Zapfen, während außerhalb dieser Grube zunächst wenig, dann immer mehr und mehr Stäbchen auftauchen, bis sie schließlich am Rande des Augenhintergrunds fast ebenso allein vorhanden sind wie die Zapfen in der Mitte. Ist das Tageslicht hell genug, dann sieht das Auge mit Ausnahme der äußersten Randpartien allein mit Hilfe der Zapfen; tritt die Dämmerung ein, dann nehmen mehr und mehr die Stäbchen am Sehen teil, bis sie schließlich von einer bestimmten geringen Hellig-keit ab das Sehen ganz allein übernehmen, weil die Zapfen bei weitem nicht so lichtempfindlich wie die Stäbchen sind. Nun sind aber ausschließlich die Zapfen farbenempfindlich, während die Stäbchen völlig farbenblind sind. Das bedeutet, daß mit sinkender Helligkeit die Farbenempfindlichkeit des Augenhintergrunds mehr und mehr geschwächt wird, und zwar in gleicher Stärke, in der die farben-blinden Stäbchen mehr und mehr das Sehen besorgen.

Im Verlauf dieses Prozesses verschiebt sich auch die Empfindlichkeit der Stäb-chen für die einzelnen Lichtwellen, und zwar werden sie für die kurzen, also blauen Lichtwellen mehr und mehr empfindlich, während ihre Empfindlichkeit für die roten Lichtwellen mehr und mehr abnimmt. Die Mediziner haben diese Empfindlichkeitsverschiebung in folgender Kurve ausgedrückt.

43. Beispiel: Augenkurven-Diagramm

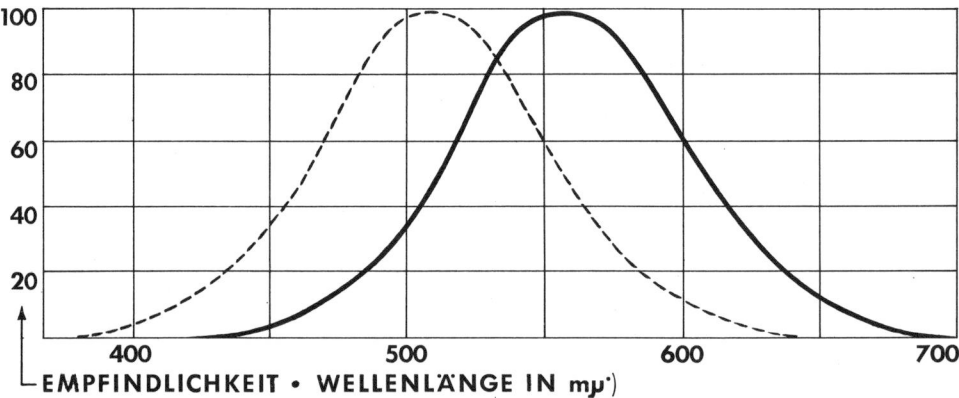

Abb. 197: Spektrale Verschiebung der Augenkurve in der Dämmerung (Purkinje Ph.)

Der Sehpurpur und das Farbensehen

Die Umstellung des Auges vom Tages- zum Nachtsehen vollzieht sich mit schwin-dendem Tageslicht langsam und fortschreitend. Sie braucht auch bei direktem Übergang von der Tageslichthelle in die Dunkelheit eine ziemlich lange Zeit. Je nach der persönlichen Veranlagung des einzelnen dauert diese Zeit 20 bis 40 Mi-nuten! Sie haben selbst schon beobachtet, wie lange Ihr Auge braucht, bis es sich z.B. im Theater an die Dunkelheit gewöhnt hat. Beim Eintritt stoßen Sie überall an, treten allen Leuten auf die Füße und können nicht einmal unterscheiden, ob auf dem Platz, den Sie einnehmen wollen, schon jemand sitzt. Nach 20 bis 30 Minuten aber übersehen Sie das halbe Theater. So lange braucht eben Ihr Auge, bis es durch die Stäbchen jene lichtempfindliche Substanz hat bilden lassen, mit deren Hilfe Sie im Dunkeln sehen können und die von den Medizinern den schönen Namen *Sehpurpur* bekommen hat. – Treten Sie dagegen aus der Dunkelheit in die Tageslichthelle hinaus, dann zersetzen die von allen Seiten in Ihr Auge hineinschießenden intensiven Lichtwellen den Sehpurpur augenblicklich, und Sie sehen wieder mit den farbenempfindlichen Zapfen allein.

Betreten Sie dagegen aus der Tageslichthelle einen verdunkelten Raum, der lediglich durch ein auf die Leinwand geworfenes *farbiges* Filmbild erhellt ist, dann setzt sofort ein Umwandlungsprozeß im Auge ein. Je mehr die Stäbchen am Sehen teilnehmen, um so mehr verschiebt sich entsprechend der Kurve auf Seite 184 auch die Farbenempfindlichkeit des Auges. Sie sehen alle *blauen Töne zunächst dunkler und alle roten Töne heller,* als sie Ihnen nach 20 bis 30 Minuten erscheinen. Das kann natürlich zur Folge haben, daß Ihnen ein an und für sich farbenrichtiges Filmbild *zunächst* farbfalsch vorkommt und sich der farbrichtige Eindruck erst nach Ablauf der Anpassungszeit einstellt. Sehen Sie deshalb zu, daß Ihre Gäste, denen Sie Farbfilme vorführen wollen, genügend Zeit haben, ihre Augen auf die Dunkelheit einzustellen.

Die schlagartige Zersetzung des Sehpurpurs durch helles Tageslicht ist ein wenig schmerzhaft. Wenn Sie aus dem Dunkeln ins Helle kommen, dann blinzeln Sie so lange, bis sich Ihre Augen wieder an die Helligkeit gewöhnt haben. Besser ist es, eine dichte Sonnenbrille zu tragen und damit die Zersetzung des Sehpurpurs möglichst allmählich vor sich gehen zu lassen.

Die Störungswirkungen treten im verdunkelten Vorführungsraum infolge der teilweisen Dunkeladaption des Zuschauerauges in ungleich stärkerem Maße auf als bei Tageslicht oder im hell erleuchteten Atelierraum. Das helladaptierte Auge besitzt eine charakteristische »fotogene Bremsung« und »funktionell bedeutsame Stabilisierung«, die eine wie immer geartete farbige Verstimmung des belichteten Auges erschwert und vor allem das »Hinzutreten einer neuerlichen, andersartigen solchen behindert«. Diese Bremsung fällt für das dunkeladaptierte Auge weg, sie wäre auch aus filmgestalterischen Gründen nicht einmal erwünscht. Der Zuschauer muß während der Farbfilmvorführung infolge der Kürze durchschnittlicher Einzelszenen stets zahlreiche, unbewußt bleibende physiologische Umstimmungsvorgänge im Hintergrund seiner Augen vollziehen. Da diese Vorgänge in Sekundenschnelle vollzogen werden sollen, wäre die »fotogene Bremsung« nur hinderlich und würde die physiologischen Farbverschiebungen deutlich bewußt werden lassen. Doch wird damit dem Filmgestalter der Zwang zur Einführung einer gleichartigen Grundfarbenstimmung über weite Filmstrecken und zur Vermeidung starker Farbsprünge hart aneinandergeschnittener Szenen auferlegt.

Das alles bedeutet, daß der Zuschauer im Vorführraum ganz unterschiedliche Seheindrücke bekommen kann, je nach dem Zustand (physiologisch: Adaptionszustand), in dem sich seine Augen befinden. Vor allem wirkt sich der Adaptionszustand der Augen auf die Farbenempfindung aus.

Es ist deutlich, daß Sie sich darauf einstellen müssen, wenn Sie mit Ihren Filmen optimale Wirkungen erzielen wollen.

Die physiologischen Reaktionen werden psychologisch verändert

Die Farbenfotografie, wie wir sie heute anwenden, beruht auf einer psychologischen Bearbeitung der in der Netzhaut des menschlichen Auges vor sich gehenden physiologischen Prozesse.

In der Netzhaut gibt es drei verschiedene Gruppen der allein farbenempfindlichen Zapfen, von denen die eine für Blau, die zweite für Grün, die dritte für Rot empfindlich ist.

Fällt nun ein Gemisch farbiger Lichtstrahlen auf die Netzhaut, was sowohl beim Sehen im Tageslicht als auch bei üblichem Kunstlicht der Fall ist, dann sortiert jede der drei Gruppen den Anteil, für den sie empfindlich ist, heraus und reagiert, entsprechend der Intensität dieser farbigen Lichtstrahlen, mit Nervenimpulsen darauf. Diese Nervenimpulse werden – nach einigen Umwegen – schließlich in das Gehirn bis in das sogenannte »Sehzentrum« weitergeleitet. Dort wird der entsprechende Farbeindruck, den der Mensch von seiner Umwelt hat, hervorgerufen.

Die Aufteilung jeden Farbangebots in drei Grundfarben-Gruppen ermöglichte den Chemikern die Herstellung der heute gebräuchlichen Farbfilme. Sie machten sich die technische Möglichkeit zunutze, alle Farben des Spektrums auf Farbkörper zusammenzuziehen, die jeweils eine der Grundfarben Blau, Grün und Rot beziehungsweise deren Komplementärfarben Blaugrün, Violett und Purpur verarbeiten können.

Alle Farben des Spektrums, das Sie betrachten können, wenn Sie einen deutlichen Regenbogen sehen, oder noch besser, wenn Sie Sonnenlicht durch ein Glasprisma fallen lassen und dadurch in das bekannte farbige Spektrum zerlegen, lassen sich zu den drei Grundfarben zusammenziehen.

Aus diesen drei Grundfarben können dann wiederum (sofern Sie farbiges Licht und nicht etwa farbige Pigmente, also die Malerfarben verwenden) alle übrigen Farbtöne zusammengemischt werden (Farbabb. VIII a–f).

Wie Sie erreichen können, daß Ihre Farbfilmszenen einen vollendeten Natürlichkeitseindruck hinterlassen

Die letzte Entscheidung über den Natürlichkeitseindruck einer Farbfilmszene trifft der Zuschauer vor der Vorführfläche.

Damit wird der Natürlichkeitseindruck zum psychologischen Effekt, zu dessen Entstehung und Aufrechterhaltung aufnahmetechnische Maßnahmen nur insoweit beitragen können, als sie ihn nicht zerstören dürfen. Es genügt daher völlig, wenn das lichtphysikalische Angebot innerhalb aufnahme- und wiedergabetechnischer Toleranzgrenzen bleibt, die, wenn man sie kennt, ohne große Schwierigkeiten eingehalten werden können.

Die lichtphysikalischen, d. h. aufnahmetechnischen Bedingungen

Diese Bedingungen haben Sie teilweise in anderem Zusammenhang bereits kennengelernt. Sie lauten:
- Konturenscharfe Abbildung aller Teilgestalten und der Gesamtgestalt. Geringen Helligkeitskontrast einhalten. Schatten dürfen nicht sehr bemerkbar sein.
- Gleichmäßige Grundfarbenstimmung der Szenenfolge. Vermeidung von Farbschwankungen in der Szene, etwa durch Bewegungen von Personen in stark farbiger Kleidung vor verschiedenfarbigen Hintergründen.

Jede rote Beleuchtung verflacht den Raum. Wenn dazu noch schwere Schatten und kleinfleckige, farbige Muster kommen, dann kann die »physiologische Umstimmung der Netzhaut« nicht mehr ausgleichend wirken. Der Szeneninhalt wirkt dann einfach rotstichig auf den Zuschauer, anstatt, wie er sollte, »unter roter Beleuchtung liegend«.

Alle diese Störerscheinungen können Sie bereits auf dem Fernsehempfänger studieren, wenn dort bei dunkler Gesamtfarbenstimmung und geringer Ausleuchtung brennende Kerzen oder Fackeln bewegt werden.

Auch stark farbige Kleider, die selbst in hell ausgeleuchteten Tanzszenen sehr rasch bewegt oder gedreht werden, zeigen diese Farbkontrast-Erscheinungen. Achten Sie darauf.

Lassen Sie z. B. eine schwere, dunkle Gesamtfarbenstimmung und starke Licht- und Schattengegensätze zu oder auch verschiedenfarbige, scharfkantig getrennte Farbflächen oder eine undeutliche kleinfleckige Farbenverteilung im Hinter- und Vordergrund, dann werden schon in der Netzhaut die Voraussetzungen für den vollkommenen Natürlichkeitseindruck vernichtet. Daher wird Ihnen klar sein, daß bei einer solchen Farbkonstellation auch die ideale Abbildungsschärfe und stärkste Prägnanz nichts mehr retten können.

Die gegenständlichen Gestalten und ihre Farben

Die Wissenschaft der *Physiologie* hat in mehr als einem Jahrhundert andauernder Forschungsarbeit festgestellt, daß die Farbenempfindungen des Menschen ursprünglich in Gemeinschaft mit farbigen Gegenständen (Gestalten) bewußt und dem Gedächtnis einverleibt wurden. Die Ablösung der Farbe vom farbigen Gegenstand und ihre selbständige Betrachtung als reine farbige Erscheinung ist entwicklungsgeschichtlich später erfolgt, was durch Untersuchungen an Kindern, die den gleichen Entwicklungsweg im kleinen durchmachen, und an Hirnverletzten auch heute noch nachgeprüft werden kann.

Die Farben werden also als Einheit mit der gefärbten Gestalt empfunden und erhalten erst später ihre, durch die Farbtonbezeichnung (blau, rot, grün, gelb) charakterisierte Selbständigkeit.

Alle Gestalten, die dem Menschen als selbständige, abtrennbare Erscheinungen seiner Umwelt bewußt werden, bekommen mit diesem Erkenntnisvorgang gleichzeitig ihre charakteristische »Grundfärbung«, *die auch unter wechselnder Beleuchtung aufrechterhalten bleibt.* Diese Grundfärbungen erstrecken sich nicht nur auf bunte Farbtöne, sondern umfassen gleichwertig auch alle schwarzen, weißen und grauen Gestalten.

Die Grundfärbung der Gestalten trägt ganz wesentlich zur Ordnung aller sichtbaren Gestalten in der natürlichen Umwelt des Menschen bei, ja sie spielt sogar, wie neuere Forschungen wahrscheinlich gemacht haben, beim Aufbau der optischen Raumempfindung des Menschen eine mitbestimmende Rolle.

Der Himmel ist blau, er erfüllt die äußerste Tiefe des Sehraumes, er ist unerreichbar weit entfernt, er kennzeichnet die Ferne, das Hinwegführende, und wenn er sich im Wasser spiegelt, auch die Tiefe.

Die grünen Gestalten in der Natur, die Vegetation, die Bäume und der Wald sind grün. Sie umgeben den Menschen innerhalb erreichbarer Entfernungen. Er lebt mitten unter ihnen. Sie sind ihm vertraut, wenngleich von ihm getrennt. Sie sind nah und fern zugleich und vertreten für ihn das Normale und das Gewohnte, mit dem er täglich umgeht und das ihm gehört.

Rote Gestalten sind in der natürlichen Umwelt des Menschen dagegen seltener anzutreffen. Sie werden vor allem durch drei Gestalten vertreten, die erregende und mystische Qualitäten besitzen. Die auf- und untergehende Sonne, das Blut und das Feuer. Das Erregende wird stets als besonders nahe empfunden.

Nicht alle Grundfärbungen von Gestalten unserer Umwelt sind stark und ausgeprägt. Schon die unbunten Farben Schwarz, Grau und Weiß werden oft als weniger ausgeprägte Grundfärbungen als bunte Grundfärbungen empfunden. Eine Fliege hat infolge ihrer relativen Kleinheit eine viel weniger ausgeprägte Grundfärbung als ein Kanarienvogel. Aber selbst der große Elefant hat eine weniger ausgeprägte Grundfärbung als ein rotbraun glänzendes Pferd. Alles Graue wird im allgemeinen Sprachgebrauch als »unscheinbar«, alles Bunte als »laut« gekennzeichnet. Auch gehört über den reinen Farbton hinaus die Erscheinungsweise der Farbe, das heißt, ob sie glänzend oder matt, durchsichtig oder stumpf, leuchtend oder glühend erscheint, mit zu den wesentlichen Eigenschaften der Grundfärbungen der Gestalten. Es ist also wichtig, daß Sie sich über die einprägsamsten, in jedem, auch dem primitiven Menschen fest verankerten Grundfärbungen der Gestalten unserer Umwelt orientieren und diese bei der Beurteilung farbiger Aufnahmemotive berücksichtigen.

Die Grundfärbung der natürlichen Gestalten

Von den unbunten Gestalten sind dies u. a.:

Kohlen	Lokomotive	
Ruß	Neger	
Nacht	Pfarrer	Grundfärbung in der
Trauerkleider	Schornsteinfeger	menschlichen Vorstellung:
Druckbuchstabe	Rabe	*schwarz*
Sarg	Tinte	
Männerschuhe (auch braun)		

Schnee	Schwan	
Wolken	Mehl	Grundfärbung in der
Papier	Fett	menschlichen Vorstellung:
Milch	Kreide	*weiß*
Leinwand		

Dämmerung	Elefant	Grundfärbung in der
Nebel	Esel	menschlichen Vorstellung:
Asche	Maus	*grau*
Straße		

Von den bunten Gestalten sind dies u. a.:

Tomaten	Lippen	
Feuer	Dächer	
Ziegel	Kupfer	
Erdbeere	Blut	Grundfärbung in der
Himbeere	Fleisch	menschlichen Vorstellung:
Kirsche	Mohn	*rot*
Krebs	Stopplicht	
Hummer	Rubin	

Himmel	Kornblume	
Pflaume	Marine	Grundfärbung in der
Blaubeere	Veilchen	menschlichen Vorstellung:
Weintraube (auch grün)		*blau*

Vegetation	Birne	
Gras	Erbse	Grundfärbung in der
Laub	Grünspan	menschlichen Vorstellung:
Bohne	Flasche	*grün*
Weintraube (auch blau)		

Zitrone	Schwefel	
Banane	Kanarienvogel	Grundfärbung in der
Stroh	Messing	menschlichen Vorstellung:
Bernstein	Sonne	*gelb*
Butter		

Holz	Erde	
Zigarre	Leder	Grundfärbung in der
Kartoffel	Brot	menschlichen Vorstellung:
Kastanie	Schokolade	*braun*
Männerschuhe (auch schwarz)		

Apfelsine	Mandarine	Grundfärbung in der
Karotte	Aprikose	menschlichen Vorstellung: *orange*

Die Kraft der im Gedächtnis des Menschen verankerten Grundfarbe vieler Gestalten ist so stark, daß sie selbst bei farbiger Beleuchtung, die den Farbton physikalisch stark verändert, *gesehen* wird. Dies ist der Grund für die korrigierende Tätigkeit des menschlichen Sehzentrums. Nicht die Farbe der Gestalten bleibt trotz der farbtonverändernden Beleuchtung gleich, sondern die Gestalten bleiben *sich* auch in bezug auf ihre Grundfärbung gleich, *obwohl durch die farbige Beleuchtung abweichende Farbreize in das Auge des Betrachters gelangen.* Die *bekannte* Gestalt erzwingt ihre Grundfärbung!
Damit die bekannte Gestalt im Filmzuschauer ihre Grundfärbung aber auch dann stets erzwingen kann, wenn er sie auf der Vorführfläche sieht, muß ihm diese Gestalt aber auch jeweils so bekannt wie nur möglich *dargeboten* werden.
Das heißt, sie muß scharf und deutlich abgebildet sein. Eine deutliche Abbildung erschöpft sich dabei keineswegs immer nur in der scharfen und deutlichen Abbildung der *Oberfläche,* sondern auch in der Kadrierung und Prägnanz.
Deutlichkeit kann sehr viel mehr als eine klar erkennbare Oberfläche einschließen. Die Deutlichkeit der dem Zuschauer dargebotenen Oberflächenabbildung verlangt, daß Sie ihn vorher, nachher oder gleichzeitig erkennen lassen, ob es sich um eine Tasche (Bügel, Schloß) oder ein lebendes Krokodil (Schnauze, Schwanz, Füße) handelt.
Und damit stoßen Sie auch hier wieder auf den Begriff der Prägnanz der Darstel-

lung, deren Wesensunterschied zu den Begriffen »Schärfe«, »Deutlichkeit«, »Ruhe« und »Darbietungsdauer« nun wohl bis in alle Einzelheiten klargeworden ist.

Ich selbst habe Mitte der dreißiger Jahre beobachtet, daß bei Farb-Dia-Vorträgen von einem unbeeinflußten Publikum immer wieder an verschiedenen Vortragsorten Farbaufnahmen als überzeugend natürlich in der Wiedergabe bezeichnet und beklatscht wurden, die sich aus ganz falsch gefärbten Teilgestalten aufbauten.

In diesen Bildern fanden sich z.B. braunes statt grünes Gras, violetter statt blauer Himmel, rote statt fleischfarbene Gesichtsfarben usw.

Systematische Experimentaluntersuchungen ergaben schließlich, daß die Farben der Teilgestalten trotz falscher Einfärbung immer dann als rechtfarbig und natürlich abgebildet gesehen wurden, wenn die farbige Gesamtgestalt (oder auch »Bildkomposition«) als besonders prägnant, ästhetisch schön und interessant empfunden wurde.

Sobald bildwichtige Teilgestalten, aus denen sich diese den Betrachter fesselnde Gesamtgestalt aufbaute, durch Überkleben mit unregelmäßig geformten Masken aus der Bildkomposition entfernt wurden, fielen die falschen Farben an den übrigen Teilgestalten den Betrachtern sofort deutlich auf.

Die Prägnanz der Gesamtgestalt, die Teilgestalten und deren Kadrierung in der Filmszene sind wichtiger als die physikalisch »richtigen« Farben

Bisher haben Sie erkannt, daß Filmszeneninhalte von starker Prägnanz auf den Filmzuschauer stärker wirken als solche von schwacher Prägnanz. Auch haben Sie gelernt, die Prägnanz von Filmszeneninhalten optimal herauszuarbeiten.

Vom Standpunkt des Zuschauers aus aber ist die »Prägnanz« eines Filmszeneninhalts indessen keine *Eigenschaft* der Teilgestalten und der Gesamt-Gestalt, die dem Zuschauer während der Vorführung tatsächlich *als solche* auch bewußt wird.

Der Zuschauer macht sich, wenn überhaupt, lediglich die *Gestalten*, das heißt die Teilgestalten und die Gesamtgestalt als *starke, normale* oder *schwache* bewußt.

Diese Zuschauerreaktion entspricht genau dem Verhalten des Menschen in der natürlichen Umwelt, wo auch die normalen Gestalten gewohnheitsmäßig gesehen werden, während starke Gestalten sein waches Interesse herausfordern und schwache Gestalten ihm die seelische Anstrengung abfordern, sie wenigstens *in normale Gestalten zu verwandeln.*

Das ist übrigens einer der Gründe, warum wir unangenehme Dinge oder Ereignisse, wenn sie sich aus schwachen Teilgestalten zusammensetzen, so leicht übersehen und später gutgläubig mit voller Überzeugung behaupten, sie hätten überhaupt nicht existiert oder stattgefunden.

Es ist deshalb erforderlich, daß Sie sich nun auch noch mit dem Zwillingsbruder

der Prägnanz, also den starken, normalen und schwachen *Gestalten* analysierend auseinandersetzen.

Jede Gestalt, gleichgültig ob Gesamt- oder Teilgestalt, besitzt allgemein übereinstimmende Grundqualitäten, die an allen Gestalten als selbständige Wesenseigenschaften erkannt und analysiert werden können.

Grundqualitäten von Gestalten sind:
Die Struktur, die Form und die Räumlichkeit der Gestalt.

Dazu kommen noch sogenannte »Wirklichkeitsqualitäten«, die das Verhältnis der Gestalt zu ihrer jeweiligen Umgebung kennzeichnen.

Wirklichkeitsqualitäten von Gestalten sind:
Die Farbe, die Bewegung, das Hörbare, der Geschmack und die tastbare Oberfläche.

Daß die *Farbe* tatsächlich nur zu den akzidentiellen Wirklichkeitsqualitäten und nicht bereits zu den Grundqualitäten der Gestalten gehört, kann durch das folgende Bildexperiment nachgewiesen werden.

44. Beispiel: Filmgestalterische Gestaltpsychologie

Auf die Frage, ob das Blau in Farbabb. XXVII naturgetreu, lebenswahr oder realistisch wiedergegeben wurde, ist eine Antwort nicht möglich, weil im Bild nicht erkannt werden kann, woher die blaue Farbe stammt.

Ist so ein Gegenstand oder eine Fläche gefärbt? Handelt es sich um einen glatten Farbpigment-Anstrich, oder ist es nur eine farbige reine Lichtfläche?

Wenn Sie Farbabb. XXVIII betrachten, können Sie ohne Überlegung sofort sagen, ob das Blau naturgetreu wiedergegeben ist, weil Sie jetzt wissen, daß es sich um *Himmelsblau* handelt. Das können Sie deshalb, weil auch der weiträumige Begriff »Himmel« Gestaltcharakter hat. Zum Himmel gehört mindestens der »Horizont« (oder das Wissen um ihn), gehören Wolken, Vögel, Flugzeuge, die Gestirne oder, wie hier, Straßenlaternen und Baukrane.

Alle diese Teilgestalten konstituieren für den Betrachter in der Wirklichkeit ebenso wie im Bild die Gestalt »Himmel«, und erst nach dieser Gestaltbildung trägt dann auch die Farbe Blau als »Himmelsblau« dazu bei. Der Farbton alleine aber kann, wie das obere Bild beweist, die Gestalt Himmel nicht vermitteln. Betrachten Sie bitte zu diesem Zweck die Farbabbildungen und studieren Sie die Erläuterungen!

Die Erzielung einäugiger Farbraumplastik

Die Entdeckung der mitbestimmenden Rolle der Grundfärbung der Gestalten bei der räumlichen Ordnung der vom Menschen gesehenen Umwelt hat die Ausarbeitung eines durch Schutzrecht gesicherten Verfahrens zur Erzielung raumplastischer Farbfilmaufnahmen* möglich gemacht. Werden im Aufnahmemotiv, das sich aus deutlich erkennbaren Gestalten in ruhiger Anordnung aufbaut, die den Gesamtszenenaufbau bestimmenden, farbigen Gestalten so angeordnet, daß – grob gesprochen – die blaue, blauviolette und blaugrüne Grundfärbungen tragenden Teilgestalten den Hintergrund, die grüne Grundfärbungen tragenden Teilgestalten den Mittelgrund und die gelbe, orange und rote Grundfärbungen tragenden Teilgestalten den Vordergrund aufbauen, dann erscheint unter gewissen Projektionsbedingungen, die weiter unten erläutert werden, das Projektionsbild der Farbfilmaufnahme vollplastisch.

Die Grundbedingung der Entstehung eines raumplastischen Eindrucks bei der Projektion von Farbfilmszenen wird erst mit dem Erscheinen auf der Projektionsfläche offenbar. Sie besteht in der »*Vernichtung des Flächeneindrucks*«**. Alle Mittel, die der Farbfilmgestalter zur Entstehung und Verstärkung der Farbraumplastik anwenden kann, bleiben einschließlich der sorgfältigen Vermeidung der physiologischen »Störeneinflüsse« unwirksam, wenn es bei der Projektion nicht gelingt, den Flächeneindruck für den Betrachter radikal zu vernichten.

Das setzt einen Mindestabstand des Betrachters von der Projektionsfläche voraus, der durch praktische Versuche ermittelt werden kann und der so groß sein muß, daß die »Körnigkeit« der Projektionsfläche nicht mehr erkannt werden kann. Ferner ist ein Maximum der Projektionsschärfe von Bedeutung. Alle Einflüsse, die eine Vernichtung des Flächeneindrucks verhindern oder stören können, sind der Entstehung der Farbraumplastik feindlich.

Da ist vor allem jede Unschärfe, deren störender Einfluß auf das Wirklichkeitserlebnis hier eine neue Begründung findet. Jede Unschärfe im Projektionsbild, die sich nicht konturenscharf auflöst, sobald sie vom Betrachter aufmerksam ins Auge gefaßt wird, erzwingt im Bewußtsein durch ihren Unschärfecharakter die Anerkennung einer Fläche. Wo aber eine Fläche ist, da kann kein Raum sein.

Die Deutlichkeit und Klarheit im Aufbau der farbigen Teilgestalten spielen eine ebenso große Rolle. Die einzelnen Gestalten und die Gesamtgestalt müssen vom Betrachter in ihrer Ganzheit augenblicklich (d. h. simultan) erfaßt werden können. Ist diese augenblickliche Faßbarkeit gestört, dann wird dadurch die Gesamtgliederung des Szeneninhalts ebenfalls unmöglich. Der mit »lebenswahren« und

---

* Das patentrechtlich geschützte Verfahren (F 4222 IVa/57b) ist von den altbekannten Methoden der »Farbenstereoskopie« unabhängig, basiert in seinen wesentlichen Elementen auf unbekannten Voraussetzungen und führt zu anderen Ergebnissen. Es wurde in einem von der Welt-Filmindustrie angestrengten Verfahren unter ausdrücklicher Bestätigung der wissenschaftlichen Entdeckung wegen nicht ausreichender Offenbarung der »technischen Regeln« gelöscht und steht so heute jedem Anwender zur freien Verfügung.

**Der hier geschilderte raumplastische Effekt ist unabhängig von dem durch W. Einthoven entdeckten »Briefmarkenphänomen«, wenngleich mit ihm verwandt. Er tritt, im Gegensatz zum Briefmarkenphänomen, bei *allen* normalfarbensichtigen Menschen gleichsinnig und zwangsläufig auf.

»echten« Gestalten erfüllte Szenenraum wird zu einem *Nebeneinander* teilweise oder ganz unerkennbarer Erscheinungen, das heißt zur *Fläche*.

Die farbraumplastische Wirkung von Farbfilmszenen ist nur gesichert, wenn alle Maßnahmen von der Auswahl und Ordnung der farbigen Teilgestalten im Motiv über die störungsfrei gelungene Entwicklung und Wiedergabe bei der Projektion ganz sicher beherrscht und sorgfältig erprobt worden sind. Jeder auch nur geringfügige Fehler auf diesem Wege verhindert ihr Zustandekommen.

Gelingt sie, dann stellt sie den höchsten Triumph des Farbfilmgestalters bei seinem Streben nach lebenswahren und schönen Filmszenen dar. Dann vermittelt sie dem Betrachter ein vollendetes Erlebnis, das nur über die seelische Nachgestaltung des Wirklichkeitserlebnisses erreicht werden kann. Dieser Effekt bestätigt zugleich die überragende Bedeutung der »Prägnanz« für jedes Filmszenenerlebnis.

XII. Kapitel
Wie Filmthemen verfehlt werden können

Noch wichtiger als die Entschleierung der Grundstrukturen erfolgreicher Filmthemen ist für Sie als Hobbyfilmer die Kenntnis der Möglichkeiten und der Wege, auf denen diese Strukturen *verfehlt* werden können.

Der Profifachjargon nennt das Ergebnis solcher Verfehlungen »am Markt vorbei produzieren« oder »für die Blindenanstalt produzieren«.

Für Sie als Hobbyfilmer ist es fast wichtiger, solche *verfehlte* Profifilmbeispiele zu studieren, als nur nach positiven Vorbildern zu suchen. Die positiven Vorbilder können schon nach kurzer Zeit infolge der gewandelten Anschauungen und Modeströmungen thematisch und dramaturgisch überholt sein, während »am Markt vorbei« produzierte Filmwerke oft sogar zu echten Filmkunstwerken geraten, die ihrer allgemeinen Anerkennung in ferner Zeit entgegendämmern.

Es folgen deshalb nun drei Analysen themenverfehlter Berufsfilmwerke der letzten Jahre zur Befruchtung Ihrer eigenen thematischen und dramaturgisch-gestalterischen Hobbyfilm-Planungen.

Filmpsychologische Themenverfehlung

Film: »El Angel exterminador« (»Der Würgeengel«) von Luis Buñuel. Zunächst das Zitat der Inhaltsbeschreibung, die von Alois Fink in klassischen Formulierungen als Bewertungsbegründung der Filmbewertungsstelle der Länder anläßlich der Erteilung des Prädikats »Besonders wertvoll« für diesen Film gegeben wurde:
Eine vornehme, gar nicht nur auf Etikette, sondern auch auf menschliche Würde bedachte Gesellschaft – zwanzig Damen und Herren in großer Abendgarderobe – wird nach der Oper in eine Villa zum Abendessen eingeladen. Trotz unverbindlicher und leichter Konversation kein Anflug von Fröhlichkeit; von Anfang an hat alles etwas unerklärlich Beunruhigendes, das sich ausbreitet, eigentlich erst unter den Zuschauern, bevor die Vorgänge in der Villa seltsam, ja gespenstisch werden. Da wird diniert, parliert, musiziert; freilich, da werden zwei Szenen ohne jeden Sinn wiederholt, da wird im Geplauder und im Rahmen der besten Manieren Aggressives spürbar, kleine Mißgeschicke passieren, die Hausherrin wirft in einem Anfall böser Laune ein Fenster ein. Und die Diener, von irgendeinem Instinkt getrieben, verlassen einer nach dem andern heimlich oder unter Vorwänden das Haus, bis auf einen. Endlich, nie-

mand weiß, wie es anfing, was der Grund war, ist eine Art magischer Kreis um den Salon gezogen, in dem alle sich aufhalten; niemand kann mehr die Schwelle überschreiten, jeder tut, als habe er sich's anders überlegt und wolle doch noch ein wenig bleiben, aber alle sind gefangen – eine Lähmung des Willens, Angst, Hysterie, Wirkung fremdartiger Tabus? Es ist (und bleibt) rätselhaft; nichts wird erklärt, nichts eigentlich kann erklärbar sein. Daß die Villa in der »Calle de la Providencia« liegt, kann auch nicht weiterhelfen, ist vielleicht nur hintergründige Ironie, steigert nur die Ratlosigkeit. Die unerklärliche, undenkbare Situation der Abendgesellschaft hat sich ins alptraumhaft Absurde gesteigert. Und dann ins Entsetzliche, denn der unheimliche Bann hält an, Stunden und Tage; er ist auch von den Menschen draußen nicht zu durchbrechen. Die Vorräte gehen zu Ende, zur Angst kommen Hunger und Durst (man kann ja nicht hinaus in die Küche). Nach und nach verlieren die Menschen ihre Höflichkeit, ihre Masken, ihren »status«. Ein Liebespaar bringt sich um, ein Kranker stirbt vor aller Augen. Die Eingeschlossenheit wird zur Hölle. Der »Würgeengel« geht um, aber er wird nicht sichtbar, niemand weiß, wer oder was das sein könnte. Das alles ist sehr vieldeutig und verschlüsselt, es ist nur da. Symbole werden angedeutet, ohne daß sie etwas verstehen ließen; kabbalistischer Zauber wird vollführt, aber das alles ist nur Schnörkel am Rande des Bestiariums, zu dem die eingeschlossene Gesellschaft sich verwandelt. Aber neben Mißtrauen, Egoismus, Haß zeigen sich auch Gefaßtheit, Würde, ja Opferbereitschaft, und schon dies schließt aus, daß es um eine Anklage, eine Bloßstellung der hier repräsentierten Gesellschaft ginge. Es geht um die Menschen, deren Freiheit oder Gefangenheit in ihrer eigenen Verantwortung liegt.

Wie löst sich der Bann? Auch das ist nicht so genau zu ergründen. Zu ermitteln sind zwei Wendepunkte: das Zurückkehren zur Ausgangsposition (niemand ist endgültig verloren – Chance des Wiederbeginnens, des immer neuen Versuchs, auch der Gescheiterten?) und dann die Bereitschaft des Hausherrn, sich zu opfern (die Idee, daß der »Sündenbock« in einem durchaus biblischen Sinne erlösende Wirkung hat – wenn er schuldlos ist und freiwillig – stellvertretend! – auf sich nimmt, was man ihm zumutet?). »Der Würgeengel« als eine sehr eigentümliche, die Buñuelsche Formulierung eines Gebotes, das in der Bibel heißt: »Die Gefangenen befreien!«?

Statt einer vordergründigen Antwort liefert der Film viele Fragen. Fragen an die Zuschauer, und vermutlich holt sich jeder seine Erklärung für die oder jene Szene. Sicher keine Erklärung für den ganzen Film.

Denn nach der Befreiung der Eingeschlossenen beginnt alles wieder von vorne – auf einer anderen, wenn man will »höheren«, jedenfalls komplizierteren Ebene, in der Kirche. Die Befreiten haben sich im Sonntagsstaat zur Danksagung versammelt, alles scheint vorbei zu sein – aber so ist es nicht überwunden: Nach der Messe und nach dem Tedeum stocken die Priester vor dem offenen Portal, sie zögern, kehren um, und dann auch die Menschen, die sich vor dem Ausgang drängen – keiner kann hinaus . . . Die gleichen Schafe, die schon in die Villa trotteten, kommen jetzt in die Kirche – Wesen, denen im Gegensatz zu den Menschen keine Entscheidung zur Frei-

heit auferlegt ist; vielleicht werden sie auch hier geschlachtet gegen den Hunger der Eingesperrten . . .

Sehr kurz, scheinbar sehr zufällig und am Rande: Während die Eingeschlossenen aus der Villa kamen, sah man in den Straßen die Bilder einer Revolution – einer Revolution anderer Menschen gegen eine andere mit »Tabus« belegte Schwelle?

Dies alles muß man sich vergegenwärtigen, um die Tiefe einer Konzeption und die Meisterschaft einer filmischen Realisation zu würdigen, die allein durch die Faszination von Bildern Wirkung gewinnt. Das Unerklärliche und Unerklärte ist keinen Augenblick imstande, das Unglaubliche auch unglaubhaft zu machen; man versteht nichts, aber man spürt alles, man glaubt es, gerade weil es absurd ist. Überflüssig, hier auf das Können des Regisseurs, die Intensität der Fotografie, das nuancenreiche Spiel der Darsteller, die literarische Qualität des Drehbuchs hinzuweisen. Was anderen als Ziel genügt, ist hier nur Vorbedingung.

Dieser Film, der alle Qualitäten eines echten Filmkunstwerks besitzt, macht sich insofern einer thematischen Verfehlung schuldig, als er dem durchschnittlichen Film- und Fernsehzuschauer keine naiv-psychologische Möglichkeit einräumt, die unerklärliche Beunruhigung, die ihn bereits in den ersten Szenen des Films befällt und die sich immer mehr steigert, durch Miterlebensversuche nachzugestalten.

Das kann allerdings noch ein beabsichtigtes filmgestalterisches Kunstmittel sein (über dessen Berechtigung sich streiten ließe), doch dann wird der Zuschauer aus dem Miterlebensbereich eindeutig verjagt, weil ihm Bedeutungen, die an symbolisch gemeinten Teilgestalten hängen, ganz und gar unverständlich bleiben.

In der Bewertungsbegründung heißt es dazu: *»Symbole werden angedeutet, ohne daß sie etwas verstehen ließen, kabbalistischer Zauber wird vollführt, aber das alles ist nur Schnörkel am Rande des Bestiariums, zu dem die eingeschlossene Gesellschaft sich verwandelt . . . Statt einer vordergründigen Antwort liefert der Film viele Fragen. Fragen an die Zuschauer, und vermutlich holt sich jeder seine Erklärung für diese oder jene Szene. Sicher keine Erklärung für den ganzen Film . . . Das Unerklärliche und Unerklärte ist keinen Augenblick imstande, das Unglaubliche auch unglaubhaft zu machen; man versteht nichts, aber man spürt alles, man glaubt es, gerade weil es absurd ist.«*

In dieser Konsequenz, die von diesem Film in der Tat auch bei wiederholtem Sehen mit unverminderter Strahlkraft ausgeht, erweist sich zwar die hohe künstlerische Qualität des Werkes, macht ihn aber für den Normalzuschauer einfach nicht mehr erlebbar. Der Film ist wie ein »Lesedrama«, das nicht in die Theaterwirklichkeit übertragen werden kann, weil ihm dazu gerade jene künstlerischen Qualitäten fehlen, die ein »Kunstwerk auf dem Theater« entstehen lassen könnten. Das muß aber nicht bedeuten, daß dem Lesedrama deshalb auch die Qualität eines dichterischen Kunstwerks fehlen müßte.

Nun bedeutet, wie Sie bereits wissen, ein solches nicht mehr voll erlebbares Filmwerk im Bereich der Filmdarbietung einen radikalen Kunstfehler, weil es ja nicht (nach-)entstehen kann, solange der Zuschauer es nicht durch seine persönliche

Eingliederung als Werk und Kunstwerk vor der Vorführwand endgültig *verwirklicht*.

Verfehlte Themen- und Kadrierungsgestaltung in Symbolen

Einer der international berühmtesten Filmgestalter, der seine Filme mit symbolisch gemeinten Teilgestalten reich auszuschmücken pflegt, ist der schwedische Pastorensohn Ingmar Bergman.

Dabei passiert es ihm, vor allem aus folkloristischer Befangenheit – weil er halt ein stark nordisch beeinflußtes Weltbild hat –, daß er zu Symbolen greift, die für den Nicht-Nordländer, außer für Hochgebildete, zu unverstehbaren Bilderrätseln entarten.

Auch diese Filme können sich als Filmwerke nur verkrüppelt und als Film-Kunstwerke auf der Vorführwand gar nicht verwirklichen, weil der Zuschauer sich nicht *vollkommen*, wie das erforderlich wäre, in sie eingliedern kann.

Bergman gebraucht Pfützen, Perlen, Kanonen und Revolver gerne als Sex-Symbole, ohne jedoch durch den optischen Gestaltungszusammenhang die realistische Daseinsaufgabe der Gegenstände zugunsten der Symbolbedeutung für den Zuschauer zwingend zu überwinden. In einer ausführlichen Analyse seiner Filmwerke heißt es:

Eine Puppe aus Zelluloid erscheint als Symbol für die abgetriebene Leibesfrucht in »Gefängnis«, »Die Erwartung der Frauen« und »Wilde Erdbeeren«. Wilde Erdbeeren kommen als Symbol vergangenen Jugendglücks in »Durst«, »Einen Sommer lang« und »Wilde Erdbeeren« vor und in »Das siebte Siegel« als Inbegriff irdischen Glücks.

Einmal nennt Bergman auch die Quelle aller modernen Symbol-Kenntnis. In »Die Erwartung der Frauen« mag ein Mädchen nicht baden gehen, weil im Wasser zu viele dicke Fische sind. Als sie ihrem Freund sagt, was der Grund ihrer Scheu sei, bricht er in Gelächter aus: »Worüber lachst du?« fragt sie. »Über Freuds Theorien«, antwortet er.

Manche Symbole, die Bergman vorführt, sind aber selbst bei Kenntnis Freudscher Schriften nicht zu entziffern. So ist die Kröte, die in Großaufnahme in die Vergewaltigungsszene der »Jungfrauenquelle« eingeblendet wird, nach nordischer Überlieferung ein Symbol für böse Wünsche, Tod und Teufel.

Themenverfehlung und Gestaltungsverfehlung

Hollywood-Film »Tora! Tora! Tora!«.

Sie werden nun erfahren, wie Sie inzwischen in der Beurteilung geworden sind, imstande sein, die Themen- und Gestaltungsverfehlung dieses Filmwerks bereits aus einigen Abschnitten der Kritik des Magazins »Der Spiegel« Nr. 45 zu analysieren:

Tora! Tora! Tora! (USA, Farbe). Am 7. Dezember 1941, 55 Minuten vor Überreichung eines Ultimatums durch den japanischen Botschafter in Washington, attackierten Luftgeschwader und U-Boote den amerikanischen Flottenstützpunkt Pearl Harbor auf der Hawaii-Insel Oahu und zerstörten acht Schlachtschiffe, zehn weitere Schiffe sowie 188 Flugzeuge. Den Erfolg ihres Unternehmens meldeten sie per Funk mit den Code-Worten »Tora! Tora! Tora!«, deutsch: Tiger! Tiger! Tiger!

Wie konnte dieser Überraschungsschlag glücken, wie konnte es zu diesem »Tag der Infamie« kommen, der den Eintritt Amerikas in den Zweiten Weltkrieg bedeutete? Hollywoods Regisseur Richard Fleischer hat es in Kollaboration mit seinen japanischen Kollegen Toshio Masuda und Kinji Fukasaku zu illustrieren versucht. Nicht Fiktion will er zeigen, sondern pure Historie. Und wer hätte je gedacht, daß Kriegsgeschichte so langweilig sein kann.

Der Historie erster Teil: Sorgenvoll blickende Minister hinterm Schreibtisch; bekümmerte Diplomaten im Frack; wortkarge, doch gewichtige Konferenzen der General- und Admiralitäten; japanische Offiziere, die in blauen, und amerikanische, die in weißen Uniformen von einem Raum zum anderen eilen; und immer wieder, in Großaufnahme, die hellbraune Ledertasche mit dem Vorhängeschloß, in der die so wichtigen Top-Secret-Akten lagern (Gestaltungsverfehlung! d.A.).

Dann kommt die Pause und dann das große Feuerwerk: Tora! Tora! Tora! Wie farbenprächtig detonieren da die Schlachtschiffe, Kreuzer und Zerstörer! Wie schön lodern die Flammen aus den am Boden zerstörten Flugmaschinen! Welch herrliches Schauspiel für Pyromanen!

Und dennoch bleibt nichts von jener Objektivität, die Fleischer und Kollegen sich gewiß so sehr erträumt hatten, obwohl sie weder Helden noch Schurken darbieten. Hier gibt es keine Psychologie, hier bewegen sich Marionetten durch ein lahmes Spektakel, das mechanisch abschnurrt (Themenverfehlung! d.A.).

Zwei Stunden 21 Minuten und 51 Sekunden lang (die Pause nicht mitgerechnet) haben drei Regisseure ungeheure Menschenmassen und gewaltiges Kriegsmaterial durch ihren Film bewegt. Ihr Publikum jedoch bewegten sie nicht.

Wie der Klasse-Hobbyfilmer die Lehren aus den Themenverfehlungen für seine eigenen Themenentwürfe nutzen kann

Da Sie sich bereits angewöhnt haben, jeden Szeneninhalt sorgfältig mit Rücksicht auf die optimale Eingliederung des Zuschauers auszusuchen, gegebenenfalls umzugestalten und einzuschneiden, kann Ihnen eine Gestaltungsverfehlung durch den Einbau von nicht ausreichend verständlichen Symbolen nicht passieren.

Das gleiche gilt für eine »filmpsychologische Themenverfehlung«, es sei denn, Sie suchen sich ein so anspruchvolles, etwa folkloristisches, fremd-religiöses, wissenschaftliches oder Kunstthema aus, das Sie beim besten Willen filmgestalterisch nicht auf dem geistigen Niveau des durchschnittlich gebildeten Zuschauers (siehe Seite 204) ausreichend klar verstehbar ansiedeln können.

Solche Versuche sind oft, selbst von großen Filmgestaltern, gemacht worden. So wollte Sergej Eisenstein das *Kapital* von Karl *Marx* verfilmen, während Thea von Harbou und Fritz Lang sich mit »Metropolis« an einem Hohelied des *Kapitalismus* versuchten. Der Ideenfilm und die Kern-Idee taucht immer wieder von neuem, zuletzt 1981 in »Kaltgestellt« von Bernhard Sinkel, auf. Diesen Film hat der Filmkritiker Norbert Grob im Feuilleton der »Zeit« Nr. 15 vom 5. 4. 81 wie folgt rezensiert:

» ›Kaltgestellt‹ von Bernhard Sinkel ist ein Ideenfilm par excellence. Was heißt, daß seine Geschichte, seine Figuren, seine Dialoge funktional konstruiert sind – auf einen Sinn hin, der den Film als bloßes Transportmittel für außerfilmische Anliegen benutzt. Der Ideenfilm: das ist, wenn es im Kino nichts mehr zu sehen und zu erleben gibt und die Bilder und die Bildfolgen nur noch den jeweiligen Behauptungen dienen. In ›Kaltgestellt‹ ist der Sinn, den die filmischen Zeichen stiften, überdeckt von dem politisch-publizistischen Anliegen, auf einen gesellschaftlichen Skandal aufmerksam zu machen. Diesen Skandal verknüpft der Film wie etwa auch Hauffs ›Messer im Kopf‹ oder Schlöndorffs/von Trottas ›Verlorene Ehre der Katharina Blum‹ (von dem Jean-Marie Straub sagt, er sei ›im etymologischen Sinne erschreckend‹) mit einer persönlichen Leidensgeschichte. Und wie schon in den beiden Filmen zuvor dient diese Verknüpfung auch hier allein der Emotionalisierung. Wie ein liberaler Lehrer (Helmut Griem) an den Rand seiner bürgerlichen Existenz getrieben wird und wie die Schnüffelpraxis des Staates (in West-Berlin) dafür verantwortlich ist, das sei empörend, behauptet der Film. Einmal, in der legendären Szenenkneipe ›Terzo Mondo‹, darf der Lehrer einem miesen, schmutzigen Schnüffler (Martin Benrath) das sogar direkt ins Gesicht sagen. Aber der Film, der vorgibt, sich mit einem politischen Gegenwartsproblem auseinanderzusetzen und nichts außer Empörung vermittelt, also ein entmündigendes Gefühl jenseits von Ansichten und Einsichten, der ist erschreckend unpolitisch: nicht allein in den Bildern, sondern auch in seiner Geschichte. Es genügt eben keineswegs, um einen aufklärerischen Film zu drehen, nur umfassend informiert zu sein. Und es genügt nicht, um einen politischen Film zu drehen, nur einen politischen Standpunkt zu haben. Und wie sehr dies nicht genügt, das kann man in ›Kaltgestellt‹ sehen.«

Diese Versuche, Ideen filmgestalterisch zu übertragen, sind in der Filmgeschichte schon des öfteren gescheitert.

Albert Ehrenstein versuchte schon 1913, die Persönlichkeit des Dichters der *Ilias* und der *Odyssee* durch den Film »Der Tod Homers« filmgestalterisch einzufangen, englische Filmproduzenten machten aus *Dantes* »Inferno« ein Stummfilm-Drama, *Franz Hofer* tat das gleiche zweimal mit *Schillers* »Glocke«, *Carl Mayer* und *Robert Wiene* glaubten mit dem Film »Das Cabinet des Dr. Caligari« den

»Expressionismus« als »lebendige Graphik« dem Zuschauer auf der Vorführwand als Erlebnisraum anbieten zu können.

Im übrigen sind alle diese filmischen Versuche, große Filmkunstwerke auf dem Rücken literarischer Werke unsterblicher Genies gewaltsam anzusteuern, zu Mißerfolgen geworden oder zu filmhistorischen Kuriositäten entartet. Ein weltweiter Publikumserfolg blieb ihnen jedenfalls nur dann nicht versagt, wenn sie eine originäre filmkünstlerische Neugestaltung, die den Zuschauer voll einschloß, zustande brachten.

Für Sie als Klasse-Hobbyfilmer kommt es darauf an, wenn Sie nicht auch mit der Verwirklichung Ihrer Filmpläne entgleisen wollen, daß Sie sich stets unverbrüchlich eines persönlichen Arbeitsgrundsatzes bewußt bleiben, den der Hobby-Filmhersteller Manfred Kleis im film & ton-magazin Nr. 8 von 1. 8. 81 ausspricht: »Als Besucher einer Menge Wettbewerbe habe ich die Erfahrung gemacht, daß viele vergessen, den Film als *optisches* Medium zu begreifen. Die adäquate filmische Umsetzung eines Themas wird oft nicht erreicht. Speziell bei sogenannten Problem- und Agitationsfilmen wäre es oft besser gewesen, die Thematik am Rednerpult zu rezitieren. Film ist mehr als ein paar kluge Worte. Nicht umsonst gibt es im kommerziellen Film ein Heer von Spezialisten. Alle Spezialisten muß der nichtkommerzielle Filmemacher (Hobbyfilmer d. A.) reduziert auf seine finanziellen, technischen und künstlerischen Fähigkeiten in seiner Person vereinigen. Daß das keine Beschneidung der Freiheit der nichtkommerziellen Filmemacher sein muß, beweisen jedes Jahr eine Vielzahl guter (Hobby- d. A.) Filme.«

XIII. Kapitel
Die Hauptprobleme der dramaturgischen Filmgestaltung

Nach allem, was Sie bisher über das Wesen der filmischen Gestaltung praktisch und theoretisch analysiert und erkannt haben, wird Ihnen auch klar geworden sein, daß sich eine *Filmhandlung* von einer dramatischen Handlung, wie sie sich im Schauspiel, Lustspiel, Musical und der Oper auf der Theaterbühne darbietet, fundamental unterscheiden muß.

Auf dem Theater steht stets der Mensch im Mittelpunkt jeglicher Handlung (siehe Seite 334).

Dagegen gibt es Reportage- und Dokumentarfilmthemen, in denen der Mensch entweder überhaupt nicht oder nur nebenbei vorkommt, ohne das zentrale Objekt der *Filmhandlung* zu sein.

Das gilt zum Beispiel für die meisten Tierfilme, die trotzdem, wie etwa *Disneys »Die Wüste lebt«* u.a.m. abendfüllende Erfolge waren.

Ebenso gilt das für zahllose Reportage-, Dokumentar- und Kunstfilme.

Beispiele sind: »Entstehung von Erde und Mond«, »Vulkane«, »Die Höhle von Lasceaux«, »Die Akropolis«, »Wallfahrtskirche Vierzehnheiligen«, »Tilman Riemenschneider«, »Rembrandt, Maler der Menschen«, »Meisterwerke des Louvre«. »Vincent van Gogh«, »Picasso: Krieg, Frieden und Liebe«, »Pacific 231«, »Vom Erz zum Stahl«, »Nahtlose Stahlrohre im Pilgerverfahren«, »Aus Bauxit wird Aluminium«, »Kunststoffe, ihr Aufbau und ihr Verhalten«, »Fraktionierung von Erdöl«, »Seifenherstellung«, »Eigenschaften des Wassers«, »Die Herstellung von Druckfarben«.

»Die Entdeckung der Radioaktivität«, »Kernspaltung des Urans«, »Entstehung des Lebens«, »Das Krebsproblem«, »Die Küche im Wandel der Zeit«. »Arbeitsweise eines Kernkraftwerks«, »Datenträger«, »Farbfernsehen«, »Tiefkühlkost«, »Die Kegelschnitte«, »Ausblick auf das Jahr 2000«.

Was also ist eine Filmhandlung im Gegensatz zur literarisch-dramatischen Handlung wirklich?

Wenn Sie auf diese Frage eine gültige Antwort suchen, dann ist es wohl erforderlich, daß Sie sich zunächst das Wesen der literarisch-dramatischen Handlung vergegenwärtigen. Dafür gibt es zwei unbestechliche Zeugen, deren Definitionen und

Analysen wenigstens für die klassische Dichtung und die Dramen-Literatur des 20. Jahrhunderts bis zum Ausbruch der Pop Art und des radikal-laizistischen Regieverhaltens unverändert gültig geblieben sind: Aristoteles und Lessing.

So schreibt Lessing über Aristoteles:

»Denn die Fabel ist es, die den Dichter vornehmlich zum Dichter macht: Sitten, Gesinnung und Ausdruck werden jenen gerathen, gegen einen, der in jener untadelhaft und vortrefflich ist. Er erklärt aber die Fabel durch die Nachahmung einer Handlung, und eine Handlung ist ihm eine Verknüpfung von Begebenheiten. Die Handlung ist das Ganze; die Begebenheiten sind die Theile dieses Ganzen und so wie die Güte eines jeden Ganzen, auf der Güte seiner einzelnen Theile und deren Verbindung, beruht, so ist auch die tragische Handlung mehr oder weniger vollkommen . . .

Die Handlung muß deutlich, der Knoten verständlich, und jede Gesinnung plan und natürlich sein: das sind die ersten, wesentlichsten Regeln . . .

Eine kleine rührende Erzählung in ein rührendes Drama umzuschaffen, ist so leicht nicht. Zwar kostet es wenig Mühe, neue Verwickelungen zu erdenken, und einzelne Empfindungen in Szenen auszudehnen. Aber zu verhüten wissen, daß diese neuen Verwickelungen weder das Interesse schwächen, noch der Wahrscheinlichkeit Eintrag thun; sich aus dem Gesichtspunkte des Erzählers in den wahren Standort einer jeden Person versetzen können; die Leidenschaften nicht beschreiben, sondern vor den Augen des Zuschauers entstehen, und ohne Sprung in einer so illusorischen Stetigkeit wachsen zu lassen, daß dieser sympathisieren muß, er mag wollen oder nicht, das ist es, was dazu nötig ist.«

Die »Fabel«, das ist die »Geschichte« aus der die »Handlung« vom Dramatiker herausgeholt wird. Insoweit stimmen der Dramatiker und der Film-Autor völlig überein. Der Unterschied beginnt erst mit der Beschränkung des Dramatikers *auf* Fabeln, die ausschließlich menschliche Schicksale betreffen, während der Film-Autor ganz beliebige »Handlungen« gestalten will, die sich auf reine Sachinformation, Wissens-Erweiterung, Erforschung der Mikro- und Makro-Welten, subjektive Erlebnisreportagen, dokumentarische Interpretationen, reine Stimmungs- und Gefühlserlebnisse u.s.w. beziehen, als auch schließlich auf den sogenannten »Spielfilm«, dem – von seltenen Ausnahmen abgesehen –, menschliche Schicksalserlebnisse im Sinne des literarischen Dramas, Lustspiels, Musicals und der Oper richten.

Sie sehen, man kann wohl sagen, der Literatur-Dramatiker sei der »ältere Zwillingsbruder« des Filmgestalters, der sich in weiser Beschränkung auf seine Wirkungsmittel, Bühne und Musik, nur das menschliche Schicksal als Stoffgebiet herausgesucht hat, während der Film-Autor und Gestalter die ganze Welt für seine »Handlungen« zu erobern versucht hat.

Damit bekommt der Begriff »Film*handlung*« einen stark erweiterten, ganz neuen Charakter, der, weil sein Objekt genau wie für den literarischen Dramatiker *der Mensch als Zuschauer oder Leser* ist, mit der Handlung des Dramas nur noch einigen wenigen Grundbedingungen gehorchen muß, weil sie für beide Handlungsarten, die eingeschränkte der Bühne und die weltumfassende des Films, gleicherweise zutreffen. Denn vor beiden Werken versammeln sich die gleichartigen Menschen, die das Bühnen- wie das Filmwerk entgegennehmen.

Dabei hat es der Zuschauer vor der Vorführfläche des Films, wie Sie umfassend erkannt haben, weitaus schwerer als der Theaterzuschauer, weil er fast alles, was er sieht, selber »machen«, das heißt aus dem in seinem Gedächtnis aufbewahrten Umweltkatalog herausziehen und auf die Vorführfläche hinausverlegen muß, während der Theaterzuschauer die »brüderliche Hilfe« der lebendigen Schauspieler und Sänger, die ihn im Geiste an die Hand nehmen und behutsam führen können, zur Verfügung steht.

Das ist der Grund, weshalb der Filmautor und der Filmgestalter, genau so wie Sie als Klasse-Hobbyfilmer, eine viel größere Rücksicht auf den künftigen Zuschauer, sein Bildungsniveau und seine soziale Stellung nehmen müssen als der literarische Dramatiker.

Das Bildungsniveau ist Fundament, nicht Werkzeug der Filmgestaltung

Das alles heißt keineswegs, daß nun jeder Film genau an das Bildungsniveau eines Massenpublikums angepaßt gestaltet werden sollte. Schon die kategoriale Einteilung der verschiedenen Film-Herstellungsgebiete, wie wissenschaftliche Filme, Dokumentarfilme, Lehrfilme, Erziehungsfilme, Aufklärungsfilme, soziale Filme, Unterhaltungsfilme, Spielfilme, Filmkunstwerke u.a.m., macht das ganz deutlich.

Es heißt aber, daß dem Zuschauer alles Neue und Schöne, das er im Film erfahren oder erleben soll, grundsätzlich so dargeboten werden soll, daß er es ohne zusätzliche Denkanstrengungen verstehen und miterleben kann, daß also sein Weltbild nicht überfordert wird.

Wie immer bisher, so wird Ihnen auch diese These zur Filmgestaltung durch ein praktisches Beispiel aus der Filmgeschichte erläutert: Der amerikanische Regisseur und Produzent Stanley Kramer, der viele bedeutende Filme gestaltete, die sich eines Anliegens der ganzen Menschheit annahmen, erklärte in einem Interview, nach den Beeinflussungsmöglichkeiten menschlicher Überzeugungen durch den Film befragt:

»Ich sage niemals: Mit diesem Film werden wir eine Polemik entfesseln. Ich sage: Wir haben da eine sehr gute Geschichte.

Ich glaube zwar nicht, daß der Film die Meinungen und Überzeugungen der Zuschauer ändern wird, aber hier und da werden zwei Zuschauer das Filmtheater verlassen und sagen: Von diesem Standpunkt aus habe ich dieses Problem noch niemals betrachtet.«

Auch dieses Beispiel aus der Praxis eines international engagierten Filmgestalters zeigt, daß die Gestaltungsprobleme im Bereich der Filmgestaltung grundsätzlich psychologische Gestaltungsprobleme sind.

Das geht auch aus zahlreichen Forschungen und Untersuchungen sozialer und sozial-psychologischer Probleme hervor:

Ein erfahrener, alter, aber erfolgreicher deutscher Filmproduzent, nach dem Geheimnis des Filmerfolges befragt, stellte im Jahre 1973 in einem Interview mit Dr. F. E. Olimsky fest:

»Wenn es gelingt, mit einem Film die Massenseele zu erfassen, ist der Erfolg gesichert. Filme, die zwei Seelenregungen, nämlich Sehnsucht und Mitleid, wirksam ansprechen, fanden immer die stärkste Publikumsresonanz. Dabei spielt es keine Rolle, ob es sich um einen historischen oder einen Gegenwartsfilm handelt ... Auch künstlerische Spitzenleistungen garantieren nur den großen Erfolg, wenn sie die Massen wirklich innerlich ansprechen.«

So richtig diese Feststellung sein mag, so unvollständig und unvollkommen ist sie. Sehnsucht nach was, Mitleid für wen, lautet die Frage des Filmplaners. Auch ist weiter zu fragen, ob Sehnsucht und Mitleid die einzigen Seelenregungen sind, durch die eine starke Publikumsresonanz zu erzielen ist.

Zur Beantwortung dieser Zusatzfrage kann die demoskopische Statistik einen wesentlichen Beitrag leisten.

Seit dem Jahre 1930 wurde, zunächst im Rahmen der Erfassung allgemeiner Freizeitbeschäftigungen (Ausgaben für Kinobesuch in den USA mehr als 25 % aller Freizeitausgaben) und später immer zielgerichteter auch in den europäischen Ländern, die Bevorzugung von Filmarten und Fernsehprogrammen erfaßt.

Dabei ergab sich eine abgestufte Bevorzugung oder Ablehnung von thematischen Grundstrukturen, die durch die folgenden allgemeinen Publikumswünsche fundamentiert wurden (Magazine und Diskussionen blieben außer Betracht):

1. Angenehme Stimmungen (Musiksendungen, Shows, »3mal 9«, »Dalli, Dalli«, »Spiel ohne Grenzen«, Karneval, Quizsendungen, »Der Blaue Bock«),
2. Lachen (Komödien, Ohnsorg-Theater, Comics, Parodien),
3. Erregung (Krimis, Liebesdramen, Sensationsreportagen, Science-fiction),
4. Wunscherfüllung (Hitparade, Abenteuer- und Tierfilme, heile Welt, Fußball bis Pferdesport),
5. Ablehnung der Sozialkritik und des Realismus, soweit diese nicht in 3. Erregung oder 4. Wunscherfüllung oder auch 2. Lachen integriert sind.

   Erfolgsbeispiele: »From Here To Eternity«, »Best Years Of Our Lives«, »Clockwork Orange«, »Ein Herz und eine Seele«, »Soap Operas«, »Der Exorzist«. Gegenbeispiel: »Acht Stunden sind kein Tag«; trotz Luise Ullrich und Werner Fink.

Es ist deutlich, daß die fernseh-filmpsychologische Erweckung von angenehmen Stimmungen, Lachen, Erregung und Wunscherfüllungen von den sich ständig wandelnden Anschauungen und gefühlsbestimmten Urteilen der Massengesellschaft abhängig ist.

Die öffentliche Meinung und die filmthematischen Modeströmungen.

Die Lebendigkeit folkloristisch-kultureller Traditionen, die jeweilige »öffentliche Meinung«, die auf allen Gebieten ständiger Beeinflussung und Manipulationsversuchen unterworfen ist, politische und kulturpolitische Modeströmungen müssen also vom Filmhersteller und den Filmgestaltern nicht nur zielgerecht getroffen werden, wenn sie die beabsichtigte Zuschauerreaktion in voller Stärke bewirken und aufrechterhalten wollen. Sie müssen auch komplexe Gefühle und Stimmungen im Zuschauer wachrufen, weiterführen und überleiten. Bloße Information wird in aktuellen, die Öffentlichkeit bewegenden Themen stets mehr oder weniger abgelehnt. Die Massen wollen wissen, was sie über das, was sie da sehen, denken und meinen sollen. Gefühle werden dagegen aus dem Informationsangebot, wenn dieses Gefühls-Erwecker enthält, ohne Umwege wachgerufen.

Diese Abhängigkeit ist damit ganz bestimmten allgemein kulturhistorischen Modeströmungen unterworfen, die auf den verschiedenen Kontinenten und in den verschiedenen Kulturkreisen zeitverschoben und in unterschiedlicher Intensität auftreten. Manchmal nehmen solche Strömungen sogar gegenläufigen Charakter an. So zielt zum Beispiel eine amerikanische Gangsterfilmwelle, für die etwa ein Film wie »Bonny und Clyde« oder »The Godfather« (Der Pate) typisch ist, auf die Erweckung eines starken Mitgefühls im Zuschauer, ja Sympathie für die Hauptpersonen, obwohl diese doch abscheuliche Verbrechen begehen.

Im europäischen Fernsehfilm ging diese Modewelle nicht über die Erweckung eines lustvollen Grauens, mit dem die Zuschauer an den Verbrechern und ihren Untaten teilnahmen, hinaus.

Typische europäische Beispiele für diese Filmart sind: »Wenn Katelbach kommt«, Hitchcocks Kriminalfilme und »Trio Infernale« (Die Unersättlichen).

Über eine im Übergang 1975/76 befindliche Fernsehfilm-Modeströmung wird im Magazin »Stern« Nr. 48/1975 berichtet: »So haben die TV-Giganten wie ABC, NBC und CBS längst gemerkt, daß reine Phantasiehelden, die mit dem alltäglichen Leben kaum etwas zu tun haben, beim Zuschauer nicht mehr ankommen. Sprücheklopfer wie das schwarzweiße Duo aus der Jokus-Serie ›Tennis-Schläger und Kanonen‹ sind out. Die neue Mode heißt ›Realität‹.« Larry Whine, Unterhaltungschef von NBC: »Wir tendieren mehr und mehr zur Wirklichkeit!« Harte, deprimierende Polizeiarbeit, Rassenhaß, Frauenemanzipation – alles darf jetzt in Serie vorkommen. Es gibt, so ein anderer Fernsehmacher, in »Kojak & Co.« jetzt einen »Markt für Realismus«.

Dieser im Fernsehprogramm anscheinend erstmals beobachtete »Realismus« ist eine aus der Geschichte des Spielfilms längst bekannte, etwa alle 20 Jahre periodisch auftretende Modeerscheinung. Charakteristisch dafür waren der »Italienische Realismus« der Rossellini und de Sica, unmittelbar nach dem Zweiten Weltkrieg, und die französische »Nouvelle Vague«, auch das »Cinema Vérité« der letzten Jahrzehnte. Auch in den 20er Jahren dieses Jahrhunderts gab es gleichartige, stets nur wenige Jahre andauernde Filmgestaltungsbewegungen, die sich allesamt, meist schleichend, wieder in die Filmwunsch-Erwartungen des durchschnittlichen Zuschauers hineinverwandelten.

Dennoch führten diese »avantgardistischen« Filmgestaltungsperioden stets zu filmkünstlerisch wesentlichen neuen Gestaltungsformen und Strukturen, die von nachfolgenden konventionellen Filmgestaltungsstilen als legitime Bestandteile aufgenommen und eingeschmolzen wurden.

In diesem Sinne ist auch das »Free Cinema« aus England und der amerikanische »Underground-Film« zu beurteilen, die sich vor allem, wie die jüngsten Warhol/ Morrissey-Filme beweisen, auch deutlich auf die konventionelle Fernsehfilmgestaltung auszuwirken beginnen.

Diese Entwicklung konnte in der Geschichte des Films zum erstenmal zu Anfang unseres Jahrhunderts beobachtet werden, als David Wark Griffith die Großaufnahme und die allseitig bewegliche Kamera konsequent als filmkünstlerische Gestaltungsmittel einsetzte.

Wie in allen anderen menschheitsgeschichtlichen Entwicklungsbereichen folgen auch auf dem Gebiet der Filmkunst die entwicklungsbestimmenden avantgardistischen Neuerungsbewegungen immer rascher aufeinander. Gegenwärtig kristallisiert sich für die Filmwelt nach längerer Stagnation ein neuer filmischer Gestaltungsstil heraus, der seine Wurzeln in Westdeutschland hat.

International anerkannte Filmwerke wie »Jeder für sich und Gott gegen alle« von Werner Herzog, »Angst essen Seele auf« von Rainer Werner Fassbinder, »Die Angst des Tormanns beim Elfmeter« von Wim Wenders sind charakteristische Beispiele für einen neuen Filmgestaltungsstil, der von einer ganzen Gruppe plötzlich aufgetauchter junger Filmemacher übereinstimmend gestaltet wird. Auch Werner Schröter, Volker Schloendorff, Hans Jürgen Syberberg, Bernd Sinkel, Alf Brustellin und Lothar Lambert, Christian Rischert, Ulrike Ottinger, Christel Buschmann und Christine Pascal gehören dazu.

Diese neue deutsche Gruppe scheint begriffen zu haben, was schon Warhol erkannte, daß nämlich wahre Filmkunst nur auf dem kunsthandwerklichen Fundament der Zuschauer-Identifizierung gedeihen kann. Sie haben auch schnell kommerzielle Erfolge errungen, ohne ihre Ambitionen dabei zu verraten. So Fassbinder mit »Effi Briest«, Schloendorff mit »Die verlorene Ehre der Katharina Blum«, Sinkel/Brustellin mit »Berlinger« und, auf dem Dokumentarfilmgebiet, Hans-Jürgen Syberberg mit »Theodor Hirneis«, Heide Genee mit »1 + 1 = 3«.

Welche Möglichkeiten Ihnen als Klasse-Hobbyfilmer diese Berufsfilmnachwuchsbeispiele bieten, brauche ich Ihnen nicht mehr zu erläutern. Sie können diese in Filmkunsttheatern und als Retrospektiven auch im Fernsehen immer wieder sehen, ja zum großen Teil bei den 16-mm- und Super-8-Filmverleihern, wie z. B. »atlas film + aV«, Tel: 0203/370011–18 sich zum Studium selbst ausleihen.

Dagegen soll noch eine Begründung für die Berechtigung eines von älteren Filmästheten zuweilen sogar heute noch verteufelten Begriffs erfolgen, der für Ihre Filmarbeit und nicht nur für Spielfilme, sondern auch – so merkwürdig Ihnen das vorkommen mag – für Ihre Dokumentarfilme eine grundsätzliche filmpsychologische Bedeutung hat. Ich meine das »Happy-End«.

Auch das Happy-End gehört dazu

Die seelischen Erschütterungen, denen der Zuschauer durch den Fernsehfilm ausgesetzt werden kann, sind umfassender und intensiver, als sie die Theateraufführung vermittelt. Im Theater teilt sich z. B. der seelische Zustand des Helden dem Zuschauer trotz aller schauspielerischen Gestaltungskraft nur durch das Filter der begrifflichen Erfassung, also den Verstand, mit. Der Zuschauer im Theater erfährt das Entscheidende durch Worte, die er selbst über seinen Verstand erst in Gefühle umsetzen muß; zwischen ihm und dem Erlebenden auf der Bühne bleibt stets ein Abstand der Persönlichkeiten aufrechterhalten. Der Zuschauer kann zum Mitleiden, aber nicht (als organischer Bestandteil des Dramas) zum Selbstleiden gebracht werden.

Der Filmgestalter dagegen baut das Selbstleiden und Selbstfreuen des Zuschauers, dank der gewaltigen filmpsychologischen Wirkungsmöglichkeiten, organisch in das Filmkunstwerk ein. Er ist dadurch imstande, den Zuschauer emotional unter völliger Ausschaltung des kontrollierenden Verstandes, der die Verbindung mit der wirklichen Umwelt aufrechterhält, durch Himmel und Hölle zu schleppen.

Kein normaler Mensch läßt gerne unangenehme oder belastende Gefühle in seiner Seele entstehen. Der Zuschauer wird solche Gefühlsabläufe in der Wesensgemeinschaft mit dem Filmwerk nur dann streckenweise auf sich zu nehmen bereit sein, wenn er von ihrer zwingenden Notwendigkeit überzeugt ist und wenn er gleichzeitig die Hoffnung in sich keimen fühlen darf, daß sich doch noch alles zum Guten wenden wird.

Der Filmgestalter ist also gezwungen, die unangenehmen und belastenden Gefühle, die im Zuschauer im Verlaufe des Fernsehfilms als Handlungsschwerpunkte erweckt werden, durch Handlung und Hoffnung *zu rechtfertigen*. Er kann derartige Filmwerke in ihrer künstlerischen Gesamtgestalt nicht immer nur auf die reine Emotion hin anlegen, wie das etwa als »spielerische Freude« in dem Film »Die drei von der Tankstelle« geschieht. Die naheliegende, sich geradezu aufdrängende Rechtfertigung solcher belastender Gefühlsführungen ist aber das »Happy-End«. Der Filmgestalter hat lediglich dafür zu sorgen, daß dieses Ende organisch aus der Story und dem Handlungsverlauf erwächst und nicht etwa krampfhaft ankonstruiert ist. Als klassisches Beispiel für die Gestaltung einer wachsenden Angst und Bedrückung im Zuschauer und deren schrittweise, organische »Happy-End«-Lösung kann der Film »Mr. Deeds Goes to Town« (Mr. Deeds geht in die Stadt) von Frank Capra genannt werden.

Diese Analyse schließt selbstverständlich nicht aus, daß auch Filmwerke entstehen können, die einen Welterfolg erzielen, obwohl sie vorwiegend unangenehme Gefühlsabläufe im Zuschauer hervorrufen und kein »Happy-End« haben. Solche Filmwerke werden indessen stets als Ausnahmen, die eine Regel bestätigen, von genialen Filmgestaltern geschaffen und unwiederholbar bleiben. In dieser Richtung liegen Filmwerke wie »Nosferatu« von F. W. Murnau, »Das Cabinet des Dr. Caligari« von Robert Wiene, »Der Blaue Engel« von Josef von Sternberg, »Easy Rider« und »Der Pate« von Francis Ford Coppola.

Es ist deutlich, daß die fernseh-filmpsychologische Erweckung von angenehmen Stimmungen, Lachen, Erregung und Wunscherfüllungen von den sich ständig wandelnden Anschauungen und gefühlsbestimmten Urteilen der Massengesellschaft abhängig ist.

Das »Unhappy-End« in der klassischen Dichtung

Im übrigen ist der Gegensatz zum »Happy-End«, nämlich das *»Unhappy-End«*, jahrtausendelang eine Art dichterischer Mode für alle klassischen Tragödiendichter gewesen, die diese Mode von *Aristoteles* mit heute noch überzeugenden Argumenten geschenkt bekamen. Lessing kommentiert:

»Die Sache verhält sich wie folgt. Aristoteles untersucht in dem vierzehnten Kapitel seiner Dichtkunst, durch was eigentlich für Begebenheiten Schrecken und Mitleid erregt werde. Alle Begebenheiten, sagt er, müssen entweder unter Freunden, oder unter Feinden oder unter gleichgültigen Personen vorgehen. Wenn ein Feind seinen Feind tötet, so erweckt weder der Anschlag, noch die Ausführung der Tat sonst weiter einiges Mitleid, als das allgemeine, welches mit dem Anblicke des Schmerzlichen und Verderblichen überhaupt, verbunden ist. Und so ist es auch bei gleichgültigen Personen.

Folglich müssen die tragischen Begebenheiten sich unter Freunden ereignen; ein Bruder muß den Bruder, ein Sohn den Vater, eine Mutter den Sohn, ein Sohn die Mutter tödten oder tödten wollen, oder sonst auf eine empfindliche Weise mißhandeln wollen. Dieses aber kann entweder mit oder ohne Wissen und Vorbedacht geschehen; und da die That entweder vollführt oder nicht vollführt werden muß: so entstehen daraus vier Klassen von Begebenheiten, welche den Absichten des Trauerspiels mehr oder weniger entsprechen. Die erste: wenn die That wissentlich, mit völliger Kenntnis der Person, gegen welche sie vollzogen werden soll, unternommen aber nicht vollzogen wird. Die zweite: wenn sie wissentlich unternommen, und wirklich vollzogen wird. Die dritte: wenn die That unwissend, ohne Kenntnis des Gegenstandes, unternommen und vollzogen wird, und der Thäter die Person, an der er sie vollzogen, zu spät kennen lernet. Die vierte: wenn die unwissend unternommene That nicht zur Vollziehung gelangt, indem die darin verwickelten Personen einander noch zur rechten Zeit erkennen. Von diesen vier

Klassen gibt Aristoteles der letzteren den Vorzug. ... als ob er dadurch die Fabel dieses Trauerspiels überhaupt von der vollkommensten Gattung tragischer Fabeln zu sein erklärte.

Indes sagt doch Aristoteles kurz zuvor, daß eine gute tragische Fabel sich nicht glücklich, sondern unglücklich enden müsse. Wie kann dieses beides bei einander bestehen? Sie soll sich unglücklich enden und gleichwohl läuft die Begebenheit, welcher nach jener Klassifikation allen andern tragischen Begebenheiten vorzieht, glücklich ab. Widerspricht sich nicht also der große Kunstrichter offenbar? ...

(Ich) sage mir immer: Aristoteles kann irren, und hat oft geirrt; aber das er hier etwas behaupten sollte, wovon er auf der nächsten Seite gerade das Gegenteil behauptet, das kann Aristoteles nicht. Endlich findet sich's auch.

Nichts empfiehlt Aristoteles dem tragischen Dichter mehr, als die gute Abfassung der Fabel: und nichts hat er ihm durch mehrere und fernere Bemerkungen zu erleichtern gesucht, als eben diese. Denn die Fabel ist es, die den Dichter vornehmlich zum Dichter macht: ...

Nun bringt Aristoteles alle Begebenheiten, welche in der tragischen Handlung Statt haben können, unter drei Hauptstücke: des Glückswechsels, der Erkenntnis, und des Leidens. Was er unter den beiden ersten versteht, zeigen die Worte genügsam; unter dem dritten aber faßte er alles zusammen, was den handelnden Personen Verderbliches und Schmerzliches widerfahren kann: Tod, Wunden, Martern und dergleichen. Jene, der Glückswechsel und die Erkennung, sind das, wodurch sich die verwickelte Fabel, von der einfachen unterscheidet, sie sind also keine wesentliche Stücke der Fabel; sie machen die Handlung nur mannigfaltiger, und dadurch schöner und interessanter; aber eine Handlung kann auch ohne sie ihre völlige Einheit, und Rundung und Größe haben, ohne das dritte hingegen läßt sich gar keine tragische Handlung denken; Arten des Leidens ... muß jedes Trauerspiel haben, die Fabel desselben mag einfach oder verwickelt sein ...

Und dieses soll sich widersprechen? Ich verstehe nicht, wo man die Gedanken haben muß, wenn man hier den geringsten Widerspruch findet.

(Er) untersucht, welches der beste Glückswechsel, welches die beste Erkennung, welches die beste Behandlung des Leidens sei: so findet sich in Ansehung des erstern, das derjenige Glückswechsel der beste, das ist, der fähigste, Schrecken und Mitleid zu erwecken und zu befördern, sei, welcher aus dem Bessern in das Schlimmere geschieht; und in Ansehung der letztern, daß diejenige Behandlung des Leidens die beste in dem nämlichen Verstande sei, wenn die Personen, unter welchen das Leiden bevorsteht, einander nicht kennen, aber in eben dem Augenblicke, da dieses Leiden zur Wirklichkeit gelangen soll, einander kennen lernen, so daß es dadurch unterbleibt. ...

Wenn der Glückswechsel und das, was Aristoteles unter dem Worte Leiden begreift, zwar verschiedene Dinge sind, wie sie es sind: warum soll sich nicht ganz etwas Verschiedenes von ihnen sagen lassen? Oder ist es unmöglich, daß ein Ganzes Theile von entgegen gesetzten Eigenschaften haben kann?«

Haben Sie es bemerkt? Aristoteles und Lessing geben Ihnen hier, am Beispiel der klassischen Tragödie, tatsächlich sinnvolle Ratschläge, wie Sie Ihre »Geschichten in der Geschichte« (siehe Seite 165) einrichten können. Es kommt also hauptsächlich auf den *inneren* und nicht nur den äußeren Zusammenhang der »Geschichten« mit der Hauptgeschichte an, so daß die Teilhandlung der »Geschichte« sogar den äußeren Ereignissen der Hauptgeschichte widersprechen darf, wenn nur der innere Zusammenhang stimmt, und der kann sich ganz unabhängig von Tatsachen auch in einem bloßen Gefühlsumschwung ausdrücken.

Diese antike dichterische Gesetzmäßigkeit läßt sich auch ohne weiteres auf die Einfügung von Klamaukszenen übertragen, die nur dann gerechtfertigt ist, wenn sie einen vom *Gefühl* bestätigten und nicht nur einen verstandesmäßig-intellektuellen Zusammenhang mit der Hauptgeschichte aufweisen. Das konnten *Ernst Lubitsch* und kann Billy Wilder; viele moderne Filmgestalter können es nicht.

Wie löst nun Lessing das dramaturgische Problem des Aristoteles endgültig? »Er sagt (Lessing, Hamburgische Dramaturgie, 1. Theil, Seite 263): dieser *Theil* der Fabel, wenn er seine Vollkommenheit haben soll, muß von dieser Beschaffenheit sein, jener von einer anderen, und ein dritter wiederum von einer anderen. Aber wo hat er gesagt, daß jede Fabel nothwendig *alle* diese Theile haben müsse? Genug für Ihn, daß es Fabeln gibt, die sie alle haben können. Wenn eure Fabel aus der Zahl dieser glücklichen ist, oder nur die *beste* Behandlung des Leidens erlaubt, so untersucht, bei welchen von ihr ihr am besten überhaupt fahren würdet, und wählet. Das ist alles.«

Fazit: Fünf moderne Thesen für die optimale Filmgestaltung

1. These:

Die »filmische Handlung« setzt sich im Gegensatz zur literarisch-dramatischen Handlung aus literarisch-filmisch geschlossenen Komplexen zusammen, die beliebig unterteilbar oder auffindbar sind.

Das Registrier-Archivier-Bedürfnis, die Information, die subjektive Reportage, das objektive Dokumentarbedürfnis, die reine Gefühls- und Stimmungskomposition muß schließlich dem Unterhaltungs- und dramatischen Erlebnisbedürfnis des Zuschauers unterworfen werden können. Anderenfalls fängt jeweils »ein neuer Film an«.

2. These:

Jeder *Filmszeneninhalt* setzt sich aus Teilgestalten zusammen, deren Zusammenklang die Gesamtgestalt der Szene entstehen läßt.

Schwache Teilgestalten in unprägnanter Wiedergabe sind – von extremen Ausnahmen abgesehen – nicht fähig, eine starke prägnante Gesamtgestalt hervorzubringen. Alle Filmszeneninhalte müssen sich der Gesamthandlung im Sinne der Gestaltungsregel »Geschichten (oder Erlebnisanstöße) in der Geschichte« kontinuierlich unterwerfen. Andernfalls fängt jeweils ein neuer Film an.

3. These:

Informative Gesamtgestalten können in zwei voneinander verschiedenen Ausdrucksgestalten verwirklicht werden, die sich gelegentlich überschneiden oder miteinander vermischen.

Die informative Gesamtgestalt und deren Teilgestalten können dem Filmzuschauer entweder Wissen anbieten und ihn über Sachverhalte aufklären, oder sie können ihm Erfahrungen vermitteln, indem sie durch Auswahl oder Gestaltung Stimmungen und Gefühle wachrufen und so Erfahrungen durch persönliche Anteilnahme vermitteln.

Diese filmischen Gestaltungsmöglichkeiten durch prägnante Teil- und Gesamtgestalten können sowohl bis zum echten Erlebnis als auch zur psychischen Manipulation des Fernseh- und Filmzuschauers führen.

4. These:

Die *Ausdrucksstärke jeder Teilgestalt* und damit auch der Gesamtgestalt ist also von der Deutlichkeit und Prägnanz ihrer Darbietung entscheidend abhängig.

Die *Deutlichkeit* wird – von extremen Ausnahmefällen abgesehen – bewirkt durch die Abbildungsschärfe und durch die Helligkeit, mit der die Gestalt auf der Vorführfläche (Fernsehempfänger, Projektionswand, fotografisches Papierbild usw.) dargeboten wird. Eine für die Gestalterkennung ausreichende Abbildungsschärfe und Helligkeit ist von der Helligkeits-*Verteilung* (Beleuchtung) im Aufnahmemotiv und von der optimalen Registrierung dieser Helligkeitsverteilung durch das Kameraobjektiv ebenso abhängig wie von der technisch optimalen Übertragung der fotografisch registrierten Phasenbilder auf die Vorführfläche.

Unscharfe Abbildung schädigt – von extremen Ausnahmefällen abgesehen – stets die Gestaltqualität und kann starke Gestalten in schwache Gestalten umwandeln.

Die *Prägnanz* der Darbietung von Gestalten hängt von der Deutlichkeit ab, mit der das Wesen und die Daseinsaufgabe der Gestalt in der irdischen Wirklichkeit erfaßt, verstanden und empfunden werden kann.

Die deutliche Darbietung einer Gestalt sichert keineswegs auch deren optimale Prägnanz.

Es gibt viele abbildungsscharf und hell dargebotene Teilgestalten, die dennoch eine mangelhafte Prägnanz aufweisen. Das ist z. B. aus der Gegenüberstellung der Szenenbeispiele Seiten 126 und 132 deutlich zu erkennen.

Es gibt aber auch undeutlich, ja selbst unscharf abgebildete Gestalten, die trotzdem mit starker Prägnanz dargeboten sind (siehe Bilder Seite 128).

5. These:

Die *Gestalt* eines Gegenstandes oder Wesens kann nur durch eine angemessene

Verdeutlichung seines materiellen und geistigen Wesensgefüges und seiner »Wirklichkeitsaufgabe« erfaßt und vermittelt werden.

Diese filmgestalterische Aufgabe geht weit über eine optimale aufnahmetechnische Registrierung auf einem Filmband hinaus. Sie ist auch durch eine optimale Erfassung der *Form* und *Struktur* allein nicht lösbar.

Jeder *Filmszeneninhalt* setzt sich aus Teilgestalten zusammen, deren Zusammenklang die Gesamtgestalt der Szene entstehen läßt.

Die *Form* eines Gegenstandes oder Wesens kann geometrisch durch den Linienverlauf, die perspektivischen Verhältnisse, ornamentale *Strukturen* und organische Oberflächenstrukturen (körnig, glatt, glänzend, schraffiert, geschuppt, flauschig usw.) ausreichend gekennzeichnet werden.

Jede Form läßt sich mit Hilfe abstrakter Elemente darstellen und verdeutlichen.

45. Beispiel: Anwendungsbeispiel der Thesenregeln aus dem englischen Spielfilm »The scarlet pimpernel«.

Das folgende Anwendungsbeispiel wird den vergleichenden Einzelbeispielen deshalb vorangestellt, weil es in idealer Weise deutlich macht, wie ein Filmszeneninhalt unter Berücksichtigung der deutlichen, informativen und zugleich prägnanten Formen- und Gestaltendarstellung so ausgewählt, inszeniert, aufgenommen und geschnitten werden kann, daß der von diesem Filmszeneninhalt ausgehende Gefühlsappell mit der vom Zuschauer angebotenen Identifizierungsbereitschaft nahtlos zu einer vorherrschend gefühlsbetonten Wesensgemeinschaft verschmelzen kann.

In vielen Film-, vor allem Spielfilmszenen treffen zwei Gestaltungsströme aufeinander, die der Filmgestalter zu einer Wirkungseinheit zu verschmelzen hat.

Der eine Strom geht von der Konzeption des Werkes aus und kulminiert im Handlungsschwerpunkt, der andere Strom leitet sich von der Psyche des Zuschauers her und kulminiert in der Wesensgemeinschaft des Zuschauers mit dem Filmszeneninhalt. Die Lage des jeweiligen Handlungsschwerpunkts zwischen Filmwerk und Zuschauer, und auch der so bestimmte Standort des Zuschauers zum Gesamtszeneninhalt, kennzeichnet sich durch eine gegliederte Ordnung, aus der die Kameraeinstellung, der Inszenierungsgehalt und die Art der Szenenübergänge ganz eindeutig hervorgehen.

Der Handlungsschwerpunkt dieser Szene liegt in der ungeheuren Gefahr, in die sich der als altes Weib verkleidete Held des englischen Films »The scarlet pimpernel« tollkühn begibt. Er ist soeben damit beschäftigt, französische Aristokraten, die vom Revolutionstribunal zum Tode durch die Guillotine verurteilt wurden, unter einem Planwagen versteckt aus Paris heraus- und nach England zu schmuggeln. Er kutschiert diesen Wagen als Gemüseweib verkleidet, das täglich zum Markt fährt, und kommt bei dieser Fahrt am »Place de la Révolution«, dem da-

Abb. 198

maligen Standort der Guillotine, der heute »Place de la Concorde« heißt, vorbei.
Er hält an, obwohl in seinem Wagen Aristokraten verborgen sind, steigt vor allem
Volk die Stufen zum Schafott hinauf, legt seine beiden Hände auf das Halsbrett
der Guillotine und unterhält sich mit den Henkerskneechten.
Für die Wirkung dieses Szeneninhalts auf den Film- und Fernsehzuschauer sind
die Prägnanz und die Deutlichkeit der sichtbaren Information von ganz entscheidender Bedeutung. Denn der Handlungsinhalt dieser Filmszene ruft im Zuschauer keineswegs eindeutige, sondern recht zwiespältige, »zwischen Furcht und
Hoffnung« hin und her schwankende Gefühle wach.
Im Zuschauer streiten sich beim Anblick dieser Szene die Gefühle des Stolzes auf
den Mut seines Helden und der Angst vor einer möglichen Entdeckung. In seiner
Seele vollzieht sich eine Gemütsbewegung, die, wenngleich viel schwächer, so
doch dem Charakter nach derjenigen ähnlich ist, die in der Seele des verkleideten
stolzen französischen Aristokraten tobt, der auf dem Schafott im Angesicht des
Pöbels und der Guillotine steht. So ergeben sich die Kameraeinstellung und der
Darstellungsinhalt dieser Szene ganz zwangsläufig. Der Zuschauer steht mit seinen Gefühlsregungen dem Helden direkt und nahe gegenüber. Die Verachtung,
die der Held der ganzen plebejischen Revolutionsmaschinerie gegenüber hat,

214

wird durch die Berührung des blut- und schweißbeschmierten Halsbretts der Guillotine gut versinnbildlicht und teilt sich dem Zuschauer mit. Sie wird vervollständigt und erhöht durch den Dialog zwischen dem Helden und den brutalen Hen-
kersknechten, die zugleich durch die tückische Dummheit, die sie zur Schau tragen, die lauernde furchtbare Gefahr, die dem Helden droht, versinnbildlichen. Im
Hintergrund webt der murmelnde Pöbel an der Stimmung, die über der Szene
liegt. Guillotine, Henkersknechte, Pöbel und Held sind von der Kamera in Nahaufnahme so erfaßt, daß sie sich in unmittelbarer Nähe vor dem Zuschauer befinden, aber doch noch so prägnant durch ihre in der Szene sichtbaren Teilgestalten
dargestellt werden, daß ihre Gesamtgestalt daraus unmißverständlich erkennbar
ist.

XIV. Kapitel:
Der Drehbuchentwurf und seine Bedeutung
für die Qualität der Filme des Klasse-Hobbyfilmers

Die Filmgestaltung im Geiste

Wenn Sie sich vergegenwärtigen, was Sie über das Wesen der Filmgestaltung bisher schon alles erkannt haben, dann wird Ihnen deutlich, daß schon die Auswahl Ihres Filmthemas und erst recht die Umsetzung dieses Themas in die filmgestalterische Verwirklichung, von der das Drehbuch zweifellos eine der Hauptstufen ist, Schritt für Schritt unter Einbeziehung des künftigen Zuschauers vorgenommen werden muß.

Sie wissen genau, warum und wie Sie Ihre Kameraeinstellungen und Kadrierungen entwerfen und aufnehmen müssen, um zu erreichen, daß der Zuschauer den Szeneninhalt erkennt, in sein Wissen eingliedern oder miterleben kann (siehe Seite 17 ff.).

Ebenso müssen Sie dafür sorgen, daß der zwingende Sinnzusammenhang von Szene zu Szene im Zuschauer sicher erweckt wird, was weder selbstverständlich vor sich geht, noch von selbst in der beabsichtigten Informationsfülle und sinnbildlichen oder symbolischen Bedeutung erfolgt (siehe Seite 53).

Außerdem wollen Sie durch die Filmszenenfolge sehr oft nicht nur Information vermitteln und Gedanken erzeugen, sondern auch Stimmungen, Gefühle, ja ganz gezielte Erlebnisse vermitteln. Sie müssen aus diesen Gründen die einzelnen Filmszenen nach Inhalt und Wiedergabe sorgfältig so aufeinander abstimmen, daß der Zuschauer weder gelangweilt noch überfordert wird.

Was ein Drehbuch eigentlich ist

Ein Drehbuch ist eine Aufzeichnung, die es den an der Herstellung eines Films beteiligten Personen gestattet, die einzelnen Gestaltungsabschnitte in genauer Abstimmung auf das Gesamtfilmwerk kunstgerecht vorzunehmen.

Das Drehbuch ist also eine *filmgestalterische Gebrauchsanweisung*.

Das Drehbuch enthält weder das Gesamtfilmwerk noch Teile desselben, sondern es *beschreibt* mit Hilfe literarisch-epischer Mittel durch eine systematische Ordnung und fachgerechte Kennzeichnung der Einzelteile des Gesamtfilmwerk. Es ermöglicht dadurch analog einer vollständigen Architekturzeichnung, mit deren

Hilfe die Fachleute die Vorstellungen des Architekten und Statikers in die konkrete Wirklichkeit eines Bauwerks umwandeln, das konkrete Filmwerk Szene für Szene in der Wirklichkeit, in der Natur und der Atelierdekoration nachentstehen zu lassen. Das abgeschlossene »kalkulierte« Drehbuch ändert sich während der Dreharbeiten häufig. Der Fachmann nennt das »umschreiben«, obwohl diese Umschreibung gewöhnlich nur in einer Änderung der Szeneninhalte (und ihrer Kadrierung) besteht. Solche »Umschreibungen« bestehen oft nur aus Randnotizen im Drehbuch. Ein charakteristisches Beispiel für das Zustandekommen solcher wesentlicher Drehbuchänderungen ist in einem Interview mit Rainer Werner Fassbinder enthalten: Färber: »Wußten Sie genau, wie die Geschichte ausgeht?« Fassbinder: »Nein, sie ging ganz anders aus. Noch ein paar Tage bevor wir gedreht haben, sollte da wirklich ein Banküberfall stattfinden. Ich sah ihn dann immer weniger, ich fand es dann auch nicht mehr richtig, daß da wirklich ein Banküberfall stattfindet. Und bei den Dreharbeiten sind halt mehr Leute zusammen, die dann über alles reden. Der ganze Anfang war ganz anders. Das sollte im Gefängnis spielen. So ein richtiges Gefängnis mit Gefängniswärtern in Uniform und so. Wenn man so zusammen ist und redet, dann tauchen ganz andere Möglichkeiten auf, die man, wenn man ein Drehbuch schreibt, gar nicht sieht.«

Ein praktisches Drehbuchbeispiel im Auszug

2. Bild*
Ein Zimmer der Polizeidirektion
/INNEN/MORGENS/

Das Zimmer sieht nicht anders aus, als man es in einem Polizeiamt überall in der Welt erwarten kann: ein einfacher Tisch, einfache, altmodische Stühle, ein schmalbrüstiger Schrank, Aktenregale, Akten auf dem Tisch, Akten auf dem Fensterbrett, Akten, Akten.

Überblenden

2. Halbnah
auf den Polizeirat, der im Begriff ist, sich zu
setzen, und mit einer Geste den noch un-
sichtbaren Besucher auffordert: Nehmen S' Platz, Herr Hofrat.

Vorn im Bild setzt sich über Eck zum Polizeirat an den Tisch der alte Herr, den wir im
ersten Bild sahen: *Hofrat Lorenz.*

---

* Unter »Bild« ist ein filmisches »Montagebild« zu verstehen. Das »Bild« gestaltet den Gedankenkomplex der Handlungsexposition. Der Zuschauer soll durch sie informiert werden, daß er etwas erfahren wird, *was bereits der Vergangenheit angehört* (!) Dieser Gedanke ist eigentlich unfilmisch und ein Gestaltungsfehler, weil jeder Szeneninhalt für den Zuschauer, auch wenn er historischen Charakter hat, stets zur unmittelbaren *Gegenwart wird*, sobald die Szene auf der Vorführfläche erscheint.

Die Kamera hat ihn seitlich von rückwärts, sein Gesicht werden wir erst später sehen.
Der Polizeirat, anscheinend hocherfreut, einen neuen Gesprächspartner über das gestrige Ereignis zu haben,
legt sogleich animiert los:

Na, was sagen S' zu unseren Wienern?
Haben S' das gestern gesehn?
Nein?
Nun, da haben S' was versäumt!

Auszug aus dem 5. Bild

28. Groß
auf Frank

Frank seufzt auf.
Er steckt sich selbst eine Zigarette an.
Dann versucht er es noch einmal:

Möchten Sie etwas trinken?

29. Groß
auf Nina

Nina, zu ihm, ernsthaft:
Dann schaut sie wieder geradeaus.

Danke, nein.

30. Nah
auf Frank

Frank, fast schon resignierend:
Dann,
abermals den Kopf
zu ihr wendend:

Aha!

Wissen Sie,
ich würde furchtbar gern in ein Gespräch
mit Ihnen kommen.
Können Sie mir nicht einen Tip geben?

Die Kameraeinstellungen Nr. 28–31 gestalten den Beginn einer ganz persönlichen Beziehung zwischen dem amerikanischen Journalisten Frank Wilson und der hübschen sowjetrussischen Korrespondentin der TASS, Nina Mischkin. Da das, was dem Zuschauer hier möglichst miterlebensstark vermittelt werden soll, sich nur andeutungsweise in Worten, um so mehr aber in unausgesprochenen Gefühlen von Frank und Nina abspielt und weil die Gesichter als »Spiegel der Seele« Gefühlsregungen am prägnantesten durch das Augenspiel und die Mimik mitteilen, wird die Einstellung wechselnd umspringender Groß- und Nahaufnahmen gewählt. Die Einbeziehung des Zuschauers und die Aufforderung zum Miterleben, die hier handlungsentscheidend ist, wird dadurch filmgestalterisch gefördert, daß Frank in Einstellung 28 dem Zuschauer aus der Szene heraus direkt in die Augen blickt. Das wirkt so, als ob der Zuschauer die angesprochene Nina verkörpere, während Nina in Einstellung 29 ebenso direkt aus der Szene heraus dem Zuschauer in die Augen blickt, als ob er Frank wäre.

Diese Direktanrede ermöglicht die Identifikation des Zuschauers mit den handelnden Personen des Films. Diese Identifikation ist die Grundlage allen dramatischen Miterlebens (siehe insbesondere Bilder 231 und 232).

139. Nah
auf Frank.
Frank mit entwaffnender Jungenhaftigkeit: Ich liebe eine Frau.

Er sitzt da
und schaut den Hofrat an,
und man sieht,
daß er selbst fürbaß perplex ist,
nun er die Geschichte so beim Namen
nennt.

140. über Frank
auf den Hofrat.
Der Hofrat beugt sich rückwärts und lacht
lautlos.
Er sagt: Aber Frank!
                                                  Das soll doch schon mal bei Ihnen vorgekommen sein!

141. Nah
auf Frank.
Frank, mit runden Augen: Noch nie!

Der Hofrat lacht jetzt wirklich.   (Hofrat lacht)

Frank,
mit heiligem Eifer: Aber nein! Glauben Sie mir doch: Es i s t
                                                  diesmal so. Ich liebe sie wirklich.

142. über Frank
auf den Hofrat.
Der Hofrat läßt sich Frank gegenüber
auf den Sessel nieder: Daraufhin muß ich mich setzen!
                                                  Ich bin platt.

In diesem »Bild« kommt es dem Filmgestalter darauf an, den Zuschauer an einem Geständnis und dessen Auswirkungen teilnehmen zu lassen, das der amerikanische Journalist Frank seinem österreichischen väterlichen Freunde, Hofrat Lorenz, macht.

Es handelt sich hier nicht darum, wie im 5. Bild, Einstellung 28–31, den Zuschauer zur wechselseitigen Identifizierung mit Frank und dem Hofrat zu veranlassen, sondern lediglich mitzuerleben, wie der junge Amerikaner einem Österreicher, den er für seinen Freund hält, in Wien seine Liebe zu einer Sowjetrussin gesteht und Rat von ihm erbittet.

Es ist die *Situation*, die der Zuschauer miterleben soll und nicht das, was jeweils in den Beteiligten vor sich geht. Dementsprechend werden als Kameraeinstellungen auch keine Großaufnahmen gewählt, sondern Nahaufnahmen in der Form des sogenannten »Gegenschusses«, bei dem die gerade handlungstragende Person über den Rücken der zweiten Person, die im Vordergrund der Szene sichtbar bleibt, von der Kamera miterfaßt wird. Auch findet hier kein Spiel in das Kameraobjektiv statt. Der Zuschauer fühlt sich nicht vom handelnden Darsteller direkt angesprochen so wie in den Einstellungen 28–31.

Der Zuschauer erlebt hier also die Gesamtgestalt der Szene.

67. Bild
Der Ring
/AUSSEN /STRAHLENDE SONNE /GLEICHE ZEIT /

Die Kamera steht etwa an der Ecke Bellariastraße/Burgring. Im Hintergrund die Kuppel des Parlaments und der Rathausturm. Es ist das schönste, glanzvollste und heiterste Wien.

305. Halbweit
auf Nina

Inmitten des flutenden
Verkehrs
und der sorglosen und
nichtsahnenden Passanten
geht Nina
ihrem selbstgewählten Schicksal
und ihrem Richterspruch
entgegen.
Sie kommt auf die Kamera zu.
Sie geht schnell,
ohne zu zögern.

Sie geht an der Kamera vorbei

– *Kamera schwenkt mit* –
zum Burgring hinunter.
Man sieht die Museumsbauten,
das erste Grün
des Maria-Theresia-Platzes
und das Denkmal der Kaiserin.

– *Kamera fährt eine
Zeitlang
über Nina mit* –

/Musik setzt ein.
Zum letzten Mal klingt das Liebesmotiv,
das zärtliche Piano der Flöten und Oboen,
Klarinetten und der Harfe auf.
Es setzt ein mit dem Takt 508 aus »Romeo
und Julia« und endet, innerlich vollständig
mit der Dramatik dieses letzten Weges Ninas harmonierend, mit dem unheimlichen
Fortissimo der letzten Takte der Partitur./
(Die Dauer beträgt etwa 1 Minute)

Dieses »Bild« besteht aus den zwei Kameraeinstellungen 305 und 306, die beide durch eine gewissermaßen umspringende, aber ohne Halt weiterführende Kamerafahrt miteinander verbunden bleiben. Die Einstellung beginnt mit einer Halbtotale und wird, während sie fährt, nur deshalb zu einer Nahaufnahme von Nina, weil diese im Straßenverkehr auf die Kamera zu- und seitlich an ihr vorbeigeht. Die Kamera schwenkt von da ab mit und fährt, über Nina schwebend, in die Totale des Wiener Burgrings hinein. In diesen beiden Einstellungen ist die zielbewußt und allein vor sich hingehende Nina nur noch ein letzter Kristallisationspunkt, an dem der Zuschauer alle seine Gefühlsströme und sein assoziatives Wissen um das grauenvolle Schicksal dieses Mädchens und ihres Liebhabers ein letztes Mal mitfühlend bewußt macht. Noch lebt dieses in tödlicher Gefahr schwebende Mädchen und wandert durch das – wie die Szenenbeschreibung des 67. Bildes lautet – »schönste, glanzvollste und heiterste Wien«. Doch der Zuschauer fühlt, weil er das hinter ihr liegende Schicksal dieses Mädchens in allen Phasen miterlebt hat und ihren nicht zu brechenden Starrsinn kennt, mehr und mehr eine unheilvolle Angst in sich aufsteigen, die durch die Kamerafahrt in Einstellung 306 ihre Rechtfertigung erhält. Auf der gegenüberliegenden Seite des Burgrings taucht der Toreingang der sowjetrussischen Militärkommandantur auf und kommt drohend größer werdend näher. Nina, die von der Kamera inzwischen verloren wurde, betritt seitwärts die Szene, schreitet gefaßt auf die schwarzdunkle Toreinfahrt der Kommandantur zu und wird von ihr, wie von dem Rachen eines Ungeheuers, verschlungen. Ende des Films.

XV. Kapitel
Notwendige geisteswissenschaftliche Abschweifung

Von allen gedanklichen oder niedergeschriebenen Vorformen des Drehbuchs, wie etwa dem Thema, der Story, der Synopsis, dem Treatment und deren Mischformen, ist das Drehbuch – oder sollte es wenigstens sein – die erste Beschreibung der Gesamtfilmgestalt (des abgeschlossenen Filmwerks) und seiner Teilgestalten (der Einzelszenen, aus denen es sich zusammensetzt). Diese Beschreibung kann als einzige Stufe der geistigen Entwicklung eines Filmwerks den Anspruch erheben, ausschließlich der filmgestalterischen Eigengesetzlichkeit zu genügen.
Was heißt das?
Jedes einzelne menschliche Gestaltungsgebiet, etwa das der Literatur, der Musik, der bildenden Kunst, aber auch der Mathematik, des Rechts und anderer, unterscheidet sich durch eine genau definierte gestalterische Eigengesetzlichkeit von allen übrigen Gestaltungsgebieten.
Die gestalterische Eigengesetzlichkeit des jeweiligen Gebiets geht von einem nur diesem Gebiet eigenen Kernbegriff aus, der jede Teilgestalt charakterisiert und der »konstitutiver Bestandteil« genannt wird. Der konstitutive Bestandteil konstituiert die einzigartige Eigengesetzlichkeit des Gestaltungsgebiets.
Seine Isolierung und Deutung ermöglichen das Gestaltungsgebiet von anderen Gestaltungsgebieten als unverwechselbar und eigenständig abzutrennen.
Konstitutiver Bestandteil der Literatur sind z. B. der Buchstabe und das Wort. Beide bilden eine Einheit, weil Wörter stets aus Buchstaben bestehen, doch kann der Buchstabe allein ebensowenig als der einzige konstitutive Bestandteil des menschlichen Gestaltungsgebiets angesehen werden wie das Wort allein.
Buchstabe und Wort stehen in diesem Gestaltungsbereich im gleichen Verhältnis wie »Form« und »Gestalt« oder auch »Zeichen« und »Bedeutung«. Der Buchstabe ist ein Zeichen. Aus Zeichen setzen sich Wörter zusammen. In der Literatur wird mit Hilfe von Wörtern gestaltet, nicht mit Hilfe von Buchstaben.
Das bedeutet auch für diejenigen seltenen Fälle, in denen ein einzelner Buchstabe literarisch wie ein Wort verwendet wird, daß in diesem Falle zum bloßen Buchstabenzeichen eine *Bedeutung* hinzukommt und vom Leser auch so verstanden wird wie jedes andere Wort, aus dem Sätze zusammengefügt sind.
Da sich alle Wörter aber, wie die Semiologie lehrt, aus Zeichen, Buchstaben genannt, zusammensetzen, kann dem Gebiet der Literatur das Komplexverhältnis Buchstabe – Wort als konstitutiver Bestandteil zuerkannt werden.

222

Im gleichen Sinne kann als konstitutiver Bestandteil der Musik das Komplexverhältnis Ton – Klang zugeordnet werden, wobei der Begriff »Klang« über die klassische Auffassung hinaus auch auf das »Geräusch« ausgedehnt werden muß.
Das Begriffspaar Ton – Klang wird hier wegen der eindeutigen Verstehbarkeit seiner seiner Form-Gestalt-Beziehung gewählt.
Geräusche setzen sich ganz ebenso wie Klänge aus einzelnen Tönen zusammen und haben damit einen analogen Gestaltcharakter.
Diese Andeutungen über den konstitutiven Bestandteil menschlicher Gestaltungsgebiete müssen genügen.
Sie reichen jedenfalls vollständig aus, um mit Erfolg nach den konstitutiven Bestandteilen des Gebiets der Filmgestaltung zu suchen und damit die Eigengesetzlichkeit des Films zu sichern.
Es sind viele Versuche gemacht worden, die Eigengesetzlichkeit der Filmgestaltung aufzufinden, doch ist bisher noch kein allgemeingültiges konstitutives Merkmal aller Filmgestaltung beschrieben und allgemein anerkannt worden.

Der konstitutive Bestandteil des Filmwerks

Die vielfältigen, miteinander vermischten und sich gegenseitig durchdringenden Gestaltungsgebiete des Films, wie Technik, Literatur, Schauspiel, Musik, bildende Künste, Architektur, Farbdramaturgie und Psychologie, lassen es durchaus fraglich erscheinen, ob die Auffindung eines gemeinsamen konstitutiven Bestandteils überhaupt möglich ist.
Wenn es einen konstitutiven Bestandteil des Filmwerks geben sollte, dann muß er sich jedenfalls an den beiden Schnittpunkten auffinden lassen, an denen das Gesamtfilmwerk als abgeschlossen, selbständig und die Gegenwart überdauernd aufgefunden werden kann. Das aber ist mit der Fertigstellung einer vollständigen, unverletzten Filmkopie und auf der Vorführfläche der Fall, auf die Filmszenen kunstgerecht, begleitet von dem aus dem Lautsprecher dazukommenden Tongemisch, projiziert werden.
Wenn Sie den Filmstreifen, der mit einzelnen Phasenbildern belegt ist und der am Rande von einer durchlaufenden Tonspur begleitet wird, betrachten, dann erkennen Sie sofort, daß sich ein einzelnes Phasenbild nicht als konstitutiver Bestandteil des Films deuten läßt.
Denn diese einzelnen Phasenbilder können bei der Vorführung des Films vom Zuschauer ebensowenig bemerkt werden wie die einzelnen Schallschwingungen, die zwischen der Lautsprechermembran und dem Trommelfell des Zuschauers die irdische Luft durcheilen, obwohl diese Schallschwingungen und auch die Lichtwellen unerläßliche physikalische Übertragungsglieder für das szenische Geschehen und die begleitenden Tongestalten sind, die der Zuschauer sieht und hört, das heißt als gemeinsame Gesamtgestalt im Sinne des Filmgestalters erleben kann.

Der konstitutive Bestandteil des Filmwerks darf nicht nur theoretisch konstruierbar sein, sondern muß dem Filmzuschauer auch ebenso *bewußt werden können* wie die Buchstaben als Aufbauelemente der Wörter, deren jeweilige Bedeutung ihm die literarische Gestaltung ihres Schöpfers übermitteln.

Wenn es aber die Phasenbilder nicht sein können, was läßt sich dann als Bestandteil einer Filmkopie ermitteln, der sich von den anderen Bestandteilen ebenso eindeutig abtrennen läßt wie Buchstaben und Wörter (Zeichen und Bedeutung) von einer literarischen Gesamtgestalt? Auf diese gezielte Frage ist die Antwort einfach.

Ihnen ist gewiß schon die Kameraeinstellung eingefallen, die sich, normalerweise durch einen harten Schnitt oder irgendeinen Blendenübergang, eindeutig vom Gesamtinhalt jeder vorhergehenden oder nachfolgenden Kameraeinstellung unterscheiden läßt.

Abgesehen von einer durchgehenden Musik, die noch gesondert untersucht werden wird, kann jede einzelne Kameraeinstellung durch bloßes Sehen und Hören von jeder anderen Kameraeinstellung getrennt werden.

Diese Trennung der einzelnen Kameraeinstellung, die sich sogar für Überblendungen anhand der Bildspuren von einer Szene zur anderen bemerkbar macht, kennzeichnet in der Tat einen Gestaltungsabschnitt, der im ganzen Filmwerk als selbständiger Gestaltungsabschnitt isoliert werden kann.

Jede einzelne Kameraeinstellung entspricht aber notwendig einem Ausschnitt aus der jeweils vor dem Kamera-Objektiv und dem Mikrofon ausgebreiteten wirklichen Umwelt. Kamera und Mikrofon können, weil sie Maschinen sind, nur *Wirkliches* aufnehmen. Das bedeutet aber, der Drehbuch-Autor und der Filmgestalter gestalten ausschließlich in *Wirklichkeits-Ausschnitten*. Dies gilt auch für überlange Kamera-Fahrten, bei denen an die Stelle des harten Schnitts die Verlagerung des jeweiligen dramaturgischen Schwerpunkts tritt.

Der Grundbaustein aller Filmwerke ist der *Wirklichkeitsausschnitt*

Der Filmgestalter plant und gestaltet seine Filmwerke nach filmgestalterischen Gesetzen und Regeln in *Wirklichkeitsausschnitten*.

Der optisch und akustisch, durch fotografische Schichten und Magnetbänder, technisch synchron objektivierbare Wirklichkeitsausschnitt stellt den äußerlich wie innerlich definierbaren konstitutiven *Bestandteil des Filmwerks* dar.

Die Form dieses konstitutiven Bestandteils des Films kennzeichnet sich durch die gewählte Kameraeinstellung (Totale bis Detailgroßaufnahme), der konstitutive Inhalt, d. h. seine jeweilige Gesamtgestalt, kennzeichnet sich durch den jeweiligen dramaturgischen Schwerpunkt, um den herum sich die »Schau« des Wirklichkeitsbereichs entfaltet.

Analog zu den schon untersuchten konstitutiven Bestandteilpaaren »Buchstabe –

Wort« tritt für den Film das Bestandteilpaar »Einstellung – Kadrierung« auf. In beiden Fällen verhalten sich die Bestandteilpaare wie Form und Inhalt.

Sie gliedern sich so in die Reihe aller anderen definierbaren, konstitutiven Bestandteile der verschiedenen schöpferischen Kunstgebiete und Wissenschaftsgebiete ein. Die filmgestalterischen Auswirkungen, die von dieser Entdeckung des Wirklichkeitsausschnitts als konstitutiven Bestandteil des Films ausgehen, lassen sich, wie gewohnt, an praktischen Beispielen der Filmgestaltung anschaulich darstellen.

Diese Beispiele werden Ihnen auch die Hinweise geben, die Sie für Ihre eigene Planung und Gestaltung ausnützen können.

46. Beispiel: Kameraeinstellung und Kadrierung

Szenenbeispiel:

Form ⟵————————————————————⟶ Inhalt
Kameraeinstellung ⟵——————————————⟶ Kadrierung

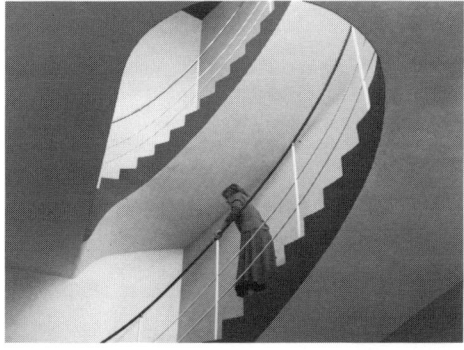 

Abb. 199: Der seelische Zustand eines Menschen, ob er nervös, unruhig, gejagt und gequält ist, läßt sich durch die Inhaltskomposition im normalen Szenenrahmen wirksam symbolisieren, wie das Szenenbild aus einem Nachwuchsfilm, der die Kontaktarmut des Menschen unserer Zeit in einer kalten, technischen Umwelt zeigt, bestätigt.

Beachten Sie die Wirkung des »Sägezahneffekts« der Treppen, der die Unruhe und Verwirrung des Mädchens symbolisch verstärkt.

Abb. 200: Der unter seinem Rad liegende, gestürzte Mensch ist tot. Die ganze Unordnung der Wirklichkeit, die durch jeden Toten bewirkt wird, und das seltsam dämonische Fluidum, das von ihm ausgeht, werden durch das übergroß abgebildete, unentwirrbare Gestänge des Fahrrades, das den liegenden Toten zudeckt, mit großer Eindruckskraft symbolisiert.

Diese Zuschauerwirkung dieser Kadrierung wird zusätzlich durch eine kaum merkbare Inhaltsverzerrung verstärkt.

Diese mehr verborgene, gewissermaßen beiläufige Wirkung, die eben darum um so nachhaltiger und geheimnisvoller auf den Zuschauer wirkt, kann auch von der Weitwinkelaufnahme alleine ausgehen.

225

Kameraeinstellungswahl ist normal, die Kadrierung dagegen verzerrt wiedergegeben worden

Abb. 201: Hier ist der perspektivische Größenabfall zwischen der Frau und dem gekidnappten Jungen bereits in der »Schau« des Dreh-

buchs konzipiert worden. Die große Sorgfalt, mit der die perspektivische Verzerrung des Szeneninhalts komponiert wurde, erkennen Sie vor allem auch aus der übermäßig groß abgebildeten Petroleumlampe, die von der Frau in der Hand gehalten wird. Ihre Größe unterstreicht in symbolischer Weise, daß der kleine, furchtsame Junge im Hintergrund nicht nur Angst vor den Menschen hat, sondern vor dem ganzen Hause mit all seiner Einrichtung, in dem er zu wohnen gezwungen ist.

Es ist bemerkenswert, wie sorgfältig und nuancenreich die amerikanischen Filmgestalter ihre Objektiveinstellung zu wählen und den Szeneninhalt zu komponieren verstehen.

Abb. 202: Dieser Boxer ist ein sieggewohnter Mensch. Das ist nicht nur aus seiner überlegenen Haltung, sondern vor allem daraus erkenn- und erlebbar, daß er so groß im Bild erscheint, während sein Sparringpartner im Hintergrund klein und unbedeutend wirkt. Auch hier ist die perspektivisch-symbolisch wirkende Verzerrung bereits im Drehbuch konzipiert worden.

Die Kameraeinstellung wird in die Kadrierung des Szeneninhalts mitintegriert

Abb. 203: Der Szenenrahmen erfüllt hier nicht nur eine kompositorisch-formale Aufgabe. Er greift vielmehr häufig in den Bildinhalt erzählend

und die Handlung ergänzend mit ein, hat eine wichtige dramaturgische Aufgabe zu erfüllen. Hier besteht der Rahmen aus einem weitmaschigen Gitter, durch das hindurch die Handlung sichtbar ist.

Das Gitter, das für die Szene keine Notwendigkeit darstellt und in diesem Sinne sogar mehr stört als fördert, setzt aber selbst in dieser stummen Standbildfassung einen deutlichen Handlungsakzent. Sein Vorhandensein verleiht dem, was die Männer im Mittelgrund miteinander besprechen, einen gefährlichen, Ton. Hier geschieht etwas »hinter Gittern«, da sind der Einbruch, die Spionage und das Gefängnisgitter nicht weit.

Abb. 204: Ein sehr gutes Beispiel für die Doppelfunktion, die ein Szenenrahmen sowohl in kompositionell-formaler als auch zugleich in dramaturgischer Bedeutung haben kann, ist dieses Szenenbeispiel. Hier wird die Kameraeinstellung bereichert, in die Kadrierung hineinverlegt.

Ohne das aus den Soldatenbeinen und dem Gewehr gebildete Tor stünde die Gruppe um den zum Tode Verurteilten völlig verloren in einer ungegliederten Steppenlandschaft. Die formale Kadrierungskraft der Soldatenbeine ist offenkundig.

Noch weit größer aber ist die dramaturgische Aussagekraft dieses wie ein geschändeter gotischer Spitzbogen anmutenden Durchblicks durch zwei brutale, langschäftige Soldatenstiefel, die sowohl die Unausweichlichkeit des Schicksals des Verurteilten als auch die Unerbittlichkeit der völkerverheerenden Kriegsmaschinerie überzeugend symbolisieren.

Es ist also nicht so absurd, wie es auf den ersten Blick scheinen mag, einem technischen Gerät eine künstlerische Ausdruckskraft zuzuschreiben. Sie brauchen sich nur zu vergegenwärtigen, daß jede beliebige künstlerische Kraft sich nur dann *verwirklicht*, wenn sie in einem menschlich-seelischen Prozeß verarbeitet wird. Bis dies aber geschieht und damit zum echten künstlerischen Ereignis wird, ist ein durch das Objektiv bestimmter Brennweite geformter optischer Bildinhalt nicht mehr als ein physiologischer Reizkomplex, der sich infolge seiner besonderen, d.h. der normal gesehenen Wirklichkeit gegenüber *mäßig verzerrten Form* als künstlerisch empfindbarer Seh- und Erlebniseindruck im Zuschauer auswirken kann. Daß diese Ausführungen keine theoretische Spekulation sind, sondern greifbarer, d.h. deutlich sichtbarer Wirklichkeit entsprechen, das haben Ihnen Szenenbildbeispiele wohl ausreichend bestätigt.

Internationale Ordnungsbegriffe von Kameraeinstellungen, die der geistigen Kadrierung dieser Einstellungen zugrunde gelegt werden

Die Kameraeinstellung wird auch im Verlauf der Planung und Herstellung jedes Filmwerks als selbständige Grundeinheit entworfen.

Das Kameraobjektiv »schneidet« durch die Art seiner Einstellung aus dem vor ihm befindlichen Wirklichkeitsbereich einen genau definierten Ausschnitt heraus. Alle an der Gesamtgestalt des Filmwerks kreativ Beteiligten schaffen solche Wirklichkeitsausschnitte oder fügen sie in der vom Drehbuch vorgeschriebenen Reihenfolge zur Gesamtgestalt des Filmwerks aneinander.

Der Inhalt dieses »Wirklichkeitsausschnitts« entspricht der Einzelszene, die als selbständiges, abgeschlossenes Glied des Gesamtfilmwerks definiert werden kann.

Obwohl die Möglichkeiten des Szeneninhalts nach Art und Anordnung unendlich zahlreich sind, haben sich im Laufe der Filmgeschichte doch gewisse Grundformen der Einstellungen herausgebildet, deren Ordnung dem Drehbuchentwerfer und dem Filmgestalter hinreichend genaue Auskunft darüber gibt, wie sie den vorgeschlagenen Szeneninhalt, d. h. dessen Kadrierung, mit der Kamera erfassen sollen.

Diese Einstellungsgruppen entsprechen den Ihnen schon bekannten Fachbezeichnungen, die anschließend nach ihren deutschen und englischen Fachbezeichnungen wiedergegeben werden:

Totale	Long shot
Halbtotale	Medium shot
Nahaufnahme	Medium close shot
Halbnahaufnahme	Medium close shot
Großaufnahme	Semi-close-up shot
Detailgroßaufnahme (auch: Ganznahaufnahme)	Close-up

Diese Bezeichnungen, deren Gruppenunterteilung in Europa weiter getrieben worden ist als in den englischsprachigen Filmländern, vor allem in den USA, sind selbstverständlich nicht mehr als Schwerpunktbegriffe, deren Grenzbereiche nach beiden Seiten fließend ineinander übergehen. (Dies geschieht z. B. bei längeren Kamerafahrten, in denen mehrere dramaturgische Szenen- und Handlungsschwerpunkte fließend aufeinander folgen.)

Ihre Verwendung zur Kennzeichnung der Kameraeinstellungen hat sich für die Filmaufnahme- und Filmgestaltungspraxis aber sehr bewährt. Die Angaben im Drehbuch stellen auch keine Befehle dar, denen der Regisseur und der Kameramann unter allen Umständen nachzukommen haben, sondern eher Vorschläge, nach denen sie sich richten sollen.

Optimale geistige Filmgestaltung im Drehbuch

Kein Drehbuchautor oder Filmgestalter macht die Einstellung der Einzelszene allein zur Grundlage seiner jeweiligen filmgestalterischen Absicht, sondern er wählt zunächst im Geiste einen vorgestellten *Filmszeneninhalt* aus und fügt dann diesen Inhalt durch Kadrierung in einen passenden Einstellungsrahmen ein.

Die Filmgestalter handeln damit ganz analog wie die Literaten, die ja auch zuerst einen angemessenen, bedeutungsvollen Wortbegriff suchen und sich dann erst der – allerdings leichter zu erfüllenden – Aufgabe zuwenden, das Wort in der ihm zugehörenden Buchstabenfolge niederzuschreiben.

Wie Altmeister Alfred Hitchcock filmisch-geistig gestaltete

Die filmischen Grundregeln lassen sich für Sie leichter aus der Praxis weltweit anerkannter Filmgestalter ableiten. So erklärte Alfred Hitchcock zum Entwurf und der Szenenfolge seines Filmes »Frenzy«:

»Wenn ich einen Schreiber engagiere, habe ich gewöhnlich ein Buch. Ich lese es, ich lasse es ihn lesen, dann lege ich es weg und mache den Film auf dem Papier in der Unterhaltung mit ihm, ohne daß wir schon das Buch schreiben. Wenn wir die erste Szene ausgearbeitet haben, lassen wir die Stenotypistin kommen, und dann diktieren wir, er genauso gut wie ich, dieses Papier. Wir sind uns einig darüber, was wir wollen. Und auf diese Weise arbeiten wir Tag für Tag. Was dabei niedergeschrieben wird, ist eine Beschreibung dessen, was im Film passiert. Das gerät manchmal bis zu 70 Seiten.«

»Und all die einzelnen Einstellungen sind bereits im Script?«

»Nein. In meinem Kopf.«

Genau die gleiche Auffassung haben zwei Filmgestalter, die zu den modernen Underground-Filmern Amerikas gerechnet werden: Andy Warhol und Paul Morissey. Der letztere erklärte:

»Das Drehbuch existiert nur in meinem Kopf, ebenso die Grundzüge der Dialoge.«

Bei dem als konservativ geltenden Alfred Hitchcock, der nach der Auffassung moderner Film-Avantgardisten die Methoden von »Opas Kino« pflegt, geht es dann folgendermaßen weiter:

»Der Cutter würde sehr verwirrt werden. Deshalb helfe ich ihm damit.«

»Arbeiten Sie im Schneideraum mit dem Cutter?«

»Nein. Ich sage ihm den Ablauf der Dinge. Es liegt an der Art, wie ich drehe. Ich drehe einen fertig geschnittenen Film.«

»Man hat das Ihren ›Puzzle-Schnitt‹ genannt.«

»Ja. Die einzelnen Szenen, die ich aus doppelten Perspektiven drehe, sind Dialogszenen, wenn zwei Leute zusammensitzen. Ich drehe das aus beiden Perspektiven, weil ich später dann besser damit spielen kann. Danach mache ich dann die Einzeleinstellungen. Die anderen Szenen werden nur aus der einen Einstellung, die ich brauche, gedreht . . . Ich ließ ihn einen Absatz schreiben, sah ihn mir an und sagte, später werde ich das in Einstellungen zerlegen. Ein Beispiel die Szene in dem Kartoffellastwagen, wo der Mann die Leiche zwischen die Kartoffeln getan hat. Während der Mittagspause, wir waren kurz davor, die Szene zu drehen – im Script war sie ein einziger langer Absatz –, ließ ich ein Mädchen kommen und diktierte jeden Schnitt. Ich hatte bereits alles im Kopf, aber um den anderen zu helfen, mußte ich es jetzt niederschreiben. Das sind 118 Einstellungen geworden. Dann ließ ich eine Plattform anfertigen, nicht einen Lastwagen, die ziemlich niedrig war, so daß die Kamera leicht hineinkam zu dem Mann, zu dem Mädchen, zu den Kartoffeln, zu allem. Und ich habe jede Szene von 1 bis 118 numeriert und auf einen besonderen, gelben Karton in schwarzen Zahlen geschrieben. Das ist eine Hilfe für den Cutter. Er sieht auf meine

Liste und weiß, woran er ist. Ich weiß, daß die Einstellungen sehr ähnlich aussehen, der große Kopf, die Hände mit dem Sack.«

Ein Filmgestalter, der es sich leisten kann, die Handlung eines »Thrillers«, der seiner Aufgabe nach ja stets mit explosiver Spannung übersättigt sein muß, im engen Bereich eines Lastwagens zwischen einem Mann, einem Haufen Kartoffeln und einer Leiche spielen zu lassen und diese Szenenfolge in sage und schreibe 118 Kameraeinstellungen zu unterteilen, ohne daß die Spannung im Zuschauer leidet, sondern gerade dadurch von Einstellung zu Einstellung fast bis ins Unerträgliche gesteigert wird, der muß sehr viel von der filmpsychologischen Wirkung des jeweiligen Szeneninhalts auf den Film- und Fernsehzuschauer verstehen.

Er wendet dabei, wenn auch vielleicht intuitiv-unbewußt, filmische Gestaltungsgesetze an, die weit über die Filmlogik, ja selbst über das filmische Erlebnis des Zuschauers hinausreichen. Auch das Phänomen der Verwandlung des Zuschauers in die in der Szene auftretenden Personen, das so viele Filmgestalter anstreben, gehört hierher.

Dabei ist es wiederum kennzeichnend, daß auch die begabtesten der modernen Filmgestalter auf den genau gleichen filmgestalterischen Spuren wandeln. Paul Morrissey berichtet von Andy Warhol:

»Andy selbst hat einmal gesagt, daß ihn an seinen Filmen nur die Reaktion des Publikums interessiere.«

Und er fährt fort:

»Außerdem wollten wir mit unseren Filmen nie schwerverständliche Kunst machen ... Ich bin der Meinung, daß ein Film unterhalten sollte, und das kann er am besten, wenn er eine Story klar und spannend erzählt.«

Sie können die Forderung von Morrissey nach *Klarheit* hauptsächlich dadurch erfüllen, daß Sie prägnante Teilgestalten in Ihren Filmszenen und ebenso prägnante Gesamtgestalten schaffen, wie Sie das bisher gelernt haben.

Für die Erzeugung von Spannung müssen Sie über die Filmlogik hinaus Gestaltungselemente anwenden, die mit dem »zwingenden Sinnzusammenhang« beginnen.

Diese Gestaltung erfolgt in zwei Stufen:

Die erste Stufe ist durch eine allgemeine Kadrierung des jeweiligen Szeneninhalts gekennzeichnet, der nach vielen Kriterien und Schwerpunkten geordnet werden muß.

Die zweite Stufe ist dann die Eingliederung dieses kadrierten allgemeinen Szeneninhalts in die angemessene Kameraeinstellung.

Der Schwerpunkt des geschauten Filmszeneninhalts ist stets ein auf den Zuschauer (der durch den Filmgestalter selbst vertreten werden kann) bezogener *dramaturgischer Schwerpunkt.*

Er entspricht dem zentralen Kompositionselement, das den Zuschauer an dieser jeweiligen Stelle informiert, interessiert, für sich einnimmt, einstimmt, begeistert, verwandelt.

47. Beispiel: Optimale geistige Filmgestaltung einer Szenenfolge aus dem Film »Road to Rio«

Zwei gute, aber mittellose Musiker, gespielt von Bob Hope und Bing Crosby, haben durch einen Besuch im Hause ihres reichen Schützlings Señorita de Andrade, gespielt von Dorothy Lamour, erfahren, daß dieses junge Mädchen im Begriff ist, sich in Campinas noch am gleichen Tage zu verheiraten. Für das ahnungslose junge Mädchen, das sich in einer Art hypnotisierten Zustands befindet, wäre diese Verehelichung ein nicht wiedergutzumachendes Unglück, wenn die beiden Musiker dieses Mädchen, das sie den ganzen Film hindurch vor einem Verbrechen nach dem andern bewahrt haben, dem bösen Mitgiftjäger, der ihr Vermögen an sich bringen will, überlassen müßten. Die Hochzeit ist in vollem Gange, leider aber fast 650 km von dem Ort entfernt, an dem die beiden Musiker gerade sind. Ohne einen Pfennig Geld.
Die Sache ist ernst und wird auch vom Kinozuschauer als ausweglos empfunden. Es ist großartig, wie es den Drehbuchautoren und dem Regisseur McLeod gelingt, nicht nur die Kalamität für die beiden ganz überzeugend zu beseitigen, sondern das auch noch durch eine komisch wirkende Situation zu tun, ohne daß die innere Glaubwürdigkeit des Vorgangs von den Zuschauern bezweifelt wird:
Dialog:
Hope: »Wie weit ist Campinas weg von hier?«
Crosby: »Vierhundert Meilen.«
Hope: »Laufen wir schneller, sonst kommen wir nicht mehr hin.«
Crosby: »Ohne Flugzeug schaffen wir's nicht.«
Hope: »Ohne Flugzeug? Wir haben nicht mal das Geld für ein Glückwunschtelegramm.«
Crosby: »Wir kriegen schon Geld.«
Hope (höhnisch): »Natürlich. Das ist ganz leicht. Gleich tritt ein Herr hinterm Baum hervor und sagt: ›Hier habt ihr Geld, um euch ein Flugzeug zu mieten.‹«
Da ist er schon. Mit dem Geld in der Hand. Und genau aufs Stichwort. Und ob-

Abb. 205 und 206: Zwei Szenenausschnitte aus »Road to Rio«

wohl dieser Herr wie der seit zwei Jahrtausenden abgedroschene »Deus ex machina« erscheint, lacht der Zuschauer trotzdem begeistert. Warum tut er das? – Nur, weil Bob Hope höhnisch gesagt hat: »Gleich tritt ein Herr hinterm Baum hervor und sagt: ›Hier habt ihr Geld, um euch ein Flugzeug zu mieten.‹«? Gewiß nicht. Dazu ist das alles viel zuwenig komisch.

Die Komik, die für den Zuschauer in dieser scheinbar reinen Schwanksituation steckt, muß viel tiefer begründet sein.

Es spricht ja gerade für die filmgestalterische Begabung der Drehbuchautoren, daß sie sich nicht mit der Schwank-Überraschung begnügt haben, sondern daß es ihnen gelungen ist, diese Überraschung durch die Kreuzung zweier parallel laufender Handlungen genau an zwei Kulminationspunkten jeder einzelnen dieser Handlungen innerhalb einer einzigen Kameraeinstellung fertigzubringen. Der Zuschauer lacht deshalb schallend, weil er weiß und miterlebt hat, wie dieser Herr die beiden Musiker schon den ganzen Tag gesucht hat, weil er hofft, daß sie das Mädchen, dessen Vermögensverwalter er ist, retten werden.

So lösen Drehbuchautoren eine aussichtslos erscheinende Verwicklung. Die beiden Musiker werden fliegen, neue Gefahren sind zu erwarten, die Spannung, wie das alles enden wird, ist verstärkt worden, und das Ganze ist ungeheuer lustig.

Es ist leicht für Sie, zu erkennen, wodurch die komische Wirkung, die den Zuschauer zu einem schallenden Gelächter bringt, eigentlich erzeugt wird.

Natürlich ist es nicht der »Deus ex machina«-Effekt, daß ein Mann mit Geld genau in dem Augenblick hinter einem Baum hervorkommt, als einer der Musiker das spöttisch behauptet. Das würde den Zuschauer höchstens zu einem müden Lächeln veranlassen.

Nein. Der Zuschauer lacht deshalb schallend, weil sich für ihn in diesem Augenblick *zwei Handlungen kreuzen*, die er beide schon lange mit innerer Anteilnahme verfolgt und von denen er sich mit immer stärkerer Spannung gewünscht hat, daß sie sich doch endlich kreuzen möchten. Und nun findet diese Handlungskreuzung genau in dem Augenblick als Lösung unüberwindlicher Schwierigkeiten statt, als alle Beteiligten einschließlich des Zuschauers das Spiel der Musiker endgültig für verloren halten.

Und daß dieser Feigling gerade in dem letztmöglichen Augenblick hinter dem Baum hervortritt, das verdankt er der Bemerkung des Musikers, es würde nun ein solches Wunder geschehen. So ist er nicht einmal ein Deus ex machina, sondern fühlte sich in diesem Augenblick direkt aufgefordert, das Wagnis zu unternehmen. Vorsichtshalber hat er gleich die benötigten Geldscheine in der Hand, um so die gefährlichen Musiker von seiner Person abzulenken, was verstärkend komisch auf den Zuschauer wirkt.

Der Zuschauer, der gerade diese Lösung in diesem Augenblick selbst nicht für möglich gehalten hätte, ist ungeheuer überrascht und lacht befreit auf, weil er sich durch dieses unverhoffte Ereignis *der ganzen Situation* und nicht etwa nur den beteiligten Personen *überlegen fühlt*.

Diese lustvolle, durch Überlegenheitsgefühle bewirkte Befreiung aus einer spannungsgeladenen, aussichtslos erscheinenden Situation wird nicht – wie bei echter Lebensgefahr – als glücklicher Zufall, sondern als persönliche Überraschung empfunden. Diese Überraschung aber macht sich deshalb in schallendem Gelächter Luft, weil sie *dramaturgisch voll begründet ist* und nicht nur einen leeren Schwank-Knalleffekt darstellt.

Die Meisterschaft der Drehbuchverfasser Edmund Beloin und Jack Rose kennzeichnet sich vor allem darin, daß sie außer der Erfindung der nahtlos zusammenpassenden gekreuzten Handlungsführungen für die filmgestalterische Umsetzung *einen einzigen Szeneninhalt von höchster Prägnanz erfanden.*

Erinnern Sie sich: Die beiden Musiker kamen aus dem Hause ihres Schützlings, wo sie vom Butler erfahren hatten, daß dieses Mädchen soeben in einem viele hundert Meilen entfernten Ort im Begriff war, einen Mitgiftjäger zu heiraten.

Für die Drehbuchverfasser stellte sich die Aufgabe, die Hoffnungslosigkeit der beiden Musiker, diesen Ort jemals rechtzeitig zu erreichen, und die verblüffende Lösung aus dieser hoffnungslosen Situation so darzustellen, daß dabei ein stark komischer Effekt für die Filmzuschauer herauskam.

Ein weniger begabter Drehbuchautor hätte folgende Überlegung anstellen und die daraus folgende filmgestalterische »Schau« konstruieren können:

Der einzige, der diesen Musikern dazu verhelfen kann, an den Ort der Hochzeit zu kommen, ist der Vermögensverwalter des Mädchens, der ihr Vermögen nicht in die Hände eines Mitgiftjägers fallen lassen will. Er ist ein feiger und unentschlossener Mensch, der es bisher niemals wagte, sich den Musikern persönlich zu nähern. Als Vermögensverwalter hat er Zutritt zum Hause des Mädchens, also könnte man ihn und die Musiker in diesem Hause wie zufällig aufeinanderstoßen lassen. Bei diesem Zusammentreffen könnte die ängstliche Feigheit des Vermögensverwalters mit der optimistischen Unverfrorenheit der Musiker kontrastiert und zu gegenseitigen Mißverständnissen ausgenützt werden. Der Zuschauer, der die wahren Beweggründe des Vermögensverwalters wie der Musiker kennt, würde diese Mißverständnisse sehr komisch finden und lachen. Schließlich könnte eine Verständigung herbeigeführt werden, und die Musiker könnten im allerletzten Augenblick das Geld für den Flug zum Hochzeitsort aufgedrängt bekommen. Diese Lösung durch eine Art Sketch in der Filmhandlung wäre durchaus lustspielgerecht und auch sinnvoll einzubauen gewesen. Die große Begabung der Drehbuchautoren ließ diese statt dessen zwei Szenenschwerpunkte auffinden, in die sich die genau gleiche Lösung durch eine ganz kurze Handlung mit gewaltigem Überraschungseffekt zusammendrängen ließ.

1. Hoffnungslosigkeit. Die Musiker ergeben sich nach ihrem Besuch im Hause des Mädchens in ihr Schicksal, natürlich nicht ohne dabei die unter ihnen üblichen dummen Redensarten, die alles erst recht hoffnungslos erscheinen lassen, miteinander zu wechseln: »Wie weit ist Campinas weg von hier?« »Vierhundert Meilen.« »Laufen wir schneller, sonst kommen wir nicht mehr hin.« (Sinnlose Witzelei.) »Wir kriegen schon Geld.« (Hoffnungsloser Optimismus.) »Natürlich. Das ist ganz einfach. Gleich tritt ein Herr hinter dem Baum hervor ...« (Höhnische Resignation für den Musiker. Initialzündung für den Feigling. Spannungsgipfel für den Zuschauer.)

Bevor dieser Dialog formuliert wurde, hatten die Drehbuchautoren selbstverständlich bereits erkannt, daß in diesem Dilemma der Musiker die erwünschte Gelegenheit versteckt war, die beiden Handlungen endlich zu kreuzen und den feigen Vermögensverwalter mit einem Knalleffekt auf die Musiker stoßen zu lassen. So kam es zunächst zur Entwicklung der Kameraeinstellung (Seite 231), die nun auf die einfachsten Requisiten – den dicken Baum, an dem die niedergeschlagenen Musiker mit ihrem Galgenhumor gerade vorbeigehen – begrenzt werden konnte.

2. *Belohnung des guten Willens.* Diese Zusammendrängung der Spannungselemente auf das einfachste Lösungsschema, das sowohl handlungsbedingt war als sich auch auf die Mindestmenge der benötigten Teilgestalten: Musiker – Baum – Vermögensverwalter, beschränken konnte, sichert die filmgestalterische *dramaturgische Prägnanz.*

Zu dieser dramaturgischen Prägnanz hatte dann nur noch die ebenso prägnante Anordnung, Ausleuchtung und Kameraeinstellung (Nahaufnahme) zu treten, um dem Zuschauer eine optimal prägnante Gesamtgestalt (eine einzige Einstellung mit zwei Handlungsschwerpunkten) auf der Vorführfläche anbieten zu können.

Sie verstehen jetzt, warum dieses Szenenbeispiel als filmgestalterische Meisterleistung bezeichnet werden darf.

Die Drehbuchautoren und der Regisseur haben durch diesen Entwurf und die Szenenaufnahme sogar die Aufgabe des Schnittmeisters vorausgeplant und miterfüllt. Der komische Knalleffekt hätte mit gleicher Wirkung auch in zwei oder drei Einzeleinstellungen zerlegt werden können, die der Schnittmeister dann kunstgerecht wirkungspsychologisch aneinanderzufügen gehabt hätte.

Die wohlüberlegte Größenauswahl, die Plazierung und die Bewegungen, die Sie am Szenenbeispiel daraufhin noch einmal studieren sollten, und vor allem der auslösende, verbindende spöttische Satz, der das Wagnis des Feiglings auslöste und für den Zuschauer rechtfertigte, ermöglichten es, das Ganze in einer einzigen Kameraeinstellung durchzudrehen. Auch das gehört zu der Meisterleistung.

Optimale Gefühlsführung des Zuschauers durch Kadrierung und Dialogführung in dem USA-Film »Sehnsucht«

Sie beherrschen bereits die Grundvoraussetzungen der filmischen Gestaltung und Kadrierung einzelner Szeneninhalte und wissen, wie dieses Können auch für den Entwurf und die geistige Gestaltung einzelner Drehbuchszenen angewandt werden kann.

Da Sie weiterhin erkannt haben, daß die weitaus wichtigste filmische Gestaltungsaufgabe darin besteht, im Zuschauer durch die angebotenen Szeneninhalte und
deren Aufeinanderfolge Stimmungen und Gefühle zu wecken und aufrechtzuerhalten und sie der Handlung angemessen weiterzuführen, sollen Sie nun für diese
weitaus schwierigste zentrale Gestaltungsaufgabe, als Hilfe für Ihre eigenen Versuche auf diesem auch literarisch begründeten Gebiet, mit einem optimalen Beispiel aus einem amerikanischen Film bekannt gemacht werden.
In dem amerikanischen Paramount-Film »Sehnsucht« stiehlt ein Mädchen eine
Perlenkette und bringt sie später dem bestohlenen Juwelier wieder zurück. Der Juwelier ist von der Reue und Umkehr des Mädchens beeindruckt, kann es aber vor
einem gerichtlichen Verfahren nicht bewahren, da er längst Anzeige erstattet hat.
Er erklärt dem Mädchen jedoch, daß er sich für es einsetzen will. Die folgende
Szene spielt in einem Dienstzimmer, in dem ein Beamter hinter einem Pult sitzt.
Vor dem Pult steht das Mädchen, neben ihm ein junger Mann. Der im Zuschauer
entstehende Sinnzusammenhang gipfelt beim Erscheinen dieser Szene in dem Ge-
danken: »Aha, gerichtliche Vernehmung.« Der Beamte hinter dem Pult öffnet den
Mund und sagt: »Sie wollen heute heiraten?«
Der junge Mann: »Jawohl!«
Der Beamte: »Haben Sie eine Heiratslizenz?«
Szenenwechsel:
Der junge Mann: »Gewiß!« (Er händigt dem Beamten ein Schriftstück aus.)
Der Beamte: »Das ist nicht Ihre Heiratslizenz.«
Szenenwechsel:
Der junge Mann: »Was, natürlich ist sie das. Ich –« (er betrachtet das Schrift-
stück, dann zu dem Mädchen): »Es ist das Schreiben über deine Bewährungs-
frist!«
Mit dem Wort »Bewährungsfrist« entsteht in dem verblüfften Zuschauer, der wäh-
rend des Dialogs eine starke, aber noch ungerichtete Erhöhung seiner inneren
Spannung erfahren hat, ein als Befreiung empfundener, blitzschneller Gedankenablauf, der in folgende Worte gefaßt werden könnte: »Die Gerichtsverhandlung
ist schon vorbei. Sie ist verurteilt worden, hat aber Bewährungsfrist bekommen!«
Der Gedankenablauf kennzeichnet den Sinnzusammenhang, der dem Zuschauer
in diesem Augenblick bewußt wird.
Die filmische Gestaltungsabsicht ist aber mit der Vermittlung dieses Sinnzusam-
menhangs bei weitem noch nicht erschöpft. Sie zielt vielmehr deutlich darauf ab,
dem Zuschauer nicht nur die Angst wegen der Folgen des bereuten Diebstahls für
das Mädchen zu nehmen, sondern ihn auch mit einem Glücksgefühl zu erfüllen.
Denn das Mädchen ist ja im Begriff, den geliebten Mann zu heiraten, der es trotz
seiner Tat und gerichtlichen Verurteilung heiraten will. Dieses im Zuschauer er-
weckte Glücksgefühl erfährt nun eine nochmalige Verstärkung durch den Fortset-
zungsinhalt der Szene:
(Der junge Mann sucht nach der Heiratslizenz und überreicht sie dem Beamten.)

Bildwechsel:
Der Beamte: »Sind die Trauzeugen hier?«
Bildwechsel:
Der junge Mann: »Jawohl, mein Herr. Es sind angesehene Bürger.«
Szenenwechsel:
(Der Juwelier und der Arzt erheben sich und treten zu dem jungen Mann und dem Mädchen.)
Also der Juwelier, dem das Mädchen die Perlenkette gestohlen hatte, ist als Trauzeuge des Mädchens dabei: Diese letzte Überraschung hebt das Glücksgefühl des Zuschauers auf einen Höhepunkt, und mit diesem Höhepunkt ist der Film zu Ende. Der Film entpuppt sich durch diesen Abschluß als reine Gefühlskomposition, die in der alleinigen Absicht gestaltet wurde, den Zuschauer aus diesen Schlußszenen des Films mit einem glücklichen Gefühl zu entlassen.

XVI. Kapitel
Der erzwungene Einbau des Zuschauers in die Filmhandlung durch bewußte Verlegung des Handlungsschwerpunkts in den psychischen Bereich des Zuschauers und durch symbolisch wirkende Kadrierung

48. Beispiel: »Der dritte Mann«

Das gleiche filmgestalterische Problem, den Zuschauer zum bewußten Träger und Förderer der Filmhandlung zu machen, hatte Carol Reed in einer Szene des Films »Der dritte Mann«, in der Holly Martins, der Kriminalschriftsteller und Amateurdetektiv, der im zerstörten und besetzten Wien seinen zum Verbrecher gewordenen Freund Harry Lime sucht, zu lösen.

Holly Martins, der keine Ahnung davon hat, daß sein Freund Harry ein Schwerverbrecher wurde, erkennt ganz plötzlich und überraschend durch eine Unterhaltung mit Harry Limes Freundin Anna, daß sein unauffindbarer Freund nicht, wie dessen Freunde behaupten, durch einen Unfall getötet wurde, sondern *ermordet* worden ist.

Da es sich bei dieser Filmszene um ein geradezu klassisches Musterbeispiel filmpsychologischer Kadrierung handelt, soll es hier für Sie in aller Ausführlichkeit dargestellt werden:

Die Kadrierung der Szene, in der Martins' vager Verdacht, daß sein Freund Harry ermordet worden sein könnte, zur sicheren Vermutung gesteigert wird, ist eigentlich nichtssagend, ja fast läppisch. Martins ist in Naheinstellung von hinten zu sehen. Käme dieser optische Darstellungsinhalt allein zur Kenntnis des Zuschauers, dann würde er schlechterdings nicht mehr ausdrücken können als: »Ein Mann von hinten«. Es wird auch in der Szene nichts gesprochen. Auch bewegt sich Martins zunächst überhaupt nicht und dreht sich erst nach einer Pause der Erstarrung herum.

Um die starke Wirkung dieser Szene auf den Zuschauer zu verstehen, ist es notwendig, den Dialog der beiden vorhergehenden Szenen zu kennen.

Martins spricht mit Anna Schmidt über den Unfall.

Martins: »Alle waren sie da! – Kurtz, der Rumäne Popescu. – Sein eigener Chauffeur überfährt ihn, sein Arzt kommt zufällig vorbei. – Nicht ein Fremder!«

Anna (in Naheinstellung allein): »Allerdings, ich hab's mir Tag und Nacht überlegt, *ob es ein Unfall* war.«

Und nun schaltet Carol Reed, bevor Anna noch zu Ende gesprochen hat, im harten Schnitt die Rückenaufnahme von Martins ein. Die filmgestalterische Aufgabe, die von Reed jetzt gelöst werden mußte, bestand darin, den Zuschauer an einem rein seelischen Vorgang zu beteiligen: In der Seele eines Menschen wird eine Vermutung zur Gewißheit. Reed hätte das optisch versuchen können, indem er den Gesichtsausdruck Martins entsprechend verändern ließ. Er hätte es durch Worte oder Ausrufe tun lassen können, die Martins ausstößt. Auf beides verzichtete er, *weil es ihm in diesem Augenblick nicht auf Martins, sondern auf den Filmzuschauer ankam.* Der Zuschauer muß das spüren, was in Martins vorgeht. Das geht nur, wenn im Zuschauer ein Gefühl wachgerufen wird, das mit dem seelischen Vorgang in Martins übereinstimmt. Gefühle aber lassen sich noch unmittelbarer als durch optisch erfaßbare Vorgänge mit Hilfe der Musik wachrufen. Darum verlegt Reed die Handlung in ein musikalisches Crescendo der Zithermusik.

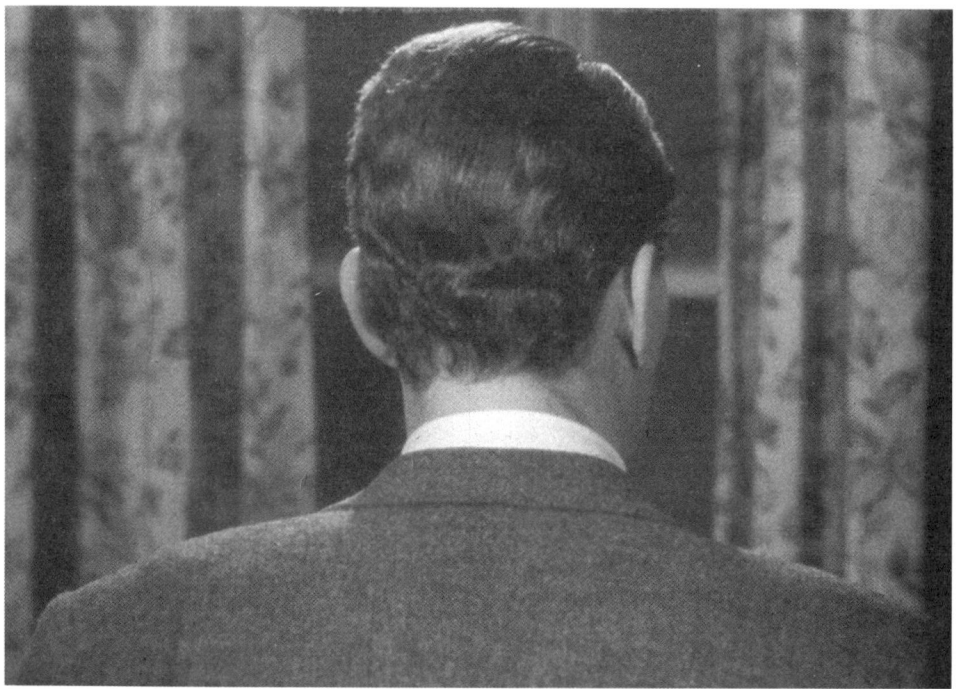

Abb. 207

Die nervös jagende, zum Fortissimo hinaufgesteigerte Tonfolge erweckt im Filmzuschauer in Zusammenhang mit dem Darstellungsinhalt der vorhergegangenen Szenen ein Gefühl, das der atemstockenden Erleuchtung Martins' genau entspricht. Der Filmzuschauer *weiß* in diesem Augenblick nicht nur: »Es war kein Unfall«, er fühlt auch die Konsequenzen dieser Erkenntnis, die Bereitschaft Martins', den gemeinen Mord an seinem Freund Harry zu rächen, in seiner eigenen

Seele entstehen und wird dadurch *zum mitwirkenden Teil* des Kunstwerks gemacht. So ist diese Szenengestaltung Carol Reeds ein Beispiel von geradezu klassischer Reinheit für den Aufbau einer ganz bestimmten zielgerichteten Zuschauerwirkung.

Die symbolische Kadrierung

Die Wirkung, die von symbolisch gemeinten Kompositionselementen der Kadrierung ausgeht, haben Sie andeutungsweise bereits in den optimalen Leistungen des 29. Beispiels Abb. 137 bis 140 auf Seite 133 und 134 kennengelernt.
Dort waren die Szenenbeispiele so herausgesucht, daß sie praktisch für die Zuschauer aller Kulturländer verständlich und nachempfindbar waren. Eine solche Zuschauerwirkung ist nun keineswegs bei allen Symbolen, die in die Kadrierung eingegliedert sind, gesichert.
Meistens hat das *Symbol* mit der irdischen Daseinsaufgabe seines Trägers nicht das geringste gemein, wie zum Beispiel die Taube als Symbol für den Heiligen Geist, die »Unschuld«, deren Symbol die Taube ebenfalls im westlichen Kulturkreis ist, während sie gleichzeitig in Teilen des chinesischen Kulturkreises als Symbol der Wollust gilt. Deshalb ist sie dort auch als »Friedenstaube« unbrauchbar.
Auch die Fahne als Symbol für die Nation, die meisten Verkehrszeichen als Symbole für eine sehr präzise Ordnung, die Banknoten und Münzen als Symbole für eine Teilhabe an Immobilien und Wirtschaftsgütern und schließlich auch alle Wortsymbole haben mit den Gegenständen, die durch sie bezeichnet oder vertreten werden, von linguistischen Ausnahmen abgesehen, nicht einmal eine auch nur oberflächliche Ähnlichkeit gemeinsam.
Deshalb muß die »Bedeutung« aller Symbole bewußt gemacht und erlernt werden. Wird also eine Teilgestalt oder auch die Gesamtgestalt einer Filmszene dem Filmzuschauer anders dargeboten, als es der normalen irdischen Erfahrung entspricht, dann kann das in der Absicht geschehen, dem Zuschauer dadurch eine symbolische Bedeutung dieser Gestalt zu vermitteln.
Wie das filmgestalterisch gelöst werden kann, das läßt sich besser am praktischen Szenenbeispiel demonstrieren als beschreiben:

Der Zylinder als Kopfbedeckung

Es fängt schon beim Zylinder an. Diese Kopfbedeckung, die noch vor 50 Jahren jedem Kind des westlichen Kulturkreises wohlbekannt und in seiner Bedeutung, entweder festliche oder traurige Anlässe zu begleiten, vertraut war, verliert auch heute bei uns diese Symbolbedeutung mehr und mehr.

Merkwürdig genug wird die so selten gewordene Kopfbedeckung in größerer Anzahl nur noch in ländlichen Gegenden zu festlichen Anlässen wie Reiterfesten und Hochzeiten getragen. Ein aus östlichen Ländern stammender Zuschauer oder ein Hillbilly-Amerikaner würde diesem Kopfbedeckungssymbol völlig verständnislos gegenüberstehen.

Abb. 208: Ländliches Reiterfest

Abb. 209: Ländliche Hochzeitspaare

Traditionssymbole

Abb. 210: Der ehemalige Prince of Wales schreitet die Front der Coldstream-Guards ab, die ihre Bärenfellmützen seit dem Krimkrieg tragen, obwohl sie als Garderegiment bereits seit 1680 aufgestellt wurden. Die Bärenfellmützen wurden Garderegimentern für besondere Tapferkeit verliehen. Zuletzt den Welsh-Guards nach 1914.

Abb. 211: Die traditionelle Dienstzeremonie, die eine verehelichte Eingeborene dem geschmückten Ehemann zu leisten hat, ist übervoll mit Symbolen beladen, deren Bedeutung nur der Eingeborene der gleichen Kulturgemeinschaft verstehen und durchschauen kann.

Abb. 212: Ein amerikanischer Kriegsveteran, der zum »Veteranentag« nach Washington gekommen ist, hält in seiner symbolischen Paradeuniform die traditionale Ehrenwache.

Wissenschaftliche Symbole

Abb. 213: Hier wird das wissenschaftliche Symbol eines Gallium-Arsen-Moleküls als Atomgitter demonstriert. Um eine solche Symbolik zu durchschauen und zu beurteilen, ist ein lebenslanges Studium Voraussetzung.

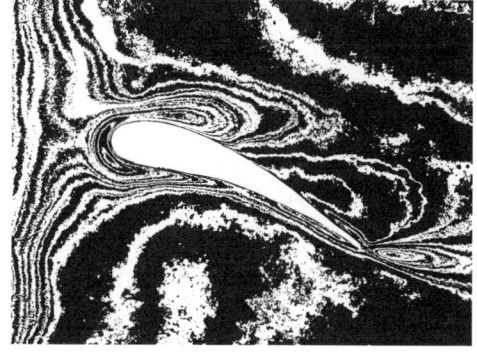

Abb. 214: In der Mitte der Szene ist in einem Windkanal symbolisch die Ausschnittsform eines Flugzeug-Tragflügels nachgebildet. Die unsichtbaren Luftströmungen und Turbulenzen, die auftreten, wenn ein solcher Flügel durch die Luft bewegt wird, können sichtbar gemacht werden und symbolisieren dadurch wirkliche Ereignisse im Luftraum.

Kulturgeschichtliche Symbole

Abb. 215: Die große Stufenpyramide »*Adivino*« in Uxmal, Mexiko, als Symbol der Maya-Kultur, die vor der Überfremdung durch die Tolteken um 900 entstand. Die Symbole des nach der Toltekeneroberung sich wandelnden Sonnen-Zeit-Kults rechtfertigten dann das blutige Menschenopfer.
Diese Symbolik geht für uns heute nicht über die Verkörperung eines metaphysischen Machtwillens hinaus. Ihr Wesen ist undurchdringlich.

Abb. 216: Dagegen ist es für uns schon leichter, in den Kulturbereich des Buddhismus einzudringen. Trotz der außerordentlichen Vielfältigkeit seiner religionsspezifischen Ausprägung, die vom Zen-Buddhismus bis zur Verschmelzung des tibetanischen Buddhismus mit dem Hinduismus Nepals und andere indische Seitenzweige reicht, ist diese Weltreligion auch im Rahmen westlicher Kulturen weit bekannt und erforscht. Sie können deshalb in Ihren Filmszenen grundsätzlich buddhistische Symbole ohne tiefere Erklärungen dem Zuschauer anbieten.

Symbolische Symbole und übertriebene Symbolik

Abb. 217: Ist schon der wirkliche Stierkampf ein Traditionssymbol der Bevölkerung des südwestlichen Europa, so treten hier im Spiel der Kinder der Stierkopf aus Rohrgeflecht und der Stier selbst durch einen menschlichen Körper symbolisiert auf. Dieses »symbolische Symbol« wirkt auf den Zuschauer, soweit er mit der Stierkampftradition kulturgeschichtlich wenigstens oberflächlich vertraut ist, durchaus echt und wird von ihm nicht nur als kindliche Übung, sondern auch emotional mitempfunden.

Abb. 218: In dieser Szene wird der Zuschauer mit Symbolen förmlich überhäuft. Angefangen mit dem primitiven Bettgestell und dem Nachttisch, auf dem ein Wasserglas verloren steht, was die betont karge Schlichtheit symbolisieren soll, über die stehkragenbesetzte Internatsbluse der »Lehrkraft« und das hochgeschlossen-keusche Nachthemd der »Anstaltsinsassin«, bis hin zu dem protzig-groß an die kahle Wand gemalten Ausspruch des »eisernen Kanzlers« Fürst Bismarck, wird der Zuschauer unaufhörlich symbolisch diszipliniert. Er soll hier – gewissermaßen mit Gewalt – eingeprägt bekommen, daß die nationalistisch-militaristische Erziehung des 19. Jahrhunderts für den heranwachsenden Menschen, selbst dann, wenn er weiblichen Geschlechts ist, die einzig erlaubte sein muß. Die Gesamtgeschichte des Films »Mädchen in Uniform« will diese pädagogische Auffassung nachdrücklich widerlegen, schafft das aber gerade wegen der Überhäufung mit intellektuellen Symbolen, über die der Zuschauer erst nachdenken müßte, nicht.

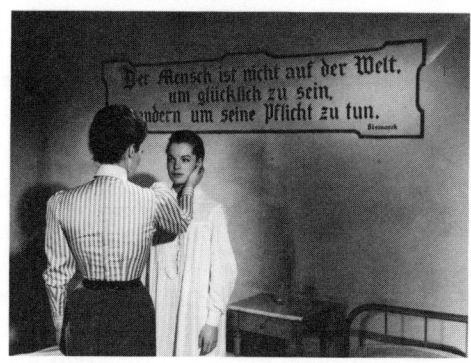

Der gerechtfertigte Verstoß gegen aufnahmetechnische Grundregeln mit Hilfe von Symbolen

49. Beispiel: »Große Freiheit Nr. 7«

Abb. 219

Die unscharfe Wiedergabe der umgestülpten Stühle ist hier kein Fehler, weil der unscharfe Vordergrund als Symbol des Zusammenbruchs wirkt. Sie unterstützt vielmehr den verzweifelten und niedergeschlagenen Gesichtsausdruck des scharf und prägnant wiedergegebenen Hauptdarstellers. Der Filmzuschauer, dessen Wissen vom bisherigen Schicksal des Helden durch diese Szene vervollständigt wird, erfühlt und erkennt in der unscharfen Wiedergabe der Vordergrundgegenstände die Intensität des seelischen Verzweiflungszustandes des Helden, der schon nicht mehr richtig wahrnehmen kann. Deshalb wirkt die Szene auf ihn viel stärker, als wenn er das durch den verzweifelten Gesichtsausdruck alleine zur Kenntnis bekäme.

Der Zuschauer wird dadurch zusätzlich angereizt, den Seelenzustand des Helden nachzuempfinden und sich so mit dessen jammervollem Schicksal auseinanderzusetzen.

Es gehört bei Klasse-Hobbyfilmern genauso wie bei Profis zu den ganz großen kreativen Leistungen, derartige Verstöße gegen die allgemeinen aufnahmetechnischen und dramaturgischen Regeln und Kadrierungen auszudenken oder aufzufinden. Sie müssen aber ganz exakt zuschauergerecht in die »Geschichten« in der Gesamtgeschichte und genau passend eingegliedert sein.

Symbolische Wirkungen können auch Töne, Geräusche und die Sprache ausüben

Geräusche haben nicht nur naturalistischen Charakter, sie können für den *wissenden Hörer* auch höchst starke symbolische Bedeutung haben, wie dies etwa bei der Trommelsprache der Neger oder bei den Morsezeichen der Fall ist. Im Falle des Erklingens von Morsezeichen z. B. weiß jeder, daß in diesen Piepstönen Nachrichten enthalten sind, was ihnen eben ihren symbolischen Wert für den Zuschauer gibt. Das Tongeräusch, das sie verursachen, ist dabei als Geräusch ganz unwichtig, ja sogar beliebig gegen Schnarrlaute, Hupentöne usw. austauschbar; wesentlich ist allein, daß es als Träger für eine *gemorste* Nachricht dient. *Nicht sein akustischer, sondern sein symbolischer Charakter ist maßgebend.* Es gibt unzählige Ton-Symbole: allgemeingültige wie etwa das Propellergeräusch, das ein Flugzeug und ein Kraftfahrzeug symbolisiert, der Donner, der ein Symbol für ein ganzes Gewitter, ein gellender Pfiff, der das Symbol für einen ganzen Eisenbahnzug sein kann. Auch das sich rhythmisch steigernde Zischgeräusch abgeblasenen Dampfes ist ebenso ein Symbol für eine anfahrende Lokomotive, wie das Quaken eines Frosches das Symbol für eine ganze nächtliche Teichlandschaft sein kann.

Das Ertönen einer Kirchenglocke symbolisiert für den Wissenden eine ganze Welt; und wenn solches Geläut über einer unbekannten oder fremdartigen Landschaft ertönt, weiß der Zuschauer sofort, daß in dieser Gegend Menschen leben, die dem Christentum angehören, usw.

Der Einsatz solcher Geräusche vervollständigt und erweitert den Szeneninhalt nicht nur, sondern überhöht ihn auch deshalb, weil damit nicht nur der Erzeuger des Geräusches in den Szeneninhalt mit einbezogen wird, sondern auch noch die ganze übrige Welt, die zu dem Erzeuger gehört.

So kann bloßes Wasserplätschern im Landschaftsmotiv dem Zuschauer vielleicht klarmachen, daß ein Bach oder eine Quelle in der Nähe sind, und somit den Szeneninhalt erweitern; ist aber statt dessen das charakteristische Geräusch des aus einem Wasserhahn ausfließenden Wassers zu hören, dann weiß der Zuschauer nicht nur, daß Wasser in der Nähe ist, sondern wahrscheinlich ein Haus, jedenfalls aber Menschen, die den Hahn aufgedreht haben, usw.

Es ist klar, daß dieses Wissen um die naturalistische und symbolische Wirkung von Tönen und Geräuschen auf den Zuschauer sich auch auf die rein optische Gestaltung der Filmszenen, d. h. auf die Kameraeinstellung und den Schnitt, auswirken muß. Der Klasse-Hobbyfilmer berücksichtigt die späteren Vertonungsmöglichkeiten bereits bei der Filmaufnahme, ja sogar beim Entwurf des Drehbuchs.

Wenn auf dem Flugplatz Menschen nach oben blicken, und Sie legen ein auf- und wieder abschwellendes Flugzeuggeräusch über diese Szene, dann wird die Szene dadurch um einen deutlichen geistigen Vorstellungszwang *erweitert*: »Ein Flugzeug fliegt über die Köpfe der Zuschauer hinweg« – obwohl es gar nicht zu sehen ist.

50. Beispiel: Symbolische Szenenerweiterung durch Geräusche

Abb. 220: Plötzlich hören die Verbrecher-Jäger ein von oben kommendes scharf klingendes kurzes Geräusch. Die Spannung im Zuschauer wächst schlagartig.

Abb. 221: Hier ist die Erweiterung des Szeneninhalts durch das nach oben starrende Zirkuspublikum selbstverständlich. Der Zuschauer sieht die Artisten in der Zirkuskuppel und vergegenwärtigt sich die Beziehungen zwischen dem effektbeleuchteten Darsteller und den Artisten. Auch hier wächst die durch Musik noch weiter angeheizte Spannung.

Besondere Bedeutung hat diese Erweiterungsmöglichkeit vor allem bei Landschaftsausschnitten. Hier kann der Szenenausschnitt durch Vogelzwitschern, Glockenläuten, Tierlaute und Geräusche, wie sie auf Bauernhöfen üblich sind, Donnergrollen usw. in die *Gesamtheit der Natur* eingegliedert und dadurch ganz außerordentlich wahrhaftiger und wirkungsstärker gemacht werden.

Das kann oft für den Filmverlauf von entscheidender Bedeutung sein; z. B., wenn eine Garten- oder Parkszene durch fernes Straßengeräusch akustisch in eine Großstadt eingegliedert wird, weil das Geräusch den Szeneninhalt (der vielleicht sogar außerhalb der Stadt auf dem Lande gedreht wurde) durch den akustischen Zwang für den Zuschauer in die unmittelbare Nachbarschaft einer Großstadtstraße bringt. So etwas kann für die Handlung wichtig sein, wenn sich etwa in der Szene kleine Kinder jagen und ein Kind überstürzt aus der Szene wegläuft. Dann sieht es der Zuschauer förmlich in den Straßenverkehr hineinrennen und in Gefahr geraten (was durch kreischende Autobremsen – psychologisch gezielt – verstärkt werden kann), ohne daß tatsächlich irgend etwas dergleichen wirklich geschieht.

So kann jede Filmszene akustisch erweitert werden, wobei mehrere Geräuschüberlagerungen eine Steigerung des Vorstellungserlebnisses beim Zuschauer bewirken. Ein Zimmer z. B. kann durch Geräusche zunächst vom Einzelzimmer zum Bestandteil einer Wohnung gemacht werden (Küchengeräusche, Flurgeräusche, Türklingel); es kann dann an einen bestimmten Ort verlegt werden (Kleinstadt, Großstadt, Fabrikgebäude); es kann ferner in der Nähe einer Eisenbahnstrecke, eines Güterbahnhofs, eines Flugplatzes, eines Wasserfalls, eines schiffbaren Flusses, eines Hafens angesiedelt werden usw. Die Erweiterungsmöglichkeiten durch Vertonung sind praktisch unendlich groß. Nur durch Musik kann ein Filmszeneninhalt *nicht* erweitert werden.

Musik erweitert ihn auch dann nicht, wenn sie von außerhalb in die Szene hineinklingt, es sei denn, es handelt sich um eine für den Zuschauer mit ganz bestimmten Vorgängen oder Ereignissen verknüpfte Musik, wie z. B. Blaskapellen und Gesangschöre; Tanzmusik, die gleichzeitig mit Schrittgeräuschen verbunden ist; durch Lautsprecherwiedergabe verzerrte Musik und ähnliches. Reine Musik aber – z. B. Orchestermusik, die auch in der Wirklichkeit um ihrer selbst willen gehört wird, erweitert weder den Szeneninhalt, noch vervollständigt sie ihn (es sei denn, die Musikquelle wäre in der Szene sichtbar); sie *überhöht* den Szeneninhalt.

Das musikalische Erlebnis des Menschen

Das ist so zu verstehen, daß die musikalische Begleitung eines Szeneninhalts, insbesondere durch eine sogenannte »Hintergrundmusik«, eine Erlebniserweiterung im Zuschauer schafft, die durch das Sehen wirklicher Dinge und das Hören von reinen Naturgeräuschen nicht gleichstark hervorgerufen werden kann.

Das musikalische Erlebnis ist kein Verstandeserlebnis; es ruft auch normalerweise keine »anschaubaren Vorstellungen« hervor, wie das durch jedes in der Wirklichkeit vorkommende Geräusch mehr oder weniger stark getan wird.

Die Musik ist, wie Schopenhauer unwiderleglich formuliert hat, »darin von allen anderen Künsten verschieden, daß sie nicht Abbild der Erscheinung ist, ... sondern zu allem Physischen der Welt das Metaphysische, zu aller Erscheinung das Ding an sich darstellt ... Daraus also ist es erklärlich, warum Musik jedes Gemälde, ja jede Szene des wirklichen Lebens und der Welt, sogleich in erhöhter Bedeutsamkeit hervortreten läßt; freilich um so mehr, je analoger ihre Melodie dem inneren Geiste der gegebenen Erscheinung ist.« »So«, sagt Schopenhauer ferner, »ist es auch zu erklären, daß, wenn zu irgendeiner Szene, Handlung, Vorgang, Umgebung eine passende Musik ertönt, diese uns den geheimsten Sinn derselben aufzuschließen scheint und als der richtigste und deutlichste Kommentar dazu auftritt.«

Im Film darf Musik nie Selbstzweck werden

Sie hat ausschließlich den Filmszeneninhalt zu unterstützen und zu überhöhen. Bauen Sie deshalb keine Schlager oder sonstige Gesangspartien ein, die nicht durch den Handlungsverlauf erzwungen wurden.

Kurzer Ausblick auf Trickszenen und Trickfilmdramaturgie. Friedrich Nietzsche und der Trickfilm

Es ist Ihnen sicher längst klargeworden, daß die Wirkungen von Filmszenenfolgen auf den Zuschauer große Ähnlichkeit mit den Wirkungen aller Art Musik auf den Hörer haben.

Für die Musik hat schon Friedrich Nietzsche viel tiefer und weitergehend als Arthur Schopenhauer die Wirkungen und die psychologisch-ethischen Aufgaben der Musikkomponisten in seinem Frühwerk (1871) »Die Geburt der Tragödie aus dem Geist der Musik« ausführlich analysiert. Die Ergebnisse lassen sich grundsätzlich auf die Filmgestaltung und sogar ganz gezielt auf die Trickfilmgestaltung übertragen.

»Singend und tanzend äußert sich der Mensch als Mitglied einer höheren Gemeinsamkeit; er hat das Gehen und das Sprechen verlernt und ist auf dem Wege, tanzend in die Lüfte emporzufliegen.

Aus seinen Gebärden spricht die Verzauberung. Wie jetzt die Tiere reden und die Erde Milch und Honig gibt, so tönt auch aus ihm etwas Übernatürliches; als Gott fühlt er sich, er selbst wandelt jetzt so verzückt und erhoben, wie er die Götter im Traume wandeln sah.«

51. Beispiel: »Eulenspiegels Abenteuer«, »Der Exorzist«

Abb. 222: Gerard Philipe in »Eulenspiegels Abenteuer«.

Nur für den Menschen, nicht auch für die Natur bedeutsam

Der Mensch, der tanzend in die Lüfte emporfliegt, der sich als Gott fühlt, der
wandelt, wie er die Götter im Traume wandeln sah; die Tiere, die reden, die Erde,
die Milch und Honig gibt, das alles kann ausschließlich im Trickfilm sicht- und
hörbare Wirklichkeit werden.
Ein redendes Tier, ein tanzend in die Lüfte emporfliegender Mensch kann nur für
den Menschen allein bedeutungsvoll, aufregend und verblüffend sein. Für die Natur ist es ohne jede Bedeutung, ob ein Tier brüllt, gackert oder redet, für sie und
ihren Ablauf ändert sich dadurch nichts. Ebenso ist es der Natur gleichgültig, ob
der Luftraum von Vögeln, fliegenden Fischen, Wolken, Gasausbrüchen, Meteo-
ren, Vulkanasche, Luftballonen oder Menschen durchflogen wird. Aber für den
Menschen sind redende Tiere, ohne Hilfsmittel fliegende Menschen, ein milch-
spendender Erdboden etwas Unerhörtes, was ihn im Innersten zu erschüttern geeignet ist – sofern es ihm kunstgerecht vor Augen geführt wird.
Das ist der Grund, warum ein gut in die Handlung eingebauter Filmtrick einen so

außerordentlich starken Eindruck auf den Filmzuschauer machen kann. Denn ihm wird durch die Trickdarstellung etwas geboten, was ihn *ganz alleine als Mensch* etwas angeht.

Abb. 223: Das vom Teufel besessene Mädchen schwebt

Die übliche Wirklichkeit, die er in Filmszenen sieht, existiert ja auch ohne ihn. Sie ist sich gewissermaßen selbst genug, und es ist dem Menschen höchstens erlaubt, ihr zuzusehen. Das Trickereignis aber – das weiß der Filmzuschauer genau – kommt in der Wirklichkeit niemals vor. Es ist also, wenn er es auf der Vorführwand wahrnimmt, ein Ereignis, das nur ihn ganz allein als Mensch betrifft; es ist ein Ereignis, das ihm allein etwas zu sagen hat. Wenn es sich als zwingende Notwendigkeit im Fluß der Filmhandlung, die der Zuschauer bis dahin miterlebt hat, offenbart, dann ist es von wahrhaft gewaltiger Wirkung. Aus dieser möglichen Wirkung aber leitet sich die Notwendigkeit einer besonderen Trickdramaturgie ab. Denn diese große Wirkung stellt sich nicht von selbst dadurch ein, daß dem Zuschauer eine Filmtrickszene vorgeführt wird. Der Szeneninhalt ist nur ein Mittel zum Zweck. Wenn er dem Filmzuschauer nicht als an dieser Stelle notwendig und seine unbestimmten *Erwartungen erfüllend* vorkommt, dann ist er überflüssig. Diese Notwendigkeit und Erfüllung aber gehen aus dem Filmtrick selbst, aus seinem Inhalt und seiner Form niemals hervor, sie sind stets abhängig von der allgemeinen Handlung. Damit unterliegt der (sichtbare) Filmtrick über den durch Kameraeinstellung und Kadrierung dargebotenen Szeneninhalt hinaus ganz selbständigen trickdramaturgischen Regeln und Gesetzen.

Die Tricklogik

Die Tricklogik ist das Fundament der Trickdramaturgie. Sie beginnt in der Trickszene selbst und betrifft zuerst die Form, in der ein Trick ausgeführt wird oder dargestellt ist.

Da der vom Filmzuschauer bemerkte Trickvorgang unwirklichen, über- oder außerwirklichen Charakter hat, verlangt – von Ausnahmen, die durch den allgemeinen Handlungsverlauf Ihres Films erzwungen werden, abgesehen – die Tricklogik, daß auch die Umgebung, innerhalb der solche überwirklichen Ereignisse vor sich gehen, nicht nur und ausschließlich den Charakter der echten Wirklichkeit zeigt. Übernatürliche Vorgänge werden unglaubwürdig, wenn nicht auch die Umgebung, in der sie stattfinden, andeutungsweise oder auch stärkere Zeichen der Übernatürlichkeit aufweist.

Dies geschieht zum Beispiel vorbildlich in den bereits wiederholt analysierten Filmen »Das Spiel ist aus« (Les jeux sont fait), und dem deutschen Film »Der Brandner Kaspar schaut ins Paradies« (siehe Seite 19), in denen ganz realistisch dargebotene Szenenmotive durch feinste Übertreibungen und Verzerrungen für den Filmzuschauer einen – oft nicht einmal bewußt wahrgenommenen – überwirklichen Ausdruck bekommen.

Es gibt auch gröbere Trickmittel, um ein Szenenmotiv trotz realistischer Abbildung deutlich erkennbar unwirklich erscheinen zu lassen. Das gelingt z. B. durch die üblichen Einblendungen schemenhaft dargebotener Dinge und Menschen, wie sie die Abbildung auf Seite 252 zeigt.

Hier wird der Szeneninhalt sofort als »geträumt« empfunden.

Den gleichen Überwirklichkeitsausdruck können Sie einem ganz normalen und realistischen Szeneninhalt durch die einstellungsgezielte Aufnahme mit einem extremen Weitwinkelobjektiv verleihen, wenn Sie szenenwichtige Motivbestandteile in der richtigen Weise kadrieren.

Im Gegensatz zu den bisher genannten Beispielen ist es trickunlogisch und ein deutlich empfundener Verstoß gegen die Grundregeln der Trickdramaturgie, wenn in einer völlig natürlich und wirklich wirkenden Szene plötzlich übernatürliche Erscheinungen sichtbar werden, ohne daß zugleich auch der Szeneninhalt selbst etwas Übernatürliches bekommt. Solche Fehler treten gelegentlich selbst im Berufsspielfilm auf.

52. Beispiel: Verstöße gegen die Trickdramaturgie

Abb. 224 und 225: In dieser Szene erscheinen wie durch Zauberei ganz plötzlich drei Männer.

Der Eindruck auf den Filmzuschauer ist nicht etwa, wie das die Filmhandlung beabsichtigen könnte, »geheimnisvoll«, »magisch« oder »traumhaft« wie in den früher gezeigten Bildbeispielen, sondern ganz einfach unglaubwürdig.

Zwar nicht gerade völlig unglaubwürdig, aber doch sehr unbefriedigend wirkt das folgende, aus einem berühmten Ufa-Film stammende Trickbeispiel. Es handelt sich um eine »Insichblende« aus dem Film »Die Kreutzer-Sonate«, der von Veit Harlan nach dem Roman von Leo Tolstoi gedreht wurde.

Die geisterhafte Erscheinung des Paares auf der Treppe ist für den Filmzuschauer zwar voll gerechtfertigt, weil er weiß, daß sie das Phantasieprodukt des von unmenschlicher Eifersucht geplagten Mannes ist, der am Fuße der Treppe steht. Dennoch ist die *Form*, in der sich diese Erscheinung darbietet, unbefriedigend, weil sie infolge der unveränderten platten Realität der Umgebung, d. h. des Treppenhauses, in der sie sich angeblich ereignet, als unglaubhaft, d. h. als geschwindelt oder gar gelogen empfunden wird (Abb. 226).

Alle diese zwiespältigen Empfindungen würden im Filmzuschauer gar nicht wach werden, wenn gleichzeitig mit der Phantasieerscheinung auch eine leichte Veränderung der Umgebung der Szene einherginge, etwa so, wie das mit geradezu überwältigender Wirkung einmal in dem Spielfilm »Hohe Schule« über weite Strecken hin zu sehen war. Dort geht ein Mann alleine durch die Straßen einer Stadt, in der er lange vor Jahrzehnten lebte, und die Erinnerungen stürmen auf ihn ein. Die Erinnerungen äußern sich nur durch den Ton, er hört Stimmen, Klänge und Geräusche, seine Augen dagegen sehen nichts anderes als die üblichen Straßenbilder. Und doch versenkt sich der Filmzuschauer, obwohl er ebenfalls nichts anderes sieht als die gleichen Straßenbilder, ganz tief mit in die Erinnerungen, weil ihm

Abb. 226

nämlich die Straßenbilder infolge einer leichten optischen Verzerrung nicht mehr real, sondern »wie in Trance« dargeboten werden.

Eine Dramaturgie des Filmtricks kann sich verständlicherweise nur auf solche Tricks beziehen, die der Filmzuschauer auch als Veränderung, Verschiebung, Verzerrung oder als naturgesetzlichen Widerspruch im Filmszeneninhalt deutlich wahrnimmt, erkennt oder empfindet.

Diese etwas umständliche Definition der Filmtrick-Wirkung auf den Zuschauer muß hier aus zwei Gründen noch folgen:

1. Filmtricks, die vom Filmzuschauer nicht bemerkt werden, ja nicht einmal bemerkt werden dürfen, weil sie echte Wirklichkeit *vortäuschen* sollen, können auch keine *trickdramaturgische* Funktion ausüben. Sie haben damit als Tricks überhaupt keine dramaturgische Aufgabe, sondern sind ausschließlich Zweckbestandteil eines Filmszeneninhalts, der lediglich der *allgemeinen* Filmdramaturgie unter-

worfen ist. Eine solche Szene wird vom Filmzuschauer nicht als Trickszene, sondern als übliche natürliche Wirklichkeit empfunden. Der Trick *wirkt* also nicht, sondern ist eine unbemerkt bleibende filmtechnische Maßnahme, die ausschließlich ökonomischen und nie filmkünstlerischen oder filmpsychologischen Bedingungen unterworfen ist.

2. Es gibt Filmtricks, die sich ganz unscheinbar an die normale Szenenwirklichkeit anschließen, die sich gewissermaßen unbemerkt einschleichen, und die deshalb zu Beginn der Trickszene vom Zuschauer noch gar nicht erkannt oder empfunden werden können. Dennoch muß aber auch der Beginn einer solchen für den Zuschauer noch ganz trickundeutlichen Szene bereits den trickdramaturgischen Bedingungen mit unterworfen sein, weil mit der deutlichen Entwicklung des erkennbaren Trickvorgangs auch der als natürliche Wirklichkeit empfundene Beginn der Szene *nachträglich*, das heißt während der trickbedingten Veränderung dieser Wirklichkeit neu erkannt und empfunden werden muß.

Das Kompendium

Das ideale Hilfsmittel für fast alle Tricks, die auf der Vorführfläche *sichtbar werden*, ist das *Kompendium*, das vor jeder Kamera als optimale, verstellbare *Gegenlichtblende* angebracht werden kann. Das von der Firma Goedecke, München, entwickelte Kompendium-Set, mit dem ich selbst arbeite, ermöglicht alle Tricks wie Auf-, Ab-, Überblenden, Kreisblenden, Schiebeblenden, Rauchblenden, Fettblenden, Cashblenden, hat alle Arten von Masken, Gelbscheiben, Doppel- und Doppelgängerbelichtungseinrichtungen.

Abb. 227: Masken, Trickbuchstaben, Folien u. a. Trickmittel

Die optimale *dramaturgische* Kadrierung

Sie haben bis jetzt erfahren, wie die Kadrierung eines Szeneninhalts so geführt werden kann, daß sie die jeweils stärkste Wirkung auf den Zuschauer hat. Sie haben jedoch noch nichts darüber erfahren, wie bestimmt geführte Kadrierungen auch über die Einzelszene hinaus *dramaturgisch* bedingte Einflüsse auf die nachfolgenden Szenen, Montagebilder, ja sogar den weiteren Gesamtverlauf eines Films ausüben können. Da solche Einflüsse aber – insbesondere bei Spielfilmen – den Zuschauer maßgeblich bestimmen können, ist es notwendig, daß auch Sie sich als Klasse-Hobbyfilmer mit diesen filmischen Gestaltungsvoraussetzungen praktisch und theoretisch vertraut machen.

Ein Gesicht in Großaufnahme, das bei der Aufnahme in das Objektiv *hineingeblickt* hat, sieht bei der Vorführung von der Leinwand herunter dem Zuschauer direkt in die Augen.

Eine solche Kadrierung ist zuerst einmal, wenn sie als Großaufnahme eingegliedert ist, die schärfste Prüfung auf die vollkommene Wahrhaftigkeit der mimischgestischen Darstellung.

Der Zuschauer empfindet im Augenblick der Begegnung jede allergeringste Abweichung von der Darstellungswahrhaftigkeit ebenso wie eine zu geringe oder zu starke Darstellungsintensität.

In diesem Szenenbeispiel des Films »Jugend«, in dem Kristina Söderbaum ihre

Abb. 228

erste Filmrolle spielte, ist die darstellerische Wahrhaftigkeit ebenso überzeugend zu erkennen wie die überwältigende Intensität, mit der das junge Mädchen ihren Gefühlssturm, der sie in diesem Augenblick beherrscht, zum Ausdruck bringt.

Die Zuschauer-Identifikation erfolgt hier ebenso wie in den meisten anderen richtungweisend gestalteten Szenen dieses Films ohne jede Ablenkung und blitzschnell. Beachten Sie besonders, wie hier ein »ungläubiges Entsetzen« ohne Übertreibung und mit der deutlichen Bereitschaft, alles für einen Irrtum oder einen Wachtraum zu halten, in vollendeter Darstellung zum Ausdruck kommt.

Eine solche Leistung mit derartiger Ausdruckskraft ist nur einer genial begabten Darstellerin möglich. Dieses Beispiel erklärt auch, warum Asta Nielsen, Charlie Chaplin, Mary Pickford, Rudolfo Valentino, Greta Garbo, Jackie Coogan, Norma Shearer, John Barrymoore, Marlene Dietrich, Emil Jannings, Shirley Temple, Maurice Chevalier, Elisabeth Taylor, Gary Cooper, Marilyn Monroe, James Dean, Audrey Hepburn, Alec Guinness, Anna Magnani, Marlon Brando und schließlich Catherine Hepburn, Giulietta Masina, Charles Laughton, Orson Welles und Albert Bassermann ein Weltpublikum hinreißen konnten.

Es wird Ihnen klar sein, daß mit dieser Kameraeinstellung in Großaufnahme mit Spiel direkt in das Kameraobjektiv die Grenze zu jeder Art von Schauspielerei, auch zur meisterhaftesten, endgültig überschritten ist.

Echte Gefühle kann man nicht vortäuschen oder machen, man muß sie *haben*. Der Filmdarsteller, der in dieser Einstellungsart die Gefühle, die er dem Zuschauer zum Mitfühlen anbietet, kann das nur erreichen, wenn er selbst diese Gefühle auch wirklich hat, beziehungsweise wenn er von ihnen *beherrscht wird*.

Der fundamentale Unterschied zwischen dem typischen Filmdarsteller und dem typischen Bühnenschauspieler läßt sich durch entsprechende Filmaufnahmen experimentell nachweisen. Als erster »Ufa«-Film nach dem Kriege wurde von mir in Zusammenarbeit mit Prof. Heinrich Lersch und dessen Mitarbeitern für den Unterricht im Psychologischen Institut der Universität München der wissenschaftliche Dokumentarfilm »Die Kunst des mimischen Ausdrucks« geschaffen, der es erlaubt, eine persönliche experimentalkritische Trennung der mimischen Darstellungsformen durch persönliches Miterleben nachzuvollziehen.

Ebenso erlaubt er kritisch zu erkennen, warum der letzte Garbo-Film »The Twofaced Woman« deshalb ein Mißerfolg wurde, weil der genialen »reinen« Darstellerin Greta Garbo in diesem Film zu viele mimisch-gestische Aufgaben in *einer* Szene zugemutet wurden, die nur mit den Mitteln des Bühnenschauspielers und aus der unverrückbaren Distanz des Bühnenraums zum Theaterbesucher überzeugend gelöst werden können.

Für Ihre eigene Drehbuch- und Szenengestaltung bedeutet das eine sorgfältige Beschränkung der Handlungsführung auf eine ganz eindeutig vollziehbare mimisch-gestische Darstellung, die vom Zuschauer ohne seelische Unsicherheit oder Verwirrung in Stimmungen und Gefühle umgesetzt werden kann.

Lassen Sie diese regie-dramaturgische Forderung unberücksichtigt, dann wird Ihren Filmen ein ähnlicher Mißerfolg beschieden sein wie dem dennoch bedeutenden Filmkunstwerk, das Sir Laurence Oliver geschaffen hat: »Der Prinz und die Tänzerin«. In diesem Film wird es dem »naiven« Normalzuschauer allzu schwer gemacht, sich mit der verwirrend zwielichtigen Figur des Regenten zu identifizieren, so daß trotz der überragenden Darstellung von Sir Oliver und Marilyn Monroe ein filmkünstlerischer Torso zustande kam, der nur für ausgesprochen intellektuelle Filmzuschauer voll genießbar bleibt.

Abb. 229

Noch ein praktisches Szenenbeispiel, das bereits im Standbild den überzeugenden Zusammenklang von wahrhaftigem mimisch-gestischen Ausdruck, Spiel ins Objektiv und eindeutiger Geschlossenheit der Gesamtsituation erkennen läßt. Dazu kommt die sehr intensive Ausstrahlung beider Darsteller, die trotz deutlich verschiedener intellektueller Bewußtseinslage der beiden Personen dennoch in kongenialer Weise und schlechthin überzeugend zum Ausdruck kommt.
Das ungetrübte Glück des Mannes, der das Mädchen triumphierend in seine starken Arme schließt, kommt im mimischen Ausdruck des Darstellers so überzeu-

256

gend zur Geltung, daß er seine Lider zu einem schmalen Schlitz verengen kann, wodurch das für ihn anscheinend ganz Unverhoffte des Erlebnisses symbolisch stark unterstrichen wird.

Das Mädchen bringt dagegen in seiner Mimik gleich überzeugend eine Zwiespältigkeit oder Trotzigkeit seiner Gefühle aber auch einen Besitzwunsch zum Ausdruck, die insbesondere den Zuschauer durch den geraden, aufrichtigen Blick des Mädchens zur verständnisvollen Identifikation auffordert.

Dieser Szeneninhalt ist gleicherweise als hervorragendes Beispiel für eine überlegene Regieführung und erstklassige Ausleuchtung Ihres analytischen Studiums wert. So wie er angelegt ist, könnte er als Schlußszene eines Films, der auf die handlungs-dramaturgische Konsequenz »Ende gut, alles gut« hinausliefe, dienen.

Kadrierungsfehler durch Übertreibungen: »The Lady in the Lake«

Es ist deshalb auch durchaus unwahrscheinlich, daß der im Jahre 1947 gedrehte, aufsehenerregende Film »Lady in the Lake«, in dem Robert Montgomery den Versuch gemacht hat, »das Auge der Kamera« konsequent in jeder einzelnen Filmszene als Auge des Zuschauers einzusetzen, Erfolg gehabt hat. Die rücksichtslose Überziehung einer dramaturgisch-filmgestalterischen Möglichkeit scheitert stets dann, wenn sie sich nicht durch die dramatische Handlung oder die Schicksalsbedeutung des Szeneninhalts für den Zuschauer *rechtfertigt*. Sie darf niemals nur aus rein formalen Gründen angewandt werden.

Der englische Filmgestalter Paul Rotha, der in seinem Buch »The Film Till Now« diesen Fragen eine ausführliche theoretische Untersuchung gewidmet hat, schließt das Kapitel »Die Ausdruckskraft der Kamera« mit der Feststellung ab: *»Robert Montgomerys vielgerühmter Film ›Lady in the Lake‹ erteilt eine wertvolle Experimental-Lektion dafür, wie die Kamera nicht als personifiziertes Auge verwendet werden sollte. In diesem Film wird während der ganzen Handlung alles gezeigt, wie es der Held selber gesehen hat: Die Kameralinse ist stets sein Auge und damit das des Filmbesuchers. Dieser erlebt, wie er eine Tür einrennt, aus dem Fenster springt, bedroht, verfolgt, niedergeschlagen wird.«* Man möchte hinzufügen: Und ohne, daß dies alles durch eine entsprechend starke Gesamthandlung für den Zuschauer gerechtfertigt wäre.

Die dramaturgische Spitzenleistung der Kadrierung: Das Spiel ins Objektiv

In Europa hat F. W. Murnau das Spiel ins Objektiv zum erstenmal im Jahre 1925 in der Rahmenhandlung zu seinem Film »Der Herr Tartuffe« *als direkte Anrede an die Zuschauer* ausgenützt.

Die Anrede des Zuschauers muß im Film noch begründeter sein als auf dem Theater, wo sie beiseite gesprochen, oder das Publikum direkt angeredet wird. Der Zuschauer wird oft zum unentbehrlichen Bestandteil eines Filmwerks.

Das ist immer der Fall, wenn er etwas weiß, was die in der Filmszene auftretenden Personen nicht wissen können, was aber zur Vervollständigung der Handlung gewußt werden muß, z. B. das Wissen um eine Verwechslung von Personen, die sich wechselseitig für etwas anderes halten, als sie tatsächlich sind. Das Filmwerk *vollendet sich* in solchen Szenen erst dann, *wenn jemand vorhanden ist, der weiß, daß die in der Filmszene erscheinenden Personen sich wechselseitig falsch einschätzen.* Dieses Wissen ist an dieser Stelle der Schwerpunkt der Spielhandlung, und da nur der Zuschauer dieses Wissen haben kann, wird damit seine Eingliederung in den Film zur unvermeidlichen dramaturgischen Notwendigkeit.

In der folgenden Szene aus einem USA-Film spielt sich das Geschehen ohne direkte Beziehung des Szeneninhalts zum Zuschauer ab. Der Zuschauer ist unbeteiligter Beobachter.

Abb. 230

In der ganz gleich aufgebauten folgenden Szene wird der Zuschauer allein durch die Blicke der Darsteller in das Szenengeschehen einbezogen. Er ist Beteiligter.

258

Abb. 231

Der Unterschied in der Wirkung ist auch im Standbild deutlich erkennbar. Was immer in dieser Szene vor sich gehen mag, in dieser Darstellungsform geht es den Zuschauer persönlich an. Ob der Zuschauer allerdings das, was ihm da angetragen wird, auch als seine persönliche Angelegenheit empfindet, das hängt nicht

Abb. 232

mehr von der *Darstellungsform* – dem Spiel ins Objektiv –, sondern von der dramaturgischen Eingliederung ab.

Auch in der folgenden Szene wird der Zuschauer ganz direkt mit den Blicken aller Anwesenden angesprochen. Einige scheinen Angst vor ihm zu haben, andere belustigen sich.

Des Rätsels Lösung ist der Standesbeamte. Der Zuschauer wird hier zum »Zuschauer«, der rechts hinter dem Standesbeamten steht.

Abb. 233

Filmregisseure mit filmgestalterischem Fingerspitzengefühl haben »das Spiel ins Objektiv« schon früher dramaturgisch richtig eingesetzt. So F. W. Murnau in dem ersten Stummfilm ohne Zwischentitel »Der letzte Mann«.

Emil Jannings, am Ende seiner zusammengebrochenen Hotelportierslaufbahn angelangt, ist Toilettenmann geworden. Der Kinozuschauer hat die Größe und den Sturz dieses stolzen Mannes miterlebt. Er hat mit ihm um die Bewahrung des Eindrucks, den er bei seinen Hausbewohnern mühsam mit der tagsüber in der Gepäckaufbewahrung des Hauptbahnhofs versteckten prächtigen Portierslivree aufrechterhält, gerungen und erlebt nun das ganze Elend und die Würdelosigkeit dieses menschlichen Daseins auf der untersten Stufe durch den Blick, mit dem ihn Jannings von unten her anschaut.

260

Abb. 234

Diese großartige Kameraeinstellung und Kadrierung ist zugleich ein Beweis für die Überwindung des naturalistischen Darstellungsprinzips zugunsten der dramaturgischen Eingliederung des Zuschauers. Obwohl Jannings von der über dem Kopf des Zuschauers befindlichen Projektionsleinwand auf den Zuschauer hinunterblickt, fühlt sich dieser doch dank der Gefühle, die ihn beim Anblick des heruntergekommenen Mannes beseelen, *von unten her* angeblickt. Es ist wesentlich, daß Sie erkennen, daß diese Kameraeinstellung – die, losgelöst von ihrem dramaturgischen Inhalt, nicht mehr als ein aufnahmetechnischer Trick ist und von jedem uneingeweihten Zuschauer auch so erkannt und empfunden wird – durch rein dramaturgische, also geistige Mittel zum Wirklichkeitserlebnis gemacht wird, das die Realität des technischen Apparates völlig überwindet!
Dieses Szenenbeispiel sollten Sie »auswendig lernen«!

Die Extremsituation erleichtert den wahrhaftigen Darsteller- und Augenausdruck

53. Beispiel: Chaplin und Araberin

Da die Miterlebensaufforderung an den Zuschauer von den Augen des Darstellers weitaus am stärksten ausgeht, kann der Anreiz beim Zuschauer auch dadurch ausgelöst werden, daß der Darsteller in einer nicht alltäglichen Extremsituation dargeboten wird.

Abb. 235   Abb. 236

Das ist zum Beispiel in der Szene aus Chaplins »Gold Rush« (Abb. 235) der Fall, in der ein schneebedeckter Mensch in einer verlassenen Blockhütte dem Zuschauer hilfesuchend in die Augen blickt. Sobald der mimisch-gestische Ausdruck vom Zuschauer als wahrhaftig empfunden wird – und das ist hier optimal der Fall –, wird der Miterlebenseffekt als *leidvolle Rührung* eben wegen der Extremsituation überstark erzeugt.

Das gleiche kann, wenn auch nicht in gleicher Stärke, durch eine Verschleierung der übrigen Gesichtspartien hervorgerufen werden. Auch dadurch wird – wenigstens für den westlichen Kulturbereich – eine Extremsituation geschaffen. Wenn Sie das Szenenbild genau analysieren, merken Sie sogar, daß diese Augen »lachen«.

Es ist auch möglich, das Auge des Darstellers allein in eine gewissermaßen isolierte Extremsituation zu bringen und dadurch den Identifizierungsanreiz erheblich zu verstärken. Das ist in den beiden folgenden Szenenbeispielen mit Gina Lollobrigida und Ralph Arthur Roberts der Fall:

Abb. 237   Abb. 238

Gegenbeispiel: Falsche Effektkadrierung

Der Versuch, dem Zuschauer mit dem Mittel der Extremsituation einen Miterlebensanreiz zu bieten, kann auch deutlich über das Ziel hinausschießen, wie das folgende Szenenbild aus »Pulverschnee nach Übersee« beweist.

54. Beispiel: Hotel zur Goldenen Gans

Abb. 239

Das Mitgefühl des Zuschauers mit dem verzweifelten Hotelportier muß erst über das Lesen eines Textes und die weitere intellektuelle Kombination Hund–Portier vom Zuschauer vollzogen, begriffen und kann dann erst in Gefühl umgesetzt werden.

Großes Vorbild: Regisseur und Drehbuchautor Ernst Lubitsch

Auch Ernst Lubitsch hat die Möglichkeiten, durch den direkten Blickkontakt die Miterlebensbereitschaft des Zuschauers mit dem Szeneninhalt durch entsprechende Kadrierung zu bewirken, erkannt.

Im Jahre 1932 durfte er den Paramount-Film »One Hour With You« drehen, in dem er Maurice Chevalier in einer so überlegenen Weise direkt in das Objektiv spielen läßt, daß die identifizierende Wirkung noch im Jahre 1974, also 42 Jahre später, den Fernsehkritiker Michael Schwarze in der »FAZ« vom 20. 3. zu folgender Huldigung hinriß:

»Zwei-, dreimal wendet sich Chevalier direkt an das Publikum, macht es zum Mitwisser, zum Leidensgenossen, macht seine Geschichte zu der des Besuchers, zieht ihn in den Film hinein, anstatt ihn von außen gaffen zu lassen. Wenn man die Plumpheit heutiger Filme dagegen betrachtet, kann einen bei so viel Subtilität, Dezenz und Diskretion, die dennoch nichts Prüdes und Spießiges an sich hat, nur Melancholie ankommen.«

Es ist selbstverständlich, daß die Herstellung eines so eindeutigen Zusammenhangs des Zuschauers mit dem Szenenvorgang – zumal in Filmen, die nicht ausgesprochene Spielfilme sind – nur selten möglich sein wird.

XVII. Kapitel
Der Klasse-Hobbyfilmer und die Filmregie

Fortsetzung der Einführung in den Umgang mit Laiendarstellern

Alle Kinder benehmen sich, sobald sie daran gewöhnt worden sind, Ihre Kamera mit Ihnen selbst zu identifizieren, überzeugend wahrhaftig und unerschütterlich natürlich, wenn Sie ihnen dabei keine Vorschriften machen. Analysieren Sie das linke der beiden folgenden Szenenbilder:

55. Beispiel: Kinder und Erwachsene

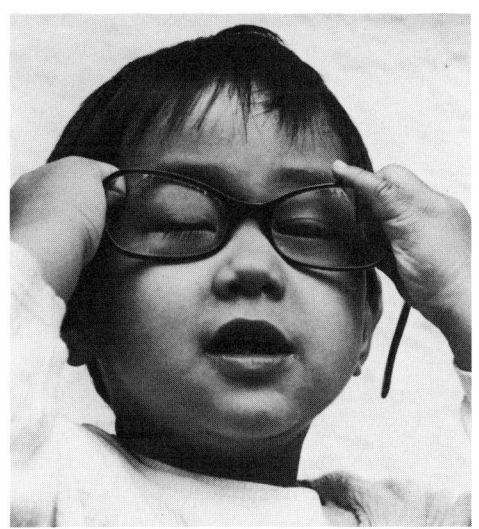
Abb. 240

Abb. 241

Auch einen Erwachsenen können Sie – wenn er nur ein wenig begabt ist – durch angemessene regiepsychologische Führung dazu bringen, sich einem ganz natürlichen, lockeren Gesichtsausdruck zu überlassen. Besonders geeignet sind Frauen und Mädchen.

Sie haben eigentlich nicht mehr dabei zu tun, als Ihren Darstellern langsam und schrittweise beizubringen, ihre Gesichtsmuskeln völlig zu entspannen und dabei wie »traumverloren« in das Kameraobjektiv zu »schauen«, das heißt also *nicht zu blicken* oder das Kameraobjektiv »ins Auge zu fassen«, sondern so in dessen Richtung zu »schauen«, als ob die Kamera überhaupt nicht vorhanden wäre.

Haben Sie Ihren Darsteller erst einmal so weit, dann machen Sie ihm ebenso sorgfältig und stufenweise klar, daß er, wenn die Kamera eine Weile läuft, ohne eine Miene zu verziehen, an etwas *denken* oder etwas *fühlen* soll. Etwas Schönes, Trauriges, Rührendes, Komisches und so weiter.

Wenn er an etwas Komisches denkt, wird er seine Gesichtsmuskeln ganz von selbst und merklich verziehen; bei allen anderen Gefühlsregungen werden oder besser *sollten* nur unbewußte, unmerkliche mimische Veränderungen bewirkt werden.

Alles, was mit Liebe (im weitesten Sinne) zu tun hat, verändert, wenn die Darstellung wahrhaftig ist, ausschließlich den Augenausdruck. Achten Sie darauf!

Was Sie Ihren Darstellern durch Weglassen der bewußten mimischen Bewegungen leider nicht antrainieren können, ist die *Intensität* des jeweiligen seelischen Ausdrucks. Dazu ist einfach eine große Begabung bzw. die unverfälschte kindliche Naivität erforderlich.

Der Erwachsene, der es fertiggebracht hat, sich eine kindliche Naivität bis in das Erwachsensein hinein zu erhalten, ist filmdarstellerisch fast immer auch besonders begabt.

Machen Sie sich also, wenn Sie die unverkrampften mimisch-gestischen Ausdrücke an Fernsehfilm-Beispielen ausreichend analysiert und studiert haben, auf die Suche. Sie werden überrascht sein, wie viele echte – wenn auch meist nur schwächere – Begabungen Sie in ihrer näheren und weiteren Umgebung entdecken.

Der Filmregisseur muß aus Schauspielern »Filmdarsteller« machen

Hier liegt die spezielle und wichtigste Aufgabe des Filmregisseurs.

Der Wirklichkeitsausschnitt, der jeweils durch Kameraobjektiv und Mikrofon eingefangen wird, ist, mit Ausnahme der in ihm befindlichen Menschen, mit ungezwungenen, naturentsprechenden Dingen und Wesen besetzt. Das gilt auch für ungestörte Tiere, von denen der Filmregisseur Veit Harlan zu sagen pflegte: »Eine Katze kann kein Darsteller übertreffen.«

Kann also der Filmregisseur einen einmal ausgewählten Wirklichkeitsausschnitt nur noch zu höchster Prägnanz und Bedeutung für den Zuschauer filmgestalterisch hinaufstilisieren, so wächst ihm daneben mit der Darstellerführung eine neue, aktive Aufgabe zu.

Er muß dafür sorgen, daß der Darsteller den Charakter des Wirklichkeitsausschnitts für den Zuschauer nicht verändert. Der Darsteller muß wahrhaftiger Teil dieser Wirklichkeit sein und bleiben.

Der Filmdarsteller darf nicht wie der Bühnenschauspieler *etwas machen*, er muß das, was er in seiner Filmrolle sein soll, auch *wirklich sein*.

Der Filmregisseur muß deshalb auch nie, wie das der Bühnenregisseur oft tut, eine Art »Schauspielunterricht« erteilen, um aus dem Schauspieler den höchstmöglichen mimisch-gestischen Ausdruck herauszuholen, er muß vielmehr als kritisch-empfindsamer Wächter dafür sorgen, daß seine Darsteller in der Szene niemals spielen, sondern »sind«.

Der Unterschied zwischen Theaterregie und Filmregie

Die Filmregie unterscheidet sich von der Theaterregie in fundamentaler Weise. Der Theaterregisseur hat ein mehr oder weniger festgelegtes literarisches Werk, das bereits abgeschlossen und selbständig existiert, in die Bühnen-Wirklichkeit zu übertragen.

Der klassische Regisseur interpretiert dieses Werk im gleichen Sinne, wie der Orchesterdirigent die musikalische Komposition interpretiert. Verändert der Regisseur die literarische Gestalt, wie das gegenwärtig üblich geworden ist, und baut er die Handlungsräume um, dann geht er bereits über den Bereich der Theaterregie hinaus und wird zum Neuschöpfer. Er inszeniert dann sein eigenes Pfropfwerk wiederum als Theaterregisseur, das heißt mit den der Bühne eigenen Mitteln, indem er im Bühnenraum die Schauspieler einsetzt und führt.

Demgegenüber ist der Filmregisseur vorrangig als Film*gestalter* tätig. Er findet Wirklichkeitsausschnitte, die er durch Filmdarsteller und andere Teilgestalten *vervollständigt*. Er sorgt vorrangig dafür, daß diese Teilgestalten in optimaler Prägnanz ihre Bedeutung auf den Zuschauer übertragen können, die den Gesamtfilminhalt an dieser Stelle vervollständigt.

Bei dieser filmischen Gestaltung muß er zwar ebenso wie der Theaterregisseur Menschen einsetzen und führen, doch tut er dies unter einem völlig anderen Gestaltungsaspekt.

Nach der klassischen Theaterauffassung hat der Regisseur die Schau des Dichters dem Zuschauer in der Sprache des Theaters zu übermitteln, ist er schöpferisch frei und unfrei, souverän und gebunden. Er herrscht und dient zugleich, ordnet ein und ordnet sich unter. Er ist tief verbunden mit dem Schauspieler, dessen schöpferischer Anteil am Spiel seine wegweisende, anordnende Phantasie und Kritik in wichtigen Stadien begleitet. Er reiht sich vorfühlend in den Kreis der Empfangenden, um Hall und Widerhall als erster kontrollierend zu erleben.

Wenn hier im letzten Satz auch bereits andeutungsweise eine Regie-Aufgabe gekennzeichnet wird, die für den Filmgestalter und Filmregisseur das zentrale Problem seiner Arbeit darstellt: die unaufhörliche Verbindung mit dem Zuschauer und seinen psychologischen Reaktionen, so war doch bis zur Schule Max Reinhardts, die für viele Bühnen noch heute gültig ist, die Eigenständigkeit der Theateraufführung, zu der das Publikum nur gewissermaßen zufällig gnädig zugelassen ist, allein gültig geblieben.

Seit Friedrich Ludwig Schröder im Gegensatz zu Goethes Auffassungen den Hamburger Bühnenstil durchgesetzt hatte, galt und gilt noch heute, »daß das Publikum des Schauspielers wegen im Theater anwesend ist, daß es in aufnahmebereiter Stille in den Ablauf menschlichen Geschehens sich eingliedert«.

Goethe hatte dagegen als Theaterdirektor noch gefordert: *»Denn die Schauspieler sind um des Publikums willen da. Sie sollen nicht aus mißverstandener Natürlichkeit untereinander spielen, sollen nie ihr Profil zeigen, nie dem Zuschauer den Rücken wenden. So sollen sie auch nicht im Profil zueinander sprechen, sondern immer gegen das Publikum.«*

So unangenehm Goethes Auffassung für den »Guckkasten« der Theaterbühne, der sich in seinem Abstand und seiner Lage zum Publikum niemals wesentlich ändern kann, auch war, so richtig ist sie für den Film. Was Goethe noch dem Schauspieler zumutete, wodurch er die rezitatorische Verkrampfung auf den Theaterbühnen seiner Zeit heraufbeschwor, wurde für den Film ganz von selbst und fast unbemerkt durch die bewegliche Filmkamera, die aus einer Einstellung in die andere sprang, in vollendeter Weise erreicht.

Mit dieser »natürlichen« Eingliederung des Zuschauers in das dramatische Geschehen wandelte sich aber auch, wie Sie erkannt haben, die Gestaltungsgrundlage: Aus dem Bühnenraum wurde der Wirklichkeitsausschnitt, aus dem Wort wurde der Szeneninhalt, aus dem Schauspieler wurde der Darsteller.

Die zweitschwerste Regieaufgabe für den Klasse-Hobbyfilmer: Nacktheit ohne Scheinheiligkeit

Es konnte hier nicht mehr getan werden, als Sie in diese Regieaufgabe und damit zugleich in die Grundzüge der Film- und Theaterregie durch ein weiteres Beispiel stichwortartig und aphoristisch einzuführen. (Die systematische Darstellung der Film- und Theaterregie würde ein eigenes Buch erfordern.)

Aus diesen Gründen sollte auch in der Frage der Nacktheitsregie die Gegenüberstellung der Bildbeispiele für Sie aufschlußreicher sein als alle theoretischen Hinweise, die ja gewiß auch nicht ohne Bedeutung sind.

Die Szenenanalyse ermöglicht Ihnen aber doch, sich in das Problem tiefer einzufühlen.

Der bedeutende französische Filmregisseur Roger Vadim hat den menschlich-künstlerischen Zwiespalt, in dem sich ein Filmregisseur befindet, der ein junges Mädchen (das nicht gerade eine Dirne ist) dazu bringen will, sich vor der Kamera nackt unverkrampft zu bewegen, mit staunenswerter Offenheit geschildert.

»Ein Regisseur beteuert, daß das Drehbuch die totale Nacktheit der Schauspielerin erfordert. Dahinter steckt eine Realität ... Um dieser Realität eine Maske aufzusetzen, hat unsere Gesellschaft ... Tabus, Regeln und moralische Wächter aufgestellt ... Ich habe die Frauen, mit denen ich gelebt habe, nie fotografiert. Ich habe sie auf der Leinwand ausgezogen, das ist alles.

Dreharbeiten sind weniger verwirrend, weniger zweideutig als eine Fotositzung. Ein (Film-)Studio ist wie ein Operationssaal, in dem sich Techniker, Ingenieure, Assistenten, Scriptgirl, Maskenbildner und Friseure tummeln. Die Stunden sind hier gezählt, Geheimnisse und Zweideutigkeiten ausgeschlossen.

Jede Schauspielerin zögert vor einer erotischen Szene. Man muß ihr ihre unbedingte Notwendigkeit klarmachen, daß die Rolle sie verlange. Die Rolle ist das Schlüsselwort. Es ist nicht immer sie, die man sehen wird, sondern die Person, die sie verkörpert. Auch hierin liegt Scheinheiligkeit.

Die freiwillige Nacktheit einer Schauspielerin kann einen Regisseur inspirieren. Jede Schauspielerin, jedes Starlet, jede Darstellerin ist verschieden. Sie ähneln nur selten ihrer (äußeren) Erscheinung. Eine raffinierte Intellektuelle, die sich bescheiden (ehrbar) gibt, entblättert sich plötzlich ohne Aufforderung ...«

Ein solcher Erfolg gehört ebenso zu den vom Filmregisseur zu lösenden Aufgaben

Abb. 242: Wahrhaftiger, naiver Gesichtsausdruck. Natürliche Körperhaltung.

Abb. 243: Hier wird die Vorstellung einer seelischen Vorstellung nachzugestalten versucht. Gesichtsausdruck und Körperhaltung völlig verdorben.

wie die Führung und die Herauslockung des möglichst intensiven, aber völlig wahrhaftig bleibenden Ausdrucks der Darsteller während der Szenenaufnahme.

56. Beispiel: Echt und gespielt
Lehrmodell: Hollywood-Regie

Der Filmregisseur ruft seinen Darstellern im Geiste unaufhörlich die Mahnung zu, die schon der große Luigi Riccoboni um 1750 den Schauspielern seines Theaters zurief: »Madame, nehmen Sie sich vor dem Spiegel in acht. Probieren Sie nie Ihre Bewegungen und Gesten vor ihm. Das ist der kürzeste Weg zum gezwungenen Spiel! Man muß seine Gesten erfühlen und sie beurteilen lernen, ohne sie zu sehen.«

Abb. 244: Die unverkrampft natürliche Darbietung im Gesichtsausdruck und der Körperbewegung verdankt diese Pygmäenfrau ihrer ungebrochenen Naivität, die sie sich trotz ihrer Begegnung mit der westlichen Zivilisation (siehe Halsschmuck) erhalten hat. Beachten Sie auch den sitzenden nackten Jungen links im Hintergrund, der gleichfalls eine natürliche Freude ausstrahlt.

Abb. 245: Hier wird auf besonders unsaubere Weise an den sexuellen und den Gewaltinstinkt gleichzeitig appelliert, was insbesondere durch den Linienverlauf der rechten Mantelseite von der Schulter abwärts über die Brust zu erkennen ist. Auch die lockere Haltung der linken Hand gehört dazu. Die gesamte Kadrierung der weiblichen Person, die so nur vorgibt, bedroht zu sein, besteht aus gestalterischen Unzulänglichkeiten, die trotz allem Raffinement auf den Zuschauer ganz und gar unwahrhaftig wirken.

57. Beispiel: Was der Klasse-Hobbyfilmer von den Hollywood-Regisseuren lernen kann

Deutsche Filmkritiker pflegen die glatte Selbstverständlichkeit, mit der in amerikanischen Filmen die Beziehungen zwischen den Menschen dargestellt werden, gerne als »Perfektionismus« zu bezeichnen. Wie ungerecht eine solche Kennzeichnung dem künstlerischen Bemühen und dem hohen beruflichen Ausbildungsgrad amerikanischer Regisseure gegenüber ist, das kann hier durch einen glücklichen Zufall anhand einer Serie von Filmszenen nachgewiesen werden.
Die filmdramaturgische Aufgabe bestand darin, zwei Männer, die durch Abenteuer und Not zu guten Kameraden geworden sind, durch ein schönes Mädchen, in das sich beide verliebt haben, in ein Zerwürfnis geraten zu lassen:
Das Zerwürfnis und seine Folgen sollen dadurch gerechtfertigt werden, daß zwischen dem Mädchen und dem einen der beiden Kameraden ein echtes Liebesverhältnis mit tiefer Verbundenheit entsteht, das zur Ehe führt.

Abb. 246: »Die Kameraden und das Mädchen«

Es mußten also vom Regisseur Filmszenen gestaltet werden, die durch die Begriffe »Kameradschaft«, »Trennung durch ein Mädchen«, »Zusammengehörigkeit des Mädchens mit einem der Kameraden« und »vertrauensvolle Geborgenheit des Mädchens bei diesem Kameraden« gekennzeichnet sind.
Nun der Versuch, die »Trennung«, die »Liebe« und die »Geborgenheit« zusammenklingen zu lassen; das kann durch Arrangieren der Personen erreicht werden.

Abb. 247: 1. Versuch

271

In der vorigen Kadrierung ist die Liebesbeziehung ganz deutlich, die Trennung der Kameraden besteht nur in der Eifersucht, die den anderen beherrscht. Von der Geborgenheit, die das Mädchen außerdem noch fühlen soll, ist nichts zu spüren. So geht es also nicht. Unverdrossen macht sich der amerikanische Regisseur von neuem an die Arbeit.

Abb. 248: 2. Versuch

In dieser Kadrierung ist die Trennung der beiden Kameraden deutlich spürbar. Auch die Geborgenheit, die das Mädchen fühlt, ist zu spüren. Doch deutet nichts zwingend darauf hin, daß der eine Kamerad von dem Mädchen als Mann geliebt wird. Sie könnte seine Schwester sein. Die ganze Szene macht hauptsächlich den Eindruck, als ob die beiden Männer nahe daran wären, sich wegen des Mädchens zu verprügeln.

Der Regisseur macht nun den Versuch, die Trennung der Kameraden naturalistisch dadurch zu unterstreichen, daß er das Mädchen zwischen die beiden Kameraden plaziert. Zugleich gelingt es ihm dadurch nicht nur, die Liebesbeziehung des Mannes zu dem Mädchen deutlich zu machen, sondern auch, daß dieses Mädchen bei dem Manne geborgen ist.

Abb. 249: 3. Versuch

Doch ist weder spürbar, daß der Mann von dem Mädchen geliebt wird, noch daß sich das *Mädchen* bei diesem Manne auch wirklich *geborgen fühlt*.

Abb. 250: 4. Versuch

Nun endlich sind die beiden ein liebendes Paar geworden, auch die Trennung der Kameraden ist deutlich spürbar.

Das besondere Neue an dieser letzten szenischen Lösung besteht darin, daß nun das Mädchen an der Auseinandersetzung zwischen den Kameraden *gemeinsam mit dem geliebten Manne* teilnimmt. Ihre ganze Haltung, die vertrauliche Anlehnung an den Mann, die sichere Ruhe, die sie während der Auseinandersetzung bewahrt, lassen die Liebesgemeinschaft zwischen den beiden auch ohne jedes erotische Kennzeichen spürbar werden.

Das Problem der Geborgenheit, der Liebe und der Lebenskameradschaft setzt sich nun in Szenenbeispielen fort, in denen das Mädchen und der Mann alleine, ohne den dritten Kameraden, auftreten.

Abb. 251: 1. Versuch

In diesem Szenenbild ist die Lebenskameradschaft der beiden stark spürbar. Die Liebe und die Geborgenheit sind nur angedeutet.

In diesem Szenenbeispiel kommt die liebende Verbundenheit der beiden stark zum Ausdruck. Die Lebenskameradschaft und die Geborgenheit sind nur formal angedeutet.

Abb. 253: 3. Versuch

Hier ist die Lösung gefunden. Geborgenheit, Liebe und Lebenskraft werden fast gleichstark spürbar. Eine Frau, die sich einem Manne so hingebend überläßt, fühlt sich in ihrer Liebe geborgen. Ein Mann, der eine solche Zärtlichkeit der Geste aufbringt, ist ein liebender Beschützer. Die große Selbstverständlichkeit, mit der diese Frau Anteil an dem nimmt, was um sie herum vorgeht, was durch ihren Blick aus der Szene heraus bestätigt wird, beweist, daß sie mit dem geliebten Manne eine sichere Lebenskameradschaft verbindet.

Die Notwendigkeit solcher, oft verkannter, amerikanischer Regie- und Gestaltungsarbeit, die geradewegs zur *mitwirkenden* Einbeziehung des Filmzuschauers führt und damit überhaupt erst die Vollendung zum Film*kunstwerk* ermöglicht, hat die wachsende Gruppe junger deutscher Filmgestalter bereits – zu deren eigener Überraschung – zu regelrechten Publikumserfolgen im Bereich des Filmgeschäfts geführt.

Daß diese sich häufenden Erfolge *unbewußt* angestrebt wurden, aber auf dem *filmhandwerklich* begründeten Einsatz ihrer filmkünstlerischen Mittel zum Zwecke des Zuschauer-Miterlebens beruhen, zeigt ein Bericht über den filmgeschäftlich keineswegs sehr erfolgreichen Spielfilm »Die Angst des Tormanns beim Elfmeter«, zu dem der erfahrene Münchner Filmkritiker Siegfried Schober bekennt: »Es gab Augenblicke, da hielt man plötzlich den Atem an und setzte sich aufrecht, so erstaunt war man von irgendeiner gewöhnlichen Geste, betroffen von einer Folge von Handlungen, der Deutlichkeit und zugleich Undurchdringlichkeit einer augenblicklichen Situation, einer augenblicklichen Stimmung. Die Qualität dieses Films besteht einfach darin, daß er einen ständig auf die eigenen Wahrnehmungserfahren zurückführt, diese belebend, verändernd, erneuernd. Eine Aufmerksamkeit und Achtung für erfahrene und mögliche Wirklichkeit vermittelt, daß man mal glasklar, mal traumhaft in einen Zustand von Sinnlichkeit und Geistesgegenwart geriet, wo man ganz und gar von einem nackten, schönen Gefühl des reinen, gefaßten Existierens absorbiert wurde – und der Film einem wie eine geradezu wissenschaftliche Erforschung einer fremden Existenz, die man auch selber hätte sein können, vorkommen konnte.

Man träumte in die Bilder hinein und kam völlig wach wieder aus ihnen zurück. Plötzlich hellwach und unendlich beteiligt, fand man sich von der Distanziertheit des Zuschauens befreit, fand sich gelöst und auch etwas beunruhigt mit einer seltsamen Eindringlichkeit in einem Bild identisch.«

Die Ausnützung der erkannten Regiegrundsätze für Ihre Filmarbeit

Für Sie als Klasse-Hobbyfilmer wird es vor allem in Reportage- und Dokumentarfilmen darauf ankommen, den wahrhaftigen, natürlichen und naiven Ausdruck einzufangen (Reportagen) oder sogar durch Regie dafür zu sorgen (Dokumentarfilme).

Sie werden daher in schwierigen Fällen lieber zur unbemerkten Filmaufnahme greifen oder es den großen sowjetrussischen Filmregisseuren nachtun, die den naiven, wahrhaftigen Ausdruck ihrer Darsteller in Haltung und Mimik durch ablenkende Täuschungen hervorriefen.

Durch ganz außerhalb der Filmhandlung liegende Vorgänge riefen sie bei ihren Darstellern die gewünschten Reaktionen (Lachen, plötzliche Aufmerksamkeit, Erschrecken usw.) hervor. Diese in Nah- oder Großaufnahmen eingefangenen seelischen Reaktionen, die auf diese Weise absolut echt ausfielen, schnitten sie dann in ihre Szenenfolgen ein. Auf solchen Gestaltungswegen können Sie unverkrampfte, nicht grimassierende, wahrhaftige Groß- und Nahaufnahmen bekommen.

Brauchen Sie Darsteller, die handlungsnotwendige, bestimmte Tätigkeiten ausführen und dabei aufrichtig sprechen und Gefühle zum Ausdruck bringen sollen, ohne daß Sie eins der oben beschriebenen Täuschungsmanöver ausnützen können, dann werden Sie – genau wie die Berufsregisseure – so lange suchen müssen, bis Sie Darsteller gefunden haben, die fähig sind, wahrhaftige seelische Ausdrücke nicht nur naiv, sondern auch ausreichend prägnant vor der Kamera zum Ausdruck zu bringen. Sollten Sie einen solchen Darsteller gefunden haben, der aber eine ungeeignete Stimme oder mangelhafte Sprechweise hat, so braucht Sie das nicht zu stören. Setzen Sie ihn ruhig ein und synchronisieren Sie seinen Sprechtext später im Synchronatelier lippensynchron mit einem geeigneten Sprecher nach (siehe auch Seite 280).

Wenn Ihre Darsteller singen müssen, wird der mimische Ausdruck oft unwahrhaftig: Was tun?

Seit dem Beginn des Tonfilms in den 20er Jahren weiß man, daß die volle Eingliederung des Zuschauers nur dann gelingt, wenn der Darsteller seinen mimisch-gestischen Ausdruck ohne die geringste Übertreibung oder Verzerrung zur Entfaltung bringt.

Diese Grundbedingung aller vollendeten vor allem fernsehfilmischen Darstellung wird aber durch den Versuch, *vollendet zu singen,* ständig verletzt.

Der Zuschauer muß aber während der Filmszenendarbietung den durch den Darsteller vor der Kamera interpretierten seelischen Zustand ganz allein erkennen, verarbeiten und ihn mitfühlen können.

Das aber gelingt insbesondere in der Nah- und Großaufnahme nur dann, wenn der Filmdarsteller die Gefühle seiner Rolle ausreichend intensiv und ganz und gar *wahrhaftig* darbietet. Andererseits darf der Schlager- oder Chansonsänger nur dann erwarten, auf seine Hörer einen musikalisch hinreißenden Gefühlseindruck zu machen, wenn er sich ohne jede Rücksicht auf mimische und gestische Übertreibungen wie in einem Trancezustand ganz allein auf die musikalische Gefühlsübertragung konzentriert, wie Sie in jeder Rock- und Popsendung des Fernsehens deutlich studieren können. Die auffallend ekstatisch übertriebenen Bewegungen, die alle öffentlich auftretenden Schlager- und Chansonsänger bei ihrem Gesangsvortrag zu machen pflegen, werden hierdurch erklärt.

Solange der Abstand zwischen dem Besucher solcher Veranstaltungen wegen der großen Entfernung der Bühne von den Zuschauerplätzen unverändert bleibt, wird die musikalische Interpretation durch übertriebene Mimik und Gestik nicht geschädigt.

Durch die in Filmen üblichen Nah- und Großaufnahmen ändert sich das jedoch schlagartig, weil sich der Sänger und die Sängerin für den Zuschauer durch die intime Begegnung in individuelle menschliche Persönlichkeiten verwandeln, denen jeder Zuschauer unmittelbar gegenübertritt.

Von diesem Augenblick ab müssen die Gefühle und Stimmungen, von denen die Filmdarsteller rollengemäß beherrscht sind, auch mimisch und gestisch ganz wahrhaftig sein.

Andererseits ist aber auch der *optimale* Gesangsvortrag unabdingbar für die *musikalische Wirkung* auf den Zuschauer.

58. Beispiel: Unwahrhaftig – Wahrhaftig

Abb. 254

Der möglichst natürliche Gesichtsausdruck der Darsteller ist deshalb weitaus wichtiger als die musikalische Interpretation.

Dazu kommt noch, daß der in der Filmszene fotografisch einmal festgehaltene mimisch-gestische Ausdruck sich nicht mehr, wie auf der Schauspielbühne oder vom Vortragspodium, suggestiv der Reaktion des Zuschauers anpassen kann.

Abb. 255

Der Zuschauer ist vielmehr gezwungen, den filmisch dargebotenen mimisch-gestischen Ausdruck samt dem dahinterstehenden seelischen Zustand allein zu erkennen, zu verarbeiten und sich mit ihm zu identifizieren.

Deshalb gehört es zu den schwierigen Regieaufgaben, einem Sänger bei optima-
lem musikalisch-gesanglichem Ausdruck gleichzeitig eine unverkrampfte Mimik
und Gestik abzuverlangen.

Die Lösung dieser widersprüchlichen Aufgabe können auch Sie Ihren singenden
Darstellern mit Hilfe des Playback-Verfahrens fast vollständig ersparen.

Sogar den Ungeübten und Laien können Sie durch ausschließlich mimisch-gestische Darstellung im Rahmen des Playback-Verfahrens sich auf nichts anderes als
auf den wahrhaftigen seelischen Ausdruck konzentrieren lassen.

Bereits in den frühen Tonfilmzeiten haben fortschrittliche Filmgestalter den filmtechnischen Ausweg gefunden, den Gesangsvortrag und die Szenendarstellung
unabhängig voneinander aufzunehmen.

Abb. 256: Er sieht aus, als ob er die Kiesel-
steine des Demosthenes im Mund hätte. Wie
soll der Zuschauer da seine Verliebtheit mitempfinden können?

Abb. 257: Ist er nun nostalgisch betrunken, wie
seine Rolle es verlangt, oder strengt er sich nur
an, so zu scheinen?

Abb. 258: Eine der schönsten Sängerinnen Ita-
liens ist eben wegen des gesangsnotwendig
weit geöffneten Mundes nicht in der Lage, ihrem Gesicht einen natürlichen Gefühlsausdruck
zu verleihen.

Abb. 259

Abb. 260

Abb. 261

Während der Kameramann die Filmszene mit der stummen Kamera aufnimmt, wird der vorher separat aufgenommene Gesang über Lautsprecher in die Szenendekoration eingespielt und dient der Darstellerin als Synchronstütze für ihre Mimik und ihre Körperbewegungen.

Wird die Filmszene wegen zusätzlich zu erfassender Geräusche dagegen mit der Tonfilmkamera gedreht, dann erhält die Sängerin den vorher aufgenommenen Gesang als Synchronisationsstütze über einen unter der Frisur getarnten Kleinhörer mit Ohrbügel.

Gesang vom Schlager bis zur Opernpartie wird deshalb heute für die Tonbandaufnahme üblicherweise musikalisch »playback« in den bereits vorher aufgenommenen Orchesterpart hineingemischt. Eine solche Aufnahmemethode stellt an die Taktfestigkeit und das Gehör der Sänger hohe Anforderungen. Die Ergebnisse sind indessen so überzeugend, daß sogar bei Live-Auftritten der Schlager- und Chansonsänger nur markiert wird, während in die Orchesterbegleitung der Gesang »playback« eingespielt und über Lautsprecher wiedergegeben wird. Bei Fernseh-»Musikparaden« ist das sogar die Regel geworden.

Auf diese Weise konnte eine optimale Szenendarstellung und ein optimaler Gesangsvortrag aus dem Sänger und dem Darsteller herausgeholt werden.

So war es aber auch möglich, einem hervorragenden Darsteller, der nicht singen konnte, eine überragende Gesangsstimme zu verleihen und umgekehrt einem hervorragenden Sänger eine natürliche Sprechweise.

Die beiden unabhängig voneinander gemachten Ton- und Bildaufnahmen werden heute im Anschluß an die Bildaufnahme nach einem Impuls- oder Pilotfrequenz-verfahren filmtechnisch vollsynchron zusammengefügt.

Auch Ihnen stehen heute Geräte von professioneller Qualität zur Verfügung, wie zum Beispiel das »Camera Synchron System«, genannt »Casy«, der Fa. ell-elec ag, CH-3360 Herzogenbuchsee, das von H. Ellenberger entwickelt wurde, oder auch die analogen Cordband-Geräte »Soundfilm Recorder« der »bröker tonfilm-technik«, Mannheim. Das Casy-System habe ich selbst erprobt.

Der Filmdarsteller muß bei solchen »Playback«-Aufnahmen selbstverständlich auf die musikalische Interpretation, vor allem auf die Vokalisation durch entspre-chende Mund- und Körperbewegungen Rücksicht nehmen. Er kann jedoch, da der optimale gesangliche Ausdruck ja bereits magnetelektronisch aufgezeichnet vorhanden ist, jegliche Übertreibung weglassen und sich ganz auf den zu übermit-telnden Gefühlsausdruck schauspielerisch konzentrieren.

Nicht nur »Singen«, auch »Instrumentespielen« und »Sprechen« kann ein Ungeübter durch Playback optimal anbieten

Sie können über alles bisherige hinaus das Playback-Verfahren auch erweitert an-wenden.

Abb. 262

Sie können zum Beispiel, ebenso wie der Berufsfilm, einen musikalischen Laien als Instrumentalsolisten auftreten lassen, ohne daß der Zuschauer merkt, daß der scheinbare Solist von dem Instrument, das er spielt, gar nichts versteht und es auch nicht zum Klingen bringen kann.

Es ist nicht mehr nötig, als dem Darsteller durch ausreichende Proben die Handgriffe anzutrainieren, die er zur Imitation des musikalischen Solovortrags am Instrument benötigt.

Es ist z. B. ebenso brauchbar für die lippensynchrone Übereinstimmung unabhängig voneinander aufgenommener Sprechtexte und der Szenenabbildung des Sprechers. Im Berufsfilmbereich ist es in solchen Fällen zwar üblich, die Sprechtexte nach der voraufgegangenen Bildaufnahme im Synchron-Atelier auf das projizierte Szenenbild des Darstellers lippensynchron aufsprechen zu lassen. Im Branchenjargon wird das »auf die Schnauze sprechen« genannt. Doch ist die volle Synchronität dabei ziemlich schwer einzuhalten und wird eigentlich nur von hauptberuflichen Synchronsprechern ohne übermäßige Proben in vollendeter Weise erreicht.

Weit leichter ist es dagegen, einen bereits vorher durch Tonaufnahmen festgehaltenen mündlichen Sprechtext oder Dialoge nachträglich »playback« szenisch nachzudrehen und tonlich nur markieren zu lassen. Das gelingt auch dem einigermaßen begabten Laien.

Das gehörte Wort ist nämlich durch die Nachahmung der Mundbewegungen mit weitaus größerer Genauigkeit zu imitieren als umgekehrt.

Außerdem sind auch Sprechtexte und Dialoge in der Abgeschiedenheit und Stille des Aufnahmestudios weitaus natürlicher und gefühlsechter zu vokalisieren als in einer womöglich geräuscherfüllten Freiaufnahme, in der außerdem zahlreiche Zuschauer anwesend sind.

Die wahrhaftig wirkende persönliche Präsentation vor der Filmkamera ist im Atelier, vor allem für den Laien, viel leichter, wenn er sich auf die natürliche Musik und die unverkrampfte Körperbewegung konzentrieren kann, während er seine sprachliche Artikulation nur noch zu markieren braucht.

Auch zur Herstellung von Schallplatten und Tonkassetten ist das Playback-Verfahren für alle Arten von Gesangsaufnahmen mit Orchestermusik längst zur Regel geworden.

Die Dirigenten und Tonmeister bringen wesentlich strahlendere und klanggenauere Tonbandaufnahmen zustande, wenn sie das Orchester – manchmal sogar einzelne Instrumentengruppen – und den Gesang getrennt voneinander aufnehmen und dann stufenweise zusammenmischen können.

XVIII. Kapitel
Ohne die Beherrschung von Schnitt und Montage bleibt der Hobbyfilmer eine Hilfskraft

Es gibt Hobbyfilmer, die glauben, daß »Schneiden« und »Montieren« eine rein mechanische Tätigkeit sei. Wenn diese Leute darauf aufmerksam gemacht werden, daß zwischen zwei und mehr Einzelszenen doch inhaltsbedingte Zusammenhänge hergestellt werden müssen, die sich durch mechanisches Aneinanderhängen oft überhaupt nicht oder nur ziemlich holprig und unvollkommen schaffen ließen, dann antworten sie, diese Zusammenhänge und Folgewirkungen seien ja bereits im Drehbuch festgelegt und durch die Anwendung der »Filmlogik« während der Aufnahme berücksichtigt, was vollständig genügen müsse.

Zu den ersten großen Filmgestaltern, die das tiefere Wesen des Schnitts und der Montage begriffen und angewendet haben, gehören der Entdecker der filmdramaturgischen Bedeutung der Großaufnahme David Wark Griffith und der große sowjetrussische Filmregisseur Wesolod I. Pudovkin, der schon in den 20er Jahren ein grundlegendes Werk über die Filmgestaltung schrieb, das mit den Worten beginnt: »Die Grundlage der Filmkunst ist die Montage.«

Der von Pudovkin gebrauchte Ausdruck »Filmkunst« ist dabei nicht im klassischen Sinne zu verstehen, sondern als »Kunst-Handwerk«. Das entspricht der Anwendung hoher Fachqualität, wodurch auch der Reportage- und Dokumentarfilm eingeschlossen sind.

Pudovkin kennzeichnet das Wesen der Montage mit den Worten: »Montage bedeutet im Grund genommen die *zielbewußte*, zwangsläufige Führung der Gedanken und Assoziationen des Zuschauers. Wäre sie nichts anderes als die willkürliche Zusammenstellung verschiedener Einzelstücke, so könnte sie dem Zuschauer nichts sagen. Wenn sie aber auf der Basis einer planmäßigen Konzeption (sprich: Drehbuch, Einstellung und Kadrierung, d.A.) eine Handlung oder Gedankenfolge veranschaulicht, erregt oder ruhig, so wird sich die angestrebte Erregung oder Beruhigung dem Zuschauer mitteilen.«

Sie sehen also, daß Schnitt und Montage selbständige Gestaltungsbereiche des Films darstellen, deren Beherrschung für Sie als Klasse-Hobbyfilmer ebenso bedeutsam ist wie alles, was mit der Drehbuchherstellung und der dramaturgisch-optimalen Aufnahmetechnik zu tun hat.

Auch die Filmgestalter des westlichen Kulturkreises haben schon lange erkannt, daß es mit dem Entwurf und der Aufnahme allein nicht getan ist. Allen voran die Amerikaner David Wark Griffith, aber auch im Ansatz schon Edwin S. Porter, die bereits vor 1914 die dramaturgische Bedeutung der filmischen Montage entdeckten und ausnützten.

Von den französischen Filmgestaltern hat der Filmpionier Robert Bresson die schärfste Begründung für die Notwendigkeit von Schnitt und Montage als selbständigem Gestaltungsgebiet gegeben. Er sagte: »Szenenaufnehmen führt keineswegs zu einem endgültigen Ergebnis, sondern bereitet es lediglich vor.«

Noch einmal: Alfred Hitchcock als Lehrmeister

Das Zusammenfügen der von Ihnen gedrehten Einzelszenen besorgt der Schnittmeister am Schneidetisch. Selbst dann, wenn Sie ihr eigener Schnittmeister sind, müssen Sie dennoch die kunsthandwerkliche Befähigung und Ausbildung eines Schnittmeisters besitzen, wenn Ihr Film ein echtes Meisterwerk werden soll. Verzichten Sie aber darauf, Ihr eigener Schnittmeister zu sein, dann müssen Sie dennoch dem Schneideraum Filmszenen liefern, die nach Inhalt und Länge alles enthalten, was der Schnittmeister braucht, um den Zuschauer in der von Ihnen filmgestalterisch beabsichtigten Weise zu beeindrucken und zu führen.

Das alles mußte Ihnen, wie Sie sich erinnern, bereits beim Entwurf des Drehbuchs mehr oder weniger deutlich gegenwärtig sein.

Erinnern Sie sich an den Bericht, den Alfred Hitchcock von seiner Zusammenarbeit mit dem Cutter gab (S. 229)!

Diese Kameraeinstellungen, die zunächst lediglich in der Vorstellung von Hitchcock existieren, werden von ihm dann in der gleichen Reihenfolge, in der sie später im Film aufeinanderfolgen sollen, niedergeschrieben und numeriert. Er erklärt dazu: »Das ist eine Hilfe für den Cutter. Er sieht auf meine Liste und weiß, woran er ist.«

Damit wurden diese Listen für den Schnittmeister zu einem Bestandteil des Drehbuchs. Hitchcock brauchte diese Listen zwar bei den Atelieraufnahmen selbst nicht, weil er ein ganz außergewöhnliches und seltenes, riesiges Vorstellungsgedächtnis besaß, doch müssen solche Filmszenenfolgen für normalbegabte Filmgestalter in einem Drehbuch stets genauso enthalten sein wie die Notenfolgen für die Orchesterstimmen in den Partituren für normalbegabte Orchesterdirigenten, obwohl es einzelne Dirigenten gibt, die ganze Riesenpartituren so sicher in ihrem Gedächtnisarchiv verankert haben, daß sie alles auswendig dirigieren können.

Was Sie speziell für den Schnitt an Hilfsgeräten brauchen.

Wenn Sie Ihre Filmrollen aus der Kopieranstalt zurückerhalten haben, sollten Sie die Originale *keinesfalls* durch den Projektor laufen lassen, sondern sie äußerstenfalls in einem ganz einwandfreien Filmbetrachter anschauen und dabei gleichzeitig »trennen«. Daß Sie dabei unter allen Umständen Zwirnhandschuhe an den Händen tragen, sollte für Sie ebenso selbstverständlich sein wie für jeden Berufsfilmer, der Originale (Negativ- oder Positiv-Szenen) zu bearbeiten hat.

Beispiel für einen schweren Fehler (siehe Umschlagbild)

Achten Sie auch ganz streng darauf, daß Sie *niemals* ein Filmstück so schlampig zusammengerollt herumliegen lassen, wie das auf der Titelseite des Buchumschlags dargestellt ist. Sie bekommen dadurch mit Sicherheit Kratzer auf den Szenenbildern, die Sie nie mehr beseitigen können. Jede davon gezogene Vorführkopie weist dann für alle Zeiten die gleichen Beschädigungen auf.

Unter »Trennen« versteht der Fachmann das Auseinanderschneiden aller durch eine gemeinsame Klappe zusammengefaßten Einzelszenen oder Szenenkomplexe. Gleichzeitig kontrollieren Sie während des »Trennens« die aufnahmetechnische Qualität jeder einzelnen Szene und haken die Szenen auch auf der »Drehliste«, die nun als »Schnittliste« dient, ab.

Auf diese Weise kontrollieren Sie, ob die Kopieranstalt Ihnen auch sämtliche eingesandten Aufnahmen entwickelt und in einwandfreier Qualität zurückgesandt hat. Als Hilfsgerät für diese Arbeit haben sich vor allem Super-8-Filmbetrachter hervorragend bewährt, die mit Tonköpfen versehen werden können und sowohl Magnettonspuren als auch Schmaltonband (Schnürsenkel) abzuspielen und über einen Ohrhörer provisorisch zu identifizieren in der Lage sind.

Sie können dann, falls Sie auf Schmalband vertont haben, jede Filmszene durch den Klappentext und zugehörige Tonbandansage rasch miteinander zusammenbringen und dann gemeinsam für die Herstellung von Vormischbändern bereitstellen.

Filmbetrachter sollten möglichst ein großes, seitenrichtiges und helles Bild einschließlich der Perforationslöcher auf die Mattscheibe projizieren. Sie müssen selbstverständlich den Film Bild für Bild vorwärts und rückwärts zu transportieren gestatten. Auch müssen sie eine Markierungsvorrichtung haben, mit der Sie jedes Einzelbild kennzeichnen können, damit Sie die Stelle zum Schneiden leicht wiederfinden. Solche Geräte liefern in vorzüglicher Ausführung die Firmen Erno und Kino-Hähnel.

Bevor Sie das alles tun, lassen Sie unbedingt alle Filmstreifen durch ein *Silicon-Filmpflegetuch* laufen. Dadurch schalten Sie alle Gleitschäden aus, denen frisch aus der Kopieranstalt kommende Filme – auch alle Vorführkopien – wegen ihres Feuchtigkeitsgehalts und anhaftender mikroskopischer Emulsionssplitter ausgesetzt sind.

Das Silicon bildet eine glättende Schicht, die auch staub- und wasserabstoßend ist, bakterienzerstörend wirkt und so lange optimal gleitfähig erhält. Ich selbst benutze seit Jahren das »Longlife« der Firma Heinecke in München.

Der Filmgalgen und anderes

Sobald Sie versuchen, Filme herzustellen, die nach einem vorher festgelegten Drehplan oder Drehbuch aufgenommen worden sind, ist außer einer erstklassigen Klebepresse auch ein Filmgalgen unbedingt notwendig.

Der Filmgalgen ist eigentlich nicht viel mehr als ein etwa 1,50 m hoher Holzrahmen, an dessen oberer Leiste kopflose Eisenstifte nebeneinander eingetrieben worden sind.

Der Durchmesser dieser Stifte, die an ihrem herausstehenden Ende keinen Grat haben dürfen, sollte etwa halb so breit sein wie ein Perforationsloch des zu schneidenden Films.

Die freie Länge sollte etwa 1,5 cm betragen, damit mehrere thematisch zusammengehörige Filmszenen übereinander auf dem gleichen Stift aufgesteckt werden können.

Die Abstände der Stifte voneinander sollten etwa die anderthalbfache Breite des Filmstreifens betragen.

Es kommt darauf an, auf der oberen Holzleiste möglichst viele Stifte unterzubringen, da Sie, wenn Sie Dokumentar- und Spielfilme aufnehmen, die meisten Szenen mehrfach drehen, um dann die beste heraussuchen zu können.

Auch werden Sie Ihre Motive, genauso wie das der Berufsfilmer auch tut, filmisch ausschöpfen und dadurch viel mehr Einzelszenen aufnehmen, als Sie für Ihren Film am Ende brauchen.

Das ist eine ganz allgemeine Gewohnheit, die sich alle begabten Filmgestalter trotz sorgfältigster Vorbereitungen und guter Vorsätze immer wieder von neuem leisten.

Bequemer als ein Betrachter und für das Schneiden und synchrone Tonanlegen von Super-8- und 16-mm-Tonfilmen ist natürlich ein regelrechter Schneidetisch. Die Fa. Steenbeck, 2000 Hamburg 76, Hammer Steindamm 27, die eine jahrzehntelange Erfahrung im Bau von Berufsfilm-Schneidetischen hat, liefert sowohl Bild- als auch Bild-Ton-Schneidetische für Super-8-Film.

Für das 16-mm-Format gibt es dort außer normalen auch sogenannte »6-Teller-Tische«, die nicht nur das Bildband, sondern auch zwei Tonbänder gleichzeitig synchron vorzuführen und zu bearbeiten gestatten. Das ist für jede Art der Filmvertonung, bei der mehrere Tonbänder auf das Bild synchron abgestimmt werden sollen (Sprache – Musik – Geräusch), von großer Bedeutung für die Erzielung erstklassiger Resultate.

16-mm-Schneidetische brauchen Sie sich nicht unbedingt selbst zu beschaffen. Alle Filmkopieranstalten vermieten sogenannte Schneideräume, die allerdings meist tage- oder wochenlang im voraus bestellt werden müssen.

Für das Super-8-Format bleibt Ihnen mit den wenigen Ausnahmen der Bavaria und der BSG, beide in München, vorläufig nichts anderes als die Selbstbeschaffung übrig.

Grundsätze für den optimalen Filmschnitt und die Filmmontage

Es muß nicht immer eine Bewegung im Szeneninhalt die Voraussetzung für das gemeinsame Band zwischen Zuschauer und Filmszene sein. Auch die besondere Schönheit des Motivs, die von Aufbau, Beleuchtung und Kamerastandpunkt abhängig ist, kann Erwecker des Mitgefühls im Zuschauer sein. Die Wirksamkeit dieses Einflusses ist entscheidend von der Zeitspanne abhängig, innerhalb der die Szene auf der Leinwand erscheint. Diese Zeit muß auf Sekundenbruchteile genau festgelegt werden. Erscheint die Szene zu kurz, entsteht im Zuschauer ein unbefriedigtes Gefühl, erscheint sie zu lang, wird er abgelenkt, und das Mitgefühl wird rapid zerstört. Das Gefühl für die richtige Länge einer Szene zu entwickeln ist schwer, noch schwerer aber ist es, sich dieses Gefühl zu erhalten. Sie müssen sich davor hüten, die Szene ausschließlich nach dem eigenen Gefühl zu beurteilen. Es ist stets notwendig, das eigene Gefühl durch einen Mitarbeiter kontrollieren zu lassen, der die Aufnahme nicht mitgemacht hat.

Wenn Sie durch die Aufnahme ein Motiv in seinen sämtlichen Einzelheiten genau kennen, dann erfassen Sie es bei der Vorführung *viel schneller* als ein Zuschauer, der das Motiv zum erstenmal sieht. Sie sind daher mit Ihrer Betrachtung stets eher fertig als der Zuschauer und werden, wenn Sie nur Ihrem eigenen Gefühl folgen, alle Szenen viel zu kurz schneiden.

Das Gefühl für die genau richtige Länge einer Fimszene, das ja erst beim Filmschnitt aktuell wird, weil vorher, nicht einmal der geniale Alfred Hitchcock, niemand ein solches Zeit-Längen-Gefühl haben kann, ist ein ganz allgemein bei Profis wie bei Hobbyfilmern auftretendes Problem. Die unerfahrenen Hobbyfilmer fallen ihm allerdings in viel größerem Umfang zum Opfer als die beruflichen »Cutter« und »Cutterinnen«. Cutter und Cutterinnen unterscheiden sich in ihren beruflichen Fähigkeiten grundsätzlich danach, ob ihnen die Fähigkeit gegeben ist, sich auch beim Schneiden in den späteren Zuschauer hineinzuversetzen oder nicht.

Das exakte Längengefühl kann allerdings auch geübt werden, wie aus einem Interview hervorgeht, das Thomas Honickel mit dem international anerkannten Schnittmeister Peter Przygodda gemacht hat: » . . . so ist das auch mit den Längenproportionen. Ich sitz da rum (am Schneidetisch, d. A.) und fahre das Zeugs durch und schneide zwei Felder (gemeint sind zwei einzelne Phasenbilder, d. A.) ab, und nach fünf Minuten seh' ich, es ist zu kurz, und dann kleb ich sie wieder dran. So arbeite ich, andere machen das anders. Du mußt den Punkt erreichen, wo du meinst: so ist es richtig. · . . . ich merke das, wenn etwas zu lang oder zu kurz ist. Ohne Gespür geht das nicht. Entweder haste das oder du hast es nicht.«

Es ist deshalb auch nicht verwunderlich, daß manche Schnittmeister bei den Filmaufnahmen selbst gar nicht dabei sein, ja sogar am liebsten nicht einmal das Drehbuch vor dem Schnitt durchlesen möchten. Auch dafür liefert Peter Przygodda eine Erklärung: »Also ich persönlich will nicht beim Drehen mit dabei sein, weil ich die Fixierung vom Regisseur nicht übernehmen will. Ich möchte frei das Zeug sehen, am liebsten nicht das Drehbuch gelesen haben und sagen: da hakt die Geschichte, da kommt sie nicht hin. Da habe ich impulsiv reagiert, und ich weiß, daß ich recht habe, und darauf kann ich mich immer verlassen. Ich weiß, daß ich ehrlich bin, wenn ich etwas Neues sehe, und deshalb gehe ich auch noch gerne ins Kino. ... Irgendeine Überprüfung muß deine Arbeit aber haben, daß du daran glaubst, daß es auch jeder versteht. ... Wenn ich selber einen Film mit Freunden gemacht habe, wenn ich selber den Film schneiden muß, habe ich echte Schwierigkeiten. Jede Entscheidung dauert doppelt an Zeit, weil du niemand hast, der dich überprüft oder vor Alternativen stellt.«

Sie sehen aus diesen Äußerungen des anerkannten Fachmanns, wo die Hauptprobleme auch eines Klasse-Hobbyfilmers, der seine Filme selber schneidet, liegen. Ein wenig vereinfachend ließe sich als These aufstellen:

Wer zu viel weiß, schneidet zu kurz, vor allem in seinen eigenen Filmen, weil es da am schwersten ist, sich in jeder Szene in den späteren Zuschauer und seine physiologisch-psychologischen Reaktionen einzufühlen.

Die These gilt übrigens genauso für die Eingliederung von handlungsüberflüssigen und solchen Szenen, die – nur weil sie aufnahmetechnisch und ästhetisch so gut gelungen sind – nichts für die gerade an dieser Stelle erforderliche Stimmungsförderung oder Gefühlsführung tun.

Es ist daher unerläßlich, wenn Sie erstklassige Filme *für Ihre Zuschauer* zustande bringen wollen, daß Sie solche, nicht ganz exakt einzugliedernde, den jeweiligen Handlungsschwerpunkt optimal erfüllende Einzelszenen rücksichtslos herausschneiden, auch dann, wenn sie für sich allein betrachtet noch so schön, prägnant und wirkungsvoll sein mögen.

Ich weiß wohl, lieber Klasse-Hobbyfilmer, daß das wehtut, aber es bleibt Ihnen nach meiner eigenen Erfahrung nichts anderes übrig, als sich zu dieser Haltung durchzuringen. Auch hierzu kann noch einmal Peter Przygodda zitiert werden: »Die Substanz des Films ist ja schon gemacht, die Filterung ist unsere Arbeit. ... Jede Einstellung, die im Film drin ist, wirkt nicht für sich, sondern nach hinten oder nach vorne, also im Zusammenhang. ... Entweder ein Film ist gut oder schlecht. Die Erzählung, die Geschichte muß laufen, Ökonomie und Proportionen, vor allem die Längen, also die alten dramaturgischen Regeln müssen jedenfalls ... eingehalten werden. Wenn die Geschichte toll ist, ist es Jacke wie Hose, ob da ein Anschluß nicht stimmt. Die offensichtlichen Fehler merkst du nur, wenn der Film Scheiße ist. ... Schau dir von Hitchcock ›A Lady Vanishes‹ an, da stimmt ja überhaupt kein Anschluß mehr. Das interessiert auch niemanden. Entweder ein Film ist gut oder schlecht.«

Man möchte hinzufügen: Das gilt für den *ganzen* Film. Wenn er dem Zuschauer von Anfang bis Ende »toll« vorkommt, darf er auch in der Machart Fehler im einzelnen haben. Dennoch gilt diese Auffassung für den Schnitt keineswegs unumschränkt, denn, sagt Przygodda: »Es gibt die Regeln, die mit Handwerk und Technik zu tun haben, und die sind selbstverständlich, aber es ist alles *manipulierbar,* und das ist eben Kino.«

Wer aber, so füge ich hinzu, auch gegen diese handwerklichen, technischen und zuschauerpsychologischen Regeln – analog den ganz modernen Theaterregisseuren – verstoßen dürfen will, *der muß sie zunächst einmal erlernt haben* und im Schlaf beherrschen, wenn er dabei erfolgreich sein will! Diese Regeln sollen nun im Bereich von Schnitt und Montage abgeleitet und analysiert werden.

Die formalen Schnittprobleme: Starker und schwacher Schnitt

Selbst wenn es Ihnen gelingt, den Darstellungsinhalt jeder einzelnen Szene auf die filmgestalterisch knappste Formel von höchster Prägnanz zu bringen, bleiben für den Schnittmeister immer noch oft rein formale Schnittprobleme übrig, die er, vor allem bei hartem Schnitt, für schwarzweiße wie für farbige Szenenfolgen lösen muß, wenn der Zuschauer nicht psychologisch und physiologisch überbeansprucht werden soll. Wenn Sie den Darstellungsinhalt der Szene bereits im Drehbuch an die Szenenfolgen unangepaßt geplant haben, dann kann der Schnittmeister diesen Fehler nicht mehr oder doch nur über filmgestalterisch schwache Kompromisse reparieren. Dazu ein prägnantes Beispiel:

59. Beispiel: Schnittgrundsätze

Diese Szenenbeispiele erschöpfen die formalen Bedingungen für starken und schwachen Schnitt selbstverständlich nicht.

Sie sind aber exemplarische Beispiele, deren Wertbedeutung sich auf alle Schnittarten übertragen läßt.

Abb. 263: Die Darstellerin geht soeben von rechts nach links aus der Szene; sie soll nun in der folgenden Szene ihren einsamen Weg in einer »Wüste der Technik« verloren weitergehen.

Abb. 264: Falsch!
1. springt das Zuschauerauge vom linken Szenenrand in die Szenenmitte, was, vor allem bei Farbfilm, eine unterschwellige physiologische Störung bewirkt;
2. geht die Darstellerin plötzlich von links nach rechts, was eine geistige Verwirrung zur Folge hat.

Abb. 265: Richtig! So ist die Szenenfolge richtig geschnitten:
1. Die Darstellerin bleibt in der Szenenmitte, das Zuschauerauge muß nicht springen.
2. Die Darstellerin geht so weiter wie in der vorigen Szene, von links nach rechts, darum erkennt der Zuschauer auch den plötzlich wechselnden Szeneninhalt (Autos, Brücke) als handlungsgerechte Fortsetzung unbewußt an.

Von zwei weiteren exemplarischen Schnittgrundsätzen soll hier nur noch als Hinweis die Rede sein, weil die Behandlung aller schnittechnischen Feinheiten ein eigenes Werk umfassen müßte.

Es ist ein alter Schnittmeister-Grundsatz, daß niemals »in eine Bewegung hineingeschnitten« werden soll. Vor allem dann nicht, wenn aus einer »Stand-Szene« in eine Bewegung und aus einer Bewegung (die natürlich den Szenenschwerpunkt bilden muß) in eine »Stand-Szene« geschnitten werden soll.

Hinter dieser Regel steckt die Rücksicht auf eine Zuschauerwirkung, deren Grundelemente Sie schon kennen.

Der Zuschauer sollte im Normalfall *die Ursache der Bewegung kennen* und den Beginn der Bewegung mit vollzogen haben, wie umgekehrt. Diese Rücksichtnahme und ihre Deutung macht Ihnen auch zugleich klar, wo Sie beim Schnitt eine Ausnahme von dieser Regel zulassen können. Nämlich überall da, wo der

Zuschauer die Ursachen der Bewegung *in* einer oder *mit* einer Szene, in die er plötzlich hineingerissen wird, ganz genau kennt.

Dies ist zum Beispiel hinsichtlich der Wirkung des Kamera-*Horizontal-Schwenks* der Fall.

Horizontal-Schwenk

Schwenken heißt *verfolgen* und nicht etwa, wie viele Kameraleute glauben, orientieren.

Wer sich in einer Landschaft oder in einem Raum orientieren will, der richtet durch blitzschnelle Augenbewegungen oder zügige Kopfbewegungen, bei denen die Augen vorauseilen, seine fixierende Aufmerksamkeit auf einzelne szenenwichtige Teilgestalten.

Das aber kann filmgestalterisch durch Einzeleinstellungen, die sich überlappen, angemessener, das heißt wirklichkeitsentsprechender, gelöst werden, denn das entspricht dann auch den normalen Augenreflexen.

Wenn Sie aber trotzdem ein langsames horizontales Abschwenken einer Landschaft oder eines Raumes filmgestalterisch für angebracht halten, dann sollten Sie sich bewußt machen, daß Sie damit Ihrem Zuschauer eine nicht ganz natürliche Verhaltensweise zumuten.

Das kann filmgestalterisch durchaus berechtigt sein, stimmt dann aber mit der normalerweise erstrebten Betrachtung und Orientierung in der Wirklichkeit, bei der das Kameraobjektiv das Auge des Zuschauers vertritt, nicht mehr überein.

Das langsame Abschwenken, das *nicht* dem »Mit-den-Augen-Verfolgen« von Lebewesen, Fahrzeugen, geworfenen, rollenden oder rutschenden Gegenständen dient, wirkt auf den Fernseh- oder Filmzuschauer so, als ob sich die abgeschwenkte Landschaft oder der Raum bzw. die Umgebung *vor seinen Augen an ihm vorbeidrehe.*

Es tritt der gleiche Erlebniseindruck auf, wie ihn ein Autobeifahrer oder Eisenbahnreisender von einer Landschaft hat, die in einer Kurve vor seinen Augen vorbeizieht.

Bei dieser Art Fortbewegung hat der Mensch ja auch oft den Eindruck – vor allem wenn er keinerlei Fahrerschütterung verspürt –, daß sich die Landschaft an ihm statt er sich an ihr vorbeibewegt.

In dieser körperlichen Lage ist aber der ruhig im Sessel sitzende Filmzuschauer immer.

Der verfolgungslose Schwenk löst also im Zuschauer meist ein indirektes Fahrgefühl aus, das stets etwas Schwebendes an sich hat.

Daran sollten Sie denken und, wenn Sie diesen Eindruck vermeiden wollen, stets dafür sorgen, daß Ihre Kameraschwenks dann ein mit der Schwenkbewegung synchron mitlaufendes Verfolgungsobjekt im Sucher begleiten.

Keine *Knalleffekte* hart anschneiden

Der zweite exemplarische Schnittgrundsatz betrifft einen Fehler, den Anfänger häufig, aber auch Schnittmeister gelegentlich machen. Seine Beachtung, für die es keine Ausnahme gibt, ist noch wichtiger als der »Schnitt in die Bewegung«.

Er betrifft den Versuch, den dramatischen Höhepunkt, vor allem Knalleffekte, unmittelbar an den Schnitt des Szenenwechsels anzuschneiden. Und wenn es Sie noch so sehr verlockt, den Zuschauer durch einen optisch-akustischen Überfall zu schocken: Tun Sie es nicht!

Der Zuschauer muß sich nach jedem harten Schnitt zuerst einmal in dem neuen Szeneninhalt zurechtfinden. Er muß dies auch dann, wenn der neue Szeneninhalt den vorangegangenen, nur mit anderer Kameraeinstellung, fortsetzt. Dazu braucht er Zeit.

Diese Zeit muß er haben trotz aller Hilfen, die er, wie die Szenenbeispiele erkennen ließen, durch die Beachtung formaler Schnittbedingungen bekommen kann. Wenn er, ohne sich zuerst ausreichend orientieren zu können, mit einem Knalleffekt überfallen wird, kann die Wirkung auf ihn nur schwächer sein, als wenn der Knalleffekt auf ihn einstürmt, *nachdem er sich im neuen Szenenraum zurechtgefunden hat.*

Sonderprobleme bei Schnitt und Montage von Farbfilmszenen

Der Engländer G. Freese-Green, der zu den tragischen Figuren der Geschichte der Kinematographie zählt, hat schon 1910 die Welt mit einer Erfindung verblüfft, die auf ganz einfache Weise das Problem der Farbenkinematographie zu lösen schien.

Er nahm einen ganz gewöhnlichen Schwarzweiß-Dokumentarfilm, färbte jedes dritte Phasenbild auf dem Filmband leuchtend rot ein (man nannte das damals Einzel-Virage) und führte dieses Filmband in einem normalen Filmprojektor normalen Kinobesuchern vor.

Das unerwartete, überraschende Ergebnis war, daß plötzlich *alle Farben,* vor allem bei Landschaften, vorhanden zu sein schienen.

Der Himmel wurde blau, das Gras und das Laub grün, die Erde braun und die menschliche Haut fleischfarben gesehen. Obwohl doch nur farblose Hell-Dunkel-Reize, untermischt mit einem pulsierenden, rein roten Farbreiz, der die Zuschaueraugen alle ¼ sec ca. eine $\frac{1}{32}$ Sekunde lang erreichte, von der Vorführfläche heruntergestrahlt wurden. Dieser Farbfilm, der sich von den üblichen, seltenen handkolorierten Farbfilmen deutlich unterschied, geriet aber bald in Vergessenheit, weil der farbige Natürlichkeitseindruck der Szeneninhalte bei vielen Zuschauern stark wechselte und oft nur ganz undeutlich auftrat.

In den fünfziger Jahren unseres Jahrhunderts überraschte dann der Amerikaner

Edwin H. Land, dem die Welt die Konstruktion der Polaroid-Kamera verdankt, die Naturwissenschaften mit Farblicht-Experimenten, die ebenso wie die kinematografischen Experimente von Freese-Green die Young-Helmholtzsche Dreifarbentheorie zu widerlegen schienen. Er tat nichts anderes, als die struktur- und formlosen farbigen Lichter, die in der Physiologie zum Nachweis der Dreikomponententheorie auf die Vorführfläche projiziert wurden, durch *farbige Gestalten* von gleicher Helligkeit und Intensität zu ersetzen.

Dabei zeigte sich, daß Land aus der Projektion z. B. das ganze Grün einfach weglassen konnte, ohne daß eine Änderung der farbigen Abbildung auftrat.

Die Bäume und das Gras erschienen den Betrachtern in den projizierten Bildern ganz normal grün gefärbt, obwohl im Projektionslicht keine Spur grüner Lichtfarben enthalten war.

Ja, selbst wenn Land seine Bilder nur noch mit Hilfe rein roter Farblichter projizierte, also außer den grünen auch noch alle blauen Farbtöne wegnahm, sahen die Zuschauer weiterhin den Himmel blau, die Vegetation grün, genau so wie in den Filmen von Freese-Green, nur deutlicher und genauer.

Aus diesem Experiment geht deutlich hervor, daß sich die Farbenempfindungen des Zuschauers ganz entscheidend ändern können, sobald nicht nur das Auge, sondern auch das Gehirn in Gestalt des Sehzentrums am Sehen teilnimmt.

Sonderproblem: Der Sukzessivkontrast im Auge des Zuschauers

Die Kontrasterscheinungen treten um so geringer auf, je prägnanter der Gestaltcharakter der einzelnen Gestalten des Bildaufbaus ist und je weniger das Auge des Betrachters gezwungen wird, im Projektionsbild herumzuwandern. Es ist zur Vermeidung dieser sehr erlebnisstörenden Kontrasterscheinungen notwendig, die Betrachter nicht zu nahe an die Projektionsfläche heranzubringen. Der Betrachtungsabstand soll so groß sein, daß der ganze von der Farbfilmszene eingenommene Teil der Projektionsfläche mit einem Blick und ohne Augenbewegung bequem erfaßt werden kann. In diesem Falle bleiben z. B. die durch Simultankontrast bewirkten scheinbaren Farbtonverschiebungen unbemerkt.

Ein besonders schwieriges Problem stellen farbverändernde Wirkungen für die Vorführung von Farbfilmszenen dar, die vom Sukzessivkontrast und der Umstimmung ausgehen.

Diese Erscheinung macht sich beim Wechsel der Farbfilmszenen auf der Projektionsfläche bemerkbar und bewirkt eine Verfälschung der Gesamtfarbenstimmung der jeweils folgenden Szene, die erst nach geraumer Zeit (mehrere Sekunden) so weit abgeklungen ist, daß die physikalische Gesamtfarbenstimmung vorherrschend bleibt. Sie tritt naturgemäß um so geringer auf, je weniger die Gesamtfarbenstimmung der nachfolgenden Farbfilmszene von derjenigen der vorhergehenden unterschieden ist.

Je dunkler die Gesamtfarbenstimmung einer Szene ist, je leuchtendere Farbtöne sie enthält und je länger sie betrachtet wurde, um so stärker wirkt sich ihre farbverändernde Wirkung auf die nachfolgend projizierte Filmszene aus. Projiziert man zudem eine größere Anzahl stark unterschiedlicher Gesamtfarbenstimmungen, kann es vorkommen, daß alle Farben vom Betrachter als völlig unnatürlich und farbstichig empfunden werden.

Durch den ständigen raschen Wechsel deutlich sichtbarer unterschiedlicher Gesamtfarbenstimmungen tritt eine ungleiche Ermüdung der farbigen Empfänger in der Netzhaut ein. Hierdurch wird die farbige Empfindlichkeit dieser Empfänger in ungleicher Weise gegeneinander verändert; entsprechend verschiebt sich, da eine Farbe niemals nur einen Empfänger allein beeindruckt, der Farbton. Herrscht eine Farbe vor, deren Wellenlänge mit dem Absorptionsmaximum einer der Zapfensubstanzen übereinstimmt, so nimmt mit der Einwirkungsdauer gleichzeitig die Sättigung der Farbe fortschreitend ab, so daß sich ein reizmetrisches Gleichgewicht zu den übrigen vorhandenen Farben annähernd herstellt. Verschwindet der überbetonte Farbreiz aus dem Gesichtsfeld, so setzt die Regeneration der überbeanspruchten Zapfensubstanz sogleich ein und ist unter Normalbedingungen nach etwa 2,5 bis 5 Minuten beendet.

Sie verstehen nun auch, woher es kam, daß viele der frühesten Farbfilme, die Sie heute noch in Archiven und Retrospektiven gezeigt bekommen, so anstrengend anzusehen waren.

Die seekrankheitsähnlichen Gefühle, die bei Abwesenheit einer gemeinsamen Grundfarbenstimmung über weite Strecken des Farbfilms auftreten, sind ganz wesentlich durch die unaufhörliche Korrektion physiologischer Umstimmungsprozesse innerhalb anomal kurzer Zeiträume, die beim Normalsehen nur ausnahmsweise vorkommen können, mitbedingt.

Da die wechselnden Farbreize, deren umstimmende Energie vor allem von ihrer Sättigung und Lichtwellenenergie abhängig ist, bei Farbfilmvorführungen im Durchschnitt nur einige Sekunden lang einwirken, wobei aber gerade bei teilweiser Dunkeladaption die Umstimmung schon längst eingesetzt hat und fortgeschritten ist, findet nach kurzer Vorführdauer in allen drei Zapfensubstanzen eine ständig wechselnde, durcheinanderlaufende und sich überkreuzende Umstimmung, Regeneration, Wiederumstimmung, Wiederregeneration usw. statt. Daß dies eine anomal große Dauerbelastung des physiologischen Apparates bedeutet, die schließlich zu Abwehrreaktionen des Körpers führen muß, die sich im Allgemeinempfinden als Übelkeitsgefühl und Ermüdung bemerkbar machen, ist nur allzu verständlich.

Im übrigen können Sie die farbigen Kontrast- und Nachbild-Störungen sämtlich auf dem Fernsehbild studieren. Vor allem zwischen den Farbfeldern der »Fernseh-Testbilder« und im Einleitungs-Titel der ständigen Fernseh-Serie »Der 7. Sinn«.

Es wird Ihnen nun wohl deutlich geworden sein, daß Ihre Sorge für das Auftreten von farbigen Störerscheinungen beim Schneiden und Montieren nicht immer gleich groß sein muß. Je »toller« die Handlung ist, je interessanter Ihre Montagen auf den Zuschauer wirken, je faszinierender für ihn der einzelne Szeneninhalt ist, desto weniger stören den Zuschauer Schnitt- und Farbfehler.

Leider aber haben nicht alle Szeneninhalte und Montagen eine solche überwältigende Qualität, und deshalb sollten Sie am Schneidetisch wohl oder übel die Wirkung »falscher Schnitte« und möglicher »Farbstörungen« einkalkulieren.

So wie Sie keine Richtungsumsprünge oder unbegründete Bewegungsschnitte zulassen sollten, so ist es auch grundsätzlich »verboten«, dunkle, schwere Gesamtfarbenstimmungen hart an helle, leichte Farbkompositionen anzuschneiden. Auch sollten Sie niemals Szeneninhalte, in denen bildwichtige Teilgestalten, die in kräftigen Komplementärfarbtönen gefärbt sind (siehe Seite 89 ff.), direkt aufeinanderfolgen lassen. (Es sei denn, Sie verfolgen eine genau berechnete farbdramaturgische Absicht damit.) Natürlich ist die Gefahr, dem Zuschauer farbige Störungen zu bereiten, um so größer, je unzusammenhängender das Angebot von Szenenfolgen ist. Dafür gibt es in der Medienpraxis ein Idealangebot.

Das sind sowohl die Wochenschauen im Kino – soweit sie noch existieren – als auch insbesondere die Nachrichtensendungen im Fernsehen, die außer der optimal störungsfrei eingeschnittenen Gesamtfarbenstimmung auch noch bedeutsame dramaturgisch-psychologische Wirkungsaufgaben haben.

Der Fernseh-Nachrichtensprecher als Montagebrücke

Die klassische Form der filmischen Zusammenstellung an sich unzusammenhängender Filmszenen und Montagebilder ist die Nachrichtensendung im Fernsehen. Dort wird durch den wieder auftauchenden Sprecher, der die Gegenwartsrealität vertritt, eine formale Redundanz (ein Begriff der Semiotik, der etwa »Überfülle«, »Weitschweifigkeit«, »Verdeutlichung durch formal verschiedene Wiederholung des Sinngleichen« bedeutet) geschaffen.

Die verschiedenen Ereignisse, über die berichtet wird, müssen dem Zuschauer als nähere oder fernere Vergangenheit bewußt gemacht werden. Da dies durch eine ununterbrochene Aneinanderreihung der verschiedenen Schauplätze trotz eines begleitenden Kommentars nicht möglich wäre, weil jeder gerade dargebotene Filmszeneninhalt für den Zuschauer zwangsläufig zum Gegenwartserlebnis wird, ist die redundante Unterbrechung durch den immer wieder gleichartig erscheinenden Nachrichtensprecher oder Kommentator, im stets gleichen Raum, am stets gleichen Tisch, als Bewußtseinsbrücke von Ort zu Ort und Zeit zu Zeit, eine zwingende Notwendigkeit für den Zuschauer.

Der Nachrichtensprecher ist die klassische redundante Form der Bewußtmachung, durch die zeitlich und örtlich inkohärente Ereignisse getrennt werden können.

Es gibt natürlich auch andere Lösungen, die außer dem bloßen, gesprochenen Kommentar zu den Bild- und Filmkomplexen auch darüber hinaus bildoptische Redundanz anbieten, wie das die aussterbende Kino-Wochenschau heute noch praktiziert.

Das geschieht z. B. durch Spielszenen von immer gleichen Personen in wechselnder Umgebung, die mehr oder weniger zusammenhanglos zwischen die einzelnen Filmszenen und Montagebilder geschnitten werden. Diese Methode wird gerne von politisch-avantgardistischen Regisseuren benützt, die den Zuschauer ideologisch beeinflussen oder zu demonstrativer Haltung gegenüber herrschenden Gewalten, repressiven Sozialzuständen oder als reaktionär empfundenen Regierungen bringen wollen.

Auch in Spielfilmen ist eine solche Gestaltungsweise bei »linken« Filmgestaltern Mode geworden.

Es begann mit den Filmen »Hiroshima mon amour« und »Letztes Jahr in Marienbad« von Alain Resnais, dann setzte sich schließlich die »Mode« vor allem mit Jean-Luc Godards »Pierrot le fou« und anderen französischen, besser europäischen, Filmgestaltern fort. Auch die »Mainzelmännchen« des Werbefernsehens gehören hierher.

Sonderproblem: Breitwand

Sie haben sicher schon die überwältigende Zuschauerwirkung miterlebt, die eintritt, wenn im Filmtheater vor einem Zuschauerkreis, der an das Normal-Projektionsformat 3 : 4 z. B. einer Leinwand, die 12 m breit und 9 m hoch ist) gewöhnt ist, zum ersten Mal eine Vorführung auf einer Leinwand im Verhältnis von 1 : 2,55, also z. B. 9 m hoch und 22,95 m breit, erfolgt. Je größer das Filmtheater ist und je ausgedehnter dementsprechend die Leinwand sich vor dem Zuschauer ausbreitet, um so überwältigender ist die Wirkung.

Diese technisch-psychologisch begründete Wirkung, die darauf beruht, daß der bei der Normal-Projektion (3 : 4) stets auftretende »Fenstereffekt« (durch den der Zuschauer wie durch ein Fenster in den Filmszeneninhalt »hineinsieht«) so gut wie vollständig beseitigt wird, können auch Sie sich als Klasse-Hobbyfilmer zunutze machen.

Sie brauchen dazu nur noch vor Ihrem Kameraobjektiv und später vor Ihrem Projektor einen optischen Vorsatz anzubringen, der den Breitwandeffekt aufzunehmen und später auf einer entsprechend breiten Vorführfläche wiederzugeben gestattet.

Die Wirkung Ihrer privaten Breitwandvorführung wird zwar nicht so gewaltig sein wie im Riesen-Filmtheater, sie ist aber erfahrungsgemäß durchaus imponierend und übertrifft jedenfalls jede Normalformat-Vorführung bedeutend. Wie kommt das alles zustande?

Das normale Gesichtsfeld des Menschen

Der Zuschauer bekommt schon seit Jahrzehnten auf der Vorführwand der Film-theater die Vorgänge in den Filmszenen fast stets so dargeboten, als ob er sie ge-rade vor seinen Augen hätte. Selbst Vorgänge, die sich hoch in der Luft oder zu seinen Füßen auf dem Boden abspielen, werden von der Aufnahmekamera mit nach oben oder unten gerichtetem Objektiv erfaßt. Bei der Vorführung wirken diese Kameraeinstellungen auf den Zuschauer so, als ob er *bei geradeaus gerichte-tem Blick* in den Himmel hinauf oder auf den Boden hinunter blicke.

Diese Erläuterungen sollen deutlich machen, daß dem Filmzuschauer alle Kopf- und die meisten Blickbewegungen durch die Kameraeinstellung gewissermaßen abgenommen worden sind. Der Zuschauer braucht nur geradeaus vor sich hin zu sehen. Alle Kopfbewegungen und Blickwendungen macht die Kamera für ihn, wodurch alles Wichtige und Interessante in der Filmszene jeweils durch wech-selnde Aufnahmerichtung, Entfernungssprünge, Schwenks, Fahrten usw. genau in den mittleren Bereich seines Gesichtsfeldes gebracht wird.

Diese Tatsachen machen es möglich, die Wirkung von Filmszenen auf den Zu-schauer mit den Gesichtsfeldeindrücken, die ein geradeaus vor sich hin blicken-der Mensch in der Wirklichkeit hat, zu vergleichen.

Wenn ein Mensch in der Wirklichkeit bei wachem Bewußtsein geradeaus vor sich hin blickt, dann tut er dies, weil die ihn im Augenblick interessierenden Dinge oder Vorgänge sich in diesem Blickbereich befinden. Meistens wird der das Hauptinteresse des Zuschauers herausfordernde Gegenstand oder Vorgang (z. B. ein Gesicht) mit beiden Augen dabei scharf fixiert.

Gleichzeitig mit der fixierenden Beobachtung des Hauptgegenstandes wird die Umgebung mit aufgenommen. Ist der fixierte Gegenstand (z. B. ein Mensch) al-lein in einer neutralen Umgebung (etwa in einer Landschaft oder im Verkehrsge-wühl der Großstadt), dann wird er vom Zuschauer als Teil seiner jeweiligen Um-gebung, in die er gehört oder zu der er im Kontrast steht, empfunden. Die Umge-bung wird dabei dem Zuschauer als allgemeine Atmosphäre optisch und akustisch bewußt, ohne daß einzelne Vorgänge in dieser Umgebung (Pflanzen, Bäume, die vom Wind bewegt werden; Vögel, Tiere usw. oder Fahrzeuge, Solda-ten, Menschen, Polizei, die den Straßenverkehr regelt) das spezielle Interesse des Zuschauers so weit in Anspruch nehmen, daß er sie fixierend ins Auge faßt. Die Umgebung wird mehr oder weniger deutlich gehört (Geräuschkulisse) und mehr oder weniger scharf gesehen. In das Verhalten und die persönliche Reaktion des Betrachters einbezogen wird im wesentlichen nur derjenige Gesichtsfeldbereich, *der mit beiden Augen gleichzeitig erfaßt wird.*

Wenn ein Mensch zum Beispiel am Eingangstor eines historischen Gebäudes steht und im Hof eine feierliche Zeremonie beobachtet, dann erfaßt sein beidäugig-op-tischer Aufmerksamkeitsbereich etwa in folgender Ausdehnung und relativer Deutlichkeit einen immer mehr abfallenden Wirklichkeitsausschnitt.

Abb. 266

Der eingeschränkte Sehbereich des Normal-Projektionsformats im Vergleich zum erweiterten CinemaScope-Sehbereich

Die Erwartungen, die ein Mensch in der Wirklichkeit innerhalb seines Gesichtsfeldes hat, betreffen drei besonders bevorzugte Richtungen.

Die wichtigste Richtung, der im Normalfall stets das latente Hauptinteresse zugewandt bleibt, ist die Richtung geradeaus. Von dorther kommen die weitaus wichtigsten Dinge und Vorgänge auf den Menschen zu. Die zweitwichtigste Richtung ist die nach rechts und links. Von dort her kommt fast ebenso viel auf den Menschen zu wie von vorne.

Demgegenüber spielen die Richtungen von geradeaus unten oder schräg unten eine viel weniger bedeutsame Rolle. Was sich von dort her dem Menschen zu nähern pflegt, ist fast ausschließlich klein und viel weniger bedeutsam (Kinder, kleine Tiere).

Das gesprengte Normal-Projektionsformat

Von vorne und schräg oben schließlich nähert sich dem Menschen nur ausgesprochen selten etwas. Auch gibt es dort Vorgänge, die sein Interesse herausfordern,
vergleichsweise nur sehr selten.

Es zeigt sich also, daß die bevorzugte menschliche Erlebnisrichtung in seinem Gesichtsfeld vor allem der mittlere Teil des mit beiden Augen erfaßten Sehbereiches
darstellt. Grenzt man diesen Mittelbereich durch einen waggrechten Winkel von
28° und einen senkrechten Winkel von 21° ein, dann hat man genau das alte Nor-
mal-Filmformat von 1:1,33.

Eine Erweiterung dieses zentralen Gesichtsfeldbereichs nach rechts und links
bringt nun für den Zuschauer im Filmtheater vor allem eine entscheidende Verstärkung der allgemeinen Atmosphäre und erhöht die »Erwartungen« des Zuschauers. Es kann gewissermaßen viel mehr geschehen, d.h. der aktive Erlebnis-

299

bereich erweitert sich spürbar. Dies läßt jeder Vergleich zwischen den beiden Formaten am gleichen Motiv auf der vorigen Seite deutlich erkennen:
Mit der Verdoppelung des Gesichtsfeldes in horizontaler Richtung wird der gesamte Breitenbereich des beidäugig erfaßten Gesichtsfeldes überdeckt.

Abb. 269

Dies hat auf den Zuschauer die Wirkung, als ob ein Rahmen, der das bisherige Normalformat stets eingrenzte, plötzlich gesprengt worden sei und der Blick nun endlich nach allen Seiten frei schweifen könne. Wenn dies auch für die Cinema-Scope-Vorführung tatsächlich keineswegs der Fall ist, so tritt aber doch ein dementsprechendes Gefühl im Durchschnittszuschauer auf, und dieses Gefühl begeistert ihn so, daß er die Breitwandvorführung der Normalformatvorführung gerne vorzieht.
Die neu gewonnene Weite der Sicht, die dem natürlichen Gesichtsfeld in der Wirklichkeit in den bevorzugten Orientierungsrichtungen so nahekommt, gibt dem Filmgestalter ganz neue und sehr überzeugende Wirkungsmöglichkeiten in die Hand. Ein Bildvergleich zwischen Filmszenenaufteilungen im Normal- und im CinemaScope-Format macht dies deutlich:

300

61. Beispiel: Die wirkungsvolle Breitwandkadrierung

Abb. 270a, b: Szenenbild aus dem Dokumentarfilm »Crin Blanc«.

Abb. 271a, b: Szenenbild aus dem neorealistischen Film »Bitterer Reis«.

62. Beispiel: Die Schwächung der Breitwandkadrierung bei Großaufnahmen

Andere im bisherigen Normalformat wirksame Szenenaufteilungen lassen sich dagegen im CinemaScope-Format nur schlecht oder gar nicht mehr bewältigen. Dazu gehört vor allen Dingen die klassische Großaufnahme einzelner Köpfe, die entweder zur Detail-Großaufnahme werden muß oder ziemlich verloren im Raum steht:

Abb. 272a, b: Szenenausschnitt aus einem amerikanischen Spielfilm.

Abb. 273a, b: Probeaufnahme der Filmschauspielerin Xenia Hagmann.

Abb. 274a, b: Szenenbild aus einem britischen Spielfilm.

Die Szenenbeispiele und die Ausführungen über das menschliche Gesichtsfeld machen die großen filmgestalterischen Möglichkeiten der Breitwand-Aufnahme- und -Wiedergabeverfahren deutlich.

Sie lassen aber auch die Grenzen dieser Verfahren erkennen und ermöglichen die Festlegung optimaler Daten hinsichtlich des wirkungsvollsten Längen-Höhen-Verhältnisses und der Vorführungsanordnungen.

Das Schneiden und Montieren von Breitwandszenen ist im übrigen völlig problemlos. Es ändert sich ja am Rohfilmformat nichts. Sie erhalten lediglich ein »zusammengedrücktes« Projektionsbild auf Ihrem Bildbetrachter oder Schneidetisch, dessen horizontale Verzerrungen aber nicht so stark sind, daß die Erkennung aller Details der Kadrierung ernstlich beeinträchtigt würde.

Die filmtechnische Entwicklung und ihr Einfluß auf die Breitwandaufnahme und Wiedergabe

Zunächst kann festgestellt werden, daß die Breitwandvorführung in den Filmtheatern keine Verbesserung der bisherigen filmtechnischen Qualität mit sich bringt, sondern eher das Gegenteil. Durch die extreme Weitwinkel- oder die anamorphotische* Vorführung wird sowohl die bisherige Abbildungsschärfe als auch die Bildfeldausleuchtung beeinträchtigt. Ferner machen sich alle Filmbeschädigungen, wie Schrammen, Kratzer und Schlieren, wesentlich deutlicher bemerkbar. Auch treten, vor allem bei der anamorphotischen Breitwandvorführung, in den Randbezirken des Vorführbildes häufig erhebliche Verzeichnungen senkrechter Konturen auf. Da die Beliebtheit der Breitwandvorführung trotzdem immer weiter ansteigt und der Normalformat-Vorführung vorgezogen wird, kann die Überlegenheit der Breitwandvorführung nicht auf filmtechnischen Gründen beruhen.

Inzwischen haben die Objektivhersteller, Filmtechniker, Kameraleute und Regisseure auch die Verzeichnungen und Helligkeitsbeeinträchtigungen weitestgehend beherrschen gelernt. Im übrigen ist jede Vorführung im Normalformat ohne weiteres in eine Breitwandvorführung beliebigen Formats zu verwandeln. Es ist dazu nur nötig, den Betrachtungsabstand des Zuschauers von der Vorführwand entsprechend zu verringern.

Der physikalische Unterschied zwischen einer Normalformat- und einer Breitwandvorführung im CinemaScope-Format in einem üblichen Filmtheater besteht darin, daß der Zuschauer vom gleichen Sitzplatz aus ein nach rechts und links um etwa das halbe Normalformat verbreitertes Vorführbild angeboten bekommt. Betrachtet der Zuschauer zum Beispiel in einem üblichen großen Filmtheater aus

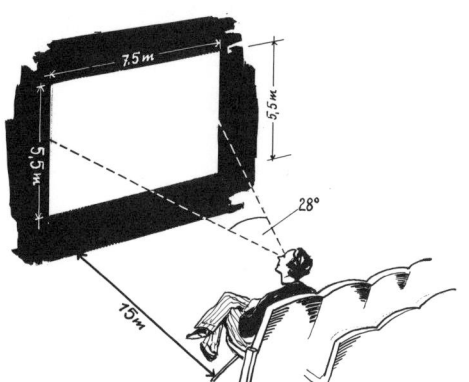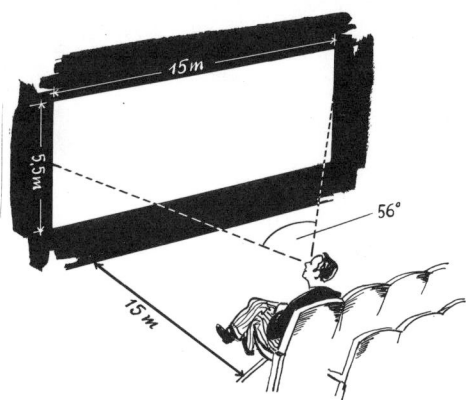

Abb. 275a: Zuschauer mit normalem Betrachtungswinkel vor der Leinwand

Abb. 275b: Zuschauer mit verdoppeltem Betrachtungswinkel vor CinemaScope-Leinwand

---

* Anamorphotische Linsensysteme haben in horizontaler Richtung einen anderen Vergrößerungsmaßstab als in vertikaler Richtung. Die ersten Anamorphote wurden 1897 von Dr. Rudolph als Zylinderlinsen konstruiert. Sie bewirken eine in einer Richtung verzerrte, aber scharfe Abbildung und erlauben so die Erfassung eines breiteren (oder höheren) Motivbereichs auf dem gleichen Filmformat als mit normalen Aufnahmeoptiken. Bei der Wiedergabe erfolgt die Entzerrung durch gleichartige Anamorphote vor dem Projektionsobjektiv, wodurch ein entsprechend breiteres Vorführbild erzeugt wird. Es gibt Linsen-, Spiegel- und Prismenanamorphote.

15 m Entfernung ein 7,5 m breites Vorführbild im Normalformat (1 : 1,33), dann würde die entsprechende Vorführwand im CinemaScope-Format (1 : 2,55) etwa doppelt, also ca. 15 m breit sein.

Das bedeutet für den Zuschauer, daß sein Betrachtungswinkel, unter dem er den gesamten Vorführbereich im Normalformat erfaßt, für die CinemaScope-Vorführung etwa verdoppelt worden ist. Eine Zeichnung wird dies klarmachen:

Die physikalisch gleichen Betrachtungsverhältnisse wie bei der CinemaScope-Vorführung können nun für den Zuschauer auch vor der Normalformat-Vorführungswand dadurch hergestellt werden, daß der Zuschauer so nahe an die Vorführwand herangerückt wird, bis sein Betrachtungswinkel demjenigen der CinemaScope-Vorführung entspricht, nämlich etwa 56°. Das ist der Fall, wenn sich der Zuschauer anstatt 15 m nur 7,5 m von der Normalformat-Vorführwand befindet:

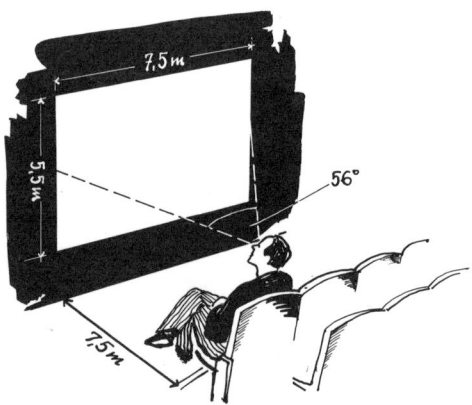

Abb. 275c: Zuschauer so nahe an der Normalleinwand, daß sein Betrachtungswinkel demjenigen der CinemaScope-Leinwand entspricht.

Eine so starke Annäherung des Zuschauers an die Vorführwand ist in den meisten Filmtheatern durchaus möglich, ja sogar üblich. Der Zuschauer braucht sich nur in die erste oder zweite Parkettreihe zu setzen. Er hat dann tatsächlich die Vorführwand in einer Breitenausdehnung vor sich, wie sie der Breitenausdehnung einer 15 m breiten CinemaScope-Vorführwand, die aus 15 m Entfernung betrachtet wird, entspricht.

Der maßgebliche Unterschied zwischen einer so betrachteten Normalformat-Wand und einer CinemaScope-Wand besteht in der Höhenausdehnung. Die Normalformat-Wand ist für den Zuschauer ziemlich genau doppelt so hoch wie die CinemaScope-Wand. Diese Tatsache macht bekanntlich die Betrachtung einer Normalformat-Vorführung von der ersten Parkettreihe aus so anstrengend und unangenehm, daß diese Plätze zu den unbeliebtesten und billigsten der Filmtheater gehören.

Abb. 275d: Eine längshalbierte Normalformat-Leinwand, in deren unterer Hälfte die Szenenhandlung angedeutet ist.

Halbiert man aber die Normalformat-Wand genau in der Mitte und sorgt dafür, daß der Szeneninhalt sich entsprechend über die ganze untere halbe Fläche verteilt, dann ist eine regelrechte Breitwand-Vorführung im CinemaScope-Format entstanden:

Von diesem Augenblick ab wird die Vorführung als großer Fortschritt gegenüber der Normalformat-Vorführung empfunden. Es sei ausdrücklich darauf hingewiesen, daß es sowohl prinzipiell als auch filmtechnisch gleichgültig ist, ob ein Zuschauer ein 7,5 m breites und 2,75 m hohes Vorführbild aus 7,5 m Entfernung oder ein 15 m breites und 5,5 m hohes Vorführbild aus 15 m Entfernung betrachtet. Denn mit der Änderung der Höhen- und Breitenmaße der Vorführwand ändert sich auch die Entfernung des Projektors bzw. die Brennweite des Projektorobjektivs. Damit bleibt der Vergrößerungsmaßstab der Filmszenen, der vom Kameramann durch die Wahl seines Aufnahmeobjektivs entsprechend den dramaturgischen Anweisungen im Drehbuch sorgfältig festgelegt wurde, genau erhalten.

Daher kommt es denn auch, daß die verschiedensten Filmtheater verschieden große Vorführwände haben können, ohne daß dadurch die auf dem Filmstreifen festgelegte jeweilige Kameraeinstellung auch nur im geringsten verändert wird. Der Bildeindruck des Zuschauers ist lediglich vom Abstand von der Vorführleinwand, den er im Verhältnis zur Größenausdehnung der Wand zu wählen hat, abhängig.

Durch eine Breitwandvorführung im CinemaScope-Format wird also tatsächlich nichts anderes getan, als jeder Zuschauer etwa auf die halbe bisherige Entfernung an die Vorführwand herangerückt, wobei die Vorführung nur noch in der unteren Hälfte der Vorführwand stattfindet.

Auch in einem CinemaScope-Filmtheater kann jeder Zuschauer die gleichen Betrachtungsverhältnisse herstellen, unter denen er bisher gewohnt war, die Normalformat-Vorführung zu erleben. Er braucht dazu nur (wenn das Theater lang genug ist) die doppelte Entfernung einzunehmen, als er sie üblicherweise wählt (d. h. zum Beispiel statt in 15 m Entfernung in 30 m Platz zu nehmen). Dann hat er die Betrachtungsverhältnisse für eine *halbierte Normalformat-Wand* vor sich.

Möglichkeiten für den Hobbyfilmer

Es ist in den USA von der Fa. Bell & Howell ein anamorphotischer Aufnahmevorsatz für 16-mm-Optiken entwickelt worden, die sogenannte »Filmorama-Linse«. Tullio Pellegrini hat mit dieser Vorsatzlinse einen Farbfilm »San Francisco« gedreht, der ähnliches Aufsehen erregt hat wie die ersten 35-mm-CinemaScope-Filme. Auch die Panavision Inc. in Los Angeles hat für 8-mm- und 16-mm-Kameras bzw. -Projektoren Prismenanamorphote mit beliebig verstellbarem Längen-Höhen-Verhältnis entwickelt.

Es gibt ein noch vollkommeneres Verfahren, das beim Zuschauer eine klare Wirklichkeitsverwechslung durch die Reproduktion des gesamten physiologisch erfaßbaren menschlichen Sehfeldes auf einer Kuppeleinwand bewirkt. Dieses sogenannte Cinerama-Verfahren arbeitet mit drei Filmstreifen und drei Vorführmaschinen. Für Schmalfilmprofis wird es in der bisher entwickelten Form keine Rolle spielen können. Das Prinzip des Cinerama-Verfahrens ist übrigens bereits 1897 von Grimoin-Samson zum Patent angemeldet und praktisch ausgenützt worden.

Das anamorphotische Aufnahme- und Wiedergabeverfahren auf 16-mm-Film ist infolge der Vorführungsmöglichkeit mit einem Längen-Höhen-Verhältnis von mindestens 1:2,55 das überall da erfolgversprechendste, wo seine Anwendung nicht aus finanziellen und innenarchitektonischen Gründen unmöglich ist.

Wer mit anamorphotischen Aufnahmeoptiken arbeiten will, muß wissen, daß er bei kurzen Aufnahmeentfernungen zwischen Kamera und Hauptobjekt (3 m und geringer) mehr und mehr verzerrte Abbildungen erhält. Dies ist in der Konstruktion und Justierung der optischen Glieder des Vorsatzsystems begründet. Hier wird also auch ein filmtechnischer Hinderungsgrund für die Herstellung unverzerrter Groß- und Detailgroßaufnahmen sichtbar.

Für die Wiedergabe anamorphotischer Breitwandvorführungen in einem Längen-Höhen-Verhältnis von ca. 1:2,55 ist es für den Amateur, der gewöhnlich kein so zahlreiches Publikum hat, nicht erforderlich, eine gekrümmte, metallisierte Vorführwand zu wählen. Die Krümmung ist nur für metallisierte Bildwände sinnvoll. Der Schmalfilmer kann ohne Wirkungsverlust eine übliche, gerade Bildwand (die selbstverständlich das Breitwandformat haben muß) wählen, was in jedem Falle der Projektionsschärfe (Projektionsobjektive haben meist nur sehr geringe Schärfentiefe und sind für ebene Vorführwände korrigiert) zugute kommt.

Wichtig ist, den Abstand der Zuschauer von der Breitwand so zu wählen, daß der

Betrachtungswinkel um mindestens 50° herum liegt (siehe Abbildungen Seite 303). Doch soll der Betrachtungswinkel auch nicht wesentlich größer als 56° sein, da sonst physiologische Belastungen des Sehapparates auftreten können, die zu Unbehagen und Übelkeit führen.

Können Sie bei Ihren Hausvorführungen diese Projektionsbedingungen einhalten, werden Sie eine verstärkte Wirkung des verbreiterten Projektionsangebots an Ihre Zuschauer beobachten können. Bevor Sie sich jedoch entschließen, mit Ihrer Super-8-Kamera auf ein solches Breitwandformat überzugehen, sollten Sie längere Zeit umfassende Versuchsaufnahmen durchführen. Sie werden nämlich nicht nur in Ihrer Einstellungskadrierung, sondern auch in anderen aufnahmetechnischen Bedingungen merklich eingeschränkt. Gelingt es Ihnen allerdings, sich optimal umzustellen, dann werden Sie auch mit Ihren Breitwandfilmen besondere Erfolge haben.

XIX. Kapitel
Die Meisterprüfung des Klasse-Hobbyfilmers

Die Herstellung von Filmlustspielen, Filmschwänken und Filmkomödien gilt unter den Filmfachleuten aller Grade und Bereiche, angefangen vom Produzenten bis zur Schnittmeister-Assistentin als die schlechthin schwerste filmgestalterische Aufgabe überhaupt.

Das kommt wohl daher, weil die humoristische Wirkung, die von einem Filmwerk auf die Zuschauer ausgeübt wird, nicht nur wie bei allen anderen Filmarten an der »box office« (der Summe aller Einspielergebnisse), sondern auch »geistig«, durch das mehrheitliche Lachen, gemessen werden kann.

Eine Filmkomödie, in der nicht gelacht wird, ist auf jeden Fall ein finanzieller, meist aber auch ein filmkünstlerischer Mißerfolg.

Es ist, wie die großen und kleinen Beispiele von *Charlie Chaplin, Ernst Lubitsch, F. W. Murnau, Rene Clair, Medvedkin, Reinhold Schünzel, Hal Roach, Frank Capra, Billy Wilder, Curt Goetz, Jacques Tati, Mel Brooks* und schließlich auch *Karl Valentin* und *Herbert Achternbusch* u. a. beweisen, etwas ganz anderes, filmisch komisch zu sein als literarisch oder auf dem Theater.

Wenn Sie also *Ihre* Fähigkeiten messen wollen, kann ich Ihnen nur raten: Versuchen Sie sich an einer Filmkomödie! Stellen Sie sich bei dieser Prüfarbeit die alleinige Aufgabe, Ihre Zuschauer auf eine ehrliche, wahrhaftige, niveauvolle Weise zum Schmunzeln, Lachen und schierem Entzücken zu bringen.

Der Entwurf von Szeneninhalten und Szenenfolgen, die auf den Zuschauer so komisch wirken sollen, daß er in ein anteilnehmendes Lachen ausbricht, setzt eine filmgestalterische Spezialbegabung voraus, wie sie durchaus nicht alle hochbegabten und erfolgreichen Filmgestalter als selbstverständlichen Bestandteil ihrer Begabung und Erfahrung ansehen dürfen.

Dieser Sektor der Filmgestaltung, der ganz auf Humor, intuitivem Einfallsreichtum und der Fähigkeit, in umfassender Weise, bewußt und unbewußt, zwischen Witz und Komik exakt zu unterscheiden, beruht, scheint allem Lernen unzugänglich zu sein. Das ist indessen ein Irrtum.

Das Komische und seine Unterabteilungen sind wie alle bisherigen eigengesetzlichen Filmgestaltungsbedingungen – auf jeden Fall im Filmbereich – nach Regeln und Ursprungsbedingungen zu ordnen. Damit aber sind auch die Filmkomik und ihre Gestaltungsbedingungen erlernbar (siehe auch Seiten 311 ff.).

Wenngleich zugegeben werden muß, daß eben dieses Gebiet der Filmgestaltung zu den schwierigsten, fallenreichsten und heikelsten gehört, auf dem sich die genialen Einfälle neben den wirkungslosen Platitüden nur so tummeln, sind diese dennoch für den filmdramaturgisch und filmpsychologisch gebildeten Filmgestalter relativ leicht voneinander zu trennen.

Natürlich ist der Filmgestalter beim Entwurf seines Drehbuchs durch die Rücksicht, die er auf die Zuschauer nehmen muß, ziemlich stark eingeschränkt. Er ist dies um so mehr, je größer der Zuschauerkreis ist, an den er sich mit seinem Film wenden will.

Er gerät stets in Gefahr, sich mit unbegründeten Schwankeffekten der Sphäre des »dummen August« oder des Schadenfreude auslösenden unbegründeten Zufalls zu begnügen, doch ist es gerade ein Zeichen überragender Fähigkeit eines Lustspielfilmgestalters, wenn er es fertigbringt, eine derartige abgedroschene Schwank-Platitüde so in seine Filmszenenfolge einzubauen, daß sich ihr Zustandekommen durch einen tieferen Sinn für das Ganze oder durch ein handlungsbegründetes, parallel laufendes Ereignis oder gar eine längere Entwicklung rechtfertigt.

Der Filmgestalter muß also bereits bei seinen Drehbuchentwürfen einen unerschütterlichen Spürsinn dafür haben, *was der Zuschauer* überhaupt noch und schon nicht mehr als komisch zu empfinden fähig ist. Vor allem beim Witz wird hier besonders oft fehlgegriffen oder auf niedrigstes Schwankniveau abgeglitten. Aber versuchen Sie das alles nicht eher, als bis Sie sich völlig darüber klargeworden sind, was das Wesen der Komik, des Humors und des Witzes eigentlich ist. Um das erkennen zu können, wird Ihnen nun noch eine große Hilfestellung geleistet.

Prüfstein: Filmkomik

Die Komik, die der Filmgestalter der einzelnen Filmszene oder dem ganzen Filmwerk durch die Darstellerführung, den Dialog und den Handlungsverlauf aufzuprägen imstande ist, kann experimentell gemessen werden.

Ist die Komik »echt« und stark, dann reagiert der Fernsehfilm-Zuschauer mit angemessen starkem Lachen und deutlicher Fröhlichkeit.

Es gibt – mit Ausnahme der explodierenden Wut – keine andere menschliche Gefühlsregung, deren seelisch-körperliche Auswirkung im Filmtheater oder vor dem Fernsehempfänger so deutlich und maßstabgerecht registriert werden kann wie die humoristisch-komische Gestaltung von Einzelszenen.

Der Maßstab reicht vom Schmunzeln über das Grinsen, das Lachen bis zum lustvollen Brüllen und ermöglicht es sogar, das zustimmende Lachen klar vom höhnisch ablehnenden zu unterscheiden.

Die Fähigkeit, Szeneninhalte, Dialoge und dramatische Handlungen humorvollkomisch zu gestalten, setzt zwar eine gewisse Begabung – vor allem einen echten

Sinn für echten Humor – voraus, sie läßt sich aber, wenn Sie diese Grundbegabung besitzen, durch Üben und Wissen sehr verbessern und verstärken.

Wenn Sie durch einen angeborenen Sinn für echte Komik davor gefeit sind, den Humorgehalt eines Witzes, einer Situation, eines Handlungsverlaufs zu verfehlen, dann können Sie durch ein entsprechendes Studium, durch unablässige Übung und praktische Experimente Ihre Fähigkeit, gute Lustspielszenen zu erfinden, erheblich schulen. Das gleiche gilt für die Inszenierung von Einzelszenen und die humorbetonte Schnittgestaltung von Montagebildern und ganzen Fernsehfilmen.

Die Bewegung des Schnurrbartzwirbelns, die zur Zeit Wilhelms II. oft von Bühnenkomikern ausgeführt wurde, ohne daß sie einen leibhaftigen Schnurrbart trugen, muß, soll sie im Si-

Abb. 276

tuationszusammenhang komisch wirken können, dem Zuschauer als eine in der Wirklichkeit vorkommende Bewegung bekannt sein. Für Angehörige von Völkern, die den Schnurrbart oder dessen entsprechende Behandlung nicht kennen, bleibt die Bewegung unverständlich. Die Bewegung des Schnurrbartzwirbelns an sich hat keine komische Wirkung. In der Zeit, in der eine entsprechende Barttracht allgemein üblich war, also etwa am Ende des 19. Jahrhunderts, wurde sie auch unter normalen Umständen von niemandem komisch empfunden. Die groteske Übertreibung dieser Bewegung kennzeichnete erst später einen Menschentyp, der unzugänglich, rückständig, bürokratisch ist. Dieser Mensch versuchte formelhaft erstarrt zu wirken und trug karikierend aristokratische Manieren zur Schau.

Es bedarf also neben der dem Zuschauer vorbekannten Bewegung noch der speziellen Situation, in der diese Bewegung komisch empfunden werden kann, ehe eine komische Wirkung auf den Zuschauer einsetzt, d. h., der Zuschauer muß eine entsprechend umfangreiche »Bildung« besitzen.

63. Beispiel: Stummfilmkomik

Das Einsetzen eines Monokels ins Auge muß durchaus nicht immer komisch empfunden werden. Es kann im historischen Schauspiel sehr wohl eine ernste, ja tragi-

Abb. 277

sche Bedeutung und Wirkung haben. Wenn aber ein junges Mädchen versucht, sich ein Monokel ins Auge zu klemmen, so wirkt das auf den Zuschauer, der mit der Soziologie des Monokels vertraut ist, komisch. Der Grund für diese komische Wirkung hängt offenbar damit zusammen, daß von dem jungen Mädchen etwas zu tun versucht wird, was nicht zu seinem Wesen paßt. Diese Feststellung liefert aber noch keine Erklärung für die Komik der Wirkung, da vielerlei unpassende Benehmensarten eines jungen Mädchens denkbar sind, ohne daß sie auf den Zuschauer eine komische Wirkung haben müßten.

Vom Ursprung aller Komik

Der entscheidende Grund für die komische Wirkung liegt also tiefer. Er soll aus seinen einfachsten Elementen entwickelt werden.
Der einfachste Fall primitiv komischer Wirkung besteht, wie jeder von uns selbst schon erfahren hat, im unglücklichen Zufall, der einen Menschen stolpern oder ausgleiten und zu Boden fallen läßt.
Ein solcher Vorgang wird von durchschnittlichen Zuschauern, zunächst wenig-

311

stens, fast immer komisch empfunden und erregt Grinsen oder Gelächter. Der häufig solche Vorgänge begleitende Kommentar der Zuschauer, der sich in johlenden Zurufen etwa mit den Worten: »So ein Tölpel, paß doch auf!« ungefähr kennzeichnen läßt, kann als Ausgangspunkt der grundsätzlichen Klärung solcher komischen Wirkungen dienen.

Das Überlegenheitsgefühl des Zuschauers ist Voraussetzung

Es ist das eigene Überlegenheitsgefühl über einen in gleichen Lebensumständen Befindlichen, dem etwas zustößt, was den Zuschauern erspart bleibt, das sich bis zum Triumphgefühl des sich auserwählt Dünkenden steigert und sich in freudigem Geschrei, Lachen oder Grinsen Luft macht.

Diesen Triumphgefühlen liegt die Überzeugung zugrunde, selbst jedenfalls geschickter oder doch wenigstens auserwählter zu sein als jener Tölpel, dem diese »Ungeschicklichkeit« passiert.

Dieses unbewußte Überlegenheits- und Triumphgefühl, das die Wurzel aller primitiveren Situationskomik bildet, wird z. B. in allen Verwechslungskomödien zum ganz bewußten und ergründbar komisch wirkenden Situationselement. Es wirkt auf den Zuschauer komisch, wenn ein Mensch unter normalen Umständen von anderen Menschen für etwas anderes gehalten wird, als er tatsächlich ist. Die Komik ist dabei weder unmittelbar an die Verwechselnden noch an den Verwechselten gebunden, sondern allein an *das Wissen um* die Verwechslung. Die komische Wirkung hat also ihre Wurzel im Zuschauer. Der Zuschauer empfindet komisch, weil er etwas weiß, was der eine oder der andere oder beide Beteiligten nicht wissen.

Doch ist die komische Wirkung der Verwechslung nicht ausschließlich vom Besserwissen, sondern auch vom Überlegenheitsgefühl des Zuschauers abhängig. Der Zuschauer muß sich dem Verwechselnden oder Verwechselten überlegen fühlen; einer von beiden oder beide müssen, vom Standpunkt des Zuschauers aus beurteilt, tölpelhaft handeln, erst dann tritt als Folge des im Zuschauer erwachenden Triumphgefühls die komische Wirkung auf.

Anwendungsbeispiel: »Abenteuer eines jungen Herrn in Polen«

In dem Film »Abenteuer eines jungen Herrn in Polen«, in dem ein Mann als Bauernmädchen verkleidet eine Reihe gefährlicher Abenteuer besteht, wirken Szenen, in denen die unmittelbare Gefahr der Entdeckung des falschen Geschlechts des Mann-Mädchens besteht, nur dann komisch, wenn sie gleichzeitig mit tölpelhaftem Verhalten der möglichen Entdecker verbunden sind.

Es wirkt komisch, wenn die Offiziere in dem Glauben, ein Mädchen vor sich zu

Abb. 278

haben, dieses Mädchen zu verführen versuchen. Der Zuschauer, der das wahre Geschlecht dieses Mädchens kennt, empfindet die Dummheit, die hinter diesen Verführungsversuchen steckt, dank seines Besserwissens so stark komisch, daß er die Gefahr der Entdeckung seines Helden, die mit diesem Liebeswerben verbunden sein könnte, angesichts der Dummheit des Entdeckers, der auf einen verkleideten Mann hereinfällt, einfach für unbedeutend hält.

In anderen Szenen, in denen die Entdeckungsgefahr dagegen naherückt, ohne daß der mögliche Entdecker sich dabei tölpelhaft verhält, tritt keinerlei komische Wirkung im Zuschauer auf.

Das Miterlebensgefühl muß beteiligt sein

Der Zuschauer, der von einem Ereignis komisch berührt werden soll, muß sich am Ereignis, obwohl er nur zuschaut, als Mitbeteiligter fühlen. Er leitet sein Auserwähltsein aus der Tatsache ab, daß der peinliche Zufall einem anderen und nicht ihm passiert, obwohl er gleichzeitig am Ort des Ereignisses anwesend ist, sich also als *Miterlebender fühlt*. Fehlt das Miterlebensgefühl oder kommt sich der Zu-

313

schauer eines solchen Ereignisses nicht als an der Situation Mitbeteiligter vor, etwa weil er seine Aufmerksamkeit ganz anderen, ihn stärker fesselnden Dingen zugewendet hat oder weil er infolge anders gearteter Lebenseinstellung derartige Ereignisse weder als beachtenswert noch als ungewöhnlich empfindet, dann kann auch das Auserwähltseinsgefühl nicht entstehen, und die komische Wirkung bleibt aus.

Diese andersartige Lebenseinstellung kann auch die Entstehung des Überlegenheitsgefühls, das durch tölpelhaftes Benehmen mit komischer Wirkungsfolge geweckt wird, verhindern. In solchen Fällen wird das Ereignis als schlechthin dumm und durchaus wirkungslos empfunden. Das geschieht besonders häufig dann, wenn ein solcher Mensch selbst durch Handlungen oder sein Verhalten zum Zustandekommen des komischen Ereignisses mit beiträgt. Diese Menschen werden in solchen Fällen deshalb nicht komisch berührt, weil sie das Ereignis als so wenig ihrem Weltbild oder ihrer Lebensauffassung angemessen empfinden, daß sie seinem Ablauf gegenüber gleichgültig bleiben. Sie verfolgen nicht, wie der komisch berührte Zuschauer, jede einzelne Phase des Ereignisses mit starker innerer Beteiligung, sondern erdulden, da es ihnen nun einmal begegnet, seinen Ablauf ohne jede Anteilnahme. Sie finden das Ereignis durchaus nicht erlebenswert und, da es dennoch ihre Aufmerksamkeit erzwingt und sie sehr wohl aus Erfahrung wissen, daß es für viele Menschen und auch für sie selbst vielleicht einmal komischen Gehalt hatte, als nunmehr unwert und belastend, somit »dumm« und »ohne jeden Witz«.

Der »Witz auf eigene Kosten« wird nur von sehr überlegenen Menschen als echt komisch empfunden.

Der geistreiche Wortwitz

Auch der komplizierte, geistreiche Wortwitz, der vom primitiv denkenden Menschen infolge seiner Kompliziertheit gar nicht aufgefaßt werden kann, verdankt seine Wirkung den gleichen einfachen psychischen Vorgängen der Überlegenheits- und Miterlebensgefühle.

Rabindranath Tagore als Anwendungsbeispiel

Rabindranath Tagore, der während der zwanziger Jahre in der abendländischen Welt von vielen Gebildeten angehimmelte indische Dichter, erhielt von einem unbekannt Gebliebenen den Beinamen »Der Gangeshofer«. Diese Bezeichnung wirkt auf denjenigen, der die abendländische Literatur einigermaßen beherrscht, komisch. Damit diese komische Wirkung entstehen kann, müssen aber folgende Vorbedingungen erfüllt sein:

1. Ganghofers Werke müssen nicht nur ihrer Art und ungefährem Inhalt nach, sondern auch hinsichtlich ihrer merkwürdigen Zwitterstellung in der Literatur bekannt und richtig gewertet sein. Die Gründe ihrer Beliebtheit bei breiten Volksschichten, daß sie nämlich ohne besondere Tiefe Elemente starker Rührung enthalten und daß sie infolge ihrer auf diesen Elementen basierenden starken Wirkung häufig für echte Kunstwerke gehalten werden, müssen dem Hörer ebenfalls bekannt sein.
2. Der Ganges als der heilige indische Fluß muß vom Hörer sofort und ohne zusätzliche Überlegung assoziiert werden.
3. Das Wort Gangeshofer muß durch seine Klangähnlichkeit außer dem heiligen Fluß auch gleichzeitig den Dichternamen Ganghofer mit allen unter 1. genannten Merkmalen im Hörer bewußt werden lassen.
4. Rabindranath Tagore muß nicht nur als indischer Dichter bekannt sein. Es muß dem Hörer darüber hinaus auch bekannt sein, daß er vom Standpunkt der in Indien als wirkliche tiefe Dichtkunst geltenden Werke als in Europa maßlos überschätzt gilt und daß die gebildeten indischen Kreise hin und wieder zu verstehen geben, Europa sei auf diesen, von ihnen für einen künstlerischen Scharlatan gehaltenen Dichter gewissermaßen hereingefallen.
Sind alle diese vielfältigen Voraussetzungen im Bewußtsein eines Menschen gleichzeitig erfüllt, dann kann die komische Wirkungsfolge mit voller Kraft nach folgendem Schema einsetzen:
Gangeshofer → Ganghofer → Ganges-hofer.
Mit diesem stichwortartig angegebenen Gedanken- und Assoziationsablauf des Hörers ist ein kompliziertes Denkgebilde unter die eigene seelische Kontrolle gebracht. Der Verstand hat sich dieses Denkgebildes bemächtigt, es ist dem Hörer in allen seinen verschlungenen Zusammenhängen bewußt geworden und wird damit beherrscht. Mehrere Begriffsverbindungen, die diesem Witz zugrunde liegen, sind auf reiner Klangähnlichkeit aufgebaut und enthalten trotz dieses rein äußerlichen Zusammenhanges einen tieferen inneren Sinn. Das zu erkennen ist für den Hörer lustvoll.

Der Kalauer als Experimentalbeispiel

Klangähnlichkeiten und sich auf solchen aufbauende Begriffsverbindungen werden von solchen Menschen, deren Denkgewohnheiten auf die Sinnbeziehungen zwischen Begriffen ausgehen, die also der Logik folgen, stets als untergeordnet, minder wertvoll, ja oft sogar als dumm empfunden (Kalauer). Tut sich jedoch wie im Beispiel des Tagore-Witzes hinter einer solchen Klangähnlichkeit gleich eine ganze Welt logischer Sinnbeziehungen auf, ist also ein kompliziertes Denkgebilde, dessen Beherrschung ohnehin lustvoll ist, auch noch von einer als untergeordnet, ja minderwertig betrachteten reinen Klangähnlichkeit zwischen Wörtern abhängig, dann wird durch die Beherrschung eines solchen Denkgebildes ein Überlegenheitsgefühl im Hörer bewirkt. Damit ist aber die entscheidende Voraussetzung für die komische Wirkung gegeben, die durch die Begriffe des »Überlegenheitsgefühls« und der hier im geistigen Bereich deutlich werdenden »Tölpelhaftigkeit« gekennzeichnet ist.

Und zwar tritt diese Wirkung um so stärker auf, je umfangreicher und je feiner die Schattierungen des Vollzugs eines solchen Denkgebildes sind. Für Menschen, die Tagore nur als indischen Dichter und Ganghofer als nicht ganz ernst genommenen Romanschriftsteller kennen, wird sich eine *geringere* komische Wirkung ergeben, weil ihr Denkgebilde weniger umfangreich ist und daher mit weniger Lustfolge aufgebaut wurde.

Für Menschen, die infolge von Denkungeübtheit die Überlegenheit über die logische Beziehung scheinbar sinnloser Klangverbindung nicht aufbringen können, bleibt die komische Wirkung im Tagore-Beispiel überhaupt aus.

Solche Menschen können bei einfacheren Formen von Sinnbeziehungen zu Klangähnlichkeiten dennoch eine komische Wirkung empfinden. Sie tun dies vor allem dann, wenn die aus der Klangähnlichkeit entspringende Sinnbeziehung unsinnig ist und ohne zusätzliche geistige Anstrengung überlegen betrachtet werden kann. Das ist z. B. bei der Frage nach dem Unterschied zwischen einem Hund und einer Zwiebel der Fall, deren Antwort »Der Hund bellt und die Zwie–bel« lautet.

Der Clown als Experimentalbeispiel

Besonders starke, mit großer Sicherheit eintretende komische Wirkungen entstehen, wenn die beiden Arten des Überlegenheitsgefühls, der Klügere und der Auserwählte zu sein, vom *gleichen Ereignis* auf den Zuschauer einwirken. Mit anderen Worten, wenn einen tölpelhaften Menschen ein unverschuldeter Zufall trifft.

Berufsspaßmacher sind deshalb zu allen Zeiten vornehmlich in der Maske des Tölpels aufgetreten. Als »dummer August« haben sie ganze Serien von unglücklichen Zufällen erlitten, an denen ihre Dummheit teils mitschuldig, teils unschuldig war. Sie haben auf diese Weise starke komische Wirkungen hervorgerufen.

Der Clown führt durch die tölpelhafte Maske das Überlegenheitsgefühl des Zuschauers genauso künstlich herbei, wie es auch in den Verwechslungskomödien, deren Kernpunkt *ja im Wissen des Zuschauers* um die Verwechslung bei vorläufiger Unwissenheit der übrigen Beteiligten besteht, erzeugt wird.

Der geschickte Tölpel als Sonderfall der komischen Wirkung

Vom »dummen August« bis zur Entdeckung des *geschickten* Tölpels, der sich trotz aller Widerwärtigkeiten und seiner eigenen Tölpelhaftigkeit zum Schluß immer wieder siegreich durchsetzt, war vor allem im Varieté, der Parterre-Akrobatik und im Film, der alle Trickmöglichkeiten hatte, nur ein Schritt.

Der geschickte Tölpel besitzt Geschicklichkeit nur in körperlicher Beziehung. Sein Verstand ist stets gering, sein Gefühl primitiv und eindeutig. Er kennt keinerlei komplizierte Seelenregungen, er reagiert vielmehr seelisch, und zwar sowohl im Verstandes- als auch im Gefühlsbereich, stets so primitiv, daß sich ihm auch der einfachste Zuschauer stets überlegen fühlen kann.

Die seelische Überlegenheit ist aber für die komische Wirkung vor allem entscheidend. Kommt sie zustande, dann wird eine neben ihr erkennbare überdurchschnittliche körperliche Gewandtheit nicht anders bewertet als die Leistungen einer Maschine, etwa eines Autos, das ja auch manches sehr viel besser kann als der Mensch, ohne daß diese Fähigkeit eine seelische Unterordnung des Menschen zur Folge hätte. Der Mensch fühlt sich seelisch jeder Maschine schon deshalb überlegen, weil sie nicht lebendig ist und zu ihrer Ingangsetzung und Steuerung des Menschen bedarf. Deshalb ist die größere Gewandtheit der Entstehung der Komik nicht feindlich.

Der Groteskkomiker als Experimentalbeispiel

Versteht es aber der Groteskkomiker, die seelische Überlegenheit des Zuschauers durch sein primitives und tölpelhaftes Verhalten in seelisch entscheidenden Dingen *zu erhalten*, dann kann er sich körperlich beliebig geschickter zeigen, als es der Zuschauer selber ist, ohne daß seine komische Wirkung darunter leidet. Die Komik seines Auftretens wird im Gegenteil nur noch verstärkt, wenn der Zuschauer ein Überlegenheitsgefühl über einen um so viel geschickteren Menschen als er selbst erzeugen und aufrechterhalten kann. Der Zuschauer kann das Überlegenheitsgefühl, das ihn die Komik einer Situation empfinden läßt, sogar gelegentlich über sich selbst vollziehen. So in dem von Arnheim mitgeteilten Beispiel aus einem Chaplin-Film, wo der Zuschauer den über der Reling eines Schiffes hängenden Chaplin für seekrank hält, dann aber, nachdem Chaplin sich herumgedreht hat, erkennen muß, daß er mit seinem Stock einen großen Fisch geangelt hat. Hier lächelt der Zuschauer über seinen Irrtum, und es ist kennzeichnend, daß ihm diese Situationskomik kein herausplatzendes Lachen, sondern nur ein Lächeln abnötigt.

So entstand die Groteskkomik in ihren verschiedensten Formen, die im Stummfilm eine ganz gewaltige Bedeutung bekam und deren Wirkungen auf den Zuschauer auch heute noch nicht erloschen sind.

Zwei ganz moderne, typische Groteskkomiker des deutschen Fernsehens, an denen sich alle anderen als einschlägig typisch messen lassen, sind *Dieter Hallervorden* und *Willy Millowitsch*. Hallervorden tritt überwiegend in der Rolle des körperlich tölpelhaft-geschickten »dummen August« auf, während Millowitsch in der

Rolle des geistig-tölpelhaften Normalbürgers brilliert. Beide beweisen durch ihre Beliebtheit, daß die ewig gleichen Wirkungsmittel der Zirkus- und Schwankkomik von der antiken Komödie bis heute wirksam geblieben sind. Sobald im aktuellen Fall die Slapstick- und Situationskomik für den Zuschauer nur ausreichend umweltbezogen *begründet* ist und nicht nur als reines »Marktgeschrei« auftritt, sind starke komische Wirkungen die sichere Folge.

Die Gestaltungsregeln der Filmkomik und ihre Anwendung auf den Filmkomiker

Die dramaturgischen Voraussetzungen, aus denen sich die komische Wirkung von Ereignissen, Verwechslungen, Vorstellungen und Gefühlsäußerungen ableitet, lassen sich in folgende Gestaltungsregeln zusammenfassen:
1. Mindestens eine der beteiligten Personen muß ein Tölpel sein oder sich tölpelhaft benehmen.
2. Die in der Situation erkennbaren Ereignisse dürfen keine unmittelbar *ernsthafte* Gefahr für die Betroffenen erkennen lassen oder zur Folge haben.
3. Der Zuschauer muß sich als überlegener oder auserwählter Mitbeteiligter empfinden können.

Laurel und Hardy

Zwei charakteristische Vertreter der einfachsten komischen Wirkung, die sich auf vorzugsweise tölpelhaftem Verhalten aufbaut, sind die Amerikaner Laurel und Hardy, die als »Dick und Doof« in Fernseh-Stummfilmreprisen heute wieder oft zu sehen sind.
Der eine der beiden kennzeichnet sich durch die unförmige Gestalt und sein pfiffiges Gesicht für jeden Fernsehzuschauer als dummschlauer, gutmütiger Tölpel, während sein Begleiter noch um einige Grade dümmer, ganz und gar von tierischem Ernst besessen, dem Dicken blind nachfolgt. Die zahllosen peinlichen Zufälle mit allen sich daraus ergebenden Leidensfolgen des Gehetzt-, Verprügelt- und Beschmutztwerdens werden vom Zuschauer für diese beiden als selbstverständliches Schicksal erwartet.
Das Überlegenheits- und Auserwähltseinsgefühl über diese beiden Darsteller ist auch vom primitivsten Zuschauer leicht zu vollziehen.
Es wird durch den seelischen Kontrast der beiden Darsteller, von denen sich der eine immer noch um einige Grade dümmer benimmt als der andere, dem Zuschauer besonders leicht gemacht. Zugleich wird mit der Verdoppelung der tölpelhaften Person jeder etwa der Einzelfigur anhaftende individuelle Zug zugunsten

318

Abb. 279

einer typischen Allgemeincharakterisierung aufgehoben. Damit wird das »kollektive Unbewußte« (im Sinne C. G. Jungs) angesprochen und die Vertrautheit des Zuschauers mit dem Szeneninhalt, d. h. die innere Anteilnahme, verstärkt.

Buster Keaton als Experimentalbeispiel

Dieser in der Stummfilmzeit außerordentlich erfolgreiche Filmkomiker trat als schüchterner, lebensuntüchtiger und scheinbar geistig beschränkter junger Mann auf. Sein Gesicht behielt vor allem in gefährlichen Situationen den starren Ausdruck unerschütterlicher Ruhe. Diese Ruhe, die nur selten durch hilflos oder übertrieben wirkende mimische Gesten durchbrochen wurde, machte auf den Zuschauer einen zwiespältigen Eindruck. Sie wurde je nach der Situation, in die Buster Keaton geriet, entweder als traumwandlerische Sicherheit oder als weltfremde Dummheit gedeutet.
Diese Doppelbedeutung seines Gesichtsausdrucks, in dem niemals Gefühlsveränderungen und nur selten gedankliche Vorstellungen zu bemerken waren, sicherten das Überlegenheitsgefühl des Zuschauers über den Darsteller. Dieser Mensch war

für den Zuschauer trotz seines unbewegten Gesichts niemals rätselhaft, weil er sich stets in eindeutigen Situationen befand. Entweder wurde er bedrängt, oder er siegte.

In beiden Fällen fühlte sich der Zuschauer ihm deshalb überlegen, weil Keatons unbewegtes Gesicht entweder den Dummen oder den »Esel, der sich nicht freut« kennzeichnete. Und wenn Keaton am Ende das angebetete Mädchen schließlich doch bekam, dann hatte er für den Zuschauer trotz seiner artistischen Gewandtheit, mit der er viele Gefahren überwand, »Glück gehabt«.

Meist war es die Liebe, die Keaton in die unwahrscheinlichsten Situationen brachte, und wenn er die Situationen schließlich siegreich überwand, dann war es nicht der dumme Keaton, sondern die Liebe, die gesiegt hatte. Ein charakteristisches Beispiel hierfür wird von Arnheim mitgeteilt. In dem Film »Buster Keaton als Filmreporter« bleibt Keaton eine ganze Nacht lang in einem Büro in der Ecke sitzen, um auf sein angebetetes Mädchen, das in diesem Büro beschäftigt ist, zu warten. Jeder Zuschauer fühlt sich dem dummen jungen Mann, der eine ganze Nacht lang sitzt und wartet, überlegen und lacht über ihn. Daß dieser dumme junge Mann aber durch diesen Unsinn schließlich sein Mädchen bekommt, verdankt er nicht seiner Klugheit, dort zu warten, sondern seiner »treuen Liebe«, die »immer belohnt wird«.

Hans Moser als Experimentalbeispiel

Die komische Wirkung des Wiener Schauspielers Hans Moser wurzelte zwar ebenfalls im Grotesken, verließ aber nie, wie in den amerikanischen Slapsticks, die Menschlichkeit. Er und andere große europäische Filmkomiker, wie Szöke Szakall und Leo Slezak, entzündeten ihre Komik an echten, nie märchenhaften Lebensverhältnissen. Deshalb waren und sind die Film- und Fernsehzuschauer stets bereit, sie – im Gegensatz zu den amerikanischen Groteskkomikern – als lebende Menschen, die in der wirklichen Alltagswelt vorkommen, anzuerkennen. Wenn Hans Moser als schrulliger Hausdiener das Wort »Sardellenpasta« aussprach, dann wirkte das in seinem Munde auf den Zuschauer deshalb stark komisch, weil dieses Wort nicht zum normalen Wortschatz der von Moser dargestellten Figur gehörte. Der Zuschauer hatte dabei ein Überlegenheitsgefühl ähnlich demjenigen, das ungebildete Menschen auslösen, die Fremdwörter falsch anwenden.

64. Beispiel: Die Tonfilmkomik

Abb. 281

In dieser Filmszene sind die seinerzeit berühmtesten drei europäischen Filmkomiker Heinz Rühmann, Hans Moser und Theo Lingen versammelt. An den Gesichtsausdrücken und der Haltung dieser drei Schauspieler läßt sich in beispielhafter Weise erkennen, durch welche Ausdrucksmittel jeder einzelne von ihnen im Zuschauer, zugunsten der Aufrechterhaltung seiner komischen Wirkung, das Überlegenheitsgefühl aufrechtzuerhalten versucht. Hans Moser verkörpert die echte Verzweiflung, die ihn infolge des Zwangs, eine Rechenaufgabe für das schulpflichtige Gemeinschaftskind der drei lösen zu müssen, überwältigt. Der Zuschauer weiß, daß es sich dabei um eine ganz normale Arithmetikaufgabe für die 3. Klasse handelt, und fühlt sich infolgedessen sowohl den Männern als auch der ganzen Situation gegenüber überlegen und »auserwählt« (weil es ihm erspart bleibt, die Lösung, um die sich die drei so gewaltig bemühen, selbst auch suchen zu müssen). Theo Lingen hält das Überlegenheitsgefühl des Zuschauers durch ein, gemessen an der Aufgabe, als weit übertrieben empfundenes überscharfes Nachdenken, das er unübertrefflich mimisch zum Ausdruck bringt, aufrecht.

Heinz Rühmann wiederum strahlt – in gemäßigter Form – den alles überrennenden Optimismus aus, den die Filmzuschauer an ihm gewohnt sind und der ihn regelmäßig in größte Schwierigkeiten, wenngleich zuletzt stets mit glücklichem Ausgang, hineinzumanövrieren pflegt. Er verkörpert den Überlegenheitsanlaß für den Zuschauer durch seine (typische) Person und hat es deshalb in keiner Rolle nötig, das Überlegenheitsgefühl des Zuschauers situationsbedingt neu und besonders aufzubauen.

Die filmkünstlerisch unzulängliche aber filmpsychologisch sehr wirkungsvolle Bereicherung des Groteskfilms durch konsequent eingegliederte Elemente der Sentimentalität und Rührung

Die Komik Charlie Chaplins, deren Wirkung sich wahllos auf Menschen aller Kulturstufen und Rassen erstreckte, zeigt drei voneinander trennbare Entwicklungsstufen. Die Filme der ersten Stufe entstanden etwa zwischen 1912 und 1917 und spielen fast ohne Ausnahme in der bereits gekennzeichneten mechanischen Welt der amerikanischen Groteske. In diesen Kurzfilmen kennzeichnet sich die komische Darstellungs- und Erfindungskraft Chaplins dadurch, daß sie nicht nur aus den Situationen, sondern auch aus der grotesken seelischen Einstellung Chaplins (ähnlich wie bei Karl Valentin) zu diesen Situationen gespeist wird. Nicht nur *was* Chaplin erlebt und tut, wirkt komisch, sondern auch, *warum* er es tut. Das Überlegenheitsgefühl des Zuschauers ist im Falle Chaplins differenzierter als sonst; es wird nicht einfach über den »dummen Kerl« vollzogen, sondern darüber hinaus auch noch zusätzlich über die in der jeweiligen Szene sichtbare Handlung und deren bildoptische Begründung.

Nicht nur daß sich der Vagabund Charlie von einem Wanderprediger zu Tränen

Abb. 282

rühren und anscheinend bekehren läßt, wirkt in dieser Szene komisch, sondern auch noch der geniale Einfall Charlies, seine Tränen mangels eines Taschentuchs mit dem Bart des gerade dem Himmel dankenden Predigers zu trocknen. So erzeugt Chaplin ein zusätzliches Überlegenheitsgefühl im Zuschauer.

65. Beispiel: Chaplin-Serie
Charlie der Vagabund

Die zweite Entwicklungsstufe der Komik Chaplins wird durch die bewußte Gestaltungsabsicht Chaplins, den Zuschauer nicht nur zum Lachen zu bringen, sondern auch *mit Rührung für den armen Charlie zu erfüllen,* gekennzeichnet. Die Elemente der Rührung finden sich bereits gelegentlich in früheren Filmen Chaplins, doch treten sie dort mehr zufällig und jedenfalls nicht in systematischer Gestaltung auf. Dies geschieht zum erstenmal mit dem Film »A Dog's Life« aus dem Jahre 1918. Hier stellt Chaplin zum erstenmal ganz konsequent den Vagabunden dar, der aus der menschlichen Gesellschaft ausgeschlossen ist und ein bemitleidenswertes Jammerdasein führt.

Der Hobbyfilmer kann dieses »rührende« Darsteller-Zuschauer-Verhältnis z. B. in Kinderfilmen, in denen ein oder mehrere Kinderdarsteller mit Problemen von Erwachsenen konfrontiert werden, zu stark komischen Wirkungen gestalten.

Abb. 283

Dieser Vagabund hat nach Chaplins eigenen Worten »eine Sehnsucht nach Geld, Essen und schönen Frauen«. Diese Sehnsucht führt den armen Vagabunden in eine feindliche Umwelt, in die er weder nach sozialem Niveau noch seiner Lebensart nach hineinpaßt. Hier gerät er aus eigener Schuld und infolge der Roheit der Menschen in die grotesken Situationen, die auf den Zuschauer, der sich dem armen Teufel gegenüber so überlegen fühlt, so unwiderstehlich komisch wirken. Zugleich aber wird der Zuschauer auch noch mit starkem Mitleid für diese zappelnde Hilflosigkeit erfüllt.

Chaplin hat in diese neue Welt seiner Filmgeschichten die artistische Gewandtheit und verblüffende Reaktionsfähigkeit plötzlichen Zufällen gegenüber mit hinübergenommen. Er bereicherte dadurch die Welt des Vagabunden um eine Unzahl erprobter komischer Wirkungen und gewann durch die persönliche Anteilnahme, die er dem Zuschauer als armseliger Ausgestoßener abnötigte, zugleich eine tragfähige Grundlage für die Ausweitung seiner Geschichte zu abendfüllenden Spielfilmen. Diese Beibehaltung der Groteskwelt und seiner entsprechenden inneren und äußeren Haltung verhinderte zugleich, daß der Zuschauer die Vagabundenwelt als echte Wirklichkeit empfinden konnte. Der Vagabund Chaplin lebte in einer Märchenwelt. Das Mitgefühl und die Rührung des Zuschauers galten einer Märchenfigur, die so tat, als ob sie ein wirklicher Mensch sein wollte, sich aber immer wieder in grotesken Situationen als die komische Figur des Märchens entpuppte.

Charlie Don Quichotte

In dieser Entwicklungsstufe seiner Filme, die etwa von 1918 bis 1921 reicht, wird Chaplin von den Zuschauern geliebt, wie Max und Moritz, Till Eulenspiegel, Alice im Wunderland oder der Elefant Babar von den Kindern geliebt werden. Er spürte dies wohl auch, jedenfalls bemühte er sich, aus seiner Märchenfigur mehr und mehr eine dem wirklichen Leben näherkommende Figur zu machen. Aus dem artistisch verblüffenden Vagabunden wird der arme Ritter, der wie Don Quichotte um eine bessere Welt kämpft. Charlie Chaplin hat über diesen Teil seines künstlerischen Wollens folgende Selbstcharakteristik veröffentlicht: »Der Charlie der Leinwand ist der arme, dumme Kerl, der so gern ein Gentleman sein will, der immer darauf aus ist, große und kluge Taten zu vollbringen, der immer alles falsch macht und statt des erwarteten Dankes nur Fußtritte bekommt. Immer schlägt die Welt nach ihm, und da er sich nicht zu wehren versteht, läßt er es hilflos geschehen – und weint eine Träne. Er rettet unschuldige Mädchen und findet dann heraus, daß sie gar nicht so unschuldig sind. Er baut Luftschlösser, die immer wieder zusammenstürzen und ihn unter ihren Trümmern begraben. Er findet Diamanten, die dann bloß Fensterglas sind. Den Beschimpfungen der Welt hat er nichts zu erwidern als eine ratlose Hebung der Schultern. Manchmal ist er Don Quichotte, immer – der Mann, der die Ohrfeigen bekommt.«
Der Charlie Chaplin der mechanischen Groteskwelt war jedoch nicht völlig zu vermenschlichen. Er mochte in Verkleidungen schlüpfen, wie im »Pilgrim«; er mochte die Welt echter Gefahren, in der wir um sein Leben bangen, und des tragischen Verzichts auf Liebe aufsuchen, wie im »Goldrausch«; er mochte die Welt betreten, in der artistische Gewandtheit zum selbstverständlichen Können jedes in ihr Lebenden gehört, wie in »Zirkus«; er mochte Stock und Hütchen ablegen, wie in »Neue Zeit«, der alte Chaplin saß fest in den Herzen und Hirnen der Zuschauer, und jede verblüffende Bewegung rief ihn und seine Märchenwelt wieder herbei.
Gleiches gilt für die von Charlie Chaplin zu seinen Filmen ausgewählte oder komponierte Musik, wie Virgil Thomsen ausführlich analysiert hat:
»Nirgends liegt über dem Film Sprache, die nichts aussagt, oder Musik, die nur der Begleitung dient, oder Geräusche, die bloß Lärmaufwand sind. – Ich habe

noch keinen Film gesehen, in dem Sprache, Musik und Geräusch so beständig und mit tödlicher Sicherheit mit der fotografierten pantomimischen Erzählung eins wurden und in dem so rücksichtslos auf sie verzichtet wurde, wenn sich keine Möglichkeit bot, sie zum Vorteil des Films zu verwenden.« – »Chaplin gelingt es, die auf das Gehör wirkenden Elemente mit der fotografierten Bewegung in Einklang zu bringen, indem er sie neben den poetischen und den auf das Auge wirkenden Elementen zu einer das Spiel mittragenden Kraft werden läßt. Er verwendet die Musik niemals als bloße Begleitung, als neutralen Hintergrund. Er weiß, daß ein gut gemachter Film auch ohne das auskommen kann. Auch versucht er niemals, gewaltsam ein lyrisches Moment mit hereinzuziehen, indem er etwa eine seiner Personen als Musikstudenten auftreten ließe, der, sobald notwendig, ein Lied anstimmen könnte. Er wendet Musik nur an, wenn er sie mit der Handlung derart in Einklang bringen kann, daß beide gewissermaßen ein Duett spielen, in dem eines das andere ergänzt und heraushebt. Kann er das nicht, läßt er die Musik gänzlich weg.«

Diese filmkünstlerische Handlungsweise Chaplins entspricht aufs Haar den musikdramaturgischen Regeln, die Gotthold Ephraim Lessing aufgestellt hat: »Ein Tonkünstler, der mit jedem Satz seiner Sinfonie den Affekt abbricht, um mit dem folgenden einen neuen, ganz verschiedenen Affekt anzuheben und auch diesen fahren läßt, um sich in einen dritten ebenso verschiedenen zu werfen, kann viel Kunst ohne Nutzen verschwendet haben, kann überraschen, kann betäuben, kann kitzeln, nur *rühren* kann er nicht. Wer mit unserem Herzen sprechen und sympathetische Regungen in ihm erwecken will, muß ebensowohl *Zusammenhang beobachten,* als wer unseren Verstand zu unterhalten und zu belehren denkt. Ohne Zusammenhang, ohne die *innigste Verbindung aller und jeder Teile* ist die beste Musik ein eitler Sandhaufen, der keines dauerhaften Eindrucks fähig ist; nur der Zusammenhang macht sie zu einem festen Marmor, an dem sich die Hand des Künstlers verewigen kann.« Auch diese Grundsätze können ohne jede Einschränkung auf die Filmgestaltung im allgemeinen übertragen werden.

Charlie und der Tonfilm

So sah sich Charlie Chaplin trotz seiner klugen, bewußten oder unbewußten Bemühungen um Vermenschlichung seiner Filmgestalt mit dem Augenblick der Einführung des Tonfilms einem Problem gegenüber, das er zunächst nicht meistern konnte.

Die Welt der amerikanischen Groteske hat nämlich trotz allem Schein nichts Menschliches an sich. Die Figuren, die in ihr auftreten, haben zwar Menschengestalt, sind aber mehr Dinge als Menschen. Sobald sie zu sprechen versuchen, fällt ihre ganze Welt auseinander. Die sprechende Figur verwandelt sich zwanghaft in einen lebendigen Menschen, der, wie aus einem Traum erwachend, sich grundsätzlich neuen Lebensgesetzen unterworfen sieht. Die Traumwelt, die er verlassen hat, ist mit der wirklichen Welt, in der er nun lebendig sprechend lebt, nur durch die äußere Form verbunden. Der sprechende Chaplin wurde damit den Bedingungen der Wirklichkeit unterworfen, die es zugleich unmöglich machen, daß er sich in der gewohnten Stummfilmweise verhält und handelt.

Charlie Chaplin unternahm dann mit »Lichter der Großstadt« und »Neue Zeit« zwei heroische Versuche, die sprachlose Welt seiner Filme in die Sprechwelt-Tonfilmzeit hinüberzuretten. Er überwindet sich in »Neue Zeit« sogar, zum erstenmal seine Stimme hören zu lassen, und zwar als Sänger in einem Konzert-Café. Bezeichnenderweise bestehen die Worte seines Chansons aus sinnlosen Lautverbindungen, in die nur einige Anklänge an verstehbare Worte eingestreut sind.

Diese Versuche sind gescheitert. Der alte Chaplin konnte das Sprechen auch als armer Ritter nicht erlernen, weil er der grotesken Welt seiner Frühzeit unlösbar verhaftet blieb. Chaplin muß dies selbst schließlich klar erkannt haben, denn »Neue Zeit« blieb der letzte Versuch, den alten Charlie Chaplin zu retten. In seinem 1947 uraufgeführten Filmwerk »Monsieur Verdoux« tritt ein ganz anderer Chaplin mit Menjou-Schnurrbart und Baskenmütze auf, der sich auch nicht Charlie, sondern Charles Chaplin nennt.

Chaplins Hauptbeitrag zur Groteskfilm-Kunst und seine Nachwirkungen

Die Typ-Welt der Komik, in der Dinge, Menschen und Ereignisse dem gleichen, von jedem Zuschauer voraussetzungslos auszudifferenzierenden mechanischen Ablaufgesetz unterworfen sind, wurde durch Charlie Chaplin um Gestaltungselemente bereichert, die im Zuschauer Rührung, Mitleid und Liebe erwecken. Diese Bereicherung einer typischen Figur, die durch eine solche Erweiterung ihres typischen Ausdrucks weder in ihrem Wesenskern verändert noch geschädigt wurde, war der einzigartige Beitrag Chaplins zur Entwicklung der Filmkunst.

Der Einfluß Chaplins auf die formale und strukturelle Entwicklung der Fernsehfilm-Komödien war außerordentlich groß und ist bis heute wirksam geblieben. Die durch ihn um die Elemente der Rührung und des gezielten Sozialprestiges bereicherte Slapstick-Groteske hat sowohl die grotesk-komischen Handlungsverknüpfungen als auch die Charakterzeichnung der Darsteller in Filmkomödien wie »Ninotchka« von Ernst Lubitsch, »Mon Oncle« von Jacques Tati, »Some like it hot« und »Front Page« (Extrablatt) von Billy Wilder erkennbar beeinflußt.

Natürlich ist bei einer Filmkomödie wie »Ninotchka« die klassisch-satirische Struktur unverkennbar.* Gleiches gilt auch für »MASH«, deren satirisch-komi-

---

* Am 10. Juli 1947 schreibt Ernst Lubitsch in einem Brief: »Was Satire angeht, so glaube ich, daß ich wahrscheinlich nie schärfer war als in *Ninotchka,* und ich meine, daß ich die sehr schwierige Aufgabe bewältigt habe, eine politische Satire mit einer romantischen Geschichte zu mischen.« (Filmkritik 2/70, Seite 82, München)

scher Gehalt den Komödien des Griechen Aristophanes und dem »Gastmahl des Trimalchio« des Römers Petronius durchaus an die Seite gestellt werden kann. Gleichrangig neben Ernst Lubitschs Satire auf die verwirrende Begegnung früher sowjetrussischer Bürokraten mit westlichem Luxus steht »The Man in the White Suit« von Alexander Mackendrick, eine Komödie, die westliche Technokratie, Fortschrittsglaube und die Verbürokratisierung der Industrie, dank Alec Guinness, realitätsbezogener travestiert als Chaplins »Modern Times«.

Auch andere klassische Vorbilder leuchten durch die Struktur vieler erfolgreicher Filmkomödien unserer Zeit immer wieder hindurch und fundamentieren, vielleicht eben deswegen, ihren weltweiten Publikumserfolg.

So hat der Geist griechisch-römischer wie der deutsch-französischer Travestien des Homer, Virgil, mancher Werke Goethes, Schillers und Richard Wagners (»Faust. Der Tragödie dritter Teil« von Friedrich Th. Vischer, »Keilereien auf der Wartburg« von Binder, »Abenteuer des frommen Helden Äneas« von Aloysius Blumauer, »Die schöne Helena« von Jacques Offenbach, »Die Jungfrau von Orleans« von Julius von Voss) bei der Konzeption von Filmkomödien, wie »Amphitrion« von Reinhold Schünzel, »Topper« von Hal Roach, »Arsenic and old Laces« von Frank Capra und »Frankenstein Junior« von Mel Brooks, bewußt oder unbewußt, Pate gestanden.

Hier liegen auch für Sie als Klasse-Hobbyfilmer die filmgestalterischen Vorbilder, die Sie immer wieder studieren und analysieren sollten, wann immer Sie ihrer habhaft werden können. Diese Filme werden als klassische Reprisen ständig im Fernsehen gezeigt; viele von ihnen sind auch als Leih- und Kauffilme in Super-8-Kassetten oder als Video-Aufzeichnungen zu haben.

Der große Filmdarsteller als Kristallisationspunkt der komischen Handlung

Viele Filmkomödien werden, unabhängig von ihrer parodierenden Handlung und ihrem Anliegen, durch die persönliche Ausstrahlung ihrer Hauptdarsteller zum Publikumserfolg geführt.

Das ist zum Beispiel der Fall in der Filmserie »Don Camillo und Peppone«, die Julien Duvivier begann, und deren volkserzieherisches Anliegen ganz und gar durch die vollendete Rollenverwandlung des französischen Komikers F. C. Fernandel repräsentiert wurde.

Die unvergeßliche moraldemokratische Filmkomödie »Ruggels of Red Gap« von Leo McCarey und die historische Parodie »The Private Life of Henry VIII« von Alexander Korda wurden ebenso durch die überragende darstellerische Persönlichkeit von Charles Laughton geprägt wie etwa die französischen Filmkomödien mit Maurice Chevalier, die deutschen mit Adele Sandrock und mit Curt Goetz. »Die seltsame Geschichte des Brandner-Kaspar« von Josef v. Baky wurde durch

Paul Hörbiger, »Der Blaue Engel« von Josef von Sternberg durch das kongeniale Darsteller-Gespann Marlene Dietrich/Emil Jannings, »The Ladykillers« von Alexander Mackendrick durch Katie Johnson/Alec Guinness der üblichen Filmvergänglichkeit entrissen.

Auch auf diesem Gebiet kann auch der Klasse-Hobbyfilmer Entdeckungen machen. So wurde z. B. Hans Söhnker hinter einem Bankschalter, John Wayne als Mitglied einer Football-Mannschaft, Esther Williams als Schwimmeisterin, Katherin Hessling als Maler-Modell, Ruth Leuwerik als Sekretärin, William Holden als Laienschauspieler, Walter Matthau als Boxlehrer, Marilyn Monroe als Fotomodell, und Gina Lollobrigida, Sophia Loren, Silvana Magnani, Kim Novak und Debbie Reynolds als Preisträgerinnen provinzieller Schönheitswettbewerbe für den Film entdeckt.

XX. Kapitel:
Das Filmkunstwerk und wie Ihre Filme dazu werden können

Wenn auch die Frage, ob die Fotografie und die kinematografische Filmgestaltung zu den legitimen Kunstgebieten gehören, noch nicht endgültig entschieden sein mag, so ist doch heute schon unstreitig, daß beide zu jenen Gebieten gehören, auf denen der Mensch Gestaltungsergebnisse von echter Kreativität hervorzubringen fähig ist.

Das Gestaltungsgebiet der »Fotografie« wie des »Films« überdeckt den gesamten Bereich der sinnlichen Erfahrung, der Information, der Unterhaltung, der Verstandes- und Gefühlsführung und schließlich der »Erschütterung und Läuterung« im genau gleichen Sinne, wie das die Schriftstellerei und die Dichtung, die akustische Kommunikation und die Musik, die Zeichnung und die Malerei, die Architektur und die Bildhauerei, der Tanz, der Gesang und die deklamatorische Rhetorik auch tun.

Diese Möglichkeiten, sich eigenkünstlerisch auszudrücken und mitzuteilen, konstituieren die fotografische und kinematografische Gestaltung als ein menschliches Werkzeug, durch dessen Anwendung die prinzipielle Möglichkeit der Entstehung echter Kunstwerke im gleichen Sinne bejaht werden muß, wie das durch die gestalthafte Aneinanderreihung von Sprachbegriffen für die Dichtkunst, durch Töne und Klänge für die Musik, durch Griffel, Pinsel und Pigmente für die Malerei seit Jahrtausenden bereits anerkannt ist.

Wer Filmkunst schaffen will, muß wissen, worin ihr eigentliches Wesen besteht

Es sind zwei Wesenseigenschaften, die vor allem das kinematografische Filmwerk von allen anderen Werken analoger menschlicher Schaffens- und Kunstgebiete fundamental unterscheiden.

1. Die außerordentliche Kompliziertheit und die starke Stufengliederung der Werkzeuge, durch deren koordinierten Einsatz Filmwerke wie Filmkunstwerke entstehen. Sie bewirken unter anderem, daß Filmkunstwerke immer Kollektivwerke sind, die sich wie etwa die »Oper« im Teamwork verwirklichen.
Allerdings kann das »Team« in einem einzigen Schöpfer vereinigt sein, wie das etwa für die Filme von Robert Flaherty, Joris Ivens u. a. gilt. Sie sehen, hier ist

330

ein weiterer Anhaltspunkt auch für Sie als Klasse-Hobbyfilmer, zu echten Filmkunstwerken zu kommen.

2. Die außergewöhnliche *Wirklichkeitsqualität des Phänomens* »Film«, die in ihren physikalisch wie kunsthistorisch definierbaren Erscheinungsformen weder grundsätzlich noch in ihrer Variationsbreite von irgendeinem anderen der Kommunikation dienenden Werk oder Kunstwerk auch nur annähernd erreicht wird.

Auf anderen Schaffensgebieten spielen physikalisch definierbare Wirklichkeitsqualitäten gar keine oder eine, wie etwa in der Malerei und Musik, nur ganz untergeordnete, akzessorische Rolle, während sie auf dem Gebiet der fotografischen und kinematografischen Gestaltung zu wesensentscheidenden Werksbestandteilen werden können, deren Einfluß auf die Erkennbarkeit und auf die künstlerische Qualität von konstitutiver Bedeutung ist (siehe auch Seite 222 ff.).

Der Filmgestalter und sein Team schaffen eine materie- und masselose Lichtwellenenergie-Funktion (und Schallwellen-Funktion), die innerhalb einer festgelegten Zeitspanne komplexartige seelische Reizungen bewirken. Durch die Art, wie sie ihre Gestaltungsobjekte ausstatten und fotografisch-akustisch objektivieren, veranlassen sie seelische Prozesse, deren Übereinstimmung mit den vor dem Kameraobjektiv und dem Mikrofon vorhanden gewesenen Wirklichkeitsvorbildern ausschließlich vom *Zuschauer* abhängt.

Der Zuschauer muß nicht nur die geistige und emotionale *Bedeutung* der Filmszeneninhalte erkennen und in Erlebnisse umsetzen, er muß darüber hinaus jede Teilgestalt der Filmszene zuerst einmal nach Form, Gestalt, Struktur und *allgemeiner* Daseinsbedeutung *erkannt* haben, bevor er bedeutungsgerecht darauf reagieren kann.

Sie haben ausführlich erfahren und erkannt, daß und warum diese seelischen Leistungen von der »Schärfe«, der »Deutlichkeit« und der »Prägnanz« der in der Filmszene dargebotenen Teilgestalten und der Gesamtgestalt abhängig sind.

Der künstlerische Unterschied zwischen Drama und Drehbuch

Ein Drama muß zur Beurteilung seiner künstlerischen Qualität keineswegs erst einmal als Theateraufführung miterlebt werden. Es genügt vollauf, seine Niederschrift sorgfältig zu studieren und zu beurteilen.

Dieses Verfahren kann jedoch einem Filmwerk gegenüber aus allgemeingültigen und zwingenden Gründen nicht angewandt werden und muß zu falschen Ergebnissen führen. Man darf nämlich, wie Sie bereits erkannt haben, ein vollständig ausgearbeitetes Drehbuch keinesfalls der Niederschrift eines Dramas gleichsetzen. Das sind zwei *qualitativ* völlig verschiedene Dinge.

Die Niederschrift eines Dramas enthält bereits sowohl das ganze Kunstwerk in allen seinen Voraussetzungen, Aussagen und Schönheiten, als auch alle theaterhandwerklichen Qualitäten. Das echte Drama ist eine Dichtung, d. h. ein Wortkunstwerk. Seine Übertragung auf das Theater, d. h. seine Inszenierung, ist eine Interpretation, die zwar zusätzliche künstlerische Qualität aufweisen kann, die aber den Kunstwerk-Charakter der Dichtung, sofern sie werkgetreu ist, weder vermindern noch vervollständigen kann. Auch dem Leser der Niederschrift bietet das Drama den vollen Kunstwerk-Gehalt.

Analoges gilt sogar für das Boulevard-Theaterstück. Nicht so das Film-Drehbuch. Das Film-Drehbuch ist eine, allerdings hochspezialisierte, Beschreibung eines zukünftigen Filmkunstwerks, das aus dieser Beschreibung von einer oder mehreren schöpferisch begabten Personen erst zum Kunstwerk *gestaltet werden muß*.

Die endgültige künstlerische Qualität und der Rang eines Kunstwerks sind im Film-Drehbuch ebensowenig enthalten wie etwa in der *Inhaltsangabe* eines Dramas von Shakespeare, die sich auf die bloße Wiedergabe der Tatbestände und Ereignisse, die dort vorkommen, beschränkt. Eine solche Inhaltsangabe ist nicht mehr als das Rohmaterial, aus dem Shakespeare die großen Kunstwerke seiner Dramen mit schöpferischer Kraft gestaltet hat.

Genau so ist es, wenn auch ein wenig ausführlicher, mit dem Film-Drehbuch in seinem Verhältnis zum Filmwerk. Der Inhalt des Drehbuchs steht zu der Möglichkeit, aus ihm ein Filmkunstwerk zu gestalten, im gleichen Verhältnis wie Schillers »Demetrius« vom zweiten Aufzug und dem Ende der dritten Szene ab, wo Schiller über den weiteren Verlauf des Dramas noch einen »Abriß der weiteren Handlung« in einzelnen Prosa-Beschreibungen gibt. Unter 29 Szenenbeschreibungen – entsprechend denjenigen auf der linken Seite, »Bild«, des Drehbuchs – fügt er nur für eine einzige Szene einen fertigen Dialog zwischen Demetrius und Marfa – analog dem auf der rechten Seite, »Ton«, des Drehbuchs – hinzu. Es sind viele Versuche gemacht worden, auf Grund dieser Beschreibungen den Demetrius nach Schillers Tod fertig zu dichten. Sie sind sämtlich ohne jede künstlerische Bedeutung geblieben.

Der Unterschied zwischen Wortkunst und Filmkunst

Die Elemente der Filmkunst sind nun von denen der Wortkunst völlig verschieden. Der Filmkünstler gestaltet nicht in Worten; er verwendet sie bestenfalls als Teilelemente der Wirklichkeit, die dort bei der Begegnung von Menschen ebenso vorkommen wie Menschen, Tiere, Pflanzen oder Dinge, die ja auch von sich aus, d. h. durch ihr bloßes Vorhandensein, kein Kunstwerk hervorzubringen imstande sind. Sie sind für den Filmgestalter ebenso Rohmaterial wie für den Dichter der Wortschatz seiner Sprache. Die bloße logische Zusammenstellung von Worten und Sätzen läßt bekanntlich noch kein Kunstwerk entstehen, weshalb ja der Sprachgebrauch deutlich zwischen Schriftstellerei und Dichtung unterscheidet. So verleihen die bloß hinweisende Beschreibung der möglichen Zusammenstellung von Dingen und Personen in einer Filmszene und die Angabe eines Gedankenaustausches zwischen den Personen durch gesprochene Sätze (Dialog) der Filmszene noch lange keine echte künstlerische Qualität. Dazu sind die Möglichkeiten der verschiedenartigsten Interpretation dieser Beschreibung viel zu vielfältig. Die Beschreibung des Inhalts einer Filmszene und die Angabe der in ihr gesprochenen Worte ist nicht mehr wert als etwa die Beschreibung des Inhalts eines Gemäldes hinsichtlich der Anzahl der im Bildraum darzustellenden Personen, deren Tätigkeit und Kleidung, des Raumes, in dem sie sich befinden, und der bis ins einzelne gehenden Aufteilung und Ausstattung dieses Raumes.

Erinnern Sie sich, wie der »Prinz Tamino« im 1. Akt von *Mozarts* Zauberflöte durch die lebhafte Schilderung, mit der die drei »Frauen« die Schönheit der Tochter der »Königin der Nacht«, Pamina, preisen, zu dem Ausruf veranlaßt wird: »Dies Bildnis ist bezaubernd schön!«

Es ist ganz selbstverständlich, daß mit einer solchen Bildbeschreibung die Entstehung eines Kunstwerks in keiner Weise gesichert ist, sondern daß es ganz allein darauf ankommt, welcher Maler mit Hilfe dieser Beschreibung nun das Bild *malt*. Ja, es könnten durch die gleiche Beschreibung je nach der Ausdruckskraft und dem Stil des Malers mehrere untereinander völlig verschiedene, aber gleichwertige große Kunstwerke entstehen. Dies wird für Sie erkennbar, wenn Sie das Beispiel auf Rembrandt, Dürer, Tizian und deren Bilder anwenden.

Noch eindringlicher als für die bildliche Gestaltung einer Filmszene läßt sich die mangelnde kunstwerkliche Sicherheit der Drehbuchbeschreibung hinsichtlich der in der Filmszene gesprochenen Worte deutlich machen.

Die verfilmte Theateraufführung als warnendes Beispiel

Ist zum Beispiel die Theateraufführung, die das vom Dichter geschaffene Wortkunstwerk interpretiert und damit jeweils gegenwärtig macht, szenen- und wortgetreu verfilmt und auf der Vorführfläche wiedergegeben, dann genügt das bei weitem nicht, um das Kunstwerk in gleicher Weise gegenwärtig zu machen.

Solche Versuche sind wiederholt gemacht worden. »Hamlet«, »Romeo und Julia«, »Der zerbrochene Krug« wurden wortgetreu verfilmt, jedoch ohne befriedigende künstlerische Ergebnisse. Es stellte sich stets heraus, daß die Wortdichtung der optischen Gestaltung feindlich war und daß selbst unter Verwendung des Farbfilms kein der wirklichen Theateraufführung gleichwertiges Erlebnis durch die filmische Wiedergabe erzielt werden konnte. Der Fachmann spricht bei diesen Filmen von »verfilmtem Theater« und kennzeichnet mit diesem Ausdruck einen grundsätzlichen Mangel, der allen derartigen Filmen anhaftet.

Dieser Mangel ist in der mechanischen Reproduktion begründet, die durch die Verfilmung und die Wiedergabe im Filmtheater bedingt ist. Selbst wenn das Wortkunstwerk im Augenblick der Filmaufnahme vor der Kamera durch die Schauspieler und die Inszenierung in voller Kraft gegenwärtig gewesen sein sollte, so wird doch auf der Leinwand nur eine mechanische Reproduktion dieses damals gegenwärtig gewesenen Kunstwerks dargeboten. Daß die mechanische Reproduktion eines Kunstwerks sich vom Original-Kunstwerk grundsätzlich unterscheidet und dem Original nur auf ganz bestimmten Kunstgebieten und beschränkt gleichwertig sein kann, ist ein Erfahrungssatz, der im Bereich der Kunstwissenschaft als unbestreitbar gesichert gilt.

Heute hat man allerdings gelernt, mit Hilfe des gleichzeitigen Einsatzes mehrerer Fernsehkameras eine Theateraufführung durch Einstellungswechsel, Kadrierungserfassung und Tonmanipulationen filmgestalterisch wirksam aufzubereiten, so daß eine Transformation der Theateraufführung in eine einigermaßen filmgerechte Darbietung erfolgt.

Das aber gelingt wegen des großen kameratechnischen und »bildregielichen« Aufwandes nicht immer uneingeschränkt.

Analysieren Sie es selbst vor Ihrem Fernseher aus. Sie werden überrascht sein, wie viele filmgestalterische Unvollkommenheiten Ihnen dabei auffallen.

Wenn also die Möglichkeit des echten Filmkunstwerks nicht grundsätzlich geleugnet werden soll, dann muß ganz allgemein zwischen dem durch die Theateraufführung gegenwärtig gemachten Kunstwerk und dem Filmkunstwerk eine zentrale Wesensverschiedenheit bestehen. Nur wenn es gelingt, diese Wesensverschiedenheit aufzufinden und zu beschreiben, kann das Filmkunstwerk in seiner prinzipiellen Möglichkeit gesichert und in seinen eigengesetzlichen Zusammenhängen und Bedingungen erklärt werden.

Der spezielle Wesensunterschied zwischen Theater und Film

Der Wesensunterschied zwischen dem dramatischen Geschehen auf dem Theater (seit der griechischen Tragödie) und dem sogenannten »Spielfilm« besteht in der Hauptsache darin, daß im dramatischen Theatergeschehen das Wort und der Dialog zum Mittelpunkt aller dramatischen Auseinandersetzungen und Ereignisse gemacht werden, während im Filmwerk, auch im Spielfilm, Wort und Dialog bestenfalls gleichberechtigt, meist aber nur akzidentiell beteiligt sind.

Das kommt daher, weil im Film die dramatischen Auseinandersetzungen und Ereignisse dem Zuschauer *durch die Darbietung von Wirklichkeitsausschnitten* angeboten werden und nicht wie im Drama *durch die Darbietung von Gedanken,* die durch Bühnendekoration und Szenenvorgänge nur symbolisch vertreten werden können.

So kommt es, daß auf dem Theater nur »menschliche« oder »tiersymbolisch-menschliche« (z. B. »Volpone«) dramatische Auseinandersetzungen möglich sind, während im Film alle Arten von Kreaturen, ja selbst Dinge und anorganische Ereignisse (Erdbeben, Vulkanausbrüche, Überschwemmungen, Gebrauchsgegenstände) gleichberechtigter Bestandteil der dramatischen Auseinandersetzung sein können (Science-fiction-, Piel-Filme, »Der alte Mann und das Meer«, »Julia und die Geister«, »Thrash«, »Dr. Caligari«, »Easy Rider« u.a.m.).

So kommt es auch, daß völlig wort- und tonlose Filme vollgültige Filmwerke sein können, was für Theaterwerke nicht oder nur als »pantomimische Ausnahmefälle«, wie etwa bei Peter Handkes »Das Mündel will Vormund sein«, möglich wäre.

Für den Film aber ist das selbst heute, nach 50 Jahren Tonfilm, noch immer möglich, wie »Silent Movie« von *Mel Brooks* beweist.

Der Film- und Fernsehzuschauer wird vom Filmgestalter aufgefordert, Anteil an einem Werk zu nehmen, das grundsätzlich und auf weite Strecken vom Filter des Verstandes unabhängig ist. Er braucht die gesprochenen Wörter nicht genau ihrem Sinn nach zu verstehen, es genügt für seine vollgültige Beteiligung vollauf, wenn er adäquate Gefühle in sich wachruft und sich möglichst mit den Teilgestalten, die dort dramatischen Auseinandersetzungen unterworfen sind, wechselseitig identifiziert, das heißt, mit ihnen mitempfindet.

Der Wirklichkeitsauszug des Filmwerks wendet sich also an den vom Wort- und Sprachverständnis unabhängigen Erlebnisraum des Menschen und vermittelt ihm dort optisch-akustische Anschauungsvorstellungen. Diese sind, wie Psychologie und Eidetik längst allgemeingültig erhoben haben, vom Begreifen und intellektuellen Ausdeuten von gesprochenen Wörtern und Satzfolgen weitestgehend unabhängig.

Auf dem Gebiet der Filmgestaltung können als Experimentalbeispiele die großen Werke der Stummfilmzeit, »Panzerkreuzer Potemkin«, »Der letzte Mann«, deren Wirkungs- und Aussagekraft bis in unsere Tage hinein lebendig geblieben ist, dienen. Aber auch Filmwerke der Tonfilmzeit, Tatis Filmkomödien, Fellinis »Satyricon«, Viscontis »Der Tod in Venedig« u.v.a., machen das ganz deutlich.

Die Teilanalysen, die Sie bisher auf den verschiedenen Gebieten der Filmherstellung und Filmgestaltung angestellt haben, sind nun für Sie zu einer Gesamtanalyse zusammengewachsen.

Wenn es auch nicht möglich ist, allein durch die filmgestalterische Anwendung der Gesamtanalyse die kunstgerechte Entstehung echter Filmkunstwerke in jedem Falle zu sichern, so ermöglicht sie doch die Ableitung einiger allgemeingültiger Gestaltungsgesetze und themen- und inszenierungsabhängiger Gestaltungsregeln, deren Anwendung und Berücksichtigung den talentierten Klasse-Hobbyfilmer vor schweren Gestaltungsfehlern und vor einer grundsätzlichen Wirkungslosigkeit seiner Filme bewahrt.

Wenn Sie nur ein wenig von der künstlerischen Begabung besitzen, wie sie auf allen Kunstgebieten nötig ist, und einen einigermaßen sicheren Geschmack, dann werden Sie auch durch die werkgetreue Anwendung der vielen filmgestalterisch-kunsthandwerklichen Hilfsmittel, die Sie sich inzwischen angeeignet haben, echte Filmkunstwerke schaffen.

Als Gedächtnisstütze für Ihre filmkünstlerischen Bemühungen und Gestaltungsversuche erhalten Sie hier schließlich zum Abschluß noch eine zusammenfassende Übersicht.

Gestaltungsgesetze und Gestaltungsregeln der Filmkunst

Grundgesetz des Films: Der Zuschauer ist kunsthandwerklicher Bestandteil des Filmwerks

1. Gestaltungs*gesetz:*
Der naturalistische und sinnbildliche Darstellungsinhalt der Filmszene, die Sinnzusammenhänge und Sinnbilder der Szenenfolge, die Story und die Gesamtgestalt des Filmwerks müssen dem Zuschauer grundsätzlich vorher bekannt sein.
2. Gestaltungs*gesetz:*
Das Gestaltungsmaterial des Filmgestalters ist der Wirklichkeitsausschnitt; auch ist der gesamte sinnlich empfindbare Inhalt des Filmwerks grundsätzlich nur ein sinnbildliches Angebot an den Zuschauer (siehe Seite 224ff.).
3. Gestaltungs*gesetz:*
Die Bildung und Aufrechterhaltung einer stufenweisen Miterlebensgemeinschaft mit dem Filmwerk durch den Zuschauer ist die unabdingbare Voraussetzung für die Entstehung des Filmwerks.
1. Gestaltungs*regel:*
Das Anliegen des Filmgestalters wird nur durch angemessene Kadrierung der Teil- und Gesamtgestalten optimaler Prägnanz, deren Grundstrukturen bereits Wesensbestandteil des Erfahrungsgedächtnisses des Zuschauers sein müssen, optisch und akustisch vollwertig vertreten.
2. Gestaltungs*regel:*
Alle handlungswichtigen seelischen Zustände oder die seelischen Vorgänge der im Szeneninhalt auftretenden Personen müssen dem Zuschauer ebenfalls grundsätzlich vorbekannt sein und umfassend wahrhaftig nahegebracht werden.
3. Gestaltungs*regel:*
Die Gestaltung einer Szene darf nie zum Selbstzweck werden.
4. Gestaltungs*regel:*
Alle filmische Gestaltung hat vom Handlungsschwerpunkt auszugehen.
5. Gestaltungs*regel:*
Alle Handlung des Filmkunstwerks wird vom Zuschauer seelisch nachgestaltet, anders kann sie sich nicht verwirklichen (siehe Seite 17ff.).
6. Gestaltungs*regel:*
Die Gestaltung des filmischen Handlungsschwerpunkts muß stets erfüllend, weiterführend und zukunftweisend sein.

336

7. Gestaltungs*regel:*
Die komische Wirkung des Szeneninhalts ist grundsätzlich von der Erweckung eines Überlegenheits- oder Auserwähltseinsgefühls im Zuschauer abhängig (siehe Seite 311).

8. Gestaltungs*regel:*
Der technische und physiologische Störpegel sollen bei der Szenenkomposition sorgfältig beachtet werden (siehe Seite 179 ff.).

9. Gestaltungs*regel:*
Die Bildung der Miterlebensgemeinschaft kann durch das Spiel der Darsteller in das Kameraobjektiv gefördert werden (siehe Seite 259 ff.).

10. Gestaltungs*regel:*
Die Szenenkomposition der Farbtonfilmszene soll deutlich, ruhig, konturenscharf und in der raumplastischen Ordnung erfolgen. .

11. Gestaltungs*regel:*
Sinnbildliche oder symbolisch wirkende Szenengestaltung darf nicht zum Bilderrätsel entarten (siehe Seite 129 f.).

Ausklang

Sie haben nun in diesem ersten Film-Kurs alles erfahren und am praktischen Beispiel nachvollziehen können, was Sie wissen müssen, um wirksame, Ihre Zuschauer begeisternde Filmszenen herstellen zu können.

Alle aufnahmetechnischen Hilfsmittel, Geräte und Bedingungen wurden von mir immer nur mit dem Ziel dargestellt, die Wirkung Ihrer Filmszenen und deren Aufeinanderfolge optimal zu erreichen.

Dabei war es wegen der komplizierten Aufnahme- und Wiedergabe-Bedingungen nicht möglich, die Filmvertonung und die Nachsynchronisation in gleicher Ausführlichkeit praktisch und theoretisch darzustellen. Es konnten hier nicht mehr als die grundsätzlichen Bedingungen, unter denen der Ton, die Sprache, die Geräusche und die Musik ihre optimale Wirkung auf den Zuschauer ausüben, mitgeteilt werden.

Wenn Sie jetzt auch imstande sind, Ihre Filmszenen und deren Aufeinanderfolge als Film-Autor nach »Bild« und »Ton« zu planen, als Kameramann und Regisseur in wirksame Filmszenen umzusetzen und als Schnittmeister optimal zu montieren, so beherrschen Sie doch noch nicht die Tonaufnahme, die Nachsynchronisation und die Wiedergabe in allen technischen Details.

Die Hilfe, die Sie brauchen, um auch ein Klasse-Tonmeister zu werden, finden Sie demnächst im zweiten Teil meines Film-Kurses, unter dem Titel:
»H. C. Opfermanns Video-Tonfilm-Kurs«,
der im Econ Verlag erscheint.

Der Video-Recorder ist ein geradezu revolutionäres neues Hilfsmittel, das Sie nicht nur vom Zwang der Zeiteinteilung der Fernsehprogramme vollständig befreit, sondern Ihnen weit darüber hinaus die Freiheit der Auswahl und Zusammenstellung aus tausenden von Filmwerken, angefangen vom Drama über die Oper, das Musical, den Krimi, die großen Familienfilme, den Schocker, die großen Lustspiele bis hin zu den geheimen Wünschen, erlaubt.

Mit Hilfe des Video-Recorders entscheiden Sie ganz alleine, was, wann und mit wem Sie sich unterhalten, belehren oder vergnügen wollen.

Dabei sind Sie keineswegs nur an die Auswahl klassischer oder unterhaltender Filmwerke, die andere für Sie hergestellt haben, gebunden. Sie können genausogut Ihre eigenen Videofilme drehen, ja Sie können sogar Ihre eigene Super-8-Produktion erheblich billiger und arbeitssparender herstellen, wenn Sie eine Video-Kamera als Hilfsgerät bei Ihren Super-8-Filmaufnahmen einsetzen und den Video-Recorder für die Vertonung.

Wie Sie das alles aufnahme- und wiedergabetechnisch bewältigen, das wird Ihnen in meinem neuen »Video-Tonfilm-Kurs« mit gleicher Sorgfalt und Systematik, wie hier, erläutert.

Umrechnungshilfen

Super-8-Film

Super-8-Film Länge in m	Laufzeit bei 24 Bildern/s	entspricht 16-mm-Film m	entspricht 35-mm-Film m
1	9,8 s	1,80	4,49
2	19,7 s	3,60	8,98
3	29,5 s	5,40	13,46
4	39,4 s	7,20	17,95
5	49,2 s	9,00	22,43
10	1 min 38,4 s	18,00	44,87
15	2 min 27,6 s	27,00	67,31
30	4 min 55,2 s	53,99	134,62
60	9 min 50,0 s	107,98	269,24
120	19 min 40,9 s	215,97	538,49
240	39 min 21,7 s	431,93	1076,98
360	59 min 2,6 s	647,90	1615,49
365,82	60 min	658,37	1641,60

16-mm-Film

16-mm-Film Länge in m	Laufzeit bei 24 Bildern/s	Zahl der der Bilder	ca. Gew. Gramm o. Verpg. o. Kern	entspricht 35-mm-Film Meter
1	5,5 s	131		2,5
2	10,9 s	262		5
3	16,4 s	394		7,5
4	21,8 s	525		10
5	27,4 s	656		12,5
6	32,8 s	787		15
7	38,3 s	918		17,5
8	43,8 s	1050		20
9	49,2 s	1181		22,5
10	54,7 s	1312	30	25
20	1 min 49 s	2625	60	50
30	2 min 44 s	3937	190	75
60	5 min 28 s	7860	200	150
120	10 min 56 s	15720	450	300
300	27 min 21 s	39370	1000	1750
600	54 min 42 s	78740	1920	1500

35-mm-Film

35-mm-Film Länge in m	Laufzeit bei 24 Bildern/s	Zahl der Bilder	ca. Gew. Gramm o. Verpg. o. Kern
1	2,2 s	53	
2	4,4 s	106	
3	6,6 s	159	
4	8,8 s	212	
5	11,0 s	265	
6	13,2 s	318	
7	15,4 s	371	
8	17,6 s	424	
9	19,8 s	477	
10	22 s	530	70
20	44 s	1 060	140
30	1 min	1 590	210
60	2 min 12 s	3 180	420
120	4 min 24 s	6 360	840
300	11 min	15 900	2 100
600	22 min	31 800	4 200

Aus »Eastman Kinefilme«, Kodak

Vergleich verschiedener Empfindlichkeitssysteme

DIN	ASA Exposure Index	General Electric	Weston	Europäisch Scheiner
3	1,6	2	1,2	14
4	2,0	–	1,5	15
5	2,5	3	2,0	16
6	3	4	2,5	17
7	4	–	3	18
8	5	6	4	19
9	6	8	5	20
10	8	10	6	21
11	10	12	8	22
12	12	16	10	23
13	16	20	12	24
14	20	24	16	25
15	25	32	20	26

Fortsetzung nächste Seite

340

DIN	ASA Exposure Index	General Electric	Weston	Europäisch Scheiner
16	32	40	24	27
17	40	48	32	28
18	50	64	40	29
19	64	80	50	30
20	80	100	64	31
21	100	125	80	32
22	125	150	100	33
23	160	200	125	34
24	200	250	160	35
25	250	300	200	36
26	320	400	250	37
27	400	500	320	38
28	500	600	400	39
29	650	800	500	40
30	800	900	650	41

Aus »Eastman Kinefilme«, Kodak

Da jedes Empfindlichkeitssystem auf speziellen, von einem anderen System mehr oder weniger abweichenden Meßgrundlagen beruht, können die Werte nur als Anhaltspunkte dienen. Das gilt insbesondere für die Einarbeitung mit einer neuen Filmtype, wobei sich aufgrund der speziellen Arbeitserfahrungen andere Daten ergeben können. Die Umrechnung DIN-ASA bezieht sich auf die DIN-Norm 4512 (Nov. 1957).

Zentimeter (cm) in Zoll (inches = inch) 1 cm = 0,393701 inch

cm	Inch	0	1	2	3	4
0			0,394	0,787	1,181	1,575
10		3,937	4,331	4,724	5,118	5,512
20		7,874	8,268	8,661	9,055	9,449
30		11,811	12,205	12,598	12,992	13,386
40		15,748	16,142	16,535	16,929	17,323
50		19,685	20,079	20,472	20,866	21,260
60		23,622	24,016	24,409	24,803	25,197
70		27,559	27,953	28,346	28,740	29,134
80		31,496	31,890	32,283	32,677	33,071
90		35,433	35,827	36,220	36,614	37,008
100		39,370	39,764	40,157	40,551	40,945

Fortsetzung nächste Seite

cm	Inch	0	1	2	3	4
0		1,969	2,362	2,756	3,150	3,543
10		5,906	6,299	6,693	7,087	7,480
20		9,843	10,236	10,630	11,024	11,417
30		13,780	14,173	14,567	14,961	15,354
40		17,717	18,110	18,504	18,898	19,291
50		21,654	22,047	22,441	22,835	23,228
60		25,591	25,984	26,378	26,772	27,164
70		29,528	29,921	30,315	30,709	31,102
80		33,465	33,858	34,252	34,646	35,039
90		37,402	37,795	38,189	38,583	38,976
100		41,339	41,732	42,126	42,520	42,913

Filter für die Farbfotografie

Filter für den Lichtausgleich (Kodak-Light-Balancing-Filter)
Mit diesen Filtern wird die Farbtemperatur des Aufnahmelichtes an die Sensibilisierung des Aufnahmematerials angeglichen. Man verwendet sie als Kamerafilter bei Aufnahmen auf Farbumkehrmaterial und in besonderen Fällen auch bei Farbnegativen.
Ist die Farbtemperatur der Lichtquelle zu niedrig, so gleichen die Kodak-Wratten-Filter der Serien Nr. 80 und 82 (bläulich) diese Differenz aus. Die Filter der Serien Nr. 81 und 85 (gelblich) werden dann verwendet, wenn die Farbtemperatur zu hoch ist. Die folgende Tabelle gibt einen Überblick:
Light-Balancing-Filtern, welche die Farbtemperatur erhöhen oder erniedrigen, kommt ein Mired-Verschiebungswert zu, der für ein bestimmtes Filter konstant ist und sich nach der Gleichung

$$\left(\frac{1}{T_1} - \frac{1}{T_2}\right) \cdot 10^6 = \text{Mired-Verschiebungswert}$$

errechnet. T_1 bedeutet die Farbtemperatur einer Lichtquelle ohne Filter, T_2 die Farbtemperatur der gleichen Lichtquelle mit Filter in Kelvin-Graden. Gelbliche und rötliche Filter, die die Farbtemperatur erniedrigen und den Mired-Wert erhöhen, haben einen positiven Mired-Verschiebungswert. Bläuliche Filter, die die Farbtemperatur erhöhen und den Mired-Wert erniedrigen, einen negativen (siehe Nomogramm Seite 348).

Filter für den Farbausgleich (Kodak-Color-Compensating-Filter)
Kodak-CC-Filter werden beim Kopieren von Farbnegativen in der Kine-Technik sowie für die Korrektur kleiner Farbverschiebungen bei Aufnahmen auf Farbumkehrfilm verwendet.
Ursache für solche Farbverschiebungen können sehr lange Belichtungszeiten

Farbe des Filters	Wratten Filter Nr.	Belichtungs-verlängerung in Blenden-werten*	Mired-Verschiebungs-wert	z. B. Verschiebung der Farbtemperatur	
				von	auf
gelblich	81	$\frac{1}{3}$	+ 9	3300° K	3200° K
	81 A	$\frac{1}{3}$	+ 18	3400° K	3200° K
	81 B	$\frac{1}{3}$	+ 27	3500° K	3200° K
	81 C	$\frac{1}{3}$	+ 35	3600° K	3200° K
	81 D	$\frac{2}{3}$	+ 42	3700° K	3200° K
	81 EF	$\frac{2}{3}$	+ 52	3850° K	3200° K
bläulich	82	$\frac{1}{3}$	− 10	3100° K	3200° K
	82 A	$\frac{1}{3}$	− 21	3000° K	3200° K
	82 B	$\frac{2}{3}$	− 32	2900° K	3200° K
	82 C	$\frac{2}{3}$	− 45	2800° K	3200° K
	82 C + 82	1	− 55	2720° K	3200° K
	82 C + 82 A	1	− 65	2650° K	3200° K
	82 C + 82 B	1 $\frac{1}{3}$	− 77	2570° K	3200° K
	82 C + 82 C	1 $\frac{1}{3}$	− 89	2490° K	3200° K
bläulich	80 B	1	− 130	3400° K	6100° K
	80 C	1 $\frac{1}{3}$	− 99	3800° K	6100° K
gelblich	85 C	$\frac{1}{3}$	99	6100° K	3800° K
	85	$\frac{2}{3}$	130	6100° K	3400° K
	85 B	$\frac{2}{3}$	149	6100° K	3200° K

* Es handelt sich um Annäherungswerte. Für genaue Arbeiten sollten Probeaufnahmen gemacht werden, besonders wenn Sie mehrere Filter kombinieren.

(Schwarzschild-Effekt) oder die Farbtemperaturen ungewöhnlicher Lichtquellen (z. B. Gasentladungslampen) sein.

Die Filter können einzeln oder kombiniert verwendet werden. Mehrere Filter vor einem Objektiv bewirken unter Umständen, daß durch Streuung des Lichtes oder durch Zusammentreffen der Mängel verschiedener Glasoberflächen die Schärfe der Aufnahme ungünstig beeinflußt wird. Es ist deshalb immer besser, die Anzahl der für die gewünschte Korrektur notwendigen Filter auf ein Minimum zu beschränken.

Die Dichte jedes CC-Filters wird durch zwei Zahlen angegeben; die Farbe des Filters durch den Buchstaben nach den beiden Zahlen:

Dichten: 05 – 10 – 20 – 30 – 40 – 50

Y = Gelb (yellow) B = Blau
M = Purpur (magenta) G = Grün
C = Blaugrün (cyan) R = Rot

Maximal-dichte des Filters	Gelb (absorbiert Blau)	Belichtungs-zunahme in Blenden-werten*	Magenta (absorbiert Grün)	Belichtungs-zunahme in Blenden-werten*	Cyan (absorbiert Rot)	Belichtungs-zunahme in Blenden-werten*
.05	CC-05 Y	–	CC-05 M	$\frac{1}{3}$	CC-05 C	$\frac{1}{3}$
.10	CC-10 Y	$\frac{1}{3}$	CC-10 M	$\frac{1}{3}$	CC-10 C	$\frac{1}{3}$
.20	CC-20 Y	$\frac{1}{3}$	CC-20 M	$\frac{1}{3}$	CC-20 C	$\frac{1}{3}$
.30	CC-30 Y	$\frac{1}{3}$	CC-30 M	$\frac{2}{3}$	CC-30 C	$\frac{2}{3}$
.40	CC-40 Y	$\frac{1}{3}$	CC-40 M	$\frac{2}{3}$	CC-40 C	$\frac{2}{3}$
.50	CC-50 Y	$\frac{2}{3}$	CC-50 M	$\frac{2}{3}$	CC-50 C	1

* Es handelt sich um Annäherungswerte. Für genaue Arbeiten sollten Probeaufnahmen gemacht werden, besonders wenn Sie mehrere Filter kombinieren.

Maximal-dichte des Filters	Rot (absorbiert Blau und Grün)	Belichtungs-zunahme in Blenden-werten*	Grün (absorbiert Blau und Rot)	Belichtungs-zunahme in Blenden-werten*	Blau (absorbiert Rot und Grün)	Belichtungs-zunahme in Blenden-werten*
.05	CC-05 R	$\frac{1}{3}$	CC-05 G	$\frac{1}{3}$	CC-05 B	$\frac{1}{3}$
.10	CC-10 R	$\frac{1}{3}$	CC-10 G	$\frac{1}{3}$	CC-10 B	$\frac{1}{3}$
.20	CC-20 R	$\frac{1}{3}$	CC-20 G	$\frac{1}{3}$	CC-20 B	$\frac{2}{3}$
.30	CC-30 R	$\frac{2}{3}$	CC-30 G	$\frac{2}{3}$	CC-30 B	$\frac{2}{3}$
.40	CC-40 R	$\frac{2}{3}$	CC-40 G	$\frac{2}{3}$	CC-40 B	1
.50	CC-50 R	1	CC-50 G	1	CC-50 B	$1\frac{1}{3}$

* Es handelt sich um Annäherungswerte. Für genaue Arbeiten sollten Probeaufnahmen gemacht werden, besonders wenn Sie mehrere Filter kombinieren.

Vereinfachungen bei der Kombination von beispielsweise zwei Filtern der Stärke 10 gehen aus folgender Tabelle hervor:

	CC-10 R	CC-10 G	CC-10 B	CC-10 C	CC-10 M	CC-10 Y
CC-10 R	CC-20 B	CC-10 Y	CC-10 M	+	–	–
CC-10 G	CC-10 Y	CC-20 G	CC-10 C	–	+	–
CC-10 B	CC-10 M	CC-20 C	CC-10 B	–	–	+
CC-10 C	+	–	–	CC-10 C	CC-10 B	CC-10 G
CC-10 M	–	+	–	CC-20 R	CC-20 M	CC-10 R
CC-10 Y	–	–	+	CC-10 G	CC-10 R	CC-20 Y

+ Heben sich auf und wirken zusammen als neutralgraues Dichtefilter der Stärke 10.
– Die Kombination kann nicht vereinfacht werden.

Bei Kombinationen von stärkeren oder mehr als zwei Filtern sind oft noch weitere Vereinfachungen möglich, wie Sie aus den folgenden Beispielen ersehen:

Statt der Kombination	verwendet man die einfachere Filterkombination
CC-20 M + CC-10 R + CC-10 B	CC-30 M
CC-20 M + CC-10 R + CC-10-C	CC-20 M
CC-20 M + CC-10 R + CC-10 G	CC-10 M + CC-10 R
CC-20 Y + CC-10 G + CC-10 B + CC-10 M	CC-10 Y
CC-20 M + CC-10 R + CC-10 G + CC-10 Y	CC-20 R
CC-20 R + CC-10 M + CC-20 G + CC-10 C	CC-10 Y

Blenden bei verschiedenen Filter-Verlängerungsfaktoren

Sie gehen von der Blendenzahl **ohne** Filter senkrecht hoch bis zur Diagonale des Filterfaktors (z. B. 1, 1,5, 4 etc.) und dann nach rechts bis zum Rand, wo die Blendenzahl **mit** Filter abgelesen werden kann.

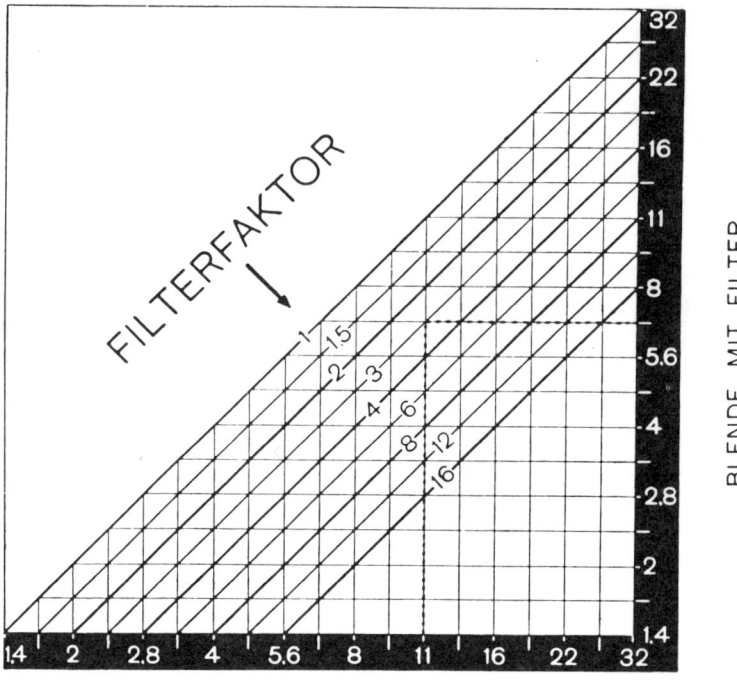

BLENDE OHNE FILTER

Mittlere Farbtemperatur des Tageslichtes für verschiedene Tages- und Jahreszeiten und für verschiedene Bewölkung

	April und Mai ° K	Juni und Juli ° K	Sept. und Okt. ° K	Nov., Dez. und Febr. ° K
Direktes Sonnenlicht				
zwischen 9 und 15 Uhr	5 800	5 800	5 450	5 500
vor 9 und nach 15 Uhr	5 400	5 600	4 900	5 000
Sonnenlicht und Licht vom klaren Himmel				
zwischen 9 und 15 Uhr	6 500	6 500	6 100	6 200
vor 9 und nach 15 Uhr	6 100	6 200	5 900	5 700
Sonnenlicht und Licht von nebligem oder mit leichten Wolken bedecktem Himmel	5 900	5 800	5 900	5 700
Sonnenlicht und Licht vom Himmel, der 25 bis 75 % mit Wolken bedeckt ist	6 450	6 700	6 200	–
Vollständig bewölkter Himmel	6 700	6 950	6 750	–
Licht von nebligem oder rauchigem Himmel	7 500	8 510	8 400	7 700
Licht von klarem, blauem Himmel				
zwischen 9 und 15 Uhr	26 000	14 000	12 000	12 000
vor 9 und nach 15 Uhr	27 000	–	–	12 000

Aus Taylor: The Colour of Daylight. Trans. Inst. Engr. Shipbuild.
Scot 25 (1930) 156, Nr. 2 »Kodak Filmtechnik, Kodak-Wratten-Filter«.

Mired-Wert

Jeder Farbtemperatur kann man einen sogenannten »Mired-Wert« (**mic**ro **reciprocal degree** Kelvin) zuordnen. Er berechnet sich nach der Gleichung

$$\frac{1\,000\,000}{°\,K} = \text{Mired-Wert.}$$

Daraus ergibt sich z. B. für	Farbtemperatur	Mired-Wert
Nitraphot-B oder Argaphoto-Lampen	3200° K	313
»CP«- oder Photofloodlampen	3350° K	299
Nitraphot-S oder Photolita-Lampen	3400° K	294
ungefärbte Blitzlampen	3800° K	263
Farbsteuerlampen (Fischer)	3200° K	313
Glühlicht sog. Halbwatt-Studio-Lampen	3200° K	313
Jod-Glühlampen	3400° K	294
Jod-Glühlampen	3200° K	313
mittleres Tageslicht	5800° K	173

346

Ermittlung des Mired-Verschiebungswertes

Das Nomogramm auf Seite 348 ist dazu bestimmt, die Auswahl des richtigen Konversionsfilters zu vereinfachen. Die linke Skala entspricht der Lichtquelle T_1 ohne Filter und umfaßt den praktischen Farbtemperaturbereich von 2000 bis 10000° K. Die rechte Skala entspricht der durch ein Filter beeinflußten Farbtemperatur der Lichtquelle T_2. Die Mired-Verschiebungswerte können der mittleren Skala entnommen werden. Um den Mired-Verschiebungswert und damit das erforderliche Filter für eine (einzelne) Korrektur zu ermitteln, verbinden Sie den Punkt der Skala T_1 entsprechend der Farbtemperatur der verfügbaren Lichtquelle mit einem Punkt der Skala T_2, der der gewünschten Farbtemperatur entspricht, durch eine gerade Linie. Der Schnittpunkt dieser Linie mit der mittleren Skala gibt den Mired-Verschiebungswert des erforderlichen Filters an. Der Nullpunkt der mittleren Skala bedeutet, daß kein Filter erforderlich ist. Mired-Verschiebungswerte oberhalb des Nullpunkts (+) verlangen gelbliche Filter, Werte unterhalb des Nullpunkts (−) dagegen bläuliche Filter.

Die Mired-Verschiebungswerte von gebräuchlichen Wratten-Filtern sind in der Tabelle auf Seite 348 aufgeführt. Bei Filterkombinationen können die Mired-Verschiebungswerte unter Berücksichtigung des Vorzeichens addiert werden. Wenn mehr als ein Filter benutzt wird, muß beachtet werden, daß die Reflexion aufgrund mehrerer Oberflächen zunimmt.

Beispiel 1: Die Farbtemperatur einer Lichtquelle soll von 2900° K auf 3400° K erhöht werden. Den beiden Farbtemperaturen entsprechen die Mired-Werte 345 bzw. 295. Die Verschiebung des Mired-Wertes beträgt demnach − 50. Verwenden Sie die Kombination der Kodak-Light-Balancing-Filter Nr. 82 A + Nr. 82 B (Mired-Verschiebungswert − 53,5).

Beispiel 2: Es soll der Einfluß des Kodak-Light-Balancing-Filters Nr. 81 EF auf Lichtquellen mit einer Farbtemperatur 6000° K bzw. 3800° K festgestellt werden. Dem Filter Nr. 81 EF kommt der Mired-Verschiebungswert + 53 zu. Die Mired-Werte der beiden Lichtquellen werden um diesen Wert auf 219,5 bzw. 316 erhöht. Aus der grafischen Darstellung folgt, daß das Filter Nr. 81 EF die Farbtemperatur von 6000° K auf 4600° K oder von 3800° K auf 3200° K herabsetzt.

Mindestzeiten für Panorama-Aufnahmen

Mit Objektiven verschiedener Brennweite.
Bei einer Drehung um 90° = einem Viertelkreis.
20–25 mm Brennweite Schwenkdauer mindestens   30– 35 Sekunden
40–50 mm Brennweite Schwenkdauer mindestens   75– 90 Sekunden
75–80 mm Brennweite Schwenkdauer mindestens 120–140 Sekunden

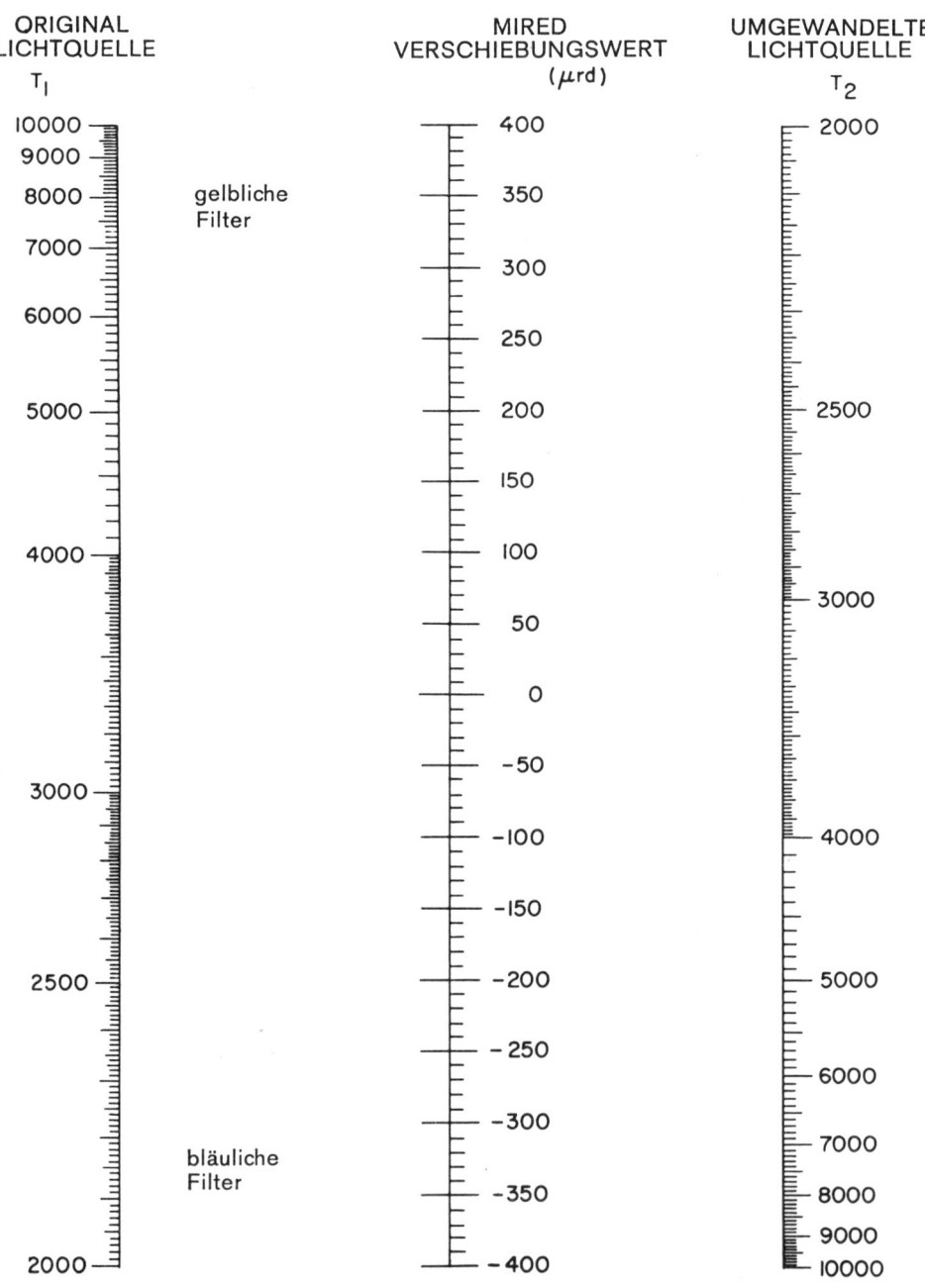

ORIGINAL
LICHTQUELLE
T_1

10000
9000
8000   gelbliche
            Filter
7000

6000

5000

4000

3000

2500

bläuliche
Filter

2000

MIRED
VERSCHIEBUNGSWERT
(μrd)

400

350

300

250

200

150

100

50

0

−50

−100

−150

−200

−250

−300

−350

−400

UMGEWANDELTE
LICHTQUELLE
T_2

2000

2500

3000

4000

5000

6000
7000
8000
9000
10000

Aus ,,Kodak Filmtechnik, Kodak-Wratten-Filter''

Polizeiliche Drehgenehmigungen

Bei Filmaufnahmen auf öffentlichen Straßen und Plätzen ist vielfach eine formelle Erlaubnis der zuständigen Polizeibehörden erforderlich, insbesondere wenn ein größerer Personenkreis beteiligt ist und Geräte und Scheinwerfer aufgestellt werden. Um Produktionen und Kamerateams die Auffindung der jeweiligen Dienststellen zu erleichtern, hat die Redaktion die Polizei-Direktionen aller deutschen Großstädte um Auskunft gebeten. Nachfolgend die Stellungnahmen der einzelnen Städte, soweit sie Stellung genommen haben:

Berlin:
Polizei-Verwaltungsdienststelle Nord – III –, Berlin 20, Pankstraße 28/30, zuständig für die Verwaltungsbezirke Wedding und Reinickendorf,
Polizei-Verwaltungsdienststelle Süd – III –, Berlin 45, Schloßstraße 60, zuständig für die Verwaltungsbezirke Schöneberg, Steglitz und Zehlendorf,
Polizei-Verwaltungsdienststelle Südost – III –, Berlin 61, Friesenstraße 16, zuständig für die Verwaltungsbezirke Kreuzberg, Neukölln und Tempelhof,
Polizei-Verwaltungsdienststelle West – III –, Berlin 19, Kaiserdamm 1, zuständig für die Verwaltungsbezirke Charlottenburg, Wilmersdorf, Tiergarten und Spandau.
Aufnahmegenehmigungen für Dokumentarfilme erteilt außerdem – wenn überhaupt erforderlich – das Polizeipräsidium Berlin, Berlin-Tempelhof, Tempelhofer Damm 1, Telefon 660011.
Bremen:
Bei Filmaufnahmen auf öffentlichen Wegen, Straßen und Plätzen innerhalb des Gebietes der Stadtgemeinde Bremen wende man sich an das für den Aufnahmeort jeweils zuständige Polizeirevier.
Düsseldorf:
Polizeipräsidium Düsseldorf, Düsseldorf, Jürgensplatz 5–7, Telefon 1025.
Frankfurt:
Der Oberbürgermeister – Polizeipräsident – Pressestelle, Frankfurt, Friedrich-Ebert-Anlage 11, Zimmer 296, Telefon 330541, Nebenstelle 3791, 3792.
Hamburg:
Polizei-Verkehrsamt Hamburg, Hamburg 1, Beim Strohhause 31, Telefon (Durchwahl) 2482 08361.
Hannover:
Hauptstadt Hannover – Ordnungsamt – Straßenverkehrsabteilung, Hannover, Karmarschstraße 37/39; Dienstzeit montags bis freitags von 9 bis 13 Uhr. – Postanschrift: Hannover, Postschließfach.
Karlsruhe:
Polizeipräsidium Karlsruhe, Leitung der Schutzpolizei, Abt. Verkehrsinspektion, Telefon 20101.

München:
Amt für öffentliche Ordnung, Abt. 1/4, München 2, Ettstraße 2, Zimmer 145, Telefon 228331, Nebenstelle 8433.
Nürnberg:
Hauptamt für Tiefbauwesen, Abteilung Verkehrs- und Straßenaufsicht, Nürnberg, Bauhof 2.
Stuttgart:
Polizeipräsidium, Polizeibehörde, Abteilung III, Stuttgart S, Schmale Straße 11, Telefon 299141. (Dienstzeit: Montag bis Freitag 8.00 Uhr bis 13.00 Uhr, Mittwoch auch bis 17.15 Uhr.)
Dies entnahmen wir mit freundlicher Genehmigung dem »Jahrbuch des deutschen Kameramannes 1964«, in dem noch weitere interessante Tabellen, Filterangaben usw. zu finden sind.

Filmkopierwerke

Arnold & Richter KG, 8000 München 40, Türkenstraße 89, Telefon (089) 38091.
Atlantik Filmkopierwerk, 2000 Hamburg 66, Melhopweg 4, Telefon (040) 60591.
Bavaria Atelier GmbH, 8022 Geiselgasteig, Bavariafilmplatz 7, Telefon (089) 64991.
Bayerische Schmalfilm Gesellschaft Mierisch & von Einsiedel KG, 8000 München 22, Adelgundenstraße 11, Telefon (089) 225155.
Ludwig Epkens KG, 5000 Köln-Mülheim, Horststraße 5, Telefon (0221) 613135.
Photo Studio 13, 7023 Echterdingen, Hohenstaufenstraße 1, Telefon (0711) 796061.
Geyer-Werke GmbH, 1000 Berlin 44, Harzerstraße 39–46, Telefon (030) 68011.
Geyer-Werke GmbH, 2000 Hamburg 73, Sieker Landstraße 39a, Telefon (040) 67511.
Geyer-Werke GmbH, 8043 Unterföhring, Bahnhofstraße 33, Telefon (089) 969541.
Hadeko-Film GmbH & Co, 4040 Neuss, Graf-Landsberg-Straße 2–4, Telefon (02101) 50016.
Kinax KG, 6340 Dillenburg, Am Zwingel 2, Telefon (02771) 7035.
Mosaik-Union Film GmbH & Co., Audiovision KG, 1000 Berlin 46, Mühlenstraße 46 bis 54, Telefon (030) 77931.
Mosaik-Film GmbH, 2000 Hamburg 70, Tonndorfer Hauptstraße 98, Telefon (040) 663040.
C. A. Stachelscheid Filmtechnik 16, 4000 Düsseldorf, Albertstraße 111, Telefon (0211) 774002–4.
Taunus-Film GmbH, 6200 Wiesbaden, Unter den Eichen, Telefon (06121) 521025.

Bibliographie

Filmtechnik, Fotografie

Henry Provisor, »8 mm/16 Movie-Making«, New York 1970.
Cor Woudstra, »Die richtige Belichtung«, Düsseldorf 1978.
Dr. Carl Forch, »Der Kinematograph und das sich bewegende Bild«, Wien und Leipzig 1913.
Hans-Henning Heunert, Kurt Philipp, »Grundlagen der Schmalfilmtechnik«, Berlin 1957.
»Eastman Kinefilme«, Bundesrepublik Deutschland 1972 u. folg. Jahrgänge.
»Mosaik Taschenbuch«, Berlin o. J.
D. Hugo Lichte, Dr. A. Narath, »Physik und Technik des Tonfilms«, Leipzig 1941.
Wolfgang Metzger, »Gesetze des Sehens«, Frankfurt/M. 1953.
E. v. Angerer, »Wissenschaftliche Photographie«, Leipzig 1950.
Andreas Feininger, »Die Hohe Schule der Fotografie«, Düsseldorf 1961.
Andreas Feininger, »Große Fotolehre«, Düsseldorf 1979.
»The Focal Encyclopedia of Photography«, London 1965.

Filmgestaltung, Filmherstellung

Michael Kuball, »Familienkino«, Bd. 2, 1931–1960, Hamburg 1980
W. I. Pudovkin, »Filmtechnik, Filmmanuskript und Filmregie«, Zürich 1961.
R. Arnheim, »Film als Kunst«, Berlin 1932.
Paul Legband, »Der Regisseur«, Hamburg 1947.
Gerhard Wahnrau, »Spielfilm und Handlung«, Rostock 1939.
Edgar Morin, »Les Stars«, Frankreich um 1962.
Federico Fellini, »Roma«, Zürich 1972.
Norbert Casteret, »Zehn Jahre unter der Erde«, Leipzig 1936.
Forsyte Hardy, »Grierson und der Dokumentarfilm«, Gütersloh 1947
Robert Bresson, »Notes on Cinematographie«, (PN 1995, B7313) 791.43 76–52466 USA
Hermann Krings, »Was heißt wertvoll?«. Filmbewertungsstelle, Wiesbaden 1961.

Filmpsychologie, Grenzgebiete

Alphons Silbermann, »Bildschirm und Wirklichkeit«, Frankfurt/M. 1966.

H. C. Opfermann, »Erfahrungen mit dem Einsatz filmpsychologischer Untersuchungs-
ergebnisse und Gesetzlichkeiten bei der Filmherstellung in der deutschen Filmindu-
strie«, aus: Film und Fernsehfragen, Beiträge zur Filmforschung, Bd. VI, Emsdet-
ten.

Bernward Wember, »Objektiver Dokumentarfilm?«, Berlin 1972.

Herbert Wölker, »Das Problem der Filmwirkung«, Bonn 1955.

Gerhard Maletzke, »Psychologie der Massenkommunikation«, Hamburg 1963.

Erich Burger, »Charlie Chaplin«, Berlin 1929.

Georg Seeplen, »Klassiker der Filmkomik«, München 1976.

Sigmund Freud, »Der Witz und seine Beziehung zum Unbewußten«, Frankfurt/M.
1958.

Friedrich Nietzsche, »Die Geburt der Tragödie«, Leipzig 1930.

Sheldon Renan, »The underground film«, London 1967.

Helene Lange, »Das Erwachen der Seele«, Leipzig 1976.

Jan L. Peters, »Grundlagen der Filmerziehung«, München 1963.

I. R. Pierce, »Symbols, Signals and Noise«, New York 1965.

Otto Klemm, »Gefühl und Wille« (Kongreßbericht), Jena 1937.

Gustav Kafka, »Ber. über den XII. Kongreß d. Dt. Ges. f. Psychologie«, Jena 1932.

Gotth. Ephr. Lessing, »Hamburgische Dramaturgie«, 1. Teil, Carlsruhe 1832.

Arthur Kutscher, »Schiller's Werke«, 6. Teil, Hempelsche Ausg. Dtsch. Verlagshaus
Bony & Co.

Gerh. Clostermann (Hrsg.) »Abhandlungen zur Jugend-Filmpsychologie«, Münster
1952.

Aristoteles, »Über die Dichtkunst«, hrsg. v. Alfred Gudemann, Leipzig 1921.

Cohen-Seat, Gilbert Fougeyrolles, Pierre, »Wirkungen auf den Menschen durch Film
und Fernsehen«, Köln und Opladen 1966.

Liliane Decurtins, »Film- und Jugendkriminalität«, Zürich 1961.

Filmwissenschaft, Filmgeschichte, Archivwesen

Walther Gerlach, »Photographie und Wissenschaft«, Stuttgart 1961.

Prof. Dr. H. Frieser, »Grenzen und Möglichkeiten der Photographie«, München 1967.

Dr. Manfred Richter, »Grundriß der Farbenlehre der Gegenwart«, Dresden 1940.

Samuel Tolansky, »Linse, Licht und Laserstrahl«, Frankfurt/M. 1969.

Siegfried Kracauer, »Theorie des Films«, Frankfurt/M. 1964.

Robert Heiß, Chr. Caselmann, Alfons O. Schorb, Paul Heimann, »Bild und Begriff«,
München 1963.

Friedrich Knilli, »Semoitik des Films«, München 1971.

Christian Metz, »Semiologie des Films«, München 1972.

Dieter Prokop, »Soziologie des Films«, Neuwied 1970.

Claude Lévi-Strauß, »Strukturale Anthropologie«, Frankfurt/M. 1967.

Martin Schlappner, »Filme und ihre Regisseure«, um 1966.

Paul Rotha, »The Film Till Now«, London 1951.

Philippe Esnault, »Chronologie du cinéma mondial«.

Georges Potinniée, »Les Origines du Cinématographe«, Paris 1928.

Pierre Artis, »Histoire de cinéma américain«.

J. P. Coursodon, Yves Boisset, »20 ans de cinéma américain« (1940–1960).

Carl Vincent, »Histoire de l'art cinématographique«, Brüssel o. J.

Hans A. Thomas, »Die deutsche Tonfilm-Musik von den Anfängen bis 1956«, Gütersloh 1962.

»Allgemeine Deutsche Real-Encyklopädie«, 3. Bde., F. A. Brockhaus, Leipzig 1833.

Peter Cowie, »International Film Guide«, London 1968/69.

Film Daily Year Book 1963.

Leslie Halliwell, »The Filmgoers Companion«, Hazell Watson & Viney Ltd Avlesburg Bucks, Great Britain.

»Images du Cinéma Français«, Lausanne 1945.

Theodor Kotulla, »Der Film. Manifest, Gespräche, Dokumente«, München 1964.

Wilmont Haake, »Aspekte und Probleme der Filmkritik«, Gütersloh 1962.

La censure des films et l'admission des enfants au cinéma à cinéma à travers le monde, par L. Lunders, op.

Dr. A. Bauer, »Deutscher Spielfilm-Almanach«, Berlin 1950.

Hans Traub, Hanns-Wilhelm Lavies, »Das deutsche Filmschrifttum«, Leipzig 1940.

Frank Heidtmann, Paul S. Ulrich, »Wie finde ich film- und theaterwissenschaftliche Literatur«, Berlin 1978.

Bildnachweis

Folgende Bilder wurden über das Archiv Aruba zur Verfügung gestellt:
Dr. Baerend: Abb. 242
Fa. Bauer, Sttgt.: Abb. 5, 6, 8, 173
Bavaria: Abb. 1
W. Bogner: Abb. 99
Buchmesse Frankfurt: Abb. 40
Camera-Film: Abb. 18, 19, 20, 23, 26, 27, 28, 29, 31, 32
20th Century Fox: Abb. 101, 202
C I C: Abb. 92, 159
Cinerama: Abb. 223
Harry Croner: Abb. 237
DENA Abo 1949: Abb. 59, 60, 61, 129, 130, 171, 172, 188, 210
Echo-Film: Abb. 258
ellelac: Abb. 11a–e
Gloria: Abb. 136, 139, 218, 276, 281
Fa. Goedecke, München: Abb. 227
Fa. Gossen: Abb. 65, 66, 67, 72, 76, 77
Michael Grzimek: Abb. 144, 244
Ernst Günther: Abb. 189
Fa. Hedler: Abb. 81, 82, 83
Herzog Film: Abb. 145, 146
Interna: Abb. 12, 13, 14, 259, 260
Hala Film: Abb. 278
Kodak: Abb. 80, 284, 285
Constanze Kupferberg: Abb. 116, 116a
Landesausstellung Schweiz: Abb. 187
N F: Abb. 138, 147, 229, 239, 273, 274
Otto Nöcker: Abb. 86
Paramount: Abb. 22, 205, 206
Photokina: Abb. 33, 34, 157, 236
Prisma: Abb. 75, 200
Rank-Film: Abb. 152, 201, 225
Fa. Ritter, Mannheim: Abb. 4, 7, 9, 56a–e

S.A.F.A.R.A.: Abb. 267, 268
Siemens: Abb. 51, 112, 175, 213, 214
Kristina Söderbaum: Abb. 240
Schonger Film: Abb. 38, 98, 270
Schorcht-Film: Abb. 24, 25, 95, 131, 271, 283
National: Abb. 41, 42
Terra Film: Abb. 85
Tobis: Abb. 228
Trenker Film: Abb. 57
UFA: Abb. 91, 94, 111, 135, 151, 154, 163, 164, 203, 219, 226, 234, 255, 279, 280, 282
Unda-Film: Abb. 3, 125, 199, 263, 264, 265
United Artists: Abb. 198, 235
Universal: Abb. 241
Urban Jad: Abb. 277
USIS: Abb. 212
Vesely: Abb. 44, 70, 74
VW-Wolfsburg: Abb. 192, 193
Wesel: Abb. 115
Willy Zielke: Abb. 185
Alle übrigen Bilder stammen aus dem Archiv Aruba.

Register

HANS CARL OPFERMANN

DIE SPIELERFOLGE DER GROSSEN SCHACHDENKER
Von A. D. Philidor bis zum Computerschach.
460 Seiten, zahlreiche Abbildungen, gebunden.

»Ein neues Standardwerk, das dem Amateur wie dem Turnierspieler zahlreiche Anregungen liefert, seine Spielstärke fördert, theoretische Studien erleichtert und der praktischen Trainingsarbeit dient.«

Wiesbadener Tagblatt

DIE SPIELGEHEIMNISSE DER GROSSEN SCHACHKÄMPFER
Von Gioachino Greco bis Bobby Fisher.
440 Seiten, zahlreiche Diagramme und Abbildungen, gebunden.

»Dem Autor ist ein lesenswertes und sogar spannendes Werk über das schwierige Thema ›Schachgeschichte‹ gelungen.«

Die Welt

»Ein Lese- und Lehrbuch zugleich. Opfermann untersucht, erklärt und deutet auf manchmal spektakuläre Art Spielweise, Psyche und Zeitgeist der ›Schachgenies‹.«

Frankfurter Rundschau

ECON Verlag, Postfach 9229, 4000 Düsseldorf 1

HANS CARL OPFERMANN

DIE NEUE SCHACH-SCHULE
Meister durch schöpferisches Spiel.
432 Seiten, gebunden.

»In diesem Lehrbuch gibt es keine Schachgrammatik, deren Regeln auswendig gelernt werden müssen, sondern es werden ausschließlich praktische Erfahrungen, die Spielsicherheit erzeugen, vermittelt. Der Anfänger erspielt sich das Wesentliche der Schachpartie anhand der ersten Züge und Gegenzüge durch das persönliche Erlebnis. Dem Fortgeschrittenen wird ein systematischer Weg aufgezeigt, wie er seine Positionsfehler erkennen und ausmerzen kann.«

Deutsche Schachblätter

»Opfermann versucht, dem Spieler ›Schachgefühl‹, das ist für ihn Spielsicherheit, gepaart mit Urteilskraft und Kombinationsgabe, zu vermitteln. Die mit historischen Beispielen aufgelockerten Trainingsabschnitte stellen dazu genau die richtige Kost dar.«

Deutsches Allgemeines Sonntagsblatt

ECON Verlag, Postfach 9229, 4000 Düsseldorf 1

ANDREAS FEININGER

FARB-FOTOLEHRE
474 Seiten, 83 Abbildungen in Farbe, gebunden.

»Diese Farbfotolehre gehört wohl zu den fundamentalen Werken. Sie gibt nicht nur dem Amateur, sondern auch dem beruflich fotografisch und filmisch Tätigen eine umfassende Grundlagenkenntnis. Das Buch behandelt die Wahl der Kamera, des Objektivs und führt bis in die elementaren Aspekte der Farbfotografie. Es dient vor allem aber auch der Förderung der schöpferischen Fähigkeiten eines jeden von uns.«

film + foto

FEININGERS GROSSE FOTOLEHRE
464 Seiten, 40 Seiten Abbildungen, davon 8 Seiten in Farbe, gebunden.

»Ein Standardwerk der Fotoliteratur, das dem Interessierten Informationen bis ins letzte Detail bietet; Informationen, die in dieser Ausführlichkeit und Zusammenfassung wohl in keinem anderen Buch zu finden sind.«

Camera Club

FEININGERS KLEINE FOTOLEHRE
Das Geheimnis der guten Fotografie.
256 Seiten, 22 Abbildungen, Pappband.

Eine leichtverständliche und dennoch anspruchsvolle Einführung in die Fotografie, die nicht nur das technische Rüstzeug vermittelt, sondern auch die kreativen Fähigkeiten fördert.

ECON Verlag, Postfach 9229, 4000 Düsseldorf 1

ANDREAS FEININGER

RICHTIG SEHEN – BESSER FOTOGRAFIEREN
Ein Fotokurs.
184 Seiten, zahlreiche Abbildungen, broschiert.

»Feininger präsentiert gute und schlechte Beispiele und demonstriert so die ›Tricks‹, die zum Gelingen eines Fotos vonnöten sind.«

Südwest Presse

LICHT UND BELEUCHTUNG IN DER FOTOGRAFIE
320 Seiten mit 218 Abbildungen, davon 25 in Farbe, 3 Grafiken, 15 Tabellen, gebunden.

»Die detaillierte Darstellung aller praktischen und theoretischen Möglichkeiten, ergänzt durch zahlreiche Zeichnungen, Formeln, Tabellen und Fotobeispiele, macht dieses Handbuch zu einem neuen Standard-Lehrbuch der Fotografie.«

Foto Informationsdienst

KOMPOSITIONSKURS DER FOTOGRAFIE
136 Seiten, 8 Abbildungen in Farbe, broschiert.

»›Feiningers Kompositionskurs der Fotografie‹ ist ein instruktiver, lehrreicher Band für den Umgang mit der Kamera – für Liebhaber des Fotografierens und Profis.«

Photo Presse

ECON Verlag, Postfach 9229, 4000 Düsseldorf 1

ERNST HAAS

IN DEUTSCHLAND
Vorwort von Thilo Koch.
32 Seiten Text, 152 Seiten Bildteil mit 132 Abbildungen, Leinenband.

»Ein ungewöhnlicher, nicht schmeichelnder, sondern wirklichkeitsnaher Bildband über deutsche Menschen, deutsche Landschaften und deutsches Leben.«

Photo Presse

IM HIMALAYA
168 Seiten, 141 Abbildungen in Farbe, Leinenband.

»Daß ein Bildband die schwer beschreibbare Atmosphäre dieses entlegenen Teils der Welt so wiederzugeben vermag, ist fast ein kleines Wunder.«

Die Zeit

DIE SCHÖPFUNG
160 Seiten, 106 Abbildungen in Farbe, Leinenband.

»Ernst Haas' faszinierende Sammlung von Farbfotos ist von technischer Perfektion und voller bildnerischer Phantasie. Die meisterhaft zusammengestellte Visualisierung symbolisiert überzeugend die Elemente, die Jahreszeiten, die Tierwelt, ja die Schöpfungsgeschichte und erfüllt uns, die wir kaum noch Magie und Mysterium unserer Umwelt erfassen, mit Staunen und tiefer Ehrfurcht.«

Format

ECON Verlag, Postfach 9229, 4000 Düsseldorf 1